Erziehung und Beziehung im Fokus der Schulberatung

Ursula Killi (Hrsg.)

MEDIENGRUPPE
OBERFRANKEN
FACHVERLAGE

1. Auflage 2017

© 2017 Mediengruppe Oberfranken GmbH & Co. KG, Kulmbach

Druck: Appel & Klinger Druck und Medien GmbH, Schneckenlohe

Alle Rechte, insbesondere das Recht der Vervielfältigung und Verbreitung sowie der Übersetzung, vorbehalten. Kein Teil des Werkes darf in irgendeiner Form (durch Fotokopie, Mikrofilm oder ein anderes Verfahren) ohne schriftliche Genehmigung des Verlages reproduziert oder unter Verwendung elektronischer Systeme gespeichert, verarbeitet, vervielfältigt oder verbreitet werden.

Titelbild: © Africa Studio – Fotolia

www.mgo-fachverlage.de

ISBN: 978-3-947396-27-6

Inhaltsverzeichnis

1	**Grundlagen**	7
1.1	Erziehung und Beziehung im Fokus der Schulberatung: Eine Einführung	7
1.2	Familie und Erziehung früher und heute: Alte und neue Herausforderungen im Elternsein	19
1.3	Familie, Schule, Schulerfolg: Ein Überblick über Forschungsbefunde	37
1.4	Herausforderungen des Jugendalters – Konsequenzen für Erziehung und Schulberatung	53
1.5	Entwicklung und Erziehung – Marksteine im Verständnis des Zusammenspiels	71
2	**Ausgewählte Blickwinkel auf Erziehung**	89
2.1	Werteerziehung	89
2.2	Medienerziehung	111
2.3	Kultursensible Elternberatung bei Flüchtlingsfamilien	130
2.4	Verwöhnung und Überbehütung als Phänomen in der Erziehung	146
2.5	Paradoxe Effekte von Lob und Tadel	160
3	**Interventionsansätze**	170
3.1	Ansätze in Kommunikation und Interaktion	170
3.1.1	Gewaltfreie Kommunikation	170
3.1.2	Stärke statt Macht – Das Konzept Haim Omers: ein systemischer Beitrag für eine nachhaltige Pädagogik	192
3.2	Ausgewählte Erziehungsprobleme	207
3.2.1	Triple P Konzept und Kurse	207
3.2.2	FamilienTeam – Elterntraining für eine starke Eltern-Kind-Beziehung	227
3.2.3	Freiheit in Grenzen – ein interaktiver Elterncoach	268
3.2.4	„Ich schaffs" – Ein Programm zur lösungsorientierten Gesprächsführung	281
4	**Netzwerkpartner**	301
4.1	Beratung von Beratungslehrkräften und Schulpsychologen an Grund- und Mittelschulen durch den Mobilen Sonderpädagogischen Dienst für emotionale und soziale Entwicklung	301
4.2	Erziehungsberatung – ein wichtiger Kooperationspartner für die Schulberatung	316
Fazit		335

Hinweis
Die Verwendung von Gendersprache liegt im Ermessen der einzelnen Autorinnen und Autoren. Aus pragmatischen Gründen wird in einigen Beiträgen zur besseren Verständlichkeit ausschließlich die männliche Form gewählt, sie schließt aber immer die weibliche Form ein.

Erziehung und Beziehung im Fokus der Schulberatung

Erziehung hat Hochkonjunktur. Das wird deutlich, wenn man auf der Online-Buchhandelsplattform *Amazon* eine Recherche zu Büchern mit den Schlagworten „Erziehung" und „Kind" durchführt: Es erscheint eine beeindruckende Zahl von über 10.000 Treffern. Erziehungsratgeber stehen immer wieder ganz oben in den Bestsellerlisten. Das große Angebot spiegelt die wachsende Nachfrage zu den unterschiedlichen Erziehungsthemen wider. Zugleich ist sie auch eine Reaktion auf die Unsicherheit der Erziehenden – vor allem, wenn es um Fragen schwieriger Erziehungssituationen geht.

Schulberatung als Teil der schulischen Erziehungsaufgabe unterstützt Erziehungsberechtigte, Lehrer und Schulen in ihrer alltäglichen Erziehungsarbeit. Um dies leisten zu können ist eine intensive Beschäftigung mit gesellschaftlichen und familialen Bedingungen von Erziehung und deren Einfluss auf Beratung und Schule erforderlich. Außerdem bedarf es handlungsbezogenes Wissen, um geeignete Maßnahmen aufzeigen zu können.

Die diesjährige Sonderausgabe des „Handbuchs der Schulberatung" hat sich zum Ziel gesetzt, das Thema „Erziehung und Beziehung" in den Fokus zu rücken. Die Kapitel sind nach praxisbezogenen Gesichtspunkten gewählt und bieten dem Leser die Möglichkeit, das Thema aus unterschiedlichen Perspektiven zu betrachten.

Zunächst wird aufgezeigt, in welchem Verhältnis Erziehung zu Beratung steht, und es werden zugrunde liegende Begriffe geklärt (Kapitel 1). Weitere Grundlagenartikel beleuchten Erziehung aus entwicklungspsychologischer Sicht und verdeutlichen die wesentlichen Rahmenbedingungen von Erziehung in der Familie. Darüber hinaus wird das Augenmerk auf die Eltern-Kind-Interaktion und den Zusammenhang zu schulischem Lernen und Leisten gerichtet. Der Abschnitt zu den Herausforderungen des Jugendalters widmet sich der Lebenswelt der Jugendlichen sowie ihren Wünschen und Bedürfnissen. Das nachfolgende Kapitel (Kapitel 2) befasst sich mit unterschiedlichen Themenschwerpunkten, die in der Beratungsarbeit im Kontext von Erziehungsfragen immer wieder auftauchen: Werteaspekte in der Erziehung, Aspekte der Medienerziehung, kulturelle Aspekte sowie das Phänomen der Überbehütung als Ausdruck eines permissiven Erziehungsstils. Neben den spezifischen Erziehungsfeldern kann Beratung Erziehende und Heranwachsende darin unterstützen, Möglichkeiten für eine gelingende Kommunikation und Interaktion zu finden. Daran anknüpfend werden ausgewählte Erziehungsprogramme vorgestellt, die das gemeinsame Ziel verbindet, die elterliche Erziehungskompetenz zu fördern und die Beziehung zwischen Heranwachsenden und Erziehenden zu stärken (Kapitel 3). Das vierte Kapitel widmet sich der Zusammenarbeit mit wichtigen Netzwerkpartnern (Kapitel 4). Als im Schulsystem tätiger Partner stellt der MSD seine Unterstützungsmöglichkeiten im Bereich sozial-emotionale

Entwicklung vor. Als außerschulischer Partner berichtet die Erziehungsberatungsstelle von ihren Angeboten zur Unterstützung der elterlichen Erziehungsarbeit.

Schließlich werden in einem Fazit Folgerungen für die Schulberatung vorgestellt, die sich aus dem Fokus auf Erziehung und Beziehung in der Beratungsarbeit ergeben.

Herausgeberin
Dr. Ursula Killi, Lehrerin und Beratungsrektorin, ist an der staatlichen Schulberatungsstelle Oberbayern-West als zentrale Schulpsychologin für Grund- und Mittelschulen tätig. Ihre Promotion verfasste sie zum Thema „Emotionales Erleben in Mathematik. Entwicklung von Selbstberichtskalen für das Vor- und frühe Grundschulalter." Derzeit absolviert sie eine Ausbildung als systemisch-lösungsorientierte Beraterin und bildet sich zur Gesprächspsychotherapeutin für Kinder, Jugendliche und Erwachsene weiter.

1 Grundlagen

1.1 Erziehung und Beziehung im Fokus der Schulberatung: Eine Einführung
Dr. Ursula Killi

> **Abstract**
> Die folgenden Ausführungen dienen einer Einführung in das Thema „Erziehung und Beziehung im Fokus der Schulberatung". Es wird der zentrale Begriff der „Erziehung" geklärt und sein Verhältnis zur Schulberatung aufgezeigt. Der Aspekt des pädagogischen Verhältnisses in der Erziehung wird genauer betrachtet und unter historischen Gesichtspunkten die Entwicklung von Erziehung als Heranziehen eines unvollkommenen Menschen bis hin zur modernen Betrachtungsweise von Erziehung als Beziehungsakt aufgezeigt. Im Anschluss an eine rechtliche Betrachtung von Erziehung in Schule und Familie wird abschließend der Erziehungsbegriff von anderen im Hilfesetting relevanten Begriffen abgegrenzt.

Vorwort

Erziehung ist ein so vielschichtiges Thema, dass zunächst zu klären ist, wie sie aus dem Blickwinkel der Schulberatung betrachtet werden kann. Aussagen hierzu finden sich in schulrechtlichen Schriften sowie in Überlegungen aus dem Bereich der pädagogischen Psychologie. Eine genauere Aufschlüsselung des Verhältnisses von Erziehung zu Beziehung verdeutlicht das Erziehungsverständnis, das diesem Buch zugrunde gelegt werden soll.

Von der Erziehung zur Beziehung:
Auf dem Weg zu einem modernen Erziehungsverständnis

Das Wort erziehen geht auf den *althochdeutschen Begriff ‚irziohan'* zurück und bedeutet ‚herausziehen'. Diese etymologische Bedeutung beschreibt auch die lange Zeit dominante Grundhaltung in der Erziehung: Das Kind wird als inkompetentes Mängelwesen gesehen, das erst durch Erziehung, durch richtiges „Ziehen" sowie durch Anweisungen, Verbote und Strafen zum vollwertigen Menschen geformt werden müsse.

In der *römischen und griechischen Antike* galt die Kindheit als Übergangsstadium zum Erwachsenenalter, als „Phase menschlicher Unvollkommenheit" (vgl. Tuor-Kurth, 2005). Die Vorstellung vom Kind als formlos oder ungeformt war verbreitet. Entsprechend war es die Aufgabe, Kinder zu formen. Dies betraf sowohl den kindlichen Körper als auch Charakter und Geist. Erziehung setzte erst dann ein, wenn der Geist über die Fähigkeit zur Vernunft verfügte: „Zorn, Wollen und ebenso das Begehren hat das Kind von Geburt an, die Überlegungen und der Geist kommen aber erst mit fortschreitendem Alter" (Aristoteles). Ziel der Erziehung war die Heranbildung vollkommener Bürger für einen vollkommenen Staat.

Auch im *Mittelalter* maßen die Menschen dem ersten Lebensabschnitt kaum Bedeutung bei. Sobald die Kinder kräftig genug waren, mussten sie bei der täglichen Arbeit auf dem Feld, bei der Viehzucht, in Werkstätten oder bei anderen standesgemäßen Tätigkeiten helfen. Eine Abgrenzung von Kinder- und Erwachsenenwelt gab es nicht. Das wesentliche Erziehungsmittel waren die Strafen, die häufig und hart ausfielen. Bildung war im Wesentlichen auf die Klöster beschränkt. Die vorherrschende negative Sicht auf das Lebensalter des Kindes spitzt sich in Augustinus Worten zu: Wer „vor die Wahl gestellt, entweder zu sterben oder noch einmal Kind zu werden, nicht lieber den Tod wählen" würde (Augustinus).

Im *15. Jahrhundert* galten Heranwachsende als dumm, schwächlich und unvollkommen. Aber auch als Wesen, die mithilfe von strenger Erziehung zu ehrbaren und vernünftigen Menschen heranzuwachsen vermochten. Dafür sollten in der Renaissance auch die Schulen sorgen: Nach festen Lehrplänen und mit eiserner Disziplin wurde der Nachwuchs auf das Erwachsenenleben vorbereitet.

Mit der *Aufklärung* wandelte sich diese Haltung. Eltern behandelten Kinder nun freundschaftlicher und vertrauensvoller – und doch blieb das pädagogische Ziel gleich: Ihre Nachkommen sollten nach bestimmten Vorstellungen geformt und so zu nützlichen Bürgern der Gesellschaft herangezogen werden. Diese Einstellung kommt in den Worten des französischen Abbé Goussault zum Ausdruck: „Man sollte mit Kindern oft vertraulich umgehen, sie über alles sprechen lassen, sie wie vernünftige Menschen behandeln und sie durch Milde zu gewinnen suchen – ein unfehlbares Mittel, um mit ihnen machen zu können, was man will."

Ein Meilenstein in der Veränderung dieser Sichtweise war die Erziehungslehre nach *Jean-Jacques Rousseau* (1712–1778). Er gilt als „Entdecker der Kindheit" und postuliert die Kindheit als etwas Kostbares und Schützenswertes: „Die Natur will, dass die Kinder Kinder sein sollen". Der Mensch ist von Natur aus gut, erst der gesellschaftliche Einfluss „verforme" ihn. Mit der Anklage an die Gesellschaft eröffnet der Autor seinen berühmten Erziehungsroman „Émile": „Alles ist gut, wenn es aus den Händen des Schöpfers hervorgeht; alles entartet unter den Händen des Menschen" (Rousseau). Er prägt den Begriff der „negativen Erziehung": Der Zögling solle möglichst von negativen kulturellen Einflüssen abgeschirmt werden. So wie pflanzliches Leben bei entsprechenden Umweltbedingungen von alleine wächst, soll auch die urwüchsige Natur des Kindes die Chance haben, sich von selbst zu entfalten. Eine direkte Einflussnahme von außen auf die Entwicklung des Kindes ist demnach zu vermeiden. Die Rousseau'sche Lehre prägt jedoch eine Paradoxie: Denn die eigentliche Kunst der Erziehung besteht darin, Émile soweit durch nicht direktive Führung zu beeinflussen, dass sein Wille mit dem des Erziehers übereinstimme.

Rousseaus radikaler Perspektivenwechsel – Erziehung aus der Sicht des Kindes zu betrachten – beeinflusste Immanuel Kant und viele namhafte Pädagogen wie Johann Heinrich Pestalozzi, Joachim Heinrich Campe, Adolph Diesterweg und insbesondere Reformpädagogen und -pädagoginnen wie Maria Montessori und Célestin Freinet.

Aber auch *in jüngerer Zeit* herrscht keineswegs Einigkeit über das „richtige" Verhältnis von Erzieher zu Zögling. Im Kern sind die verschiedenen Strömungen und Theorien durch die bei Gudjons beschriebene Dialektik, dem „Doppelgesicht der Erziehung", zu charakterisieren: „Erziehung als Menschwerdung des Menschen und Erziehung als Durchsetzung fremder Zwecke" (Gudjons, 2012, S. 78).

Für ein *modernes Verständnis* von Erziehung und für das Erziehungsverständnis, das diesem Buch zugrunde liegt, ist vor allem die neuere geschichtliche Entwicklung relevant:

Während die noch stark autoritär geprägte Erziehung der 1950er- und 1960er-Jahre den Kindern Gehorsamkeit, Pflichterfüllung und Disziplin beibrachten, wandelte sich in den 1970er-Jahren die durch Herrschaft bestimmte Erziehung in einen partnerschaftlichen Umgang mit dem Kind. An die Stelle des „Ziehens" trat nun die „Beziehung". Heute ist ein Erziehungsverständnis ohne „pädagogischen Bezug" (Nohl), vor allem aber ohne „Beziehung", nicht vorstellbar.

Der dänische Familientherapeut und Buchautor *Jesper Juul* hat diesen Paradigmenwechsel im Verhältnis von Erzieher und zu Erziehenden mit dem Titel seines Erziehungsbestellers auf den Punkt gebracht; dieser lautet: *„Aus Erziehung wird Beziehung"* (Juul, 2005). Juul will damit den Blick von einem Erziehungsverständnis abwenden, wonach Kinder zu funktionieren haben und lediglich nach dem Willen der Eltern „gezogen" werden. An die Stelle einer Subjekt-Objekt-Beziehung fordert er eine Beziehung Gleichwürdiger auf Augenhöhe, wobei der Erwachsene das Kind so ernst nimmt wie es ist, in Beziehung mit ihm tritt und dennoch die nötige Führung bietet. In den folgenden Ausführungen ist diese Vorstellung von Erziehung als Beziehung tragend.

Erziehung aus pädagogisch-psychologischer Sicht
Nach Krapp & Weidenmann (2001) ist der Ausgangspunkt für ein Verständnis von Erziehung die Relation zweier Instanzen (A und B) in einer pädagogisch bedeutsamen Situation, in der Kurzformel der Autoren wie folgt zusammengefasst:

A {Erziehung} B

A repräsentiert Eltern, Lehrkräfte, Trainer etc., also den oder die Erziehende (lat. educans, eingedeutscht Edukator, Edukant). B steht für die zu erziehende Person (lat. educandus, eingedeutscht Edukand). Das Grundverständnis von *Erziehung als Relation* lässt wechselseitige Beziehungen zu, die allerdings nicht unbedingt symmetrisch sein müssen.

Mit der Festlegung als Relation ist Erziehung konzeptuell noch wenig bestimmt. Wird der oben in Klammern stehende Begriff der Erziehung weiter aufgeschlüsselt, so ist damit die Tatsache gemeint, dass es sich bei Erziehung stets „um eine Art der Einflussnahme" handelt (Krapp & Weidenmann, 2001). In einem weiteren Sinn kann die Einflussnahme durch Aktivitäten erfolgen, die entweder direkt auf die betroffene Person B gerichtet sind (z.B. jemandem etwas erklären, vorführen oder begründen) oder indirekt erfolgen, indem Situationen bewusst arrangiert werden (z.B. durch die Gestaltung der räumlichen und sozialen Umfeldbedingungen oder die Bereitstellung von Lernmaterialien).

Die Autoren unterscheiden zwischen *drei Aspekten der Einflussnahme*:

- Einflussnahmen, die auf nachhaltige Veränderung abzielen und diese (zumindest teilweise) tatsächlich auch erreichen.
- Einflussnahmen, die nachhaltige Veränderungen beabsichtigen, sie jedoch (noch) nicht erreichen.
- Einflussnahmen, die nicht mit expliziter Veränderungsabsicht erfolgen, aber dennoch nachhaltige Veränderungen bewirken. In der Pädagogik spricht man bei dieser Kategorie von funktionaler Erziehung, in der Psychologie verweisen die Begriffe Sozialisation und implizites Lernen auf solche Phänomene.

Alle drei Formen der Einflussnahme sind Gegenstand der pädagogischen Psychologie und sollen hier unter dem Erziehungsbegriff kategorisiert werden.

Für erzieherisch beabsichtigte Veränderungen gilt, dass sie aus der Sicht einer erziehenden Person als „wünschenswert" gelten. Diese Ansicht muss aber von dem zu Erziehenden nicht geteilt werden. In ihrem Erziehungsbegriff verzichten die Autoren bewusst auf eine Bewertung der Veränderungsabsicht. Sie entscheiden sich für einen deskriptiven Erziehungsbegriff, bei dem die durch Einflussnahmen angestoßenen und bewirkten Veränderungen im Mittelpunkt stehen, unabhängig von der Bewertung der Absicht.

Es handelt sich hierbei nicht um kurzfristige oder nur situationsbezogene Änderungen, sondern um den Erwerb bzw. die Veränderung individueller Dispositionen (Persönlichkeitseigenschaften) und Kompetenzen (Handlungssteuerung).

Merkmale erzieherischen Handelns können in Anlehnung an Gudjons und Brezinka wie folgt bestimmt werden:

1. Erziehung ist *intentional:* Erziehung ohne Bewusstsein und Ziele gibt es nicht.
2. Das Erziehungsgeschehen ist ein *Interaktionsprozess* sich wechselseitig beeinflussender Interaktionspartner. Sinndeutungen und Handlungen des einen richten sich am Tun des anderen aus; Edukant (Erzieher) und Edukand (zu Erziehender) treten sich dabei in Rollen gegenüber, deren Charakter von der gesellschaftlichen Art und Weise der Institutionalisierung von Erziehung abhängt. In der Regel ist dies ein Kompetenzgefälle, das zur „Symmetrisierung" auffordert.
3. Mit den bei Brezinkas Definition angeführten psychischen Dispositionen sind relativ *dauerhafte Einstellungen und Verhaltensweisen* gemeint.
4. Die Leistung des Lernens *kann nur der Lernende* selbst vollbringen. Erzieherische mehr oder weniger methodisch organisierte Handlungen können lediglich dazu beitragen.
5. Erziehung ist eingebunden in einen umfassenden *historisch-gesellschaftlichen Kontext,* der Wandlungsprozessen unterliegt.
6. Erziehung erfolgt in Auseinandersetzung mit *Inhalten, Gegenständen und Themen* etc., welche die kognitive Ebene (z.B. Wissen, Einsichten), die affektive Ebene (Einstellungen) und die Handlungsebene (z.B. Fertigkeiten) betreffen.

Die folgende Strukturskizze veranschaulicht die oben beschriebenen Strukturmerkmale:

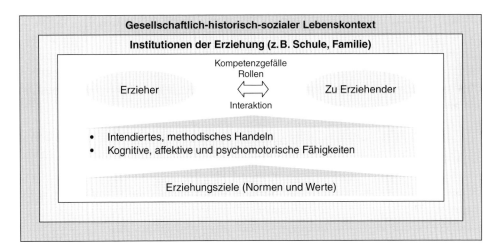

Abbildung 1: Definition der Erziehung nach Gudjons (2012, S. 205)

Es wird deutlich, dass das vorgestellte Modell nicht festlegt, was „gute" oder „schlechte" Erziehung ist. Dem Thema der Normorientierung widmet sich der Artikel von Frau Prof. Staudigl in Kapitel 2.1.

Erziehung aus Sicht der Schulberatung
Schulberatung als Handlungsfeld der Pädagogischen Psychologie befasst sich per definitionem mit Themen an der Schnittstelle von Pädagogik und Psychologie, insbesondere mit der Erziehung. Bereits 1917 hatte Aloys Fischer der Pädagogischen Psychologie die Aufgabe zugeschrieben, „die psychische Seite von Erziehung" zu untersuchen (vgl. Krapp & Weidenmann, 2001, S. 19). Auch in der gegenwärtigen internationalen Diskussion besteht weitgehend der Konsens, „dass die Pädagogische Psychologie das zentrale Anliegen hat, die Erziehungswirklichkeit zu verstehen und zu verbessern" (vgl. Berliner, 1992, in: Krapp & Weidenmann, 2001, S. 19). Das schließt nicht aus, dass Schulberatung auch von anderen Wissenschaftsdisziplinen beeinflusst ist. Abbildung 2 zeigt Schulberatung im Geflecht unterschiedlicher Disziplinen.

Im weiten Feld der Pädagogischen Psychologie ist Schulberatung als eine Form der pädagogisch-psychologischen Beratung anzusiedeln. Hier greift die Definition in Anlehnung an Hofer, Wild und Pikowsky (1996), wonach pädagogisch-psychologische Beratung „als eine kurzfristige und prinzipiell freiwillige Beziehung zu verstehen ist, in der Berater vorwiegend mittels sprachlicher Interaktion und unter Rückgriff auf pädagogisch-psychologisches Wissen versuchen, Personen oder Gruppen von Personen aus dem erzieherischen Feld in die Lage zu versetzen, ihr Problem zu lösen und Entwicklungsprozesse zu optimieren" (Hofer, Wild und Pikowsky, 1996, S. 431). Entscheidend an der Definition von Hofer et al. ist, dass pädagogisch-psychologische Beratung auf Herausforderungen fokussiert, die sich „im erzieherischen Feld" ergeben. Vereinfacht richtet sie sich auf Personen wie Eltern, Erzieher oder Lehrer, die in erzieherischer Verantwortung stehen, oder auf die Adressaten von Erziehung, also im Regelfall Kinder und Jugendliche oder junge Erwachsene.

Es ist unmittelbar nachvollziehbar, dass Schulberatung, die ihrem Selbstverständnis nach vor allem Unterstützungsleistungen für Schulen erbringt, neben der Erziehungsberatung zu den wichtigsten institutionalisierten Anwendungsfeldern pädagogisch-psychologischer Beratung zählt.

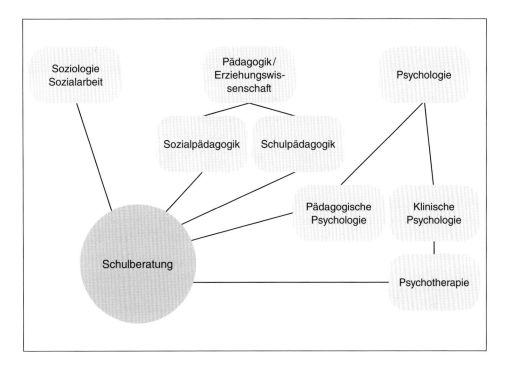

Abbildung 2: Beratung im Geflecht der Wissenschaftsdisziplinen (in Anlehnung an Beck, zit. in: Hertel, 2009)

Rechtliche Aspekte von Erziehung

Zweifelsfrei ist die erste und wichtigste Erziehungsinstanz die Familie. Diesem Aspekt wird im Grundgesetz in Art. 6 Abs. 2 Rechnung getragen: „Pflege und Erziehung der Kinder sind das natürliche Recht der Eltern und die zuförderst ihnen obliegende Pflicht." Zugleich wird auch die Verantwortung des Staates hervorgehoben. Die Fortsetzung des oben angeführten Artikels lautet: „Über ihre Betätigung wacht die staatliche Gemeinschaft." Allerdings wird der Staat nicht auf das zugewiesene Wächteramt beschränkt: *„Der staatliche Erziehungsauftrag* in der Schule ist in seinem Bereich *dem elterlichen Erziehungsrecht nicht nach, sondern gleichgestellt.* Diese *gemeinsame Erziehungsaufgabe* von Eltern und Schule, welche die Bildung der eigenen Persönlichkeit des Kindes zum Ziel hat (...), ist in einem sinnvoll aufeinander bezogenen Zusammenwirken zu erfüllen" (ISB-Broschüre). Auf dieser Basis verpflichtet das Bayerische Gesetz über das Erziehungs- und Unterrichtswesen (BayEUG) Eltern und Schule zu einer auf Vertrauen getragenen Zusammenarbeit im Interesse der Bildung und Erziehung der Schüler. Die Notwendigkeit und die Regelungen der Zusammenarbeit der Schule mit den Erziehungsberechtigten und den Organen der Elternvertretung wird im BayEUG an mehreren Stellen ausdrücklich betont: Art. 1 Abs. 2, Art. 59 Abs. 3, Art. 65

Abs. 1, Art. 74 Abs. 1. Wiederholt wird die „von gegenseitigem Vertrauen getragene Zusammenarbeit" hervorgehoben.

Durch die im BayEUG angeführten Rechte und Pflichten der Erziehungsberechtigten wie auch die der Schülerinnen und Schüler wird die Zusammenarbeit rechtlich verbindlich gestaltet. Art. 76 BayEUG beispielsweise verpflichtet die Erziehungsberechtigten, die Arbeit der Schule zu unterstützen: „Die Erziehungsberechtigten sind verpflichtet, auf die gewissenhafte Erfüllung der schulischen Pflichten einschließlich der Verpflichtung nach Art. 56 Abs. 4 Satz 4 und der von der Schule gestellten Anforderungen durch die Schülerinnen und Schüler zu achten und die Erziehungsarbeit der Schule zu unterstützen (…)."

Ebenfalls rechtlich verbindlich geregelt sind die *Erziehungsziele*, auf die der staatliche Bildungs- und Erziehungsauftrag fußt. Die obersten Bildungsziele in Art. 131 BvG geben den Volksschulen den Charakter christlicher Gemeinschaftsschulen, in denen die Schüler nach den Grundsätzen der christlichen Bekenntnisse unterrichtet und erzogen werden. Zudem ist die Schule als öffentlich-rechtliche Einrichtung in die gesamte freiheitlich demokratisch-rechtsstaatliche Grundordnung eingebunden. Damit verknüpft ist auch die Verpflichtung, die Tätigkeit im Schuldienst verfassungsgemäß zu gestalten und „die Verfassungsordnung zur Grundlage und zum Inhalt von Unterricht und Erziehung zu machen" (vgl. Kaiser, S. 49, in: Oechslein et al., 2016).

Wie ist Schulberatung im rechtlichen Rahmen zu verorten? Gemäß der KmBek von 2001/I. ist *Schulberatung „Teil der schulischen Erziehungsaufgabe".* Sie ist erforderlich „angesichts der Vielfalt der Bildungswege und der zunehmenden Differenzierung des Unterrichts, angesichts auch der gesellschaftlichen und wirtschaftlichen Veränderungsprozesse, die zu erhöhten Anforderungen an Schule und Lehrkräfte führen (…)" (KmBek). In Art. 78 des BayEUG wird das wesentliche Ziel der Schulberatung abgesteckt: „(…) die Erziehungsberechtigten und die Schülerinnen und Schüler in Fragen der Schullaufbahn zu beraten und ihnen bei der Wahl der Bildungsmöglichkeiten entsprechend den Anlagen und Fähigkeiten des Einzelnen zu helfen" (BayEUG Art. 78, (1)). Die wesentlichen Merkmale der Schulberatung sowie deren Adressaten werden in der KmBek weiter ausgeführt: „Schulberatung ist für die Ratsuchenden freiwillig, vertraulich und kostenlos; sie kann auch von Kindern, Jugendlichen und Erwachsenen in Anspruch genommen werden, die eine schulische Ausbildung in Bayern erstmals oder erneut beginnen wollen." Schulberatung unterstützt also schulische Erziehungsarbeit, sie ist jedoch nicht mit ihr gleichzusetzen.

Begriffliche Abgrenzungen
Auf die Unterscheidung von Erziehung und Beratung wird der folgende Abschnitt näher eingehen.

In einem sehr weitgefassten Verständnis ist Beratung schlicht eine Form der „helfenden Interaktionsbeziehung". Zu Recht stellt sich die Frage nach der Abgrenzung des Begriffs von anderen Begriffen, die die gleiche Zielsetzung verfolgen, wie etwa Erziehung und Therapie.

Dietrich verortet Beratung in seinem Grundlagenwerk „Allgemeine Beratungspsychologie" (1991) in einer Mitte-Position zwischen Erziehung und Therapie. Danach könne sich Beratung von dieser Mitte-Lage aus „in Zielsetzung und Durchführung einmal mehr der Erziehung und einmal mehr der Therapie annähern" (Dietrich, 1991, S. 15/16).

Rausch kritisiert Dietrichs Mitte-Position der Beratung. Nach ihm steht Beratung der Therapie wesentlich näher wie der Erziehung. Als Kriterien wählt er den zeitlichen Umfang und das Beziehungsverhältnis. So handle es sich in Erziehung und Therapie um ein lang andauerndes bzw. längerfristiges Beziehungsverhältnis, Beratung beschränke sich in der Regel auf eine kürzere Zeit. Auch das Beziehungsverhältnis zwischen Mutter/Vater und Kind bzw. zwischen Therapeut und Klient sei enger als dies zwischen Ratsuchenden und Berater. Allerdings spricht Rausch der Beratung im Bereich Schule eine größere Nähe zur Erziehung zu. „Beratung impliziert in starkem Maße die Autonomie des Ratsuchenden und eine solche Autonomie gibt es eher, wenn auch eingeschränkt, bei Schülern im Kontext der Schule sowie bei Jugendlichen im Kontext der elterlichen Erziehung" (Rausch et al., 2008, S. 101).

Die Schwierigkeiten in Verortung und Abgrenzung der unterschiedlichen helfenden Beeinflussungsmöglichkeiten führt zu dem Schluss, dass *„die drei Bereiche nur akzentuierend voneinander abgegrenzt werden können"* (Knoll in Anlehnung an Elbing, 1999).

Aspekte der Abgrenzung zwischen Erziehung, Therapie und Beratung sind in Tabelle 1 aufgeführt.

Positionen der Beratung zwischen Erziehung und Therapie		
Art der Probleme und Klienten		
Erziehung	Beratung	Psychotherapie
Keine konkreten Probleme, reguläre Auseinandersetzung mit der Umwelt, auf die Zukunft ausgerichtet	Aktuelle, spezifische Probleme treten häufig auf, daher noch keine Handlungsmuster vorhanden	Chronische, zum Teil gravierende Persönlichkeitsprobleme mit tief liegenden Ursachen
S.o. keine konkreten Probleme	Entscheidungsschwierigkeiten, Informationsdefizite, Handlungs-, Orientierungs- oder Planungsprobleme	Ausgeprägte Störungen mit Fehl- und Ersatzhandlungen
Normal entwickelter Edukand, ohne gravierende Störungen oder Probleme; Kinder und Jugendliche	Eher gesunder oder „normaler" Klient; alle Altersgruppen	Eher kranker oder „gestörter" Klient; alle Altersgruppen
Methoden und Techniken		
Erziehung	Beratung	Psychotherapie
Aufbauende Methoden zur Persönlichkeitsentwicklung	Eher anregende und stützende Methoden	Eher aufdeckende, deutende und abbauende Methoden
Sprachliche und andere Kommunikation	Sprachliche Kommunikation	Sprachliche und andere Kommunikation
Dauer und Art der Beziehung		
Erziehung	Beratung	Psychotherapie
Intensive und emotionale Beziehung, keine Gleichrangigkeit der Partner	Schwache Intensität der Beziehung	Starke Intensität der Beziehung
Langer Zeitraum über viele Jahre	Kurze Zeitdauer, auch Zeitbegrenzungen oder Einmalberatungen	Längerer Zeitraum
Kontinuierlicher Prozess	Geringe Dichte der Interaktionen	Häufigere Sitzungen
–	Inanspruchnahme auf freiwilliger Basis	Inanspruchnahme überwiegend freiwillig
Ziele und Ergebnisse		
Erziehung	Beratung	Psychotherapie
Grundlegende Persönlichkeitsentwicklung und Persönlichkeitsaufbau bis hin zu Mündigkeit	Förderung der Selbsthilfe-, Steuerungs- und Problemlösefähigkeit und Handlungskompetenz aus einer Situation der Desorientierung heraus	Tiefer gehende Persönlichkeitsumgestaltung aus einer Situation der massiven Störung heraus
Selbstbestimmung, Bildung	Überwiegend Prävention	Überwiegende Heilung
Sozialisation	„normale" Verhaltensweisen stärken	Inadäquates „gestörtes" Verhalten ändern

Tabelle 1: Positionen der Beratung zwischen Erziehung und Therapie (nach Ertelt, B., Schultz, W.E., 1997, S. 9 ff. in: Knoll, F., 2016)

Überträgt man die oben dargestellte Tabelle auf die *Schulberatung*, so können folgende Überlegungen zum *Verhältnis von Erziehung und Beratung* ergänzt werden:

- *Themen und Methoden:* Gemäß der KmBek befasst sich Schulberatung inhaltlich mit Themen der Bildungsberatung, der pädagogisch-psychologischen Beratung zur Bewältigung von Schulproblemen, der Beratung von Schule, Lehrkräften und Schulleitung sowie der Beratung bei Prozessen der Schulentwicklung. Vor allem im Bereich der pädagogisch-psychologischen Beratung sind Überschneidungen mit erzieherischen Themen gegeben, wenn auch die Vorgehensweise eine andere ist. So werden im Beratungsprozess „Verfahren der psychologischen Diagnostik" eingesetzt und „weitere pädagogische und psychologische Verfahren und Maßnahmen angewandt" (KmBek, 1.4). Hierzu können beispielsweise Methoden der Gesprächsführung zählen oder die Umsetzung themenspezifischer Förderprogramme.
- *Freiwilligkeit:* Ein wichtiger Aspekt ist die Freiwilligkeit der Inanspruchnahme von Beratung. Zwar gibt es auch „geschickte Klienten" (Bamberger, 1999). Streng genommen handelt es sich hier jedoch nicht um Beratung, solange sich der Klient nicht im weiteren Verlauf auf die Beratung freiwillig einlassen kann. Diesem Verständnis entsprechend darf aus der Ablehnung des Beratungsangebots keine Sanktion erfolgen. Sanktionen werden jedoch in der erzieherischen Interaktion bei Grenzverletzungen angewandt (z.B. bei der Durchsetzung von Ordnungsmaßnahmen).
- *Adressaten:* Adressaten der Schulberatung sind die oben angeführten Personen und Personengruppen, d.h. Schüler wie Erwachsene. Hier besteht ein klarer Unterschied zur Erziehung, da sich diese nach dem hier zugrunde gelegten Verständnis nicht an Erwachsene richtet. In einigen Definitionen wird Erziehung als lebenslanger Prozess betrachtet. In diesem Kontext ist jedoch das Ende der erzieherischen Einflussnahme mit der Mündigkeit des Menschen zu sehen. In diesem Zusammenhang ist es dann besser, von Bildung oder einfach nur von Lernen zu sprechen.
- *Verschwiegenheit:* Beratung ist eingebettet in ein rechtliches Setting. Beispielsweise gibt es verbindliche Vorschriften zur Einhaltung der Verschwiegenheit. In der Erziehung beruht der persönliche Umgang auf einem Vertrauensverhältnis, das jedoch nicht rechtlich geregelt ist. Der Erziehende hat die Aufgabe, die Würde und Privatsphäre des zu Erziehenden zu respektieren und zu wahren.

Fazit
Erziehung und Schulberatung sind eng miteinander verbunden und können doch voneinander getrennt betrachtet werden. Schulberatung als professionelles Anwendungsgebiet pädagogisch-psychologischen Wissens leistet einen bedeutsamen Beitrag in der Unterstützung aller am Erziehungsprozesse beteiligter Personen an der Schnittstelle von Schule und Familie. Der immer wieder hervorgehobene steigende Beratungsbedarf zu Fragen von

Bildung und Erziehung (vgl. Pikowski & Wild, 2012) hebt die Bedeutung von Schulberatung neben anderen Angeboten im Feld pädagogisch-psychologischer Beratung hervor. Dies wird auch in Zukunft eine entsprechende Professionalisierung und intensivere Netzwerkbildung zur Folge haben.

Literatur

Bamberger, G.: Lösungsorientierte Beratung. Beltz Psychologie Verlags Union, Weinheim 1999

Dietrich, G.: Allgemeine Beratungspsychologie. Hogrefe, Göttingen 1991

Gudjons, H.: Pädagogisches Grundwissen. Klinkhardt UTB, Bad Heilbrunn 2012

Hertel, S.: Beratungskompetenz von Lehrern. Waxmann, Münster 2009

Hofer, M., Wild, E. & Pikowski, B. (Hrsg.): Pädagogisch-psychologische Berufsfelder. Beratung zwischen Theorie und Praxis. Hans Huber, Bern 1996

ISB: Schule und Familie. Bayerisches Staatsministerium für Bildung und Kultus, Wissenschaft und Kunst. Referat Öffentlichkeitsarbeit, München 2016

Juul, J.: Aus Erziehung wird Beziehung. Herder Spektrum, Freiburg 2005

Kaiser, K.K.: Schule und Recht – Recht und Schule. In: Oechslein et al. (Hrsg.), Handbuch schulischer Elternarbeit, S. 32 – 156. Link, Kronach 2016

Knoll, F.: Beratungsbegriff – Beratungsverständnis – Schulberatung aus wissenschaftlicher Sicht – Qualität der Beratung (Professionalität und Kompetenzen der Berater). In: D. Graf, F. Knoll & W. Honal (Hrsg.). Handbuch der Schulberatung, Mediengruppe Oberfranken, Kulmbach 2016

Krapp, A. & Weidenmann, B. (Hrsg.): Pädagogische Psychologie. Ein Lehrbuch. Beltz Psychologie Verlags Union, Weinheim 2001

Pikowsky, B. & Wild, E.: Pädagogisch-psychologische Beratung. In: E. Wild & J. Möller (Hrsg.) (2009). Pädagogische Psychologie, S. 429 – 455, Springer, Heidelberg 2012

Rausch, A., Hinz, A. & Wagner, R.F. (Hrsg.): Modul Beratungspsychologie. Klinkhardt UTB, Bad Heilbrunn 2008

Tuor-Kurth, Ch.: Vorstellungen vom Kind in der griechisch-römischen Antike und im frühen Christentum sowie Entwicklungslinien in der Kirchengeschichte. Vortrag gehalten am 30. Deutschen Evangelischen Kirchentag, Hannover 2005

Rechtliche Bezüge:
Grundgesetz GG. C.H. Beck, München 2016

Bekanntmachung des Bayerischen Staatsministeriums für Unterricht und Kultus vom 29.10.2001 Nr. VI/9-S4305-6/40 922 (KWMBI. Teil I Nr. 22/2001 vom 30.11.2001)

Bayerisches Gesetz über das Erziehungs- und Unterrichtswesen (BayEUG) i.d.F. der Bek. vom 31.5.2000. (GVBl. S.414, Bay RS 2230-1-1-K), zuletzt geändert am 24.5.2017 (GVBl. S.106).

1.2 Familie und Erziehung früher und heute: Alte und neue Herausforderungen im Elternsein
Dr. Barbara Wilhelm

> **Abstract**
> Familie und Erziehung haben sich in den vergangenen Jahrzehnten kontinuierlich gewandelt. Veränderungen betreffen dabei nicht nur die Zusammensetzung der Familie, sondern auch die Ausgestaltung und die Qualität der Beziehungen und des Zusammenlebens. Elternschaft und Erziehung bleiben davon nicht unbeeinflusst. Anforderungen im Alltag mit Kindern und als Familie sind vielfältiger geworden und mit ihnen die Ansprüche und Erwartungen an die Erziehungsleistung von Eltern. Welchen Herausforderungen sich Eltern der heutigen Elterngeneration gegenübergestellt sehen und was dies für das Erleben der Elternrolle bedeutet, ist Thema dieses Beitrags. Bedarfe von Eltern und Anknüpfungspunkte für die Beratungspraxis bilden den Abschluss.

Einleitung

Eltern eines Kindes zu sein ist eine bereichernde Erfahrung, zweifellos aber auch eine herausfordernde Lebensaufgabe, die vielfältige Verpflichtungen und Abhängigkeiten schafft. Diese Erkenntnis ist keineswegs neu. Allerdings scheint das Elternsein in heutigen Elterngenerationen mit größeren Anforderungen verbunden zu sein als in früheren Generationen, zu deren Zeit Familie als unhinterfragtes Lebensmodell galt und Kinder selbstverständlich zum Leben dazugehörten (Nave-Herz, 2015a).

Heute sind Familie und Kinder dagegen vermehrt zur Option geworden, wenngleich sie immer noch von den allermeisten gewünscht wird. Demnach wird heute auch deutlich bewusster und planvoller an die „Aufgabe Elternschaft" herangetreten und werden Kinder – der Vorstellung „verantworteter Elternschaft" entsprechend – erst dann in die Welt gesetzt, wenn ausreichend für sie gesorgt werden kann. Allein daraus wird ersichtlich, dass sich (zukünftige) Eltern bereits vor dem eigentlichen Übergang zur Elternschaft damit auseinandersetzen, inwieweit sie (eigenen) Ansprüchen genügen und Anforderungen gewachsen sind. Bereits im Elternwerden und besonders in den ersten Lebensjahren des Kindes sehen sich viele Eltern dann mit einer Fülle an Erziehungsratgebern und Elternzeitschriften konfrontiert, die allesamt mit unterschiedlichen Konzepten, Erziehungsphilosophien und -rezepten klarlegen, was „gute" und „richtige" Erziehung ist und leisten soll (Wilhelm, 2015). Es verwundert daher nicht, dass Elternschaft im subjektiven Empfinden zu einer immer schwierigeren Aufgabe geworden ist (Henry-Huthmacher, 2008). Hintergründig sind dafür weitaus komplexere Entwicklungen verantwortlich, denen sich dieser Beitrag widmet. Sie stehen im Zusammenhang mit vielschichtigen Wandlungsprozessen, die nicht nur die Familie in ihrer Zusammensetzung und Ausgestaltung betreffen und die Kindheit und das Aufwachsen verändert haben, sondern auch auf das Erziehungsgeschehen und das Erleben der Elternrolle[1] übergreifen.

Familie und Erziehung zwischen Veränderung und Beständigkeit

Familie und Erziehung haben sich in den vergangenen Jahrzehnten kontinuierlich gewandelt. Den Wandel von Familie und Erziehung umfassend und in all seinen Aspekten detailliert darzustellen, würde den Umfang dieses Beitrages um ein Vielfaches überschreiten. Hierzu sind die Veränderungen zu vielschichtig und deren Hintergründe zu komplex.[2] Im Folgenden möchte ich daher den Fokus auf einige grundlegende Tendenzen und Beobachtungen legen, welche die Herausforderungen im Elternsein und im Zusammenleben mit Kindern und als Familie heute am ehesten sichtbar und verständlich machen.

Wandel der Familie

Wenn vom Wandel der Familie die Rede ist, ist man gedanklich schnell bei gestiegenen Scheidungsraten und der zunehmenden Instabilität und Ausdifferenzierung von Familie und Familienbeziehungen. Auch wenn dies, wie gleich ersichtlich wird, unweigerlicher Bestandteil heutiger Familienrealität ist, so sei doch vorangestellt, dass es sich hierbei nur um einen Teilaspekt familiären Wandels handelt. Ein weiterer betrifft das Innenleben der Familie und den qualitativen Wandel der Familienbeziehung, welcher nahelegt, dass das Lebensmodell Familie keineswegs ausgedient hat.

Stellenwert der Familie

Familie und Kinder besitzen einen *unverändert hohen Stellenwert* im Leben des Einzelnen. Wenngleich nicht alternativlos unter anderen denkbaren Lebensformen, zählen Partnerschaft und Familie noch immer für die Mehrheit der Menschen zum erklärten Lebensziel und wichtigsten Lebensbereich. Dies zeigt sich konsistent in allen Befragungen und Studien, sei es im „Monitor Familienleben" des Instituts für Demoskopie Allensbach (IfD Allensbach, 2013), im „Generationen-Barometer" (Haumann, 2010) oder auch in der „Shell Jugendstudie" (Albert, Hurrelmann, & Quenzel, 2015). Unabhängig von Alter und Lebensphase gelten Familie und Familienbeziehungen als wichtigstes Gut und sind verankert in den persönlichen Lebensvorstellungen. Diese hohe subjektive Bedeutungszuschreibung von Familie drückt sich in heutigen Familienbeziehungen auch in qualitativer Hinsicht aus und bringt

---

[1] Dieser Artikel ist auf Basis meiner Dissertationsschrift entstanden. Für eine umfassende Betrachtung der Thematik und ihrer Bedeutung für das Erleben der Elternrolle sei auf Wilhelm (2015) verwiesen.

[2] Umfassendere Darstellungen finden sich in einschlägigen wissenschaftlichen Monografien (z.B. Nave-Herz, 2015a; Peuckert, 2012; Seiffge-Krenke & Schneider, 2012) sowie in den Veröffentlichungen der amtlichen Statistik durch das Statistische Bundesamt (destatis).

eine zunehmende *Emotionalisierung der Beziehungen* zutage (Walper, 2004). Mehr als je zuvor bilden vor allem affektiv-emotionale Aspekte die Basis heutiger Paar- und Familienbeziehungen und dem gelebten Miteinander im Familienalltag. Liebe, Nähe und Intimität gelten als zentraler Grundpfeiler einer gemeinsamen Lebensgestaltung und stehen keinesfalls im Widerspruch zu hohen Trennungs- und Scheidungsquoten:

„Gerade weil die Beziehung zum Partner so bedeutsam für den Einzelnen geworden ist, und gerade weil man die Hoffnung auf Erfüllung einer idealen Partnerschaft nicht aufgibt, löst man die gegebene Beziehung – wenn sie konfliktreich und unharmonisch ist – auf. Der zeitgeschichtliche Anstieg der Ehescheidungen ist also kein Anzeichen für einen ‚Verfall' oder für eine ‚Krise' der Ehe, sondern für ihre enorme psychische Bedeutung für den Einzelnen"(Nave-Herz, Daum-Jaballah, Hauser, Matthias, & Scheller, 1990, S. 55).

So dürfen hohe Scheidungs- und Trennungsraten nicht als Indikatoren für ein Scheitern oder Ablehnen von Familie gewertet werden. Vielmehr sind sie Hinweisgeber auf die *gestiegenen Ansprüche* an die Erfüllung des eigenen Lebensglücks in Form einer liebevollen Partnerschaft und eines glücklichen Familienlebens. Genügt die gemeinsame Paarbeziehung diesen Ansprüchen nicht mehr, wird eine solche Verbindung heute deutlich schneller gelöst als dies früher der Fall war. Entsprechend sind es heute überwiegend Gründe wie mangelndes Verständnis und Einfühlungsvermögen, ein Auseinanderleben oder verschiedene Lebensperspektiven der Partner, die das Ende einer Beziehung herbeiführen (Bodenmann, Bradbury, & Madarasz, 2002).

Eine vermeintlich gestiegene Instabilität von Ehe und Familie ist insofern also auch immer unter dem Gesichtspunkt qualitativer Wandlungsprozesse innerhalb der Familie zu sehen, welche sich zeitgleich zu den demografischen Veränderungen vollzogen haben.

Familienstrukturen
Um den Wandel der Familie nun auch tatsächlich aus einem demografischen Blickwinkel zu betrachten, ist unter Bezugnahme auf die amtliche Statistik (Statistisches Bundesamt, 2016) zweifelsohne ein Wandel der Familienformen und Haushaltszusammensetzungen zu konstatieren. Die Familie per se gibt es so nicht mehr. Vielmehr existiert eine Vielfalt an Familienformen und familiären Lebenskonstellationen, welche in der Literatur zumeist auch als die *Pluralisierung von Familienformen* beschrieben wird. Historisch gesehen ist dies jedoch nicht neu (Nave-Herz, 2015a; Seiffge-Krenke & Schneider, 2012). Gewandelt haben sich lediglich die veränderte Verbreitung und Häufigkeit dieser Lebensformen und zum Teil auch die Ursachen, aus denen heraus sie entstehen.

Mit Blick auf die Familienhaushalte in der Bundesrepublik zeigt sich ein kontinuierlicher Rückgang der sogenannten „traditionellen" Kernfamilie mit zwei miteinander verheirateten Eltern und ihren gemeinsamen leiblichen Kindern, wohingegen die Zahl *alternativer Familienformen*, welche in Hinblick auf den Familienbildungsprozess und die Rollenzusammensetzung davon abweichen, angestiegen ist. Gemeint sind hier insbesondere nicht eheliche Lebensgemeinschaften sowie alleinerziehende Mütter und Väter (siehe Abbildung 1).

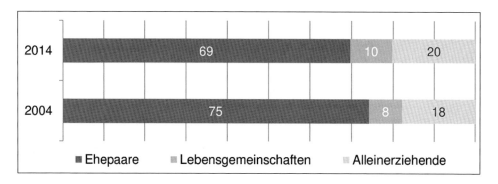

Abbildung 1: Familienhaushalte mit Kind(ern) unter 18 Jahren nach Familienform – in Prozent (eigene Darstellung auf Basis des Datenreports 2016 (Statistisches Bundesamt, 2016))

Gleichwohl sich Familienformen stärker ausdifferenzieren und sich Familienstrukturen verschieben, stehen alternative Familienformen (10 Prozent bzw. 20 Prozent) trotz ihres stetigen Zuwachses weiterhin anteilsmäßig hinter der traditionellen Familie (69 Prozent) zurück. Demzufolge lebt auch die überwiegende Mehrheit der Kinder in Deutschland mit zwei (verheirateten oder nicht verheirateten) Elternteilen zusammen (2014: 82 Prozent; 2004: 85 Prozent), wenngleich auch hier die Zahl (geringfügig) rückläufig ist (Statistisches Bundesamt, 2016). Unter den Alleinerziehenden handelt es sich nahezu unverändert in neun von zehn Familien um eine alleinerziehende Mutter (2014: 90 Prozent, 2004: 88 Prozent).

Nicht möglich ist es, auf Basis der amtlichen Daten verlässliche Aussagen zur Verbreitung von *Stieffamilien* zu treffen. Ihr prozentualer Anteil an den Familienhaushalten in Deutschland kann bislang nur anhand von Befragungsdaten umfangreicher (sozialwissenschaftlicher) Surveys geschätzt werden. Je nach Datenquelle stellen Stieffamilien 7 bis 13 Prozent der Familienhaushalte dar, wobei ihr Anteil in den neuen Bundesländern höher angegeben wird als in den alten Bundesländern (BMFSFJ, 2013; Entleitner-Phleps, 2017).

Stieffamilie ist dabei nicht gleich Stieffamilie. Vielmehr existieren verschiedene Arten dieser Familienform (Entleitner-Phleps, 2017). So lassen sich Stieffamilien zunächst danach einordnen, wer leiblicher und wer sozialer Elternteil ist. Ist die Mutter leiblicher Elternteil und der Vater sozialer Elternteil, handelt es sich um eine *Stiefvaterfamilie*; bei einer *Stiefmutterfamilie* ist hingegen die Mutter sozialer Elternteil und der Vater leiblicher Elternteil. Weiterhin lässt sich eine Stieffamilie dadurch charakterisieren, wer Kinder aus einer früheren Beziehung mitbringt. Trifft dies nur für einen der Partner zu, so handelt es sich um eine *einfache Stieffamilie*. Sind beide Partner bereits leibliche Eltern eines oder mehrerer Kinder, so spricht man von einer *zusammengesetzten Stieffamilie*. Bekommen diese Eltern noch ein gemeinsames leibliches Kind, erweitert sich die Familie zur *komplexen Stieffamilie*, in der deutschen Literatur oftmals auch als *Patchworkfamilie* bezeichnet (Nave-Herz, 2013). Weitere Unterscheidungen lassen sich auch nach Haushalts- und Lebensform der Familien treffen. Tabelle 1 zeigt die verschiedenen Arten und Bezeichnungen von Stieffamilien in der Übersicht (vgl. Entleitner-Phleps, 2017).

Merkmal	Ausprägung	Art der Stieffamilie
Geschlecht des Stiefelternteils	Männlich	Stiefvaterfamilie
	Weiblich	Stiefmutterfamilie
Kinder	Einer hat (eigene) Kinder	Einfache Stieffamilie
	Beide haben (eigene) Kinder	Zusammengesetzte Stieffamilie
	Gemeinsame Kinder	Komplexe Stieffamilie („Patchworkfamilie")
Haushalt*	Kinder leben im Haushalt	Primäre Stieffamilie („Alltagsfamilie")
	Kinder leben nicht dauerhaft im Haushalt	Sekundäre Stieffamilie („Wochenendfamilie")
Partnerschaftsform	Verheiratete oder nicht-eheliche Stieffamilien	Stieffamilien im engeren Sinne
	Living-Apart-Together Beziehungen	Stieffamilien im weiteren Sinne
	bei Trennung der Stieffamilie	(Mehrfach) fragmentierte Stieffamilie

Tabelle 1: Arten von Stieffamilien
* noch keine einschlägige Begrifflichkeit wurde für Stieffamilienformen gefunden, in denen Kinder getrennt lebender Eltern zu annähernd gleichen Teilen bei beiden leiblichen Eltern abwechselnd leben (sog. „Wechselmodell"; vgl. Sünderhauf, 2013).

In ihrer zahlenmäßigen Verteilung ist die (einfache) Stiefvaterfamilie in Deutschland dominierend (47 Prozent), gefolgt von anteilig gleich anzutreffenden Stiefmutter- und Patchworkkonstellationen (27 Prozent bzw. 26 Prozent) (BMFSFJ, 2013). Zusammengesetzte Familien werden in der zitierten Statistik nicht gesondert ausgewiesen.

In der Summe betrachtet haben diverse soziografische Entwicklungen die Familienrealität in Deutschland gewandelt und zur beschriebenen Ausdifferenzierung der Familie geführt. Neben einer gestiegenen Lebenserwartung und konstant niedrigen Geburtenzahlen sind dabei aber vor allem eine gesunkene Heiratsneigung und steigende Scheidungsraten anzuführen. So sind Trennung und Scheidung heute auch der häufigste Grund für familienstrukturelle Veränderungen, während dies in früheren Generationen weitaus häufiger dem Tod eines Elternteils geschuldet war (Seiffge-Krenke & Schneider, 2012).

Zieht man derzeitige *Scheidungsverhältnisse* heran, ist anzunehmen, dass etwa 35 Prozent aller in einem Jahr geschlossenen Ehen im Laufe der nächsten 25 Jahre wieder geschieden werden, d.h. mehr als jede dritte Ehe (Statistisches Bundesamt, 2016). Zugegebenermaßen ist vor allem bei kinderlosen Ehen das Risiko einer gerichtlichen Scheidung besonders hoch (Nave-Herz, 2015a), doch zeigen sich auch Familien mit Kindern von dieser Entwicklung nicht unberührt. Im Jahr 2014 wurden in Deutschland 166.200 Ehescheidungen vollzogen, in etwa der Hälfte der Fälle waren gemeinsame minderjährige Kinder mit betroffen. In absoluten Zahlen waren dies knapp 135.000 Kinder (Statistisches Bundesamt, 2016). Dabei sind tatsächlich nur jene Kinder erfasst, bei denen es sich auch tatsächlich um eine *Scheidung* miteinander verheirateter Eltern handelte. Dagegen ungewiss ist die Zahl jener Kinder, die eine *Trennung* ihrer nicht miteinander verheirateten Eltern miterlebten.

Insgesamt lässt sich konstatieren, dass unter den Lebensformen der Gesamtbevölkerung die Familie weiterhin an erster Stelle steht und gleichermaßen trotz der Zunahme alternativer Familienformen die Kernfamilie weiterhin dominierend ist. Von einem „Auslaufmodell" Familie ist also keineswegs zu sprechen, ebenso wenig ist von einem Bedeutungsverlust von Ehe und Familie auszugehen. Vielmehr zeigt sich familiales Leben heute in vielseitigeren Formen. Dies betrifft nicht zuletzt auch die Familienbeziehungen.

Familienbeziehungen in erweiterten Familiensystemen
Die aufgezeigten demografischen, familienstrukturellen Veränderungen bringen zweifelsohne auch Folgen für das „Innenleben" der Familie, der Familienbeziehungen und der -dynamiken mit sich. Eine Trennung und Scheidung der Eltern setzt oftmals weitere Veränderungsszenarien in Gang, etwa wenn neue Partnerschaften eingegangen (oder auch wieder gelöst) und hierdurch auch neue Familienformen begründet werden. Diese *Übergänge in der Familienentwicklung* führen in aller Regel dazu, dass die Komplexität des Familiensystems und der ihm inne liegenden Beziehungen zunimmt. Am Beispiel der Stieffamilie in ihrer jeweiligen Zusammensetzung und Ausgestaltung konnte bereits nachvollzogen werden, wie variantenreich und komplex Familienstrukturen werden. Noch deutlicher wird dies, wenn man sich die *Rollen und Beziehungen der einzelnen Personen* in Familiensystemen vor Augen führt.

In einer „traditionellen" Kernfamilie, beispielhaft mit zwei leiblichen Kindern skizziert, sind die Beziehungsstrukturen relativ klar und überschaubar (siehe Abbildung 2). Durch die Geburt des ersten Kindes hat sich die gemeinsame Paarebene um die Elternebene erweitert. Zusammen mit der Kindebene entsteht durch die gemeinsame Interaktion ein Beziehungsgefüge aus Paar-, Eltern-, Eltern-Kind- und Geschwisterbeziehungen. Allen gemeinsam ist, dass es sich um biologisch (oder im Falle einer Adoption um rechtlich) begründete Beziehungen handelt.

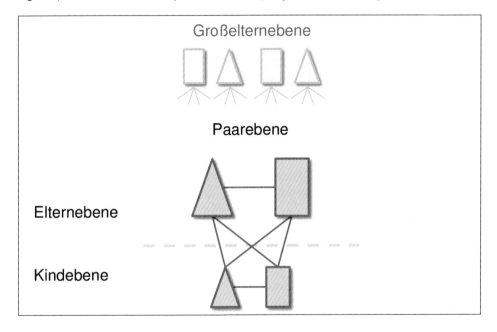

Abbildung 2: Familien- und Beziehungsstrukturen innerhalb einer „traditionellen" Kernfamilie

Im Nachgang einer elterlichen Trennung oder Scheidung und insbesondere nach dem Beginn neuer Partnerschaften und Begründung von Stieffamilien erscheint das Beziehungsgefüge wesentlich komplexer (siehe Abbildung 3). So finden sich in diesem exemplarischen Gesamtfamiliensystem nun also Partner und Ex-Partner, leibliche Mütter und Väter, Stiefmütter und Stiefväter, leibliche Kinder, Stiefkinder und dadurch begründet auch leibliche Geschwister, Halbgeschwister und Stiefgeschwister, die in jeweils unterschiedlicher Beziehung und Verbindung zueinander stehen. Noch nicht berücksichtigt wurde dabei die vorhergehende (Groß-)Elterngeneration, die im Familiensystem zugleich als Eltern, Schwiegereltern und Großeltern agieren und sich formal ebenfalls in leibliche und Stiefkonstellationen aufgliedern lassen.

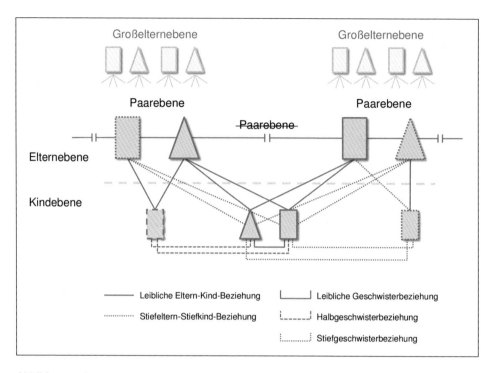

Abbildung 3: Familien- und Beziehungsstrukturen nach elterlicher Trennung und Gründung zweier Stieffamilien

Die gestiegene Pluralität und Variabilität im familiären Zusammenleben trägt somit dazu bei, dass Familienbeziehungen vielfältiger und beweglicher, aber auch komplexer und mehrdeutiger werden. Sie bringt mit sich, dass *biologische und soziale Elternschaft* heute immer häufiger auseinander fallen, d.h. Kinder mit den Eltern, mit denen sie zusammenleben, nur noch zur Hälfte leiblich verwandt sind und immer häufiger mehrere (biologische und soziale) Mütter und Väter haben. Dies ist ein wesentlicher Unterschied zu Stieffamilien in früheren Generationen. Die moderne Stieffamilie begründet sich dadurch, dass ein Stiefelternteil zum biologischen Elternteil hinzutritt und nicht wie früher einen verstorbenen biologischen Elternteil ersetzt. Neben dieser Doppelung der Elternrolle ist zugleich kennzeichnend, dass die Elternrollen auf Ebene des neuen Elternpaares nicht symmetrisch verteilt sind. Dies kann zu Rollenunsicherheiten führen, zu Unklarheiten über Verantwortlichkeiten und Zuständigkeiten sowie zu Interessens- und Loyalitätskonflikten – nicht nur auf Ebene der Eltern, sondern auch auf der Kind- und Geschwisterebene.

Damit der Familienalltag dennoch gelingt, ist eine Reihe von Anpassungs- und Reorganisationsprozessen notwendig, die sowohl Eltern als auch Kinder leisten müssen und die in erster Linie Zeit, Geduld und Behutsamkeit brauchen, um nicht zu überfordern. Die gemeinsame Familiengeschichte muss erst noch geschrieben werden und so ist es auch verständlich, dass das *Entstehen einer (neuen) Familienidentität* und eines Familiengefühls eine gewisse Zeit beansprucht (Seiffge-Krenke & Schneider, 2012). Idealerweise gelangen die Mitglieder so zu einem Familienverständnis, das

- sich durch erweiterte Familiengrenzen und einen haushaltsübergreifenden Bezug auszeichnet,
- einen geregelten Kontakt zum außerhalb lebenden, leiblichen Elternteil ermöglicht und
- Stiefelternteile in angemessener Weise integriert.

Es geht folglich um ein Selbstverständnis, das die Besonderheiten der Stieffamilie akzeptiert und diese als neue *Entwicklungschancen für Kinder* herausstellt. Kinder in Stief- und Patchworkfamilien zeigen im Übrigen oft ein ganz eigenes Wahrnehmungsgefühl in Bezug darauf, wen sie zur Familie zählen und wen nicht, und beurteilen dies unter Umständen ganz anders als die Erwachsenen dies tun (BMFSFJ, 2013). Gelingt es mit der Zeit, dieses Familienverständnis zu entwickeln, gestaltet sich das Leben in einer Stieffamilie auch nicht zwingend komplizierter oder anforderungsreicher als das Leben in einer Kernfamilie (Seiffge-Krenke & Schneider, 2012).

Wandel der Kindheit und des Aufwachsens
Neue Anforderungen an die heutige Elterngeneration ergeben sich auch daraus, dass das Aufwachsen und die Kindheit selbst sich verändert haben.

Der veränderte Wert des Kindes und der Eltern-Kind-Beziehung
Wie bereits einleitend erwähnt, erfahren Kinder eine neue Art der Bedeutungszuschreibung. Wurden Kinder in früheren Generationen noch stark unter dem Aspekt eines ökonomischen Nutzens gesehen – etwa was die Mithilfe im Haushalt, die Arbeit auf dem Feld oder im Handwerk und nicht zuletzt auch die Absicherung im Alter betrifft – erfährt in heutigen Elterngenerationen der psychologische Wert des Kindes eine eindeutige Vorrangstellung. Kinder sind Ausdruck von Lebenserfüllung, Sinnstiftung, Glückserwartungen und Generativität. Sie gelten als Bereicherung für das eigene Leben und verändern die eigene Existenz in grundlegendem Maße (Fuhrer, 2009). „Die emotionale Befriedigung in der Eltern-Kind-Beziehung ist zum Kernbereich der Elternerfahrung geworden" (Fend, 2005, S. 271). Daher verwundert es auch nicht, dass Kinder nach diesem modernen Verständnis von Kindheit und Elternschaft von möglichen Pflichten weitestgehend freigestellt und Eltern in besonderer Weise um ein emotional warmes und fürsorgliches Beziehungsklima bemüht sind. Diese Art der Emotionalisierung der Eltern-Kind-Beziehung ist allerdings nicht vollends unkritisch zu sehen. Schwierig wird es in erster Linie dann, wenn diese Vorstellungen

zu einem romantisierten Bild von Elternschaft, Kindheit und Familie führen und derartige Idealvorstellungen mit tatsächlichen Lebensrealitäten kollidieren. Nicht selten führt dies zu Enttäuschung, Überforderung und Frustration bei Eltern und Kindern. Zweifellos positiv daran ist die stärkere Orientierung hin zum Kind, wodurch kindliche Bedürfnisse, aber auch die kindliche Subjektivität, Eigenständigkeit und Persönlichkeit nicht nur Beachtung finden, sondern explizit gewünscht und gefördert werden.

Strukturelle Veränderungen des Alltags und der Freizeitgestaltung
Jenseits dieser qualitativen Veränderungen hat sich das Aufwachsen von Kindern in den vergangenen Jahren auch in struktureller Hinsicht mehr und mehr verändert. Insbesondere was die *Ausgestaltung des Alltags und der Freizeit* von Kindern und Jugendlichen betrifft, hat sich das Bild im Zuge gesamtgesellschaftlicher Veränderungen stark gewandelt.

Bedingt durch Veränderungen in den räumlichen Lebensbedingungen von Familien, ganz besonders in großen Städten, sind viele traditionelle Aufenthalts- und Erfahrungsräume von Kindern verloren gegangen. Bis in die 1980er-Jahre hinein war das Aufwachsen von Kindern von der Ära der „Straßenkindheit" geprägt, die primär im Freien stattfand und in der zumeist altersgemischte Kindergruppen aus der umliegenden Nachbarschaft ihre Spielräume weitgehend frei von elterlicher Kontrolle gestaltet und geschaffen haben (Peuckert, 2012; Seiffge-Krenke & Schneider, 2012). Diese Form der Kindheit ist in vielerlei Hinsicht einer *„verhäuslichten" Familienkindheit* gewichen: Zwar gehört das Draußenspielen (auf Straßen, Grünflächen, Spielplätzen) immer noch zum alltäglichen Leben von Kindern, vor allem den jüngeren, doch verlagert sich die kindliche Freizeit zu einem nicht unbedeutenden Teil in den häuslichen Bereich (Henry-Huthmacher, 2008). Anstelle von Spielräumen im Freien sind inzwischen die elterliche Wohnung und das eigene Kinderzimmer zum zentralen Ort geworden, an dem Kinder Zeit mit Freunden und Gleichaltrigen verbringen (Peuckert, 2012). Diese Entwicklungen zeigen nicht nur Auswirkungen auf den Alltag der Kinder, sondern auch auf die Eltern. Der Umstand *geringerer Geschwisterzahlen sowie fehlender Spielkameraden* in der unmittelbaren Nachbarschaft sorgt in vielen Fällen dafür, dass Eltern einen aktiveren Anteil daran haben (müssen), die Freizeit ihrer Kinder mitzugestalten, Aktivitäten zu organisieren und Treffen mit anderen Kindern zu arrangieren. Eltern investieren viel Zeit, Energie und finanzielle Mittel, um ihre Kinder in deren Freizeit angemessen zu fördern und ihnen einen abwechslungsreichen Alltag zu ermöglichen (Henry-Huthmacher, 2008). Sie werden zu einer Art „Familien- und Freizeitmanager"; schließlich gilt es die Freizeitpläne der Kinder auch mit dem eigenen Zeitplan und den eigenen Aufgaben zu koordinieren. Der Alltag von Kindern gestaltet sich zunehmend durchgeplant und terminlich vorstrukturiert (Nave-Herz, 2015a). Nicht zuletzt auch dadurch, dass er zu einem Teil auch in institutionalisierten Räumen wie Vereinen, Spiel- und Sportgruppen oder Musikschulen stattfindet, die durch feste Termine und eine gewisse Verbindlichkeit des Besuchs gekennzeichnet sind.

Kindheit im Kontext neuer Medien und gestiegener Bildungserwartungen
Auf der anderen Seite existiert eine Reihe von neuen Freiheiten und Freiräumen, über welche die meisten Kinder heutzutage verfügen. Hierzu zählt nicht nur das für fast alle Kinder existierende eigene Kinderzimmer, sondern beispielsweise auch der Zugang zu audiovisuellen Medien und das (mobile) Internet. Die *Medialisierung der Kindheit* zählt Peuckert (2012) demzufolge zu den markantesten Phänomenen des Wandels der Kindheit in den letzten fünfzig Jahren. Die intensive Nutzung von Medien ist fester Bestandteil in Alltag und Freizeit von Kindern und Jugendlichen und stellt dabei auch erhöhte Anforderungen an die Eltern. Nicht nur deren Medienkompetenz und Vorbildfunktion ist gefragt, sondern auch eine (selbst)kritische Auseinandersetzung damit, in welcher Art und welchem Umfang die eigenen Kinder Zugang zur multimedialen Welt erhalten sollen. Auch was hierbei von (beiden) Eltern als altersgerecht und angemessen empfunden wird, muss diskutiert werden. Ein Thema, das mit Heranwachsen der Kinder immer wieder neu verhandelt werden muss und ein stetiges Konfliktpotenzial mit sich bringt (Nave-Herz, 2015).

Kinder, Jugendliche und mit ihnen zusammen auch die Eltern stehen immer häufiger unter einem starken Bildungsdruck. Bereits ab der Grundschule, vielfach auch davor, unternehmen Eltern enorme Anstrengungen und investieren viel Geld in Fördermaßnahmen, damit ihr Kind erfolgreich eine gute Schullaufbahn absolviert und den gewünschten Bildungsabschluss realisiert (Henry-Huthmacher, 2008). Erziehung und Aufwachsen ist dadurch zwangsläufig auch mit *Bildungserwartungen und Leistungsanforderungen* verknüpft. In der Vorstellung, dass der Schulabschluss den späteren Lebensweg prognostiziert, sehen sich Eltern vermehrt unter dem Druck, nur keine Möglichkeit auszulassen, um die Weichen für den beruflichen, aber auch persönlichen Erfolg ihrer Kinder richtigzustellen und damit ihrer Pflicht als Eltern gerecht zu werden (Merkle, Wippermann, Henry-Huthmacher, & Borchard, 2008). Für die Kinder bedeutet dies, dass die Themen „Schule und Lernen" die Eltern-Kind-Beziehung und das Familienleben zunehmend überlagern und damit auch von schulischen Erfolgen und Misserfolgen stärker beeinflusst sind.

Der Wert des Kindes für die Eltern, aber auch die Kindheit selbst hat sich somit in vielfältiger Weise gewandelt und dabei Veränderungen mit sich gebracht, die neue Anforderungen an Eltern und die Eltern-Kind-Beziehung stellen. Elterliche Einstellungen bezüglich Erziehung sowie Vorstellungen von Elternschaft und das eigene Bild als Mutter oder Vater bleiben, wie sich im Folgenden zeigt, von den beschriebenen Entwicklungen nicht unberührt.

Wandel von Erziehungsprinzipien und Elternrollen

Veränderte Erziehungsprinzipien
Die aufgezeigten Veränderungen in den Familienbeziehungen, besonders aber auch der veränderte Stellenwert des Kindes im eigenen Erleben und Befinden, haben letztlich auch dazu geführt, dass sich Erziehungseinstellungen und -prinzipien von Eltern neu formiert haben. Die Erziehungsideale der heutigen Elterngenerationen betonen in besonderer Weise die *Selbstbestimmung und Entfaltungsfreiheit des Kindes* und räumen damit dem freien Willen des Kindes und der Möglichkeit zur Teilhabe wie auch zur aktiven Mitgestaltung des Familienlebens einen hohen Wert ein. Heutige Erziehungsvorstellungen haben sich damit nahezu vollständig vom Bild der strikten elterlichen Autorität abgewandt, welche den Gehorsam und die Unterordnung des Kindes implizierte und bis hin zu körperlichen Strafen reichte. Stattdessen hat sich ein offenes, zugewandtes und an den Bedürfnissen des Kindes orientiertes Erziehungsverhalten etabliert, welches sich bei allen Variationen nach sozialer Schichtzugehörigkeit und Bildungsniveau der Eltern darin zeigt, dass Kinder heute in familiale Entscheidungen eingebunden sind, ein ausdrückliches Mitspracherecht erhalten und elterliche Strafpraktiken weitestgehend zurückgenommen wurden (Peuckert, 2012). Kindliche Subjektivität, Persönlichkeit und Eigenständigkeit werden immer häufiger nicht nur anerkannt, sondern auch gewünscht und gefördert. Gemäß dem Prinzip *„von der Erziehung zur Beziehung"* (Schneewind & Ruppert, 1995) und in Zusammenhang mit dem veränderten Wert des Kindes wurden die Familienbeziehungen nicht nur emotionaler, sondern auch egalitärer. Kinder sind in der Ausgestaltung der Eltern-Kind-Beziehung den Eltern als nahezu gleichberechtigt gegenübergestellt (Seiffge-Krenke & Schneider, 2012). In der Praxis wirkt sich dies nicht nur positiv aus: In dem Maße, in dem die Umgangsformen zwischen Eltern und Kindern egalitärer werden, gestaltet sich auch die Erzieherrolle anspruchsvoller und schwieriger. Übertragen auf den Familienalltag bedeuten diese neuen Erziehungsprinzipien oftmals „eine zähe Verhandlungsarbeit anstelle von Geboten und Verboten" (Nave-Herz, 2015b, o.S.). Die starke Zentrierung auf kindliche Belange und das konsequente Einbeziehen in gemeinsame Aushandlungsprozesse erschwert es, in erforderlichen Situationen klare Regeln zu vermitteln und Grenzen zu setzen. Diese Form der *Versprachlichung von Erziehung* setzt nicht nur ein höheres Maß an Zeit, Energie und kognitiver Kompetenz voraus, sondern stellt auch hohe Anforderungen an die Kommunikationsleistung von Eltern (Nave-Herz, 2015a, 2015b). Im alltäglichen Erziehungsgeschehen und vor dem Hintergrund vielseitiger Belastungen kann dieses Ideal sicherlich nicht immer Stand halten und Eltern mitunter an die Grenzen ihres erzieherischen Handelns bringen.

„Neue" Väter und „treue" Mütter
Elterliche Erziehungsprinzipien sind weicher geworden und haben die (Bestimmungs-)Macht der Eltern gegenüber dem Kind deutlich geschmälert und die Eltern-Kind-Beziehung

und die Entwicklung des Kindes klar in den Vordergrund gestellt. Dies hat dazu geführt, dass auch Rollenbilder von Müttern und Vätern nicht länger unhinterfragt bestehen blieben.

Letzteres betrifft insbesondere die *Vaterrolle* und die „neuen Väter", die dem Rollenideal eines aktiv an der Erziehung und der Entwicklung des Kindes mitwirkenden Vaters gerecht werden, der jenseits der Ernährerrolle auch die Rolle des Familienvaters übernimmt. Die Forderung nach einer stärkeren praktische Verantwortung in der Versorgung der Kinder und in der Ausgestaltung des Familienalltags ist dabei nicht nur Ausdruck eines gleichberechtigteren Rollenverständnisses, sondern auch ausdrücklicher Wunsch der „neuen Väter", in deren Wahrnehmung die Beschäftigung mit dem Kind deutlich an Wert gewonnen hat. Für viele Väter gestaltet sich diese neue Rollenkonstruktion dennoch als Herausforderung, da entsprechende Orientierungshilfen, Rollenvorbilder und Verhaltensroutinen fehlen (Henry-Huthmacher, 2008). Es verwundert daher nicht, dass Väter mitunter verunsichert sind, wie sie sich in ihrer Rolle verhalten sollen (Seiffge-Krenke & Schneider, 2012). Darüber hinaus wird es ihnen zumeist schwer gemacht, dieses neue Vaterbild auch tatsächlich zu erfüllen und umzusetzen, konkurriert diese Vorstellung doch massiv mit den realen Arbeits(-zeit)bedingungen und der nachhaltig beständigen Prämisse, dass Kinder von der Mutter versorgt werden. Der persönliche Wunsch nach aktiver Vaterschaft ist zwar in den Köpfen der Väter durchaus vorhanden, allerdings noch nicht im Familienalltag angekommen bzw. allenfalls am Wochenende oder am Feierabend.

Im Vergleich zur Vaterrolle ist die *Mutterrolle* vergleichsweise klar gefasst und unter Betrachtung der dargelegten Veränderungsprozesse eher durch Kontinuität gekennzeichnet. Mütter sind ihren seit jeher vorbestimmten Pflichten und ihrem Rollenverständnis treu geblieben. Noch immer sind sie es, die den Großteil der Erziehungs-, Betreuungs- und Pflegeleistungen übernehmen (sog. Retraditionalisierungseffekt) und hierfür in den meisten Fällen (zumindest vorübergehend) auf die eigene Berufstätigkeit verzichten oder diese stark einschränken. Herausforderungen für die Mutterrolle ergeben sich folglich gerade dann, wenn es um den Wunsch geht, Familie und Beruf zu vereinen. Hier stehen Mütter schnell unter dem Verdacht, den Pflichten ihrer Mutterrolle nicht zu genügen, und sehen sich stark mit dem Bild der „Rabenmutter" konfrontiert. Gerade berufstätige Frauen mit kleinen Kindern setzen sich zunehmend mit den eigenen Befürchtungen auseinander, als Mutter nicht zu genügen, das Kind nicht ausreichend zu fördern und zu wenig für das Kind zu sorgen. Dies steht im engen Zusammenhang mit der gesellschaftlichen Norm „eine gute Mutter zu sein", die von vielen Müttern stark verinnerlicht ist und dadurch eine hohe Verbindlichkeit besitzt (Seiffge-Krenke & Schneider, 2012). Sie beruht auf dem Grundsatz, dass die bestmögliche Versorgung und Entwicklung des Kindes aus der uneingeschränkten Zuwendung und Fürsorge der Mutter resultiert und der Folgerung daraus, dass andere Betreuungsformen dem nicht genügen können. Die bedenkliche Kehrseite dieser Rollenkonstruktion sind nicht nur

Restriktionen im Leben der Mütter, sondern unter Umständen auch in der Entwicklung der Kinder. Diese werden deutlich, wenn die intensive Zuwendung und Förderung des Kindes nicht zugleich auch Raum für unkontrolliertes, autonomes Leben und Lernen jenseits des mütterlichen Einflusses zugesteht (Seiffge-Krenke & Schneider, 2012).

Schlussfolgernd lässt sich feststellen, dass Familie heute gleichermaßen von Beständigkeit, aber auch von Veränderung gekennzeichnet ist: Ihr weiterhin hoher Stellenwert in der subjektiven Bedeutungszuschreibung des Einzelnen, ihre Vorrangstellung unter anderen Lebensmodellen, aber auch die qualitative Veränderung innerfamilialer Beziehungen und veränderte Bedingungen des Aufwachsens haften Elternschaft und Familie gleichermaßen an. Aktuell sind hohe Ansprüche und Erwartungen an familiäre Beziehungen und Elternschaft geknüpft, nicht zuletzt aufgrund ihrer neuen Bedeutung für die Selbstverwirklichung und das individuelle Lebensglück. Diese Situation wird fragwürdig, wenn daraus ein Spannungsfeld entsteht, das Elternschaft zu einer ambivalenten Erfahrung werden lässt.

Auswirkungen auf das Erleben der Elternrolle und das Elternsein
Das Leben mit Kindern ist für viele Eltern zu einem „Drahtseilakt" vielfacher Verpflichtungen geworden. Das veränderte Verständnis von Familienbeziehungen und des Eltern-Kind-Verhältnisses bringt *höhere Anforderungen an die Ausgestaltung des Erziehungsalltags* mit sich, als dies etwa vor einigen Jahrzehnten der Fall war. Im Laufe der letzten 50 Jahre sind die Leistungserwartungen an Eltern enorm gestiegen, wodurch das Elternsein eine völlig andere Bedeutung erfährt als zu der Zeit früherer Generationen, in der Kinder selbstverständlicher Bestandteil des Lebens waren (Nave-Herz, 2015a).

Druck auf die Eltern von innen und außen
Elternschaft und Erziehung werden als zunehmend schwieriger und stressreicher erlebt. Dies liegt mitunter auch daran, dass Eltern in der Erziehung ihrer Kinder „alles richtig machen" wollen. Die Norm „verantworteter Elternschaft" geht heute soweit, dass Eltern sich in ständiger Auseinandersetzung mit bestmöglichen Erziehungsstrategien und Qualitätsstandards befinden, anstatt den eigenen intuitiven Kompetenzen zu vertrauen (Wilhelm, 2015). Damit setzen sich viele *Eltern unter Druck*: In keiner Elterngeneration zuvor gab es derart „reflektierende, bewusst erziehende und in ihrer Erziehung selbstkritische Eltern, die alles darauf ausrichten, dass ihr Kind keinen Schaden nimmt, und die es gezielt fördern" (Henry-Huthmacher, 2008a, S. 15). Dies bleibt natürlich nicht ohne Konsequenzen für das eigene Wohlbefinden. Unter dieser Prämisse bedeutet der Erziehungsalltag letztlich auch eine starke Einschränkung der elterlichen Autonomie und mit steigender Überlastung auch des eigenen Kompetenzerlebens (Wilhelm, 2015).

Vielen Eltern fehlt zudem eine mögliche Unterstützung und Hilfeleistung aus dem erweiterten Familienkreis, wie dies früher in größeren und räumlich näher beieinander wohnenden

Familien selbstverständlich war. So stehen Eltern auch zunehmend unter *Zeit- und Organisationsdruck*. Sei es, um den Familienalltag samt Haushalt, Kinderbetreuung, Hausaufgabenhilfe und Freizeitgestaltung zu meistern oder auch die, für viele Elternteile notwendige Vereinbarkeit von Familie und Beruf sicherzustellen. Gerade Letzteres impliziert auch einen erhöhten *finanziellen Druck* von Eltern (Henry-Huthmacher, 2008). Dieser betrifft nicht nur Eltern aus bildungsfernen Schichten, sondern in besonderer Weise auch Alleinerziehende. Unweigerlich damit verbunden sind Ängste und Sorgen hinsichtlich der zukünftigen Versorgung und das Gefühl, den Kindern nicht das bieten zu können, was man ihnen gerne bieten würde.

Gestiegene Anforderungen überfordern viele Eltern
Während die Ansprüche an eine gesunde und glückliche Kindheit und an eine optimale Erziehung wachsen, fällt es Eltern immer schwerer, den an sie gestellten Erziehungsanforderungen zu entsprechen. Die beschriebenen Veränderungen in den Erziehungseinstellungen und Umgangsformen zwischen Eltern und Kindern leisten dazu ebenfalls ihren Beitrag. In einem Erziehungsverhältnis, in dem das Kind als Persönlichkeit mit eigenen Wünschen, Bedürfnissen und Rechten akzeptiert wird, ihm aber auch die nötigen Grenzen gesetzt werden müssen, bedarf es einem *flexiblen Umgang mit Erziehungspraktiken*. Damit kommen nicht alle Eltern gleichermaßen gut zurecht. Vielmehr ist Henry-Huthmacher (2008, S. 14) zufolge „der Trend zu beobachten, dass eine ganzheitliche Erziehungsphilosophie abgelöst wird durch die Suche nach praktischen und kurzfristig wirksamen Rezepten für kurzfristig anstehende Probleme". Für die Autorin spricht dies eher für eine *Verunsicherung und Überforderung* als für Gelassenheit und Selbstsicherheit der Eltern. Entsprechend fühlt sich ein Drittel der befragten Eltern im Erziehungsalltag oft bis fast täglich gestresst.

Auswirkungen auf das elterliche Selbstbild und Wohlbefinden
All dies trägt auch zum wahrgenommenen Selbstbild der Eltern bei. Geht man nach ihrem subjektiven Empfinden, haben viele Eltern nur selten das Gefühl, eine gute Mutter oder ein guter Vater zu sein. Viele Eltern berichten von Selbstzweifeln und Gefühlen des Ungenügens. Diese jedoch offen zu zeigen und zu thematisieren wird meist vermieden, widerspricht dies doch der „Norm für Eltern, dass sie ‚glücklich' zu sein haben" (Henry-Huthmacher, 2008, S. 15). Dies birgt die große Gefahr, Anzeichen von Überlastung und Überforderung nicht ernst zu nehmen oder zu kaschieren, wodurch ein frühzeitiges Gegensteuern erschwert wird. Elternschaft befindet sich mehr denn je in einem Spannungsfeld aus Wunsch und Wirklichkeit. Zweifelsohne gelingt es vielen Eltern trotz allem gut, zwiespältige Empfindungen im Elternsein auszubalancieren und die Herausforderungen zu meistern. Dennoch geben sie Anlass, den Blick nicht nur auf das Wohl des Kindes zu richten, sondern auch dem Wohl der Eltern stärkere Berücksichtigung zu schenken.

Abschließende Bemerkungen: Was brauchen Eltern?
Eltern selbst beantworten diese Frage in diversen Umfragen (z.B. Bertram & Spieß, 2010; Lewicki & Greiner-Zwarg, 2015; Merkle et al., 2008) zumeist mit einem – zusammengefasst ausgedrückt – Wunsch nach mehr *„Familienfreundlichkeit":* Zum einen meint dies eine bessere Vereinbarkeit von Familie und Beruf, eine kinder- und familienfreundlichere Politik und gezielte familienpolitische Maßnahmen, die den Alltag von Familien erleichtern und auch finanziell leichter bewerkstelligen lassen. Zum anderen zählt hierzu aber auch der Wunsch nach einer stärkeren gesellschaftlichen *Wertschätzung und Anerkennung* ihrer Erziehungsleistung und der daraus entstehenden Anforderungen. An vielen Stellen fühlen sich Eltern mit ihren Aufgaben alleingelassen. Nicht ausschließlich, aber in besonderer Weise gilt dies für alleinerziehende Eltern.

Was sich Eltern allerdings auch wünschen und noch stärker das individuelle Erleben betrifft, ist *weniger Stress und Anspannung*, eine größere Ausgeglichenheit und Gelassenheit, eine Entlastung von oftmals selbst auferlegten überhöhten Ansprüchen. Dies ist essenziell, damit Eltern ihre Aufgaben auch auf lange Sicht hin verantwortungsvoll und handlungssicher erfüllen können und ihren Kindern feinfühlige und zuverlässige Erziehungs- und Beziehungspartner sind (und bleiben). Nicht nur aus Sicht der Eltern, sondern auch aus fachlicher Sicht macht dies enormen Sinn, denn: Stress, Überlastung und Überforderung sorgen dafür, dass der *Zugang zu eigenen Ressourcen und Lösungsstrategien* oftmals überlagert wird. Zumindest für einen Teil der modernen Eltern erscheint dies eine bedeutsame Erklärung für Erziehungsschwierigkeiten und -unsicherheiten zu sein. Die Ressource dieser Eltern ist ein breites und fundiertes Wissen darüber, was Kinder brauchen und wie Erziehung gelingen kann; allerdings scheint es Eltern in Zeiten erhöhter Belastungen und Anforderungen schwerzufallen, auf dieses Wissen und die eigenen intuitiven Elternfähigkeiten zurückzugreifen.

Welchen Beitrag Beratung leisten kann
Für Rat und Entlastung suchende Eltern und Familien können *Beratungskontexte*, ob in Schule oder Erziehungsberatung, eine geeignete Hilfestellung bieten. Nicht nur um mögliche bedarfsorientierte Unterstützungs- und Fördermöglichkeiten in Betracht zu ziehen, sondern auch Eltern zu entlasten und in ihren Elternrollen zu bekräftigen. In erster Linie gilt es dabei mit den Klienten zu erarbeiten, wie Stress frühzeitig reguliert, Überlastungen abgebaut und Belastungsgrenzen sensibler wahrgenommen werden können. Daneben scheint es jedoch auch zentral, Eltern dazu zu befähigen, (neues) Selbstvertrauen in die eigenen Fähigkeiten als Mutter oder Vater zu fassen, eine zuversichtliche Haltung und Zutrauen gegenüber ihrem Kind zu entwickeln, sich aber auch (vermeintliche) Misserfolge und Fehler in der Erziehung zuzugestehen.

Voraussetzung hierfür sind *Rahmenbedingungen*, die den vielseitigen Anforderungen heutiger Eltern- und Familiensysteme wertschätzend gegenüberstehen, ihrer Komplexität mit systemischem Verständnis Rechnung tragen und Unsicherheiten, Selbstzweifel und Überforderungen enttabuisieren. Zuletzt ist dazu auch in gesellschaftlicher Hinsicht ein Umdenken erforderlich. Normative Vorstellungen aus früheren Elterngenerationen zeigen ihre Kehrseite, wenn sie mit realen Alltagswelten heutiger Familien in Konfrontation stehen und Eltern dadurch unverhältnismäßig stark unter Druck setzen. Indem dieser Missstand auch im öffentlichen Diskurs verhandelt wird, besteht die Möglichkeit, neue Leitbilder zu setzen und neben der Norm einer „verantworteten", „glücklichen" oder „guten" Elternschaft auch Platz zu machen für die Norm einer „authentischen Elternschaft".

Literatur

Albert, M., Hurrelmann, K., & Quenzel, G. (2015): Jugend 2015: 17. Shell Jugendstudie. Frankfurt a.M.: Fischer Taschenbuch Verlag

Bertram, H., & Spieß, C. K. (2010): Elterliches Wohlbefinden, öffentliche Unterstützung und die Zukunft der Kinder – der Ravensburger Elternsurvey. Kurzfassung der ersten Ergebnisse [unveröffentlichter Bericht]

BMFSFJ (2013): Stief- und Patchworkfamilien in Deutschland. Monitor Familienforschung, 31. Verfügbar unter: https://www.bmfsfj.de/newsletter/bmfsfj/themen/familie/76240

Bodenmann, G., Bradbury, T., & Madarasz, S. (2002): Scheidungsursachen und -verlauf aus der Sicht der Geschiedenen. Zeitschrift für Familienforschung, 14(1), 5–19

Entleitner-Phleps, C. (2017): Zusammenzug und familiales Zusammenleben von Stieffamilien, Wiesbaden: Springer

Fend, H. (2005): Entwicklungspsychologie des Jugendalters, Wiesbaden: Verlag für Sozialwissenschaften

Fuhrer, U. (2009): Lehrbuch Erziehungspsychologie, Bern: Huber

Haumann, W. (2010): Generationen-Barometer 2009. Eine Studie des Instituts für Demoskopie Allensbach, Münster: Monsenstein und Vannerdat

Henry-Huthmacher, C. (2008): Die wichtigsten Ergebnisse der Studie. In T. Merkle, C. Wippermann, C. Henry-Huthmacher & M. Borchard (Eds.), Eltern unter Druck – Selbstverständnisse, Befindlichkeiten und Bedürfnisse von Eltern in verschiedenen Lebenswelten (S. 1–24), Stuttgart: Lucius und Lucius

IfD Allensbach (2013): Monitor Familienleben 2013. Einstellungen der Bevölkerung zur Familienpolitik und zur Familie. Verfügbar unter: http://www.ifd-allensbach.de/uploads/tx_studies/7893_Monitor_Familienleben_2013.pdf

Lewicki, M.-L., & Greiner-Zwarg, C. (2015): Eltern 2015 – Wie geht es uns? Und unseren Kindern? Eine repräsentative forsa-Studie im Auftrag von ELTERN. Verfügbar unter: http://www.eltern.de/public/mediabrowserplus_root_folder/PDFs/studie2015.pdf

Merkle, T., Wippermann, C., Henry-Huthmacher, C., & Borchard, M. (2008): Eltern unter Druck: Selbstverständnisse, Befindlichkeiten und Bedürfnisse von Eltern in verschiedenen Lebenswelten; eine sozialwissenschaftliche Untersuchung von Sinus Sociovision GmbH im Auftrag der Konrad-Adenauer-Stiftung e.V: Lucius & Lucius

Nave-Herz, R. (2015a): Familie heute. Wandel der Familienstrukturen und Folgen für die Erziehung, Darmstadt: Wissenschaftliche Buchgesellschaft

Nave-Herz, R. (2015b): Der zeitgeschichtliche Anstieg der Leistungserwartungen an die Elternrollen und seine gesamtgesellschaftlichen Folgen. Vortrag auf der „Nationalen Fachtagung Kindheits- und Familienwissenschaften", Hamburg

Nave-Herz, R., Daum-Jaballah, M., Hauser, S., Matthias, H., & Scheller, G. (1990): Scheidungsursachen im Wandel: eine zeitgeschichtliche Analyse des Anstiegs der Ehescheidungen in der Bundesrepublik Deutschland, Bielefeld: Kleine

Peuckert, R. (2012): Familienformen im sozialen Wandel, Wiesbaden: VS Verlag für Sozialwissenschaften.

Schneewind, K. A., & Ruppert, S. (1995): Familien gestern und heute. Ein Generationenvergleich über 16 Jahre, München: Quintessenz

Seiffge-Krenke, I., & Schneider, N. F. (2012): Familie – nein danke?! Familienglück zwischen neuen Freiheiten und alten Pflichten, Göttingen: Vandenhoeck & Ruprecht

Statistisches Bundesamt (2016): Datenreport 2016. Ein Sozialbericht für die Bundesrepublik Deutschland, Bonn: Bundeszentrale für politische Bildung

Walper, S. (2004): Der Wandel der Familien als Sozialisationsinstanz. In D. Geulen & H. Veith (Eds.), Sozialisationstheorie interdisziplinär – Aktuelle Perspektiven (S. 217–252), Stuttgart: Lucius & Lucius

Wilhelm, B. (2015): Kompetenz- und Autonomieerleben in der Elternrolle. Elterliche Bedürfnisse im Kontext der Erziehung, Berlin: Dr. Köster

Autoreninfo
Dr. Barbara Wilhelm ist Pädagogin und in der Psychologie promoviert. Als Familienforscherin an der Ludwig-Maximilians-Universität München und als Systemische Einzel-, Paar- und Familientherapeutin in der Erziehungsberatung verbindet sie wissenschaftliche Erkenntnisse mit Erfahrungswissen aus ihrer praktischen Arbeit.

1.3 Familie, Schule, Schulerfolg: Ein Überblick über Forschungsbefunde
Dr. Ursula Killi

> **Abstract**
> Eltern beeinflussen das Verhalten ihrer Kinder auf vielfältige Weise. Klassifikationsmodelle liefern eine Übersicht über strukturelle (z. B. Schichtzugehörigkeit, Familienkonstellation etc.) und prozessuale (d. h. Verhaltensweisen der Eltern wie z. B. Vorbildfunktion, Lernunterstützung etc.) Einflussmöglichkeiten. Aus den zahlreichen Studienergebnissen, die zum Zusammenhang von Elternverhalten und Verhalten der Kinder vorliegen, werden Forschungsbefunde vorgestellt, die die Auswirkung des Elternverhaltens auf den Schulerfolg des Kindes thematisieren. Traditionell ist der Forschungsschwerpunkt vor allem auf die Erziehungsstilforschung gerichtet, so dass in diesem Bereich umfassende Befunde vorliegen. Im Rahmen von Schulleistungsmodellen werden über den Erziehungsstil hinausgehende Prozessfaktoren elterlichen Erziehungsverhaltens untersucht. Neben einer kritischen Würdigung der Forschungsmethoden und -befunde werden Folgerungen für Diagnostik und Beratung in der Schulberatung aufgezeigt.

Vorwort

Eltern als zentrale Erziehungsinstanz haben zweifelsohne einen erheblichen Einfluss auf die Persönlichkeit und die Entwicklung ihres Kindes. Dies entspricht der Alltagserfahrung und wird auch in zahlreichen Studien bestätigt (Krapp & Weidenmann, 2001). Eine fundierte Diagnostik und Beratung im Rahmen der Schulberatung berücksichtigt daher nicht nur Variablen aufseiten des Kindes, sondern – neben anderen inner- und außerschulischen Faktoren – vor allem auch die Einflussmöglichkeiten der Eltern auf das Verhalten ihres Kindes.

Modelle des elterlichen Einflusses auf das Verhalten ihrer Kinder

In verschiedenen Theorien und Modellen wurde versucht, mögliche Bedingungsfaktoren der Beeinflussung des Elternverhaltens näher zu bestimmen und nach unterschiedlichen Aspekten zu klassifizieren.

Eine einfache, kategoriale Unterscheidung ist die nach Struktur- und Prozessmerkmalen: *Strukturmerkmale* betreffen Aspekte wie die begabungsbezogenen Ressourcen der Eltern (z. B. Intelligenz), die Familienstruktur (Ein-/Zwei-Eltern-Familien, Familienstand etc.) oder den soziokulturellen Hintergrund (Sozialstatus, Schulbild etc.). Dem Aspekt der Familienstruktur widmet sich im Schwerpunkt der Artikel von Dr. Barbara Wilhelm (Kapitel 1.2).

Prozessmerkmale hingegen nehmen das Elternverhalten in den Blick sowie die dem Verhalten zugrunde liegenden Werte und Überzeugungen (Heller, 2000). Diese werden den Schwerpunkt des vorliegenden Kapitels bilden.

Beispiel: Das Ressourcentheoretische Modell nach Amato (1996)
Ein Modell, das in der neueren Familienforschung großen Einfluss gewonnen hat, ist das Ressourcentheoretische Modell nach Amato (1996, in: Weidenmann & Krapp, 2001). Es geht davon aus, dass Eltern – neben den Genen, die sie an ihre Kinder weitergeben – über drei Arten von Ressourcen verfügen: das Sozialkapital, das Humankapital und das Finanzkapital. Die Ausprägungen dieser drei Ressourcen tragen wesentlich dazu bei, wie sich das Kind entwickelt.

Sozialkapital
Das *Sozialkapital* setzt sich aus den Teilkomponenten *Partnerschaftsqualität, Coparenting und Erziehungsstil* zusammen. Die Partnerschaftsqualität betrifft die Interaktion der Partner untereinander (z.B. Kommunikation, Konfliktbewältigung etc.). Das Coparenting betrifft die Art und Weise, wie die Eltern im Hinblick auf die Erziehung ihrer Kinder zusammenarbeiten (z.B. hinsichtlich Erziehungsziele, Grenzen etc.). Der Erziehungsstil betrifft die Mutter-Kind- bzw. die Vater-Kind-Beziehung. Es handelt sich um grundlegende Einstellungen und Verhaltensmuster, die Eltern bei ihrer Erziehungstätigkeit erkennen lassen und die sie durch ihr erzieherisches Verhalten zum Ausdruck bringen. Genauere Ausführungen zum Erziehungsstil sind im entsprechenden Abschnitt weiter unten nachzulesen.

Humankapital
Mit *Humankapital* sind im Wesentlichen die *Bildungsmerkmale der Eltern* gemeint. Diese beeinflussen in erheblichem Maße die Bildungsaspiration der Eltern für ihre Kinder und deren Bildungsabschlüsse. So haben Eltern mit höheren Bildungsabschlüssen deutlich häufiger Kinder, die ebenfalls höhere Bildungsabschlüsse erreichen. Dieser Zusammenhang geht beispielsweise aus den Daten des Statistischen Bundesamts hervor: Von den Eltern der Kinder, die im Jahr 2015 ein Gymnasium besuchten, hatten 63,4 Prozent das Abitur oder Fachabitur, 28,1 Prozent einen Realschulabschluss (oder vergleichbaren Abschluss) und nur 14,1 Prozent einen Volksschul- oder Hauptschulabschluss. 44,5 Prozent der Eltern von Hauptschülern hatten selbst einen Hauptschulabschluss (Statistisches Jahrbuch, 2016).

Finanzkapital
Das Finanzkapital bezeichnet die finanziellen Mittel, die dem Kind zugutekommen. So können finanziell bessergestellte Eltern mehr Geld aufwenden, um Lernmaterialien anzuschaffen und ihren Kindern eine anregende Lernumwelt zur Verfügung zu stellen, beispielsweise

in Form von Reisen, Musikunterricht oder zusätzlicher Nachhilfe (vgl. Sachverständigenrat deutscher Stiftungen, 2016).

Anhand längsschnittlicher Studien konnte Amato aufzeigen, wie die *Ressourcen untereinander zusammenhängen* und wie sie sich auf die Entwicklung der Kinder auswirken. Ein Beispiel ist der Zusammenhang zwischen Bildung (Ressource Humankapital) und Erziehungsstil (Ressource Sozialkapital). So verwirklichen Eltern mit höherer Bildung eher einen für das Kind förderlichen Erziehungsstil. Das Beispiel verdeutlicht nicht nur den Zusammenhang zwischen den Ressourcen, sondern veranschaulicht auch, dass die oben angeführten Struktur- und Prozessmerkmale elterlichen Erziehungsverhaltens nur bedingt voneinander unabhängig betrachtet werden können. Auch die *PISA-Studie* greift in ihrem Schulleistungsmodell auf das Ressourcen-Modell von Amato zurück (vgl. Abbildung 1).

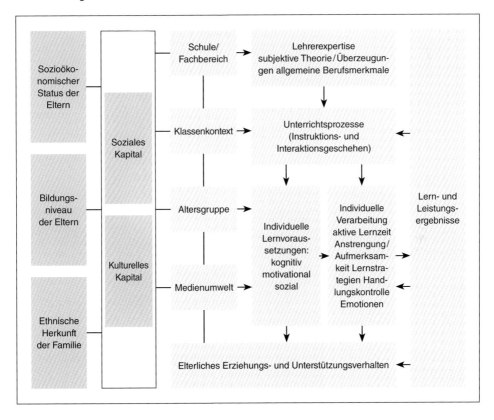

Abbildung 1: Rahmenmodell schulischer Leistungen (Baumert et al., 2001)

Anmerkungen zur Abbildung: Das Modell fußt auf einer *Unterscheidung von sozialem und kulturellem Kapital* – einer Differenzierung, die aus den Arbeiten der Soziologen Coleman und Bourdieu stammt (vgl. Baumert & Maaz, 2006) und an die auch die oben dargestellte Gliederung von Amato anknüpft. Unter kulturellem Kapital sind „alle Kulturgüter und kulturellen Ressourcen [zu verstehen, Anmerkung durch die Autorin], die dazu beitragen (…), dass in einem sozialen System die Qualifikationen, Einstellungen und Wertorientierungen vermittelt werden, die das System zu einer Bestandserhaltung braucht" (Baumert & Maaz, 2006, S. 21). Beispiele für Kulturgüter sind Sachgüter wie Kunstwerke und Literatur, aber auch Bildungszertifikate oder Titel. Es *entspricht Amatos „Humankapital",* das sich auf die Schul- und Berufsbildung der Eltern bezieht (s.o.). In der Pisa-Studie wurden in diesem Zusammenhang auch schulrelevante Kenntnisse und Interessen erfasst, wie sie im Rahmen gemeinsamer Aktivitäten von Eltern und Kindern oder durch das elterliche Vorbild vermittelt werden. Eine Schlüsselstellung in der Vermittlung des kulturellen Kapitals nimmt beispielsweise das Interesse am Lesen ein, da es Kindern und Jugendlichen die Aneignung weiterer Kulturgüter ermöglicht.

Soziales Kapital wird nach Coleman dadurch bestimmt, inwieweit ein Netzwerk sozialer Beziehungen besteht (z.B. die Anzahl der Familienmitglieder), das die Übernahme sozial anerkannter Ziele, Werte und Einstellungen fördert und unterstützt. Zugleich werden wechselseitige Erwartungen und Verpflichtungen erzeugt, es werden Normen gebildet und Normverletzungen geahndet. Zu den sozialen Beziehungen sind auch die Beziehungen der Eltern zu ihren Kindern zu rechnen. Mit der Analyse von Kommunikationsgewohnheiten in der Familie nähert sich Coleman den Konzepten der Erziehungsstilforschung (vgl. Baumert & Maaz, 2006).

Um das weite Forschungsfeld des Einflusses familiärer Merkmale auf das Verhalten des Kindes einzugrenzen, soll im vorliegenden Artikel die Darstellung auf zwei Aspekte konzentriert werden:

Einerseits auf die *Prozessmerkmale* elterlichen Erziehungsverhaltens und andererseits auf das Lern- und Leistungsverhalten bzw. den *Schulerfolg* des Kindes.

Einfluss des elterlichen Erziehungsverhaltens auf den Schulerfolg des Kindes unter Berücksichtigung der Erziehungsstilforschung

Es gibt zahlreiche Arbeiten, die zeigen, dass *Eltern einen ganz erheblichen Einfluss* auf das Lernverhalten und die Leistungen ihrer Kinder haben. Viele Studien gehen davon aus, dass dieser Einfluss sogar größer ist als der der Schule (vgl. Krapp & Weidenmann, 2001, S. 279). Ein gut erforschtes Beispiel sind die unterschiedlichen *sprachlichen Voraussetzungen*, die Schulanfänger zu Beginn ihrer Schulzeit mitbringen.

Nach dem Modell der Determination der Schulleistung nach Helmke und Schrader (2006, vgl. Abbildung 2) beeinflussen Eltern die Schulleistungen ihrer Kinder auf indirektem Weg. Hierzu zählen Merkmale der Persönlichkeit der Eltern, der familiären Umwelt sowie Prozessmerkmale des elterlichen Erziehungsverhaltens. Eine genauere Aufschlüsselung findet sich in Helmke & Schraders Grundlagenartikel „Determinanten schulischer Leistungen":

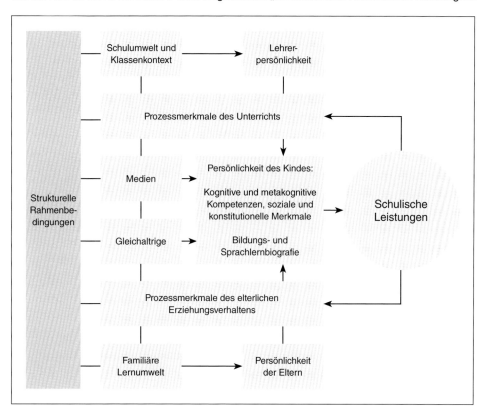

Abbildung 2: Ein Makro-Modell der Bedingungsfaktoren schulischer Leistungen (Helmke & Schrader, in: Rost, 2006, S. 84)

Die in diesem Abschnitt im Fokus stehenden Prozessmerkmale elterlichen Erziehungsverhaltens sollen nach vier Funktionen betrachtet werden: Stimulation, Instruktion, Motivation und Imitation.

Stimulation
In der Vorschul- und Elementarschulzeit spielt der *kognitive Anregungsgehalt der familiären Lernumwelt* für die Entwicklung der Intelligenz (und somit mittelbar auch der Schulleistung)

eine wesentliche Rolle. Er manifestiert sich z.B. in gemeinsamen familiären Aktivitäten, Vorlesen oder Frage-Antwort-Spielen. In diesem Zusammenhang steht auch die Schaffung einer anregenden materiellen Umwelt. So wird beispielsweise der Griff zum Buch bereits dann erleichtert und das Leseinteresse gefördert, wenn eine attraktive Auswahl an Büchern zu Hause vorhanden ist. In bildungsfernen Familien, in denen der Zugang zu intellektuell stimulierenden Objekten und Tätigkeiten (z.B. Besuch von Konzerten, Museen) beschränkt ist, können dagegen kindliche Entwicklungspotenziale unausgeschöpft bleiben (vgl. Wild & Lorenz, 2010). Selbst bei Kontrolle des sozialen Status von Grundschülern ist ein Effekt des häuslichen Anregungsgehalts auf die intrinsische Lernmotivation der Kinder im Alter von 9, 10 und 13 Jahren nachweisbar (Gottfried, Fleming & Gottfried, 1998).

Instruktion
Elterliche instruktionale Aktivitäten umfassen alle Maßnahmen, die direkt oder indirekt auf eine kognitive Förderung durch *Unterweisung, Korrektur, Unterricht und Training* hinauslaufen. Neben verschiedenen Formen der Kooperation mit Lehrern (Neuenschwander et al., 2004, in: ebd.) können Eltern die schulische Entwicklung ihres Kindes unterstützen, indem sie häuslichen Lehr- und Lern-Prozessen besondere Aufmerksamkeit schenken. Hierzu zählen Hilfestellungen bei der Erledigung der Hausaufgaben. Darüber hinaus können Eltern aber auch im Vorfeld von Prüfungen oder in Reaktion auf Lern- und Leistungsprobleme mit ihrem Kind üben. Die Liste indirekter und direkter Unterstützungsmöglichkeiten ließe sich erweitern: Kooperation mit der Lehrkraft, Organisation von Nachhilfe, Frühförderangebote, Schulwahl etc. Eltern als Arrangeure kindlicher Entwicklungsgelegenheiten bieten eine spezifische „Ökologie der Entwicklungsförderung" (Walper, 2012).

Letztlich bietet jede lernbezogene Eltern-Kind-Interaktion die Chance, den Wissenserwerb sowie die Lernmotivation und Selbstregulationskompetenz zu fördern. Die Forschung hat gezeigt, dass elterliche Instruktionsaktivitäten umso wirksamer sind, „je besser die Passung mit den kognitiven und motivationalen Lernvoraussetzungen des Kindes ist, je stärker prozessorientiert sie sind (Hilfe zur Selbsthilfe, Strategieförderung statt bloßer Kontrolle oder direkter Unterstützung), je weniger direktiv sie erfolgen, je besser sie in ein positives, von Vertrauen, Akzeptanz und Verständnis bestimmtes Familienklima eingebettet sind und je fachlich kompetenter die elterliche Hilfe erfolgt" (Helmke & Schrader, in: Rost, 2006, S. 88).

Motivation
Die Beeinflussung der Schulleistungen durch die Eltern kann auch indirekt und mittelbar erfolgen, etwa dadurch, dass die Eltern auf motivationale, affektive und emotionale Kindmerkmale Einfluss nehmen, die dann ihrerseits die Schulleistung beeinflussen. Dieser Zusammenhang wurde für folgende Aspekte untersucht:

- *Elterliche Erwartungen, Aspirationen*: Unter „Aspirationen" sind Bestrebungen der Eltern für einen *bestimmten Bildungsgang* oder Abschluss ihrer Kinder zu verstehen. Neben schulischen Leistungen sind Bildungsaspirationen der Eltern der stärkste Prädiktor der anschließenden Bildungslaufbahn ihrer Kinder (vgl. Metaanalyse von Fan & Chen, 2001, in: Walper, 2012; Kleine, Paulus & Blossfeld, 2009). Es besteht ein enger Zusammenhang mit der sozialen Herkunft: Je höher der Sozialstatus, desto höher fallen die Aspirationen zur Schulkarriere der Kinder aus (vgl. Ditton, 1992; Jonkmann, Maaz, Neumann & Gresch, 2010; Stubbe, Bos & Euen, 2012; u.v.m.). Gemäß einer Züricher Studie geht der Einfluss der elterlichen Aspiration teilweise sogar so weit, dass die hohen Erwartungen direkt auf die Leistungsbeurteilung wirken: Wenn ein Lehrer weiß, dass Eltern für ihr Kind hohe Ambitionen hegen, benotet er oder sie diese bei gleichen Leistungen im Durchschnitt etwas besser (Neuschwander, 2007). Die elterlichen Erwartungen können aber auch hinderlich für die Leistungsentwicklung des Kindes sein, wenn sie das Kind überfordern. Die Enttäuschung zu hoher elterlicher Bildungserwartungen kann zu gravierenden Folgen für die Entwicklung der Kinder, v.a. der Jugendlichen führen: Selbstwertprobleme, negatives Leistungsverhalten, Schuldistanz bis hin zu einem Rückgang der Lebenszufriedenheit und des Wohlbefindens (Fend, 1997, in: Busse & Helsper, 2008, S. 497). Passt sich die Elternerwartung jedoch an die Voraussetzungen des Kindes an, wirkt sie sich dann besonders *günstig* aus, wenn sie am *oberen Rand der Möglichkeiten* des Kindes angesiedelt ist.
- *Leistungsbezogene Überzeugungen, Einstellungen und Orientierungen*, z.B. für die elterliche Wertschätzung schulischer Tüchtigkeit ihrer Kinder: Für die Herausbildung kindlicher Valenzüberzeugungen (d.h. die persönliche Bedeutsamkeit einer Lernhandlung) scheint primär der elterlichen Vorbildfunktion eine zentrale Rolle zuzukommen. Wenn Eltern ihre Kinder zu Aktivitäten wie Lesen, Musizieren oder Sport ermutigen, diese Aktivitäten gemeinsam mit ihrem Kind ausführen und Material (Bücher, Musikinstrumente, Sportartikel) zur Verfügung stellen, nehmen Schüler außerschulische Lernangebote eher wahr und gehen diesen Aktivitäten auch selbstbestimmt nach. Die Förderung von Autonomie sowie die emotionale Unterstützung und Zuwendung der Eltern stärken und stabilisieren die schulische Lernfreude und Motivation der Kinder (Eccles, Wigfield & Schiefele, 1998, in: Busse & Helsper, 2008).
- *Einschätzung der kindlichen Kompetenzen und die Attribuierung der leistungsbezogenen Erfolge und Misserfolge der Kinder*: Elterliche Einschätzungen der Fähigkeiten ihrer Kinder sowie implizite Ursachenzuschreibungen wirken sich auf die Selbsteinschätzung des Kindes aus und beeinflussen Aufgabenwahl und Bildungsentscheidungen (Krapp, Geyer & Lewalter, 2014, in: Seidel & Krapp, 2014, S. 199). Für die Domäne Sport weisen Fredricks & Eccles (2005) in ihrer Studie nach, dass die elterliche Einschätzung der

kindlichen Fähigkeiten positiv mit der Selbsteinschätzung der Fähigkeiten des Kindes korreliert: Je höher die Fähigkeitseinschätzung der Eltern ist, desto höher schätzen die Kinder ihre eigenen Fähigkeiten im Sport ein. Gemäß dem Erwartungs-mal-Wert-Ansatz ist bei Schülern mit höherer Selbsteinschätzung auch die Erwartung stärker ausgeprägt, erfolgreich zu sein. Die damit einhergehende höhere Motivation beeinflusst das tatsächliche Leistungsverhalten. Der Effekt der elterlichen Haltung ließ sich auch dann nachweisen, wenn die Eingangsleistungen der Schüler kontrolliert wurden (Fredricks & Eccles, 2005). In der Tradition attributionstheoretischer Annahmen wird u.a. untersucht, welche elterlichen Attributionsmuster besonders leistungsrelevant für ihre Kinder sind. Die Studie von Neuenschwander widmet sich u.a. der Frage, wie Elternattributionen guter und schlechter Schülerleistungen mit den Leistungen in Deutsch und Mathematik zusammenhängen. So wirkt es sich hoch signifikant positiv auf die Leistungen aus, wenn sich Eltern gute Leistungen ihrer Kinder mit deren Fähigkeiten und Interessen erklären. Ungünstig hingegen wirkt es sich aus, wenn gute Leistungen durch Anstrengung oder Glück sowie schlechte Leistungen durch fehlende Fähigkeiten und Interessen erklärt werden (Neuenschwander, 2007).

- *Belohnung und Bestrafung oder Unterstützung von Neugier und instrinsischer Motivation:* Die Förderung *intrinsischer Lernmotivation* wirkt sich günstig auf spätere schulische Leistungen aus (Gottfried et al., 1994). Hierbei ist intrinsische Lernmotivation definiert als „der Wunsch oder die Absicht, eine bestimmte Lernhandlung um ihrer selbst willen durchzuführen, weil diese z.B. als interessant, spannend, herausfordernd etc. erscheint" (Schiefele & Schreyer, 1994). *Extrinsische Lernmotivation* wird hingegen durch den Einsatz von Belohnung und Bestrafung gefördert. Sie ist definiert „als der Wunsch bzw. die Absicht, eine Lernhandlung durchzuführen, weil damit positive Folgen herbeigeführt oder negative Folgen vermieden werden können" (Schiefele & Schreyer, 1994). Die Förderung extrinsischer Lernmotivation ist der intrinsischen Lernmotivation auf lange Sicht unterlegen und wirkt sich negativ auf die späteren schulischen Leistungen aus (Gottfried et al., 1994). Im Alltag spielen Belohnung und Bestrafung dennoch eine bedeutsame Rolle. Nach Fuhrer können *Sanktionen dann wirksam* sein, *wenn sie folgende Prinzipien berücksichtigen*:

– Sie bieten neben der Unterlassung unerwünschten Verhaltens Gelegenheit zum Aufbau oder zur Auswahl einer erwünschten Alternative.

– Die Strafe ist informativ, d.h., dass sie neben Begründungen auch Wege zu einem erwünschten Verhalten aufzeigt.

– Die Strafe soll von der bestraften Person entsprechend ihren Entwicklungsvoraussetzungen angemessen interpretiert werden können.

– Die Strafe soll innerhalb eines akzeptierenden sozialen Interaktions- und Beziehungsrahmens erfolgen und von der bestraften Person als sinnvoll interpretiert werden können.

Imitation

Wie man aus der Forschung zum Beobachtungslernen und der Literatur zur familiären Sozialisation weiß, repräsentieren *Eltern mächtige Modelle* für ihre Kinder. Das Spektrum reicht von der Imitation elterlicher leistungsbezogener Einstellungen (z.B. Fähigkeitsselbstkonzepte), Erklärungsvorstellungen (z.B. Attribuierung guter und schlechter Schulleistungen), Strategien der Bewältigung von Misserfolgen und Leistungsängstlichkeit bis hin zu Arbeitshaltungen und Lernstrategien. Dazu kommt noch aus der schichtspezifischen Sozialisationsforschung der Sachverhalt, dass Eltern auch als Sprachmodelle fungieren, die dadurch die sprachliche Kompetenz und mittelbar auch die schulischen Leistungen beeinflussen.

Die Erziehungsstilforschung

Die Erziehungsstilforschung untersucht das elterliche Erziehungsverhalten und die zugrunde liegenden handlungsleitenden Einstellungen und Zielsetzungen. Es handelt sich hierbei um relativ überdauernde Verhaltensweisen, die Eltern oder Elternteile ihren Kindern gegenüber in erziehungsrelevanten Situationen zeigen. Aus der großen Anzahl an Studien zum Erziehungsstil ist die aus dem Amerikanischen stammende Forschungtradition von Diana Baumrind (1991, in: Walper, 2012) besonders hervorzuheben. Hierbei werden vier prototypische Erziehungsstile unterschieden: der *autoritäre*, der *autoritative*, der *permissive* und der *vernachlässigende* Erziehungsstil.

Für unterschiedliche Altersgruppen konnte Baumrind die deutliche *Überlegenheit autoritativ erzogener Kinder- und Jugendlicher* aufzeigen. Eltern, die ihre Kinder autoritativ erziehen, leiten sie an, indem sie ihnen die Hintergründe für ihr Verhalten und ihre Entscheidungen sachlich erklären. Sie unterstützen verbale Aushandlungsprozesse, sind konsistent in ihrem Verhalten. Eine autoritative Erziehung stellt Ansprüche an das Kind. Sie erwarten von ihren Kindern, dass sie in angemessener Weise zum Funktionieren der Familie beitragen, indem sie z.B. Aufgaben im Haushalt übernehmen. Gleichzeitig sind diese Eltern fürsorglich, fühlen sich ihren Kindern emotional stark verbunden und unterstützen diese in ihren Interessen und in der Bewältigung z.B. von schulischen Anforderungen.

Davon abzugrenzen sind der autoritäre, der permissive und der vernachlässigende Erziehungsstil.

Eltern, die einen *autoritären* Erziehungsstil praktizieren, versuchen das Verhalten und die Einstellungen ihrer Kinder möglichst konsequent nach den eigenen Vorstellungen zu formen und zu kontrollieren. Oft orientieren sie sich hierbei an religiösen Normen, moralischen Vorstellungen oder an sozialen Konventionen. Traditionelle Werte wie Respekt vor

Autoritäten und Gehorsam werden generell als wichtig erachtet und über kontrollierende und ggf. strafende Verhaltensweisen durchzusetzen versucht.

Ein *permissiver* oder nachsichtiger Erziehungsstil beschreibt einerseits liebevolles und unterstützendes Elternverhalten. Andererseits gehen permissiv erziehende Eltern jedoch der Konfrontation mit ihren Kindern aus dem Weg – auch, wenn diese bei Meinungsverschiedenheiten manchmal notwendig wären, um dem Kind gegenüber Grenzen aufzuzeigen und diese durchzusetzen. Dieser Erziehungsstil wird auch als verwöhnend charakterisiert, weil er sich einseitig an den Wünschen der Kinder orientiert.

Im Rahmen ihrer weiterführenden Studien erweitert Baumrind (1991, in: Walper: 2012) ihre ursprüngliche Klassifikation um einen vierten Erziehungsstil, dem *vernachlässigenden* Erziehungsstil. Dieser ist durch eine fehlende emotionale Bindung gekennzeichnet, wobei die emotionale Kälte im Extremfall sogar in Form von Kindesmisshandlung zum Ausdruck kommt. Darüber hinaus wird auf Strukturen und auf die Grenzsetzung verzichtet. Empirisch schnitten Kinder, deren Eltern ein solches erzieherisches Verhalten an den Tag legten, in allen erhobenen Kriterien (z. B. soziale Fertigkeiten, Autonomiebestrebungen, Leistungsorientierung etc.) am schlechtesten ab.

Wenn auch unterschiedlich in der Ausprägung, so verbindet die vier von Baumrind postulierten Erziehungsstil-Typen zwei zugrunde liegenden *Dimensionen*: Die Dimension *Unterstützung* (hoch vs. niedrig) und die Dimension *Kontrolle* (hoch vs. niedrig). Da seit den 1970er-Jahren „Kontrolle und Lenkung" bei Eltern insgesamt stark abgenommen haben, werden auf dieser Dimension niedrige Werte erreicht. An die Stelle der „Kontrolle" tritt heute der Begriff *„Monitoring":* Damit ist gemeint, wie gut eine Mutter oder ein Vater darüber informiert ist, wo sich das Kind nach der Schule aufhält, mit wem es zusammen ist und was es in der Schule tut. Ein direktes Eingreifen der Eltern ist damit aber nicht gemeint. Zur Veranschaulichung der vier Erziehungsstiltypen und der zwei Dimensionen dient die Darstellung in Abbildung 3.

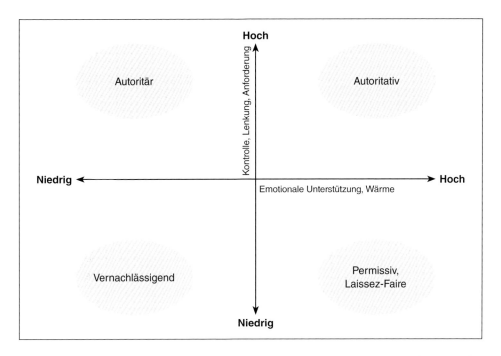

Abbildung 3: Erziehungsstildimensionen in Anlehnung an Baumrind (vgl. Maccoby & Martin, 1983)

Nimmt man Bezug zum oben dargestellten Modell von Amato, so lassen sich die Dimensionen „Unterstützung und einfühlsame Zuwendung" und „Monitoring" der *elterlichen Ressource Sozialkapital* zurechnen.

Am Beispiel der *Hausaufgabenunterstützung* wurde untersucht, welcher elterliche Erziehungsstil sich günstig auf die Schulleistungsentwicklung des Kindes auswirkt. Obwohl die große Zahl empirischer Studien ein komplexes und zwiespältiges Bild ergibt, zeichnet sich doch ein gewisser Trend ab: Ein eher direktiver, dominierender, wenig verbaler und intellektuell anspruchsloser Stil der Interaktion bei der Hausaufgabenunterstützung geht mit einem niedrigen Wissenszuwachs einher und ist mit einer ungünstigen Schulleistungsentwicklung verbunden. Maßnahmen, die auf die Kontrolle der bloßen Form und die Sicherung der Richtigkeit der Ergebnisse bezogen sind, stellen sich entweder als wirkungslos oder sogar als kontraproduktiv heraus (vgl. Helmke, Schrader & Lehneis-Klepper, 1991, Metaanalyse von Fan & Chen, 2001, in: Walper, 2012). *Lediglich prozessorientierte Formen der Unterstützung* (Förderung von Strategien, Hilfen zum Selbstlernen) *sind effizient*. Sie zeichnen sich dadurch aus, dass sie die Autonomie und Selbstständigkeit und damit verbunden auch die Entwicklung intrinsischer Motivation der Lernenden fördern. Gemessen an der Förderung selbstregulierten Lernens sind die empirischen Befunde ernüchternd. So zeigt sich bei Drittklässlern für Mathematik und bei Siebtklässlern für Chemie, dass in ca. 84 Prozent der Hausaufgabenbetreuungen keine zufriedenstellende Förderung stattfindet (vgl. Wild & Remy, 2002, in: Busse & Helsper, 2008).

Wie sich der elterliche Einfluss auf ihre Kinder auswirkt, entscheidet sich letztlich dadurch, wie feinfühlig und entwicklungsangemessen Eltern auf kindliche Bedürfnisse eingehen und ob sie ihre Beziehung zu ihnen mit emotionaler Wärme gestalten. Dies erfordert ein komplexes Zusammenspiel selbst-, kind-, kontext- und handlungsbezogener Kompetenzen. Um kindliche Kompetenzen gezielt zu fördern, müssen Eltern günstige Momente erkennen und flexibel reagieren können. Im Idealfall passen sie ihre Unterstützung und Anregung den Lern- und Problemlösemöglichkeiten der Kinder in der jeweiligen Situation an und liefern damit ein Gerüst für eigenständiges Lernen der Kinder („Scaffolding").

Probleme und Perspektiven der Forschung
Probleme und Einseitigkeiten der Forschung zu den familiären Determinanten der Schulleistung lassen sich wie folgt auflisten und sind bei der Beurteilung ihrer Bedeutung zu berücksichtigen.

- Reziprozität der Eltern-Kind-Beziehung: Der Forschungsstand ist – trotz der Notwendigkeit systemischer und transaktionaler Analysen – noch immer hauptsächlich einseitig orientiert. Elternvariablen werden in ihrer Wirkung auf die Kinder untersucht, der Einfluss der Kinder auf ihre Eltern wird jedoch meist ausgeblendet. Systematische bidirektionale Analysen liegen im Bereich der Kleinkindforschung vor (z.B. hinsichtlich des Bindungsverhaltens). Für die wechselseitige Beeinflussung beispielsweise von Schulleistung des Kindes und Erwartungen der Eltern besteht nach wie vor ein Forschungsdefizit.
- Intrafamiliäre Varianz, „non-shared environment": Geschwister, die in der gleichen Familie aufwachsen, erfahren keineswegs die gleiche Umwelt. Forschungen, die große familiäre Unterschiede und unterschiedliche elterliche Verhaltensweisen gegenüber ihren Kindern aufzeigen, stellen die Forderung nach differenziell angelegten Untersuchungsplänen auf. Auch hier besteht noch ein großes Defizit in der Umsetzung dieser Forderung.
- Methodische Probleme der Studien: Die Mehrheit der Studien ist querschnittlich angelegt. Streng genommen erlaubt dies keine kausalen Aussagen im Sinne gerichteter Zusammenhänge. Zudem werden aus einem Gesamtbereich möglicher familiärer Prozessmerkmale meist nur einzelne Merkmalsgruppen oder auch nur Einzelvariablen herausgegriffen. Die Selektion eines kleinen Teilbereichs aus der miteinander verflochtenen Gesamtheit der Wirkfaktoren aufseiten der Familie ist mit der Gefahr der Fehleinschätzung von Effektgrößen („Spezifikationsfehler") verbunden.
- Vernachlässigung der Väter: Die Mehrheit der empirischen Untersuchungen befasst sich mit den Einstellungen und Verhaltensweisen der Mütter. So kann fälschlicherweise

der Eindruck entstehen, dass die Väter für die Schulleistungsentwicklung ihrer Kinder bedeutungslos seien. Der Einbezug beider Elternteile, ihrer Interaktion und auch der Einfluss anderer Familienmitglieder ist ein noch wenig erforschtes Feld, rückt jedoch zunehmend in den Fokus der Forschung.

Folgerungen für die Diagnostik und Beratung
Aus den oben angeführten Forschungsbefunden zum Zusammenhang von Elternverhalten und schulischem Erfolg ihrer Kinder lassen sich Schlussfolgerungen für Diagnostik und Beratung ziehen.

Folgerungen für die *Diagnostik*:

- Zielstellung der Diagnostik elterlicher Einflussbereiche ist die systematische Ermittlung von Ressourcen und möglichen Veränderungsansätzen.
- Den multikausalen Bedingungsmodellen folgend sollte Diagnostik Unterstützungsvariablen der Umwelt – insbesondere der Familie – berücksichtigen. In Elterngesprächen und Fragebögen können Aspekte häuslicher Stimulation, des elterlichen Motivations- und Instruktionsverhaltens sowie des elterlichen Modellverhaltens im Hinblick auf den Beratungsanlass erfasst werden.
- Systemisch-lösungsorientierte Gesprächsführung ist eine hilfreiche Methode, einen multiperspektivischen Blickwinkel auf das elterliche Engagement zu erhalten.

Folgerungen für die *Beratung*:

- Im Sinne psychoedukativer Maßnahmen können Eltern über Erkenntnisse zu wirksamen und ggfs. hinderlichen Einflüssen für die Schul- und Persönlichkeitsentwicklung ihres Kindes informiert werden.
- Insbesondere im Hinblick auf effizientes Hausaufgabenmanagement besteht ein hoher Beratungsbedarf bei Eltern. Hier gilt es ungünstige Strukturen aufzudecken und – angepasst an die individuelle familiäre und kindbezogene Situation – möglichst konkrete Alternativen zu ermitteln. Dabei steht die Förderung von mehr Autonomie und der Rücknahme kontrollierenden und direktiven Elternverhaltens im Vordergrund.
- In den Beratungsgesprächen sollte ein besonderes Augenmerk darauf gelegt werden, wie die jeweilige Schulsituation die familiären Beziehungen beeinflusst. Im Fall einer zu großen Belastung der Beziehung von Eltern und Kind durch schulbezogene Konflikte hat die Suche nach Entlastungsmöglichkeiten Vorrang (vgl. Fuhrer, 2009: Grundbedürfnis des Kindes nach Geborgenheit und liebevoller Beziehung).

- Die Bedeutsamkeit elterlicher Bildungsaspirationen und ihrer Wirkung auf das Kind sollte in Beratungsgesprächen thematisiert werden. Dies gilt besonders bei Differenzen zwischen elterlichen Erwartungen und Voraussetzungen des Kindes.
- Aus den Befunden zur Erziehungsstilforschung lassen sich Implikationen für die Förderung eines autoritativen Erziehungsstils ableiten. Beispiel: Eltern, die ihren Kindern Wahlmöglichkeiten lassen, ermöglichen das Erleben von Selbstbestimmung und Autonomie. Zugleich berücksichtigen sie durch eine von emotionaler Wärme geprägte Eltern-Kind-Beziehung das kindliche Bedürfnis nach Geborgenheit und liebevoller Zuwendung (siehe oben).
- Ein positives, selbstwertdienliches Selbstkonzept der eigenen Fähigkeiten kann durch Vertrauen in die Leistungsfähigkeit des Kindes und durch einen günstigen Attributionsstil gefördert werden. Beispielsweise begünstigt eine wertschätzende Rückmeldung der Anstrengungen des Kindes das Erleben von Kompetenz und das Gefühl, etwas bewirken zu können.
- Lob und Tadel angemessen eingesetzt, unterstützt die Entwicklung wünschenswerter und verhindert die Verfestigung unerwünschter kindlicher Verhaltensweisen. Allerdings ist dieses Mittel nur in Maßen zu verwenden, da es primär die extrinsische Motivation des Kindes fördert. Die Förderung intrinsisch motivierter Lernhandlungen ist auf lange Sicht effektiver, um die Lernmotivation aufrechtzuerhalten.
- Durch das Aufzeigen von Netzwerkangeboten können Eltern darin unterstützt werden, geeignete schulergänzende Angebote zu finden. Aber auch in der genaueren Betrachtung der häuslichen Lernumgebung können Ressourcen und „Stolpersteine" für erfolgreiches Elternengagement ermittelt werden. Dies betrifft die Gestaltung der Lernumgebung (Arbeitsplatz, Materialangebot), die außerschulischen Aktivitäten (z.B. Museumsbesuch etc.) und die Vorgehensweise der Eltern in der Lernunterstützung (Hausaufgabensituation s.o.).

Fazit

Spätestens mit dem „Pisa-Schock" ist die hohe Abhängigkeit des Schulerfolgs von der sozialen Schichtzugehörigkeit deutscher Schülerinnen und Schüler deutlich geworden. Im Gegensatz zu familiären Strukturmerkmalen sind Prozessvariablen elterlichen Erziehungsverhaltens der Kinder leichter zu beeinflussen. Erfolgreiche Beratung kann dazu beitragen, Hilfestellung für Schülerinnen und Schüler und Familien zu leisten und damit die Bildungsteilhabechancen zu verbessern.

Literatur

Amato, P.R.: More than money? Men's contribution to their children's lives. Paper presented at the Men in Families Symposium, Pennsylvania State University, 1996. In: A. Krapp & B. Weidenmann (Hrsg.). Pädagogische Psychologie, Beltz: Weinheim 2001

Baumert, J. et al. (Hrsg.): PISA 2000 – Basiskompetenzen von Schülerinnen und Schülern im internationalen Vergleich. Leske und Budrich, Opladen 2001

Baumert, J. & Maaz, K.: Das theoretische und methodische Konzept von Pisa zur Erfassung sozialer und kultureller Ressourcen der Herkunftsfamilie: internationale und nationale Rahmenkonzeption. In: J. Baumert, P. Stanat & R. Watermann (Hrsg.): Soziale Ungleichheit im Bildungssystem: Eine empirisch-theoretische Bestandsaufnahme, S. 227–263. Universitätsverlag Konstanz, Konstanz 2006

Statistisches Bundesamt (Hrsg.): Datenreport 2016. Ein Sozialbericht für die Bundesrepublik Deutschland. Bundeszentrale für politische Bildung 2016

Busse, S. & Helsper W.: Schule und Familie. In: W. Helsper & J. Böhme (Hrsg.): Handbuch der Schulforschung, S. 469–494. Springer, Wiesbaden 2008

Ditton, H.: Ungleichheit und Mobilität durch Bildung. Theorie und empirische Untersuchung über sozialräumliche Aspekte von Bildungsentscheidungen. Juventa, Weinheim und München 1992

Eccles, J.S.: Families, schools, and developing achievement-related motivations and engagement. In J.E. Grusec & P. D. Hastings (Eds.), Handbook of socialization: Theory and research, S. 665–691. Guilford, New York 2007

Fredricks, J.A. & Eccles, J.S.: Family socialization, gender, and sport motivation and involvement. In: Journal of sport an exercise psychology, 27, S. 3–31, 2005

Gottfried, A.E., Fleming, J.S., Gottfried, A.W.: Role of parental motivational practices in children's academic intrinsic motivation and achievement. In: Journal of Educational Psychology, 86(1), S. 104–113, 1994

Gottfried, A.E., Fleming, J.S. & Gottfried, A.W.: Role of cognitively stimulating home environment in children's academic intrinsic motivation: a longitudinal study. In: Child Development, S. 1448–1460, 69 (5), 1998.

Heller, K. A. (Hrsg.): Begabungsdiagnostik in der Schul- und Erziehungsberatung. Huber Verlag, Bern 2000

Helmke, A. & Schrader, F.W.: Determinanten der Schulleistung. In Rost (Hrsg.): Handwörterbuch der Pädagogischen Psychologie, S. 83–94. Beltz, Weinheim 2006

Helmke, A. & Weinert, F.E.: Bedingungsfaktoren schulischer Leistungen. In F.E. Weinert (Hrsg.): Psychologie der Schule und des Unterrichts, S. 71–175. Hogrefe, Göttingen 1996

Jonkmann, K., Maaz, K., Neumann, M. & Gresch, C.: Übergangsquote und Zusammenhänge zu familiärem Hintergrund und schulischen Leistungen: Deskriptive Befunde. In: Bundesministerium für Bildung und Forschung (BMBF). Referat Bildungsforschung. Bonn, Berlin 2010

Kleine, L., Paulus, W. & Blossfeld, H.-P.: Die Formation elterlicher Bildungsentscheidungen beim Übergang von der Grundschule in die Sekundarstufe I. Zeitschrift für Erziehungswissenschaft, 12, S. 103–125, 2009

Krapp, A. & Weidenmann, B. (Hrsg.): Pädagogische Psychologie. Ein Lehrbuch. Beltz PVU, Bern 2001

Maccoby, E. & Martin, J.A.: Socialization in the Context of the Family: Parent-Child Interaction, in: E. Mavis Hetherington (Hrsg.): Handbook of Child Psychology: Socialization, Personality, and Social Development, S. 1–1024, 1983

Neuenschwander, M.P. et al.: Eltern, Lehrpersonen und Schülerleistungen. Schlussbericht. Lehrerinnen- und Lehrerbildung. Stelle für Forschung und Entwicklung. Kanton und Universität Bern 2004

Sachverständigenrat deutscher Stiftungen für Integration und Migration: Doppelt benachteiligt? Kinder und Jugendliche mit Migrationshintergrund im deutschen Bildungssystem. Eine Expertise im Auftrag der Stiftung Merkator. 2016

Schiefele, U. & Schreyer, I: Intrinsische Lernmotivation und Lernen. Ein Überblick zu Ergebnissen der Forschung. In: Zeitschrift für Pädagogische Psychologie, 8(1), S. 1–13, 1994

Seidel, T. & Krapp, A. (Hrsg.): Pädagogische Psychologie. Beltz, Weinheim, 2014

Steiner, J.: Gute Noten Dank den Eltern? Interview mit Prof. M.P. Neuenschwander vom 25.08.2007, Neue Luzerner Zeitung

Stubbe, T.C., Bos, W. & Euen, B.: Der Übergang von der Primar- in die Sekundarstufe. In W. Bos, I. Tarelli, A. Bremerich-Vos & K. Schwippert (Hrsg.): IGLU 2011. Lesekompetenzen von Grundschulkindern in Deutschland im internationalen Vergleich. S. 209–226. Waxmann, Münster 2012

Walper, S.: Vom Einfluss der Eltern. DJI Impulse 2012

Wild, E. & Lorenz, F.: Elternhaus und Schule. Reihe: Standardwissen Lehramt. UTB Schöningh, Paderborn 2010

1.4 Herausforderungen des Jugendalters – Konsequenzen für Erziehung und Schulberatung
Inga Bachmann

Abstract
„Kindheit" ist seit langem Gegenstand der Forschung; im Gegensatz dazu blieben bis in die jüngste Vergangenheit das Bild von „Jugend" und die Definition des „Jugendlichen" diffus. Mittlerweile gibt es diverse Jugendstudien und -berichte, die einen Einblick in die Lebenswelten unterschiedlicher Jugendlicher bieten. In diesem Artikel wird der Begriff „Jugend" aus drei Perspektiven beleuchtet: als Altersspanne, als soziales Phänomen und als gesellschaftliche Idee. Als Quellen werden die SINUS-Milieu-Studie, eine direkte schriftliche Befragung einiger Jugendlicher und eine Studie zu Kommunikationsmustern von Lehrkräften herangezogen. Nach deren Auswertungen ergeben sich konkrete Folgerungen für ein gelingendes Jugendalter: in der Beratung von Sorgeberechtigten, Jugendlichen und Lehrkräften und für die Institution Schule allgemein.

Jugend – ein vernachlässigtes Konzept?!
Kindheit ist ein altersmäßig klar definiertes Konzept. Sie beginnt mit der Geburt und endet, wenn man einen sozialen Begriff von Kindheit zugrunde legt, der sich nicht an der biologischen Reifung orientiert – mit 14 Jahren. *Jugend* wird oft „als Folge" von Kindheit und in Abgrenzung zu ihr definiert. Entsprechend beginnt Jugend mit dem Ende der Kindheit. Eine Altersgrenze „nach oben", wie sie für die Kindheit existiert, gibt es für die Jugend hingegen nicht.

Das Bild, das wir von Jugend haben, hat sich in den letzten Jahrzehnten grundlegend geändert: So war in den *1950er-Jahren* der „typische Jugendliche" der männliche 15-jährige Schulabgänger (vgl. Schröer, W., 2017, S. 37). Spätestens *seit den 1970er-Jahren* drängen im Zuge der Bildungsexpansion viele Frauen in die Universitäten und treten oft erst mit Mitte, Ende 20 ihre erste Vollzeitstelle an. Während des Studiums gelten diese sicherlich nicht mehr als „typische" Jugendliche – mit eigener Wohnung, aber ohne festes Einkommen. Zugleich stellt sich die Frage, ob sie schon als Erwachsene gelten können (vgl. Rauschenbach, T., 2017, S. 5). Diese sog. *„Entgrenzung von Jugend"* (Schröer, W., 2017, S. 37) meint zum einen die Verschiebung der zeitlichen Phase des Jugendalters „nach hinten", zum Zweiten die Asynchronität von Jugend in den unterschiedlichen Bereichen: So gibt es Jugendliche, die bereits einen Ausbildungsberuf ergriffen haben, von ihrer psychischen Entwicklung jedoch noch nicht als erwachsen gelten. Andererseits gibt es junge Menschen mit Mitte 20, die bereits mehrmonatige Auslandserfahrungen gesammelt haben und kurz vor ihrem universitären Abschluss stehen, aufgrund der begrenzten finanziellen Mittel jedoch noch im Elternhaus wohnen.

Wenn wir also aufgrund gesellschaftlicher Veränderungen und Verlängerung von Ausbildungszeiten annehmen, dass Ende 20-Jährige auch noch zu „Jugendlichen" gezählt werden, so haben wir auch eine *zahlenmäßige Überlegenheit von Jugendlichen gegenüber Kindern*, wie in Abbildung 1 dargestellt ist.

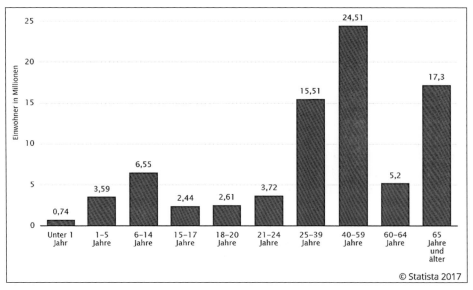

Abbildung 1: Zahl der Einwohner in Deutschland nach Altersgruppen am 31. Dezember 2015 (in Millionen); *(Quelle: https://de.statista.com/statistik/daten/studie/1365/umfrage/ bevoelkerung-deutschlands-nach-altersgruppen/)*

Die Anzahl der Studien, die sich mit dem Jugendalter befassen, *spiegelt die zahlenmäßige Bedeutung dieser Altersgruppen nicht wider.* Vielmehr konzentriert sich die Forschung überwiegend auf die unterschiedlichen Bereiche der Kindheit. Auch scheint es ein höheres Interesse der Gesamtbevölkerung an Kindheit als an Jugend zu geben. So weist die Suchmaschine Google zum Suchbegriff „Forschung Kindheit" 3.990.000 Treffer auf, zu „Forschung Jugend" nur 1.840.000, also weniger als die Hälfte [Suche am 27.06.2017].

Die Geschichte der Kindheit und der damit verbundene Strukturwandel ist intensiv erforscht worden. Das Standardwerk von Philippe Ariès „Geschichte der Kindheit" ist erstmals 1960 veröffentlicht worden und liegt aktuell bereits in der 18. Auflage vor. Dies zeigt das große Interesse an einer Übersicht über die gesellschaftlichen und privaten Vorstellungen über Kinder und den Umgang mit ihnen. Ein vergleichbares Werk für die Jugend existiert hingegen nicht.

Das Betreuungsnetz für vorschulische und schulische Bildung im Grundschulalter ist in weitaus größerem Maße ausgebaut als es die Betreuungsangebote für Jugendliche sind. Je nach Alter stehen Eltern Krippen, Kindertageseinrichtungen, Tagespflege in Form der sog. „Tagesmutter" oder des sog. „Tagesvaters", Mittagsbetreuungen, gebundene Ganztagsklassen, Horte und Heilpädagogische Tagesstätten (als ein Angebot der Kinder- und Jugendhilfe) zur Wahl. Erziehungsberechtigten, die ihr Kind auch auf der weiterführenden Schule am Nachmittag betreut haben möchten, steht nur noch ein sehr eingeschränktes Angebot zur Verfügung. So haben sie oftmals lediglich die Wahl zwischen gebundener Ganztagsklasse, offener Ganztagsbetreuung, (heil-)pädagogischen Angeboten der Kinder- und Jugendhilfe oder offenen Angeboten kommunaler und privater Träger.

Aktuelle Tendenzen in Forschung und Bildungspolitik haben dieses Ungleichgewicht erkannt. So sind Jugendliche und ihre Lebenswelten inzwischen häufiger Gegenstand der Forschung. Der 15. Kinder- und Jugendbericht „Zwischen Freiräumen, Familie, Ganztagsschule und virtuellen Welten – Persönlichkeitsentwicklung und Bildungsanspruch im Jugendalter" hat sich der besonderen Lebenssituation Jugendlicher angenommen. Auch in der SINUS-Jugendstudie u18 werden Jugendliche und ihre Lebenswelten erfasst.

Mit diesem Beitrag kann kein umfassender, es soll jedoch ein *qualitativer Einblick in die Lebenswelten unterschiedlicher Jugendlichen* gegeben werden. Im Hinblick darauf, dass die Heranwachsenden von heute die Erwachsenen von morgen sind, wäre es wünschenswert, dass der Einblick in die Lebenswelten der Jugendlichen mehr in den Fokus rückt.

Zum Konzept „Jugend"

Mit dem Begriff „Jugend" sind sowohl im Alltagsverständnis als auch in der Forschung verschiedene Bedeutungen verbunden. Zumindest drei Perspektiven lassen sich unterscheiden.

„Jugend" als Altersspanne
Jugend gilt als Phase in der individuellen Entwicklung, die sich an die Kindheit anschließt und vom Erwachsensein gefolgt wird. Nach juristischen und pädagogischen Aspekten bezeichnet das *Jugendalter die Phase zwischen dem Ende des 14. Lebensjahres und dem 25. Lebensjahr.*

Diese Phase bringt *biologische Veränderungen* mit sich, die zur sexuellen Reifung führen. Aus den (neuro-)biologischen Veränderungen und den ersten sexuellen Kontakten folgen *Entwicklungsaufgaben*, die erst noch zu bewältigen und mit großen *Unsicherheiten* verbunden sind. In einer Zeit, in der die erwachsenen Bezugspersonen häufig nicht mehr die ersten Ansprechpartner sind, gewinnen die Gleichaltrigen, die *Peers*, an verstärkter Bedeutung.

„Jugend" als soziales Phänomen
„Jugend" kann als eine *bestimmte soziale Gruppe in einer Gesellschaft* verstanden werden, die durch eigene, ganz *bestimmte Generationserfahrungen* gekennzeichnet ist und sich mit eigenen Deutungssystemen, oft altersunabhängig, von anderen Gruppen abgrenzt.

„Jugend" als gesellschaftliche Idee
Vorstellungen, die Erwachsene und die Jugendlichen selber *von dem Konzept „Jugend"* haben, bilden das gesellschaftliche Leitbild. Dieses hat in der Vergangenheit variiert und verändert sich auch heute noch in Abhängigkeit von den gesellschaftlichen Rahmenbedingungen (vgl. Krüger, H., 2017, S. 370).

Im Artikel sollen alle drei Perspektiven berücksichtigt werden.

Zu den aktuellen Herausforderungen von „Jugend"

Jugend hat sich also in den vergangenen Jahrzehnten massiv verändert. Dabei können verschiedene Veränderungstendenzen ausgemacht werden:

Scholarisierung der Jugendphase
Haben in den 1950er- und 1960er-Jahren die Mehrzahl der Jugendlichen die Schule im Alter von 14 oder 15 Jahren verlassen, so hat sich heute *die durchschnittliche Verweildauer im allgemeinen Schulsystem* um zwei bis drei Jahre *verlängert.* Durch den Besuch

weiterführender Schulen und Hochschulen verbringen Jugendliche aktuell einen Großteil ihrer Jugendzeit in schulischen Institutionen. Die systematische und angeleitete Auseinandersetzung mit Berufsvorbereitung und Berufswahl ist ein wichtiger Bestandteil der weiterführenden Schule geworden und ist deutlich zu begrüßen. Der Eintritt ins Berufsleben vollzieht sich bei manchen Jugendlichen dennoch erst im dritten Lebensjahrzehnt.

Erweiterung der Nahräume
Die *Bedeutung der Peers* und der Wunsch nach „Eroberung" der Nahräume zusammen mit Gleichaltrigen ist für Jugendliche auch im Vergleich mit früheren Jahrzehnten ungebrochen hoch. In den letzten Jahrzehnten hat sich auch das Angebot an Freizeitaktivitäten erweitert. An dieser Stelle sind beispielsweise *Vereine, Angebote der Kinder- und Jugendhilfe* und *freier Träger* zu nennen, in denen Jugendliche, besonders in städtischen Gebieten, Impulse zur Freizeitgestaltung bekommen. Diese sind jedoch meist durch Erwachsene organisiert und beaufsichtigt und implizieren dadurch häufig einen geringen Gestaltungsspielraum.

Frühere Verselbstständigung
Durch Veränderungen der familialen Strukturen sind althergebrachte Konzepte oder Gewissheiten bezüglich des familiären Umgangs miteinander nicht mehr gültig. In der Folge fordern Jugendliche heutzutage mehr Mitbestimmung im familiären Rahmen ein. Dadurch finden sie meist *früher größere Handlungsspielräume vor bei gleichzeitiger längerer materieller und finanzieller Abhängigkeit* von den Erziehungsberechtigten.

Zeitliche Verschiebung sexueller Erfahrungen und Partnerschaften
Im Gegensatz zu den frühen 1950er-Jahren, in denen erste sexuelle Erfahrungen und Heirat, wenn überhaupt, nur durch eine geringe zeitliche Diskrepanz gekennzeichnet war, hat sich der *Zeitpunkt der ersten sexuellen Erfahrungen heute nach vorne verschoben*. Die Eheschließung, sofern sie realisiert wird, findet später statt (vgl. Rauschenbach, T., 2017, 5 ff.).

Gestiegene Raten der Jugenddelinquenz
Bei einer zahlenmäßigen Erhebung von erfassten Straftaten zur Jugenddelinquenz ist stets eine Fehlerbehaftung mitzudenken, da einerseits fälschlicherweise Unbeteiligte erfasst worden sind und andererseits die Dunkelziffer der Taten, die nicht aufgeklärt werden konnten, hoch ist. Dennoch geht man von einer *gestiegenen Rate von Jugenddelinquenz* aus. Christian Pfeiffer, als Experte für Kriminologie und Jugendstrafrecht, wird auf die Frage nach einem Anstieg der Jugendgewalt folgendermaßen zitiert: „Es lässt sich nicht genau abschätzen, wie stark die Jugendgewalt von 1980 bis heute [2001, Anm. d. Verf.] angestiegen ist, eine Verdoppelung scheint eine realistische Größenordnung zu sein" (Pfeiffer, C., 2001 in: Göppel, R., 2007, S. 261).

Im Jahr 2008 berichten 43,7 Prozent der Neuntklässler von Straftaten (eigene Angaben der befragten Jugendlichen), wobei mit jeweils gut 20 Prozent Gewaltdelikte und Vandalismus den größten Anteil ausmachen. Männliche Jugendliche sind hier zahlenmäßig stets stärker als weibliche vertreten (siehe Abbildung 2).

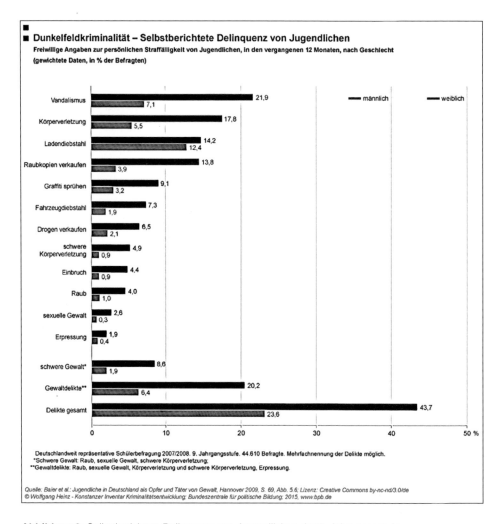

Abbildung 2: Selbstberichtete Delinquenz von Jugendlichen der 9. Jahrgangsstufe;
(Quelle: http://www.bpb.de/politik/innenpolitik/gangsterlaeufer/203562/zahlen-und-fakten?p=all)

Abbildung 3 zeigt, dass im Erhebungszeitraum von 1990 bis 2015 Heranwachsende häufiger als Erwachsene kriminell geworden sind. Öfter als Mädchen und junge Frauen stehen Jungen und junge Männer im Verdacht, an Straftaten beteiligt zu sein. Die meisten Tatverdächtigen sind im Alter zwischen 18 und 25 Jahren.

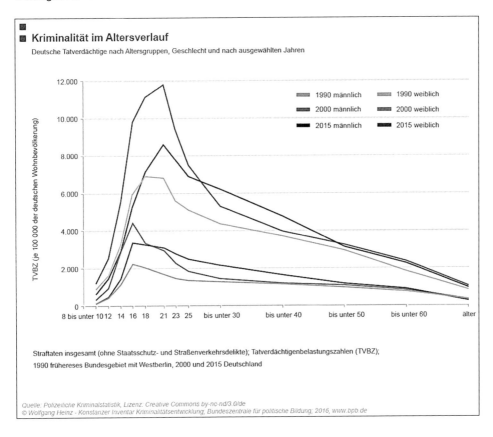

Abbildung 3: Kriminalität im Altersverlauf;
(Quelle: http://www.bpb.de/politik/innenpolitik/gangsterlaeufer/203562/zahlen-und-fakten)

Die Daten zeigen, dass die Häufigkeit von Straftaten durch Jugendliche gestiegen ist. Dies lässt sich zum einen mit den neurobiologischen Umbauprozessen im Gehirn erklären. Die Neustrukturierung des Stirnhirns, das als Sitz der Persönlichkeit und des Sozialverhaltens gilt, führt zu vorübergehenden Einschränkungen in der Empathiefähigkeit und der Impulskontrolle. Aus soziologischer Sicht weckt die Vielzahl von Verboten und Reglementierungen das Bedürfnis nach Selbstwirksamkeit und Autonomie. Besonders Letzteres ist ein Privileg des Erwachsenenalters. Delinquenz kann somit auch als Autonomie-Demonstration verstanden werden und scheint ein „Entwicklungsphänomen" zu sein. *(vgl. http://arbeitsblaetter.stangl-taller.at/MORALISCHEENTWICKLUNG/Deliquenz.shtml).*

Anforderungen an Jugendliche
Das bayerische Bildungssystem bemüht sich, alle Jugendliche (für das Berufs- und damit Erwachsenenleben) gemäß des Mottos „Kein Abschluss ohne Anschluss" (Bayerisches Staatsministerium für Unterricht und Kultus) zu qualifizieren. Eine Schwerpunktsetzung auf die Zertifizierung jedoch greift zu kurz, sind doch in dieser Lebensphase auch die Positionierung in der eigenen und der gesellschaftlichen Welt sowie eine finanzielle, materielle und emotionale Verselbstständigung der Heranwachsenden zu leisten.

Die Jugend ist also eine Phase, in der in einem überschaubaren Zeitraum vielfältige Anforderungen auf körperlicher, kognitiver, seelisch-geistiger, emotional-sozialer und pragmatischer Ebene zu bewältigen sind. Nicht alle Jugendlichen bewältigen diese komplexen Anforderungen ohne Schwierigkeiten. Im Zuge von Selbstpositionierung, Unsicherheiten, individuell unterschiedlich, geschwächtem oder übersteigertem Selbstwertgefühl werden Grenzen erkundet und, wie die Abbildung 2 und Abbildung 3 zeigen, teilweise überschritten.

Ausgewählte Studien zur Sicht der Jugendlichen auf ihre Lebenswelten

Die SINUS-Milieu-Studie
Das auftraggebende SINUS-Institut hat bereits zum dritten Mal eine Studie darüber vorgelegt, „wie Jugendliche im Alter zwischen 14 und 17 ticken" (Calmbach, M., 2016, S. 14). Mittels qualitativer Methoden wie narrativer Interviews, kreativer Selbstzeugnisse und fotografischer Einblicke in die jeweiligen Lebenswelten wird aufgezeigt, wie Jugendliche ihren Alltag erleben, wie sie die heutigen Verhältnisse in Deutschland wahrnehmen, was für sie Sinn stiftet und was sie vom Leben erwarten. Die Einteilung in Sinus-Milieus bietet eine strukturierte Übersicht über die Lebenswelt der Jugendlichen unter 18 Jahren. Sie gruppiert die befragten Jugendlichen zu sieben Milieus, die sich in ihrer Bildung (niedrig bis hoch) und ihrer normativen Grundorientierung (traditionell, modern, postmodern) unterscheiden lassen. Das zu Grunde liegende Raster ist idealtypisch, so dass es in der Wirklichkeit zu Überschneidungen und uneindeutigen Zuordnungen kommt (siehe Kapitel 2.1). Nichtsdestotrotz bietet die Übersicht eine Grundlage, die Aussagen von Jugendlichen vor dem Hintergrund ihrer Lebenswelt zu verstehen, interpretieren und, darauf aufbauend, gesellschaftliche Entwicklungen vorhersagen zu können.

1 Grundlagen

Zur eigenen Befragung

Eine direkte Befragung der Jugendlichen bietet die Möglichkeit, Einsichten aus „erster Hand" zu erhalten. Die Jugendlichen, als Akteure ihrer Lebenswelt, können auf diese Weise selber formulieren, was diese besondere Phase für sie bedeutet. Die so gewonnenen Informationen können genutzt werden, um Angebote für die Jugendlichen zur Verfügung zu stellen, die ihren Bedürfnissen entsprechen und sie bei der Bewältigung der Herausforderungen des Jugendalters unterstützen.

Im Vorfeld dieses Artikels wurde also eine schriftliche Befragung vorgenommen. Die Einteilung in Lebenswelten diente dabei als Orientierung, auf deren Grundlage sechs Jugendliche unterschiedlichen Geschlechtes, unterschiedlichen Alters, unterschiedlicher Bildung, mit und ohne Migrationshintergrund befragt wurden. Diese sehr kleine Stichprobe $N = 6$ dient einem qualitativen Einblick in die Lebenswelt der Jugendlichen und soll die Akteure ihrer Welt zu Wort kommen lassen.

Der Fragebogen beginnt mit einfachen Fragen zu Vorlieben und Interessen und endet mit Fragen zu Elternhaus, Schule, Freizeit.

Ausgewählte Ergebnisse:

- Die befragten Jugendlichen nannten auf die Frage, *wofür sie sich interessieren*, Themen aus ihrem Nahraum (Sport, Musik, Autos/Motorräder). Zwei Personen nannten ihr Studium, Literatur, Kultur und Politik.
- Die Heranwachsenden stimmten milieuübergreifend darin überein, dass das *Handy* das wichtigste Gerät in ihrem Leben sei, da sie mit ihm mit Freunden und Familie kommunizierten, sich damit zerstreuen (Musik, Spiele) und persönlich bedeutsame Momente festhalten könnten.
- Als die *wichtigsten Menschen* in ihrem Leben wurden Familienmitglieder (hier gab es unterschiedliche Nennungen: Eltern, Mutter, Geschwister), Freunde oder der feste Freund/die feste Freundin genannt.
- Auf die Frage, wessen Lebensgeschichte sie sich gerne erzählen lassen würden bzw. *von welcher erwachsenen Person sie gerne etwas lernen würden,* wurden fast übereinstimmend Personen aus der medialen Öffentlichkeit (Musiker, Sportler, Politiker) genannt. Nur eine Person würde gerne die Lebensgeschichte vom eigenen Opa hören, „weil das sicher interessant ist".
- Im Hinblick auf eine *ideale Beziehung* wünschten sich die befragten Jugendlichen Vertrauen, Absprachen, Ehrlichkeit und starke Gefühle füreinander. In Schwierigkeiten solle man füreinander da sein und für auftretende Konflikte Lösungen finden.

- In den *Wünschen für ihre Zukunft* waren sich die Befragten auch überwiegend einig: Sie wünschten sich eine fundierte Ausbildung, um später das eigene Geld zu verdienen und beruflich erfolgreich zu sein. Eine eigene Familie nannten die meisten als Ziel. Die Vereinbarkeit von Familie und Beruf war besonders den Mädchen/jungen Frauen wichtig. Für zwei Jugendliche schien die Frage nach dem idealen späteren Leben noch „Zukunftsmusik" zu sein: Sie hätten sich dazu noch nicht viel Gedanken gemacht, einer jedoch möchte in jedem Fall in einer Villa leben.
- Ihren *Erziehungsberechtigten* brachten die Jugendlichen (auf dem Papier) viel Wertschätzung entgegen: Sie schätzten, dass sie viel Freiheit, Geduld erlebten und die Eltern liebevoll mit ihnen umgingen. Gleichzeitig wurde gewürdigt, dass die Erziehungsberechtigten gut auf sie aufpassten. Beklagt hingegen wurden Streitigkeiten zwischen den Eltern und ein hohes Maß an Kontrolle (so auch der streng regulierte Umgang mit dem Handy).
- Auch den *Lehrkräften/Professoren* an der Uni wurde ein gutes Zeugnis ausgestellt: Sie seien freundlich, geduldig, hätten persönliches Interesse und würden mit dem Lernstoff helfen. Andererseits wünschten die Jugendlichen sich eine bessere Vorbereitung auf Proben/Prüfungen und weniger Reglementierungen bzw. Konsequenzen während des Schultags.
- Auf die Frage nach einem *idealen Schultag* nannten die Jugendlichen nichts, was sich auf Lerninhalte oder Methodik/Didaktik bezog. Sie wünschten sich stattdessen mehr gemeinsam verbrachte Zeit in Form von gemeinsamen sportlichen Aktivitäten und Ausflügen. Das Lernen selber schien für sie keine Priorität zu haben, denn wenn es nach ihnen ginge, könnte die Anwesenheitszeit in der Schule reduziert werden („Nur eine Stunde Unterricht …").

Vergleich mit den Ergebnissen der SINUS-Milieu-Studie:

- Auch in der größeren Stichprobe N (= 72) wünschten die Jugendlichen sich emotionale Sicherheit, gelebt durch die *Werte Vertrauen, Ehrlichkeit und Verlässlichkeit*. So wie auch die befragten Jugendlichen dieses Artikels wurde das Jugend- bzw. junge Erwachsenenalter nicht als Phase des (sexuellen) „Ausprobierens" oder des „Austobens" genannt. Die meisten Jugendlichen nannten die *Familiengründung* als ein Ziel, das zwar nicht erreicht werden muss, jedoch stark angestrebt wird. Sie unterschieden sich lediglich in dem Zeitpunkt, zu dem das geschehen soll.
- Je bildungsferner, desto eher drehten sich die Gedanken um die *Existenzsicherung* oder anders herum gesagt: Je bildungsaffiner, desto wichtiger war die *persönliche Entfaltung* im Beruf.
- So wie auch bei den hier befragten Jugendlichen gehört das *„Online-Sein"* zum Leben dazu. Hierfür wird überwiegend das internetfähige Handy genutzt. Die Jugendlichen

"gehen nicht mehr ins Internet, sondern leben darin" (Calmbach M., 2016, S. 465). Das Handy mit seinen Social-Media-Angeboten dient der sozialen Vernetzung und Teilhabe, wird jedoch von manchen Jugendlichen bestimmter Milieus als zeitlich begrenzte Freizeitaktivität gesehen, die mit Eintritt in die Berufswelt nachlässt (vgl. ebd., S. 466).
- Generell scheint der Umgang zwischen Eltern und Jugendlichen der SINUS-Studie bezüglich Art und Dauer der *Handy-/Internetnutzung* von Vertrauen geprägt zu sein. Der Wunsch nach Einbindung der sozialen Medien wird auch in der SINUS-Studie am stärksten von eher bildungsfernen Lebenswelten gewünscht, da die Jugendlichen sich davon mehr Spaß erhoffen (vgl. ebd., S. 469).
- Ungeachtet des Alters, des Geschlechts, der schulischen Bildung und des Milieus der Erziehungsberechtigten scheinen die Vorlieben, Interessen und Wünsche von Jugendlichen bezüglich *Elternhaus und Schule* ähnlich zu sein: Sie wünschen sich einen offenen und geduldigen Umgang, der durch ein gewisses Maß an Freiheit in einem gemeinsam gesetzten Rahmen gekennzeichnet sein soll.
- Im *Umgang mit den Lehrkräften* schätzen die Jugendlichen die gleichen Werte, ergänzt durch die Forderung nach persönlichem Interesse an ihnen und dem Wunsch nach Unterstützung beim Lernstoff.

Studie zu Kommunikationsmustern von Lehrkräften
Wubbels und Levy untersuchten in niederländischen und amerikanischen Klassen das Kommunikationsverhalten zwischen Lehrkräften und Schülern. Auf der Grundlage dieser Untersuchungen entwickelten sie ein Kommunikationsraster mit den beiden Achsen „Unterwerfung versus Lenkung" und „Opposition versus Kommunikation". Dieses Raster unterteilten sie in acht verschiedene Kommunikationsstile von Lehrkräften mit Schülern und benannten die acht Typen gemäß der vorherrschenden Kommunikationshaltung (siehe Abbildung 4: Kommunikationstypen von Lehrkräften nach Levy und Wubbels, in: Lohmann G., 2003, S. 171).

Die Schüler wurden befragt, welchen Kommunikationstyp sie sich als Lehrer wünschten. In der folgenden Abbildung sind die Schülerpräferenzen grau unterlegt.

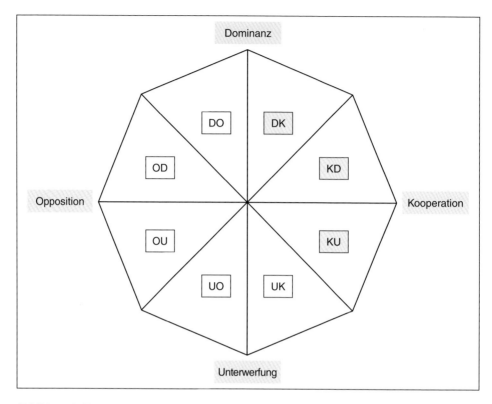

Abbildung 4: Kommunikationsmuster von Lehrkräften mit Schülern

Der Kommunikationstyp „DK" gilt als „der Boss", der führt, organisiert, Aufgaben stellt, diese erklärt und die Aufmerksamkeit erhält.

Der Kommunikationstyp „KD" gilt als der „freundliche Helfer", der Interesse an den Schülern zeigt, hilft, eine positive Einstellung hat, humorvoll ist und Selbstvertrauen ermöglicht.

Der Kommunikationstyp „KU" gilt als „der Verständnisvolle", der interessiert und geduldig zuhört, versteht und Entschuldigungen akzeptiert (vgl. ebd.).

Interessant ist der Vergleich des autoritativen Erziehungsstils mit dem der Kommunikationsmuster:

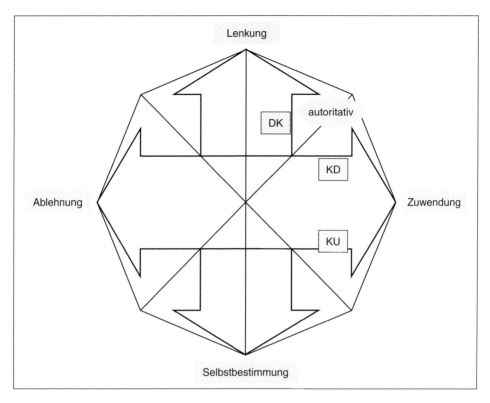

Abbildung 5: Vergleich des autoritativen Erziehungsstils mit präferierten Kommunikationsmustern von Lehrkräften

Die Gemeinsamkeiten des autoritativen Erziehungsstils (als Mischung aus „Lenkung" und „liebevoller Zuwendung": siehe Kapitel 3.2.3) mit den beiden Kommunikationstypen „DK", „KD" fallen auf. Insofern zeigt sich, dass Jugendliche sich von Erwachsenen ein gewisses Maß von Dominanz bei gleichzeitiger Kooperation wünschen. Auf dieser Basis kann „Beziehung" gedeihen, um „Erziehung" im Elternhaus und in der Schule zu ermöglichen.

Konsequenzen für Erziehung und Schulberatung

Jugendliche haben heutzutage, u. a. durch den Ausbau der Bildungs- und Freizeitinstitutionen, *viel mehr Möglichkeiten als früher*, die drei Kernherausforderungen des Jugendalters, *Selbstpositionierung, Verselbstständigung und Qualifizierung*, zu bewältigen. Einen Schwerpunkt der Bildungspolitik im Jugendalter bildet die Qualifizierung. Eine Fokussierung auf (vor-)berufliche Fähig- und Fertigkeiten greift jedoch zu kurz. Trotz aller Angebote scheint die *Verantwortlichkeit für ein gelingendes Jugendalter* (im Sinne von sozialer

Teilhabe und gesellschaftlicher Integration) *mehr und mehr bei den Jugendlichen selber zu liegen*. Gemäß des Mottos „Jeder ist seines Glückes Schmied" wird die Verantwortung subjektiviert (vgl. Bundesministerium für Familie, Senioren, Frauen und Jugend 2017, S. 70).

Jugendliche können und wollen diese Verantwortung nicht alleine tragen, sondern formulieren, sofern sie gefragt werden, ganz klar *den Wunsch nach wohlwollender, liebevoller Unterstützung in einem gesteckten Rahmen.*

Folgerungen für die Beratung der Sorgeberechtigten
Eine wichtige Zielstellung könnte darin bestehen, die Erziehungsberechtigten in der Autonomieförderung der Heranwachsenden zu stärken. Der oben erwähnte autoritative Erziehungsstil bietet eine gute Grundlage, dem Wunsch der Jugendlichen nach liebevoller Unterstützung durch Erwachsene nachzukommen.

- Das Elternvorbild, die eigenen gelebten Werte und das Modell, wie schwierige Situationen bewältigt werden können, haben auch im Jugendalter einen hohen Stellenwert. Insofern ist die Sensibilisierung der Erziehungsberechtigten für das eigene Vorbild-Sein von großer Bedeutung.
- Erziehungsberechtigten könnten darin unterstützt werden, das Augenmerk auf die Sicht ihrer jugendlichen Kinder zu richten. So kann eine Annäherung im Verhältnis von Eltern und Jugendlichen/r bei einer möglicherweise belasteten Beziehung geschaffen werden. In (der systemisch-lösungsorientierten) Beratung können Methoden zum Perspektivenwechsel zum Einsatz kommen, um die Empathie zu erhöhen (z. B. „Stuhlwechsel" als Rollentausch).
- Im Beratungsgespräch ist es daher oft aufschlussreich, wenn die Jugendlichen ihre Sichtweise und Wertvorstellungen äußern können.
- Grundsätzlich sollten Erziehungsberechtigte darin unterstützt und ermutigt werden, mit Vertretern der Kinder- und Jugendhilfe (z. B. in Form der Jugendsozialarbeit an Schulen, familienunterstützender Fachkräfte) zusammenzuarbeiten, um sich frühzeitig über Unterstützungsangebote zu informieren und diese ggf. in Anspruch nehmen zu können.

Folgerungen für die Beratung von Jugendlichen
Besonders in Krisen ist es wertvoll, wenn die Jugendlichen einen kompetenten Gesprächspartner zur Verfügung haben. Beratungsfachkräfte (Beratungslehrkräfte und Schulpsychologen), u. a. als Spezialisten für schulische Kommunikation, können hier, zusammen mit der Jugendsozialarbeit, an Schulen Ansprechpartner sein.

Jeder Mensch strebt danach, schwierige Situationen aus eigener Kraft zu bewältigen. Entsprechend ist es die Aufgabe der professionell mit Jugendlichen befassten Erwachsenen, ihnen zu helfen, Ressourcen zur Bewältigung zu eruieren. Das später im Buch vorgestellte lösungsorientierte-systemische Konzept „Ich schaff's-Programm" könnte dabei eine Möglichkeit bieten (siehe Kapitel 3.2.4).

Folgerungen für die Beratung von Lehrkräften und Schule

Beratung von Lehrkräften:
Jugendliche verbringen einen Großteil ihrer Zeit in schulischen Einrichtungen. Die *Lehrkräfte* haben also viele Gelegenheiten, Jugendliche zu erreichen. Dies ist besonders für Heranwachsende aus bildungsfernen Lebenswelten wichtig, weil sie hier, gemäß des Lernens am (erwachsenen) Modell, Impulse für die eigene Entwicklung bekommen, die sie ansonsten vielleicht nicht erleben. Vor allem im Hinblick auf die weiter oben ausgeführte Tendenz mancher Jugendlicher zu deviantem Verhalten sind Erwachsene, die Interesse zeigen und konstruktive Entwicklungsimpulse geben, wichtig.

- Von größter Bedeutung ist die Haltung der Lehrkräfte. Dazu gehört die Sensibilisierung für die Bedeutung des eigenen Erwachsenenvorbilds, die klare Unterscheidung von (teilweise destruktiven) Verhaltensweisen und der Person selber, die Wertschätzung und das echte Interesse an der Lebenswelt der Schüler, das Einbeziehen der für Jugendlichen relevanten Themen in den Unterricht etc.
- Die oben angeführte Studie zu den Kommunikationsmustern zwischen Lehrkräften und Schülern verdeutlicht, dass sich die Jugendlichen einen Führungsstil im Unterricht wünschen, der dem autoritativen Erziehungsstilkonzept entspricht. Daher sollten Lehrkräfte in der Entwicklung dieses Erziehungsstils unterstützt werden. Dies bedeutet für die Ausbildung von Lehrkräften, „Klassenführung" und „Classroom-Management" als verpflichtenden Bestandteil aufzunehmen. Auch in späteren Berufsjahren helfen Angebote, die eigene (Klassenführungs-)Rolle erneut zu beleuchten, um ggf. Veränderungen in der Interaktion und Kommunikation mit Jugendlichen vornehmen zu können. Geeignete Methoden sind beispielsweise das Coaching von Lehrkräften, die kollegiale Fallberatung oder die Supervision.
- Der LehrplanPlus bietet einen erweiterten Spielraum, um auf die Schülerinteressen einzugehen.
- Lehrkräfte sollten ermutigt werden, mit Vertretern der Kinder- und Jugendhilfe (z. B. in Form von Jugendsozialarbeit an Schulen, familienunterstützender Fachkräfte) zusammenzuarbeiten. Diese bieten als sozialpädagogische Fachkräfte oft noch einmal Impulse zur Erweiterung der persönlichen Sichtweise.

- In krisenhaften Situationen und im Vorfeld notwendiger schulrechtlicher Maßnahmen (z.B. Disziplinarausschüsse) sollte den Jugendlichen ein Gesprächsangebot mit Beratungsfachkräften ermöglicht werden.

Beratung von Schulen:
Die Einführung der Ganztagsschulen hatte zum Ziel, den großen Zusammenhang zwischen Schulerfolg und Bildungsniveau des Elternhauses zu nivellieren. Besonders die Jugendlichen aus bildungsferneren Lebenswelten sollten mit dem Angebot der Ganztagsschule angesprochen werden. In allen Schularten bis auf Mittel- und Förderschule wird das Angebot gut angenommen, wie man an den steigenden Zahlen der teilnehmenden Schülerinnen und Schüler erkennen kann. Besonders Jugendliche der Mittelschule scheinen das Ganztagsangebot jedoch als nicht attraktiv wahrzunehmen, wie man den sinkenden Anmeldezahlen zwischen 2012 und 2015 entnehmen kann.:

Schularten	Schüler/-innen									
	Anzahl					Veränderung in Prozent				
	2011	2012	2013	2014	2015	2011	2012	2013	2014	2015
Allgemeinbildende Schulen insgesamt	2.321.000	2.439.156	2.601.861	2.717.397	2.820.360	9,3	5,1	6,7	4,4	3,8
Grundschule	732.427	784.932	846.450	891.663	933.486	9,7	7,2	7,8	5,3	4,7
Schulartunabhängige Orientierungsstufe	36.283	34.566	36.547	37.353	37.430	8,5	-4,7	5,7	2,2	0,2
Hauptschule	240.885	239.248	228.937	210.912	195.692	10,6	-0,7	-4,3	-7,9	-7,2
Schularten mit mehreren Bildungsgängen	172.260	192.519	216.506	241.621	270.625	13,4	11,8	12,5	11,6	12,0
Realschule	183.261	183.375	182.436	180.262	177.368	13,1	0,1	-0,5	-1,2	-1,6
Gymnasium	373.943	398.702	421.646	438.921	442.280	16,6	6,6	5,8	4,1	0,8
Integrierte Gesamtschule	398.848	421.949	482.220	526.865	574.398	0,9	5,8	14,3	9,3	9,0
Freie Waldorfschule	14.768	17.044	19.389	18.229	18.908	6,2	15,4	13,8	-6,0	3,7
Förderschulen	168.327	166.821	167.730	171.571	170.173	2,3	-0,9	0,5	2,3	-0,8

Abbildung 6: Anzahl der am Ganztagsschulbetrieb teilnehmenden Schülerinnen und Schülern nach Schularten sowie Veränderungen zum Vorjahr in Prozent 2011 bis 2015; *(Quelle: https://www.kmk.org/ fileadmin/Dateien/pdf/Statistik/Dokumentationen/GTS_2015_Bericht.pdf)*

Die Ganztagsschule benötigt also Strukturen, in denen die Jugendlichen sich gestaltend und entsprechend selbstwirksam erleben können. Mehr Mitbestimmung und inhaltliche Gestaltungsmöglichkeiten könnten die Akzeptanz und Attraktivität der gebundenen Ganztagsangebote erhöhen, um Schulerfolg unabhängig vom Elternhaus zu ermöglichen.

Gemäß KmBek vom 29. Oktober 2001 ist eine der Aufgaben von Schulberatung, die gewonnenen Erkenntnisse für den Unterricht, die Erziehung in Schulen und die Weiterentwicklung der Schulen nutzbar zu machen (vgl. *https://www.schulberatung.bayern.de/imperia/md/content/schulberatung/pdf/sbkmbek1.pdf*, S. 1 f.). Beratungsfachkräfte können also die Sicht der Jugendlichen als Impulse für die Schulentwicklung nutzen, um Schule zu einem attraktiveren Lern- und Lebensort für die Jugendlichen umzugestalten und damit die Akzeptanz der Schule zu erhöhen. Immer unter der Maßgabe, nicht *über* Jugendliche zu sprechen und zu entscheiden, sondern *mit* ihnen, könnte dies in folgenden Formen geschehen:

- ein stärkeres Einbeziehen der Jugendlichen bei der Erstellung eines gemeinsamen Schulregelwerks als bisher
- ein breiteres Angebot an Unterrichtsgängen und sportlichen Aktivitäten als bisher, v.a. im gebundenen Ganztag
- Angebote von Elternabenden zu jugendrelevanten Themen, auch mit Beteiligung von Jugendlichen in Planung und Durchführung
- SchiLF zu jugendrelevanten Themen, ebenfalls mit Beteiligung von Jugendlichen

Fazit

Wenn all diejenigen Erwachsenen, die mit Heranwachsenden zu tun haben, nicht nur über Jugendliche sprechen und entscheiden, sondern mit ihnen, fühlen diese sich an- und ernstgenommen. Dies erhöht zum einen die Qualität des Kontakts und zum anderen die Akzeptanz der entsprechenden settings durch die Jugendlichen. Je höher die compliance, desto wahrscheinlicher, dass Erwachsene Impulse für ein gelingendes Jugendalter geben können und den Heranwachsenden damit trotz aller Herausforderungen die Möglichkeit geben, ihre „Jugend zu ermöglichen" (Bundesministerium für Familie, Senioren, Frauen und Jugend, 2017, S. 69).

Literatur

Bundesministerium für Familie, Senioren, Frauen und Jugend: 15. Kinder und Jugendbericht. Bericht über die Lebenssituation junger Menschen und die Leistungen der Kinder- und Jugendhilfe in Deutschland, Berlin 2017

Bundesministerium für Familie, Senioren, Frauen und Jugend: Monitor Familienforschung. Ausgabe Nr. 7 – Werteorientierte Erziehung in Deutschland, Berlin 2006

Calmbach, Marc u.a.: Wie ticken Jugendliche 2016? Lebenswelten von Jugendlichen im Alter von 14 bis 17 Jahren in Deutschland. Springer, Berlin 2016

Deutsches Jugendinstitut: DJI Impulse – Projekt: Erwachsen werden. München 2017

Göppel Rolf: Aufwachsen heute. Veränderungen der Kindheit – Probleme des Jugendalters. Kohlhammer, Stuttgart 2007

Krüger, Heinz-Hermann: Jugend und Jugendforschung. In: Tenorth, Heinz-Elmar u.a. (Hrsg.): Beltz Lexikon Pädagogik. Beltz, Weinheim 2017

Lohmann, Gert: Mit Schülern klarkommen. Professioneller Umgang mit Unterrichtsstörungen und Disziplinkonflikten. Cornelsen, Berlin 2007[5]

Nave-Herz, Rosemarie: Familie heute. Wandel der Familienstrukturen und Folgen für die Erziehung. WBG, Darmstadt 2012[5]

Rauschenbach, Thomas: Jugend – eine vernachlässigte Altersphase. In: Deutsches Jugendinstitut: DJI Impulse – Projekt: Erwachsen werden. München 2017

Rogge, Jan-Uwe: Der große Erziehungs-Check. Die besten Konzepte im Vergleich. Klett-Cotta, Stuttgart 2014

Schröer, Wolfgang: Im Ungewissen: junge Erwachsene. In: Deutsches Jugendinstitut: DJI Impulse – Projekt: Erwachsen werden. München 2017

Tenorth, Heinz-Elmar u.a. (Hrsg.): Beltz Lexikon Pädagogik. Beltz, Weinheim 2017

http://arbeitsblaetter.stangl-taller.at/MORALISCHEENTWICKLUNG/Deliquenz.shtml [Zugriff am 27.06.2017]

http://www.bpb.de/politik/innenpolitik/gangsterlaeufer/203562/zahlen-und-fakten?p=all [Zugriff am 27.06.2017]

(https://www.kmk.org/fileadmin/Dateien/pdf/Statistik/Dokumentationen/GTS_2015_Bericht.pdf, [Zugriff am 24.07.2017]

https://www.schulberatung.bayern.de/imperia/md/content/schulberatung/pdf/sbkmbek1.pdf [Zugriff am 20.07.2017]

https://de.statista.com/statistik/daten/studie/1365/umfrage/bevoelkerung-deutschlands-nach-altersgruppen/ [Zugriff am 26.06.2017]

http://www.lehrplanplus.bayern.de/bildungs-und-erziehungsauftrag/mittelschule [Zugriff am 22.07.2017]

Autoreninfo
Inga Bachmann ist in NRW geboren, aufgewachsen und hat dort studiert. Nach dem Zweiten Staatsexamen für das Lehramt für Sonderpädagogik ist sie nach München gezogen. Während des Einsatzes an Förderschulen verschiedener Förderschwerpunkte hat sie das Erweiterungsstudium zur Qualifizierten Beratungslehrkraft erfolgreich absolviert und ist seit September 2016 als zentrale Beratungslehrkaft für Förderschulen tätig.

1.5 Entwicklung und Erziehung – Marksteine im Verständnis des Zusammenspiels

Eva Dreher & Michael Dreher

> **Abstract**
> Die knappste Antwort auf die Frage nach Konsequenzen entwicklungspsychologischer Erkenntnisse für die Erziehung könnte – nach Kurt Lewin – lauten: *„Nichts ist so praktisch, wie eine gute Theorie."* Die anthropologische Verankerung einer konstruktiven Begleitung von Entwicklungsprozessen basiert auf Grundzügen eines ressourcenorientierten Menschenbildes, das die aktive Rolle des Individuums im Entwicklungsprozess akzentuiert. Pädagogische Expertise im Interaktionsprozess zwischen Erwachsenen und Kindern verbindet Beziehungsfähigkeit mit Wertschätzung und einer Vision des Gelingens.

Entwicklungspsychologische Forschung hat sich seit Beginn mit der Frage befasst, was menschliche Entwicklung antreibt. Während die Tradition der ‚Anlage-Umwelt-Diskussion‘, unterschiedliche Gewichtungen von Anlage und Umwelt als ‚Antriebsmotoren‘ von Entwicklungsprozessen zuordnet, zielt das heutige Erkenntnisinteresse eher auf komplexe Wechselwirkungen zwischen Genetik und externen Einflussfaktoren. Im breiteren gesellschaftlichen Kontext spielt die Debatte um Anlage-Umwelt-Positionen nach wie vor eine Rolle, da verschiedene Gewichtungen mit unterschiedlichen bildungspolitischen Konsequenzen korrespondieren.

Theorieperspektiven im Wandel
Maßgeblich für eine Modellbildung ist neben der Differenzierung von Einflussfaktoren vor allem das Postulat des jeweiligen *Ursache-Wirkungs-Zusammenhangs*. Ein Blick in die Geschichte der Sozialisationsmodelle zeigt hierzu eine interessante Entwicklung (Hurrelmann, Grundmann & Walper, 2008). Während in frühen Modellen ‚Sozialisation‘ als *externe Beeinflussung* mit linearer Wirkrichtung (sog. Trichtermodelle, bis in die 1970er-Jahre), veränderte die wissenschaftliche Dominanz der Erkenntnis komplexer Wechselwirkungen auch das Verständnis von Sozialisation, nämlich als *bidirektionaler Prozess*. Im Erziehungskontext ist die Denkweise der retroaktiven Sozialisation längst etabliert, z.B. im Wissen um das Wechselspiel der (gegenseitigen) Beeinflussung zwischen Eltern und Kindern.

Der Fokus heutiger Entwicklungsmodelle liegt auf *transaktionalen* Beziehungen zwischen Anlage, Umwelt und der Aktivität des Individuums. Diese Position besagt, dass die Person in der Auseinandersetzung mit verschiedenen Entwicklungskontexten einen bedeutenden Beitrag zur eigenen Entwicklung leistet. In der Definition von transaktionaler Beziehung wird die ständige gegenseitige Beeinflussung und Veränderung betont. Die Dynamik dieser Einflussmuster begründet das Verständnis systemischer und ökopsychologischer Konzepte (vgl. Montada, Lindenberger & Schneider, 2012).

Die pädagogische Relevanz transaktionaler Einflussnahme in der Individuum-Umwelt-Gestaltung lässt sich exemplarisch am Prinzip der ‚Partizipation' verdeutlichen. Partizipation impliziert ‚teilnehmen und teilhaben' und gilt u.a. in Kontexten der Politik, Bildung, Erziehung und Kultur als Handlungsmaxime (Dreher, 2015). Die Aufnahme der Agenda der „Partizipation von Kindern" in die Convention on the Rights of the Child (CRC) der Vereinten Nationen (1989) belegt ihre herausragende Bedeutung. Der Bericht der UNICEF (2003) zum Thema „child participation" betont – über rechtliche Belange hinausgehend – die positiven Konsequenzen für die Entwicklung von Kindern, Familien, Gemeinden und Institutionen. Als „Entwicklungsgewinne" aus Partizipationsprogrammen werden die Persönlichkeitsentwicklung (z.B. Selbstvertrauen, Motivation zur Lebensgestaltung, Kreativität) und die soziale Entwicklung hervorgehoben.

Die systembezogene und personzentrierte Ausrichtung in den Entwicklungskonzepten brachte der Angewandten Entwicklungspsychologie neue Impulse. Ein entscheidender Aspekt geht auf die Erweiterung der Erkenntnisinteressen zurück, insofern als – neben universellen Gesetzmäßigkeiten – die Relevanz *differenzieller Veränderungsmuster und individueller Entwicklungspfade* zunehmende Beachtung findet.

Die nachfolgenden Ausführungen widmen sich dieser Thematik, zum einen unter der Perspektive unterschiedlicher Entwicklungstheorien und der Eigengesetzlichkeit individueller Entwicklung, zum anderen im Hinblick auf praxisrelevante Konzepte der Entwicklungsförderung.

Zum Konstrukt ‚Entwicklungslage'
Das Interesse der wissenschaftlichen Entwicklungspsychologie galt von Beginn an der Erforschung von Bedingungen und Einflussfaktoren, anhand derer Charakteristika einer *‚Entwicklungslage'* beschrieben und Merkmale ihrer Veränderung identifiziert werden können.

Die Etablierung der Kinder- und Jugendpsychologie geht explizit auf die Anfänge der Entwicklungspsychologie (Ende des 19. Jahrhunderts) zurück. Bereits in den Anfängen entwicklungspsychologischer Theoriebildung begründeten biologisch gesteuerte Prozesse – Wachstum und Reifung – im Zusammenspiel mit externen Anregungsbedingungen die ontogenetische Sicht von ‚Entwicklung'. Die Fokussierung auf Beginn, quantitative Zunahme und qualitative Differenzierung von Verhaltensmerkmalen erklärt das Interesse an

Zeitpunkten der Veränderung und der Konvergenz von Anlage-Umwelt-Einflüssen. Unter dem Ziel, generelle Gesetzmäßigkeiten und regelhafte Abläufe aufzufinden, wird Entwicklung vornehmlich in Phasen- und Stufenmodellen erfasst. Ihr Aufbau dokumentiert in der Regel altersgraduierte Fortschritte. Sie bilden die Basis für die Festlegung von sog. Entwicklungsnormen, die als statistische Normen der Beurteilung des individuellen Entwicklungsstandes dienen. Die heutige *Kritik an Stufenmodellen* richtet sich vornehmlich darauf, dass sie ein zu einheitliches Bild der Veränderung zeichnen und dabei sowohl intraindividuelle Diskrepanzen zwischen Funktionsbereichen als auch interindividuelle Unterschiede im Entwicklungstempo vernachlässigen.

Derzeit *aktuelle Entwicklungsmodelle* weisen folgende Gemeinsamkeiten auf: Sie erfassen *entwicklungsrelevante Veränderungen über die gesamte Lebensspanne*. Anstelle linearer Zusammenhänge zwischen einzelnen Entwicklungsvariablen werden *komplexe Wechselwirkungen (transaktionale Beziehungen)* in den Blick genommen. Von Interesse sind hierbei Entwicklungsmuster, die einerseits auf der Interaktion zwischen Anlage, Umwelt und aktiver Selbstgestaltung beruhen, andererseits das Zusammenspiel unterschiedlicher Lebenskontexte berücksichtigen (Baltes, 1990; Brandtstädter, 2007). Die systemische Auffassung von Entwicklung als Veränderung des Individuums in einer sich verändernden Welt steht beispielsweise im Zentrum des *ökologischen Entwicklungsmodells* von Urie Bronfenbrenner (1989). Hierbei werden Wechselwirkungen zwischen unterschiedlichen Entwicklungskontexten, wie z.B. Familie, Wohnumgebung, Schule, Arbeitswelt, kulturellen Normen und Werten als Vernetzung von zunehmend komplexeren Systemen konzipiert. Entscheidende Entwicklungsimpulse gehen von Tätigkeiten, Beziehungen und Rollen aus, die das Individuum innerhalb verschiedener Lebensbereiche aufbaut, von denen es andererseits aber auch beeinflusst wird. Bronfenbrenner betont die Entwicklungsrelevanz von ‚Übergängen' zwischen einzelnen Systemen (z.B. Schuleintritt), d.h. der Eintritt in jede neue Region des Lebensraums erfordert spezielle Adaptationsleistungen (Bronfenbrenner & Morris, 1998).

Vor dem Hintergrund systemischer Interdependenz zwischen Individuum, Umwelt und der Akzentuierung des aktiven Beitrags, den die Person zur eigenen Entwicklung leistet, gewann das ursprünglich auf Havighurst (1982) zurückgehende Konzept der ‚*Entwicklungsaufgabe*' an Bedeutung. Als Quelle für Entwicklungsaufgaben gelten biologische Veränderungen, gesellschaftliche Anforderungen und subjektive Zielsetzungen. Über die Schuljahre hinweg stehen die Entwicklungsaufgaben von Kindern und Jugendlichen in engem Zusammenhang mit der Erweiterung funktionsspezifischer Fähigkeiten. Neben dem Erwerb von Kulturtechniken, motorischen Fertigkeiten und kognitiven Fähigkeiten gewinnen insbesondere die Gestaltung von sozialen Beziehungen zu Gleichaltrigen, die Differenzierung bereichsspezifischer Selbstkonzepte und die Entwicklung der Identität an Bedeutung. Im Zusammenhang mit der sozial-kognitiven Entwicklung nimmt das Verständnis für

Regeln und moralische Normen sowie das bewusste Erleben von Emotionen und deren Regulation zu. Verhaltensstrategien werden differenzierter, sie weisen einen zunehmend höheren Grad an Empathie, interaktionaler Perspektivität und situativer Adaptation auf.

Grundzüge des ökologischen Entwicklungsmodells von Bronfenbrenner können auf die pädagogische Praxis übertragen werden, insofern als ‚Schule' als Bildungsinstitution dem gesellschaftlichen Exo- und Makrosystem angehört und ein breites Spektrum an Rahmenbedingungen und Auftragsmerkmalen ausweist. Darüber hinaus werden Züge des Meso- und Mikrosystem für alle Personen wirksam, die im Kontext ‚Schule' interagieren, da die aktive Gestaltung von Rollen, Tätigkeiten und Beziehungen für Schülerinnen und Schüler, Eltern, Lehrkräfte, Verwaltungspersonal etc. einen gewichtigen Teil ihres Entwicklungs- und Lebenskontextes einnimmt.

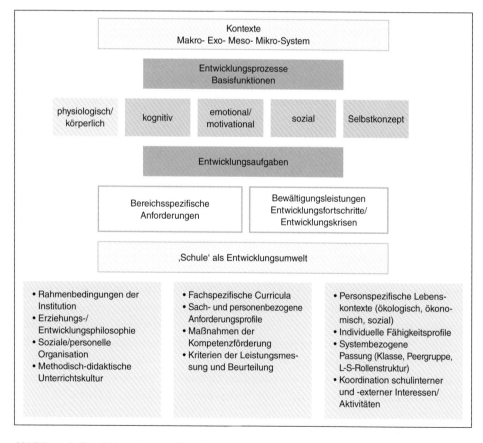

Abbildung 1: Entwicklungskontext ‚Schule'

Entwicklungslage und Entwicklungslogik

Die Frage nach dem Alter ist im Alltag eine vertraute Form, sich ein Bild über Entwicklungslagen zu machen. Eigene Erfahrungen, altersgraduierte Regeln und kulturelle Normen tragen zum Wissen bei, was einen 10-Jährigen von einem 6-Jährigen unterscheidet, was zum Entwicklungsbild eines 14-Jährigen passt. In der traditionellen Entwicklungspsychologie dienten Altersangaben zur zeitlichen Strukturierung von Entwicklungsveränderungen nach Phasen oder Stufen. Als grobes Orientierungsraster und zur Markierung von Zeitspannen, die für den Ablauf von Prozessen erforderlich sind, ist dieses Vorgehen zweckmäßig, sofern man folgende Einschränkung klar trifft: Das Lebensalter ist kein Erklärungskonzept für Entwicklung, weder für Reifungs- noch für Lernprozesse (Weinert, 1998).

Gemessen an Erwachsenen verfügen Kinder und Jugendliche nicht nur über ein quantitativ geringeres Erfahrungs- und Kompetenzspektrum, sondern – pauschal gesagt – über ein qualitativ anderes ‚Weltbild', das ihr Empfinden, Denken und Handeln leitet.

Entwicklungslagen weisen zu jedem Zeitpunkt der aktiven Individuum-Umwelt-Interaktion eine je spezifische Logik auf. So konstruiert das Kind seine Wirklichkeit im Zusammenspiel seiner physischen, kognitiven und emotionalen Fähigkeiten und im Einklang mit seinen Beweggründen und Handlungszielen, d.h. die Wirklichkeit des Kindes ist keine ‚verkleinerte' Kopie der Realität des Erwachsenen.

Andererseits ist die Erwachsenenwelt, in der Kinder leben, zu jedem Zeitpunkt der Entwicklung faktische Umwelt. Aus ihr wird selegiert, interpretiert und Sinn erzeugt, d.h. das Individuum stellt seinen psychischen und handlungsrelevanten Lebensraum aktiv her. Die ‚*Entwicklungslage*' resultiert einerseits aus der *Auseinandersetzung mit den realen Gegebenheiten* der sozialen und materiellen Umwelt, andererseits konstituiert sie die Empfindungs-, Handlungs- und Erkenntniswerkzeuge, die die reale Umwelt physisch und psychisch handhabbar machen. *Subjektive Sinnkonstruktionen* unterliegen einem entwicklungsabhängigen Wandel und sind Bedingungen dafür, dass und wie ‚Wirklichkeit' erlebt und auf sie reagiert wird.

Ein unbestrittener Verdienst der Entwicklungspsychologie ist die Erkenntnis, dass das ‚Bild der Wirklichkeit' – beim Kind, wie beim Erwachsenen – ein Resultat von sinngebenden Akten ist. Einzeleindrücke werden in Sinn- und Bedeutungszusammenhänge eingebettet und als etwas Zusammengehöriges (Kohärentes) begriffen.

Der prominenteste Entwicklungspsychologe, der diese Idee für pädagogisches Denken nutzbar gemacht hat, war Jean Piaget (1896–1980); (Piaget 1972, 1975, 1999 posthum).

Vor allem seine Forschung zum *Weltbild des Kindes* verdeutlicht, dass das Kind in einer eigengesetzlich geordneten Welt denkt und empfindet, in der die Dinge andere Bedeutungsgehalte haben als in der Welt des Erwachsenen. Piaget hat das Verstehen der Kinder erforscht und dabei die Originalität ihrer Denkvorgänge, Urteile und Erklärungen analysiert. Mit dem Begriff ‚Weltbild' bezeichnet er die Art und Weise, wie ein Kind den Dingen seiner Welt Bedeutung verleiht. Über Piaget hinausgehend findet die Erkenntnis, dass subjektive Sinnkonstruktionen Züge einer individuellen Logik tragen, in vielen Forschungsfragen zur Bedeutung sog. ‚subjektiver Theorien' ihre Fortsetzung (Dreher, M. & Dreher, E., 1992).

Erfahrung und Wirklichkeitskonstruktion

Das Individuum besitzt von Anfang an die Fähigkeit, sein Verhalten in Abhängigkeit von seiner Umwelt zu regulieren, indem es *Erfahrungen* sammelt. Ein zentraler Entwicklungsfortschritt besteht in der Fähigkeit, Beziehungen (Relationen) zwischen unterschiedlichen *Erfahrungskategorien* herzustellen (vgl. Petzelt, 1965, S. 92).

Erfahrungen dienen als ‚Werkzeuge' der Wirklichkeitskonstruktion; ihre Funktion beruht auf drei Merkmalen: unmittelbare, mittelbare und vermittelte Erfahrung.

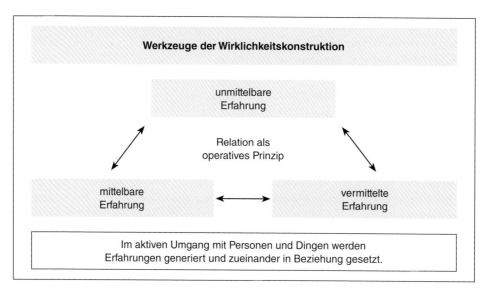

Abbildung 2: Werkzeuge der Wirklichkeitskonstruktion

Unmittelbare Erfahrung resultiert aus der Integration von Sinnesleistungen und aktionalen Verarbeitungsmustern. Eine zweite Erfahrungsquelle für den Aufbau von Wirklichkeit ist die *mittelbare* Erfahrung. Damit ist gemeint, dass miterlebt wird, wie in der sozialen

Umwelt – z.B. in der Familie – kommuniziert wird, wie Dingen, Personen und Ereignissen Bedeutung zugewiesen wird. Kern dieser Erfahrung ist die Beobachtung und die subjektive Interpretation des Verhaltens der System-Mitglieder.

Mittelbare Erfahrung wird im Wesentlichen durch das Beobachten anderer Personen gesteuert; dabei ist gerichtete Aufmerksamkeit eine vorrangige Bedingung. Offen bleibt allerdings, auf welchen Aspekt die Aufmerksamkeit gerichtet wird – dies entscheidet die beobachtende Person.

Die dritte Kategorie, die *vermittelte* Erfahrung, ist das Wissen, das verschiedenste Sparten der Lebenswelt (inklusive Medien) zu verschiedenen Thematiken anbieten.

Man kann davon ausgehen, dass ein Informationsangebot prinzipiell von jemandem für jemanden aufbereitet wird. Wie jeweilige Informationen für Kinder gestaltet und vermittelt werden, hängt davon ab, wie Erwachsene selbst die Bedeutung dieses Wissens und das Interesse des Kindes einschätzen, bzw. was aus ihrer Perspektive der ‚Entwicklungslage' des Kindes entspricht.

Zur Funktion von Modellen
Zweifellos nehmen Erwachsene für Kinder eine wichtige Modellfunktion ein. Unter der Frage der Wirksamkeit erscheinen insbesondere zwei Punkte bedeutsam: Zum einen das Problem der *„Passung",* d.h. die Güte des Modells im Hinblick auf die Entwicklungslage des Kindes. In vielen Fällen decken Handlungsschemata, die für den Erwachsenen funktional sind, nicht den Entwicklungsbedarf des Kindes ab. So kann z.B. die Beobachtung des geschickten Umgehens mit einem Messer ein Kind bei nächster Gelegenheit zur Nachahmung animieren, d.h. das Modell selbst wird hier zum Risiko – der Anreiz zur Nachahmung liegt darin, dies selbst zu können. Der zweite Punkt betrifft die *Möglichkeit der freien Wahl*, d.h., das Kind bestimmt letztlich selbst, welchem Verhalten anderer Personen es Modellcharakter zuweist. Daraus folgt, dass die Frage der Modellfunktion eigentlich kaum einen Entscheidungsspielraum lässt: Erwachsene sind für Kinder Modelle, ob sie wollen oder nicht.

Ein häufig anzutreffendes Argument, das die Schwierigkeit, Modell zu sein, beklagt, steht in Verbindung mit Vorstellungen bezüglich uneinlösbarer Perfektion, übermäßiger Kontrolliertheit, Einschränkung von Spontaneität. Es trifft zu, dass die Modellfunktion in vielen Bereichen mit erhöhter Kontrolle und Reflexivität verbunden ist und Anstrengung bedeutet. Andererseits ist aber nicht zu leugnen, dass sich dieser Aufgabe zu stellen, einen Teil der Verantwortungsübernahme ausmacht, die Erwachsene der Entwicklung von Kindern schulden (vgl. Dreher, E. & Dreher, M., 1997).

Modalitäten entwicklungsgemäßer Förderung

Insbesondere im Kontext von Basisfunktionen geht die Förderung von Entwicklung mit der Initiierung und Unterstützung von Lernprozessen einher, die auf Bewältigung situativer Anforderungen ausgerichtet sind. Prinzipiell ist das gesamte Spektrum physischer, psychischer und sozialer Funktionen eingebunden, wenn es um den Erwerb von Fähigkeiten, Fertigkeiten, Denkweisen, Einstellungen und Wertorientierungen geht.

Die pädagogische Praxis betreffend stellt sich die Frage nach Kriterien, die Maßnahmen als entwicklungswirksam begründen. Zugänge zum Konstrukt ‚Förderung' werden nachfolgend im Rekurs auf zwei unterschiedliche Interpretationen des Begriffs ‚entwicklungsgemäß' expliziert.

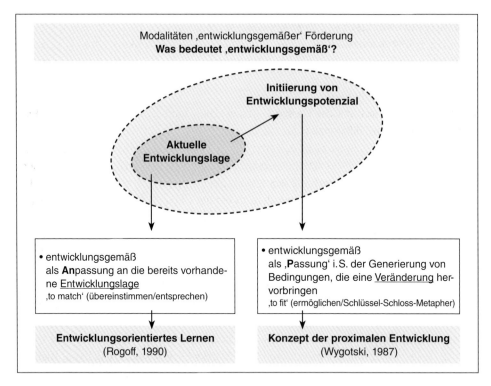

Abbildung 3: Modalitäten ‚entwicklungsgemäßer' Förderung

1. ‚entwicklungsgemäß' als *Anpassen* von Maßnahmen an eine bereits vorhandene Entwicklungslage. In diesem Verständnis bedeutet entwicklungsorientierte Förderung, eine Person in all ihren Erfahrungen, Fähigkeiten und Einstellungen zu kennen

und die Interaktion auf die per ‚bisheriger Entwicklung' vorgegebenen Möglichkeiten abzustimmen.
2. ‚entwicklungsgemäß' als *‚Passung'* bedeutet, die Interaktion mit Rahmenbedingungen so zu gestalten, dass etwas Neues entsteht, dass ein bisheriges Verhalten oder eine bislang vorgenommene Situationsinterpretation eine Veränderung erfährt. Die Bedeutung von ‚Passung' wird hier unter Bezug auf die ‚Schlüssel-Schloss-Metapher' erklärt (vgl. v. Glasersfeld, 1986): Ein Schlüssel passt, wenn man mit ihm ein Schloss öffnen kann.

Im strukturgenetischen Verständnis à la Piaget entspräche diese Definition der Generierung von Bedingungen zur Initiierung eines Akkommodationsprozesses, der – ausgehend von einem kognitiven Konflikt – eine Veränderung bisheriger Strukturen herbeiführt.

Konzept ‚Entwicklungsorientiertes Lernen'
‚Entwicklungsorientiertes Lernen' beruht nicht auf einmaligen Unterweisungen, sondern bedarf einer *kontinuierlichen Begleitung der motivationalen und ausführungsbezogenen Komponenten des Lernprozesses*.

Rogoff (1990) setzt sich mit der Relevanz des sozialen Kontextes für Entwicklungsförderung auseinander und differenziert für die Unterstützung von Lernprozessen verschiedene Interaktionsschritte, die eine Aufrechterhaltung der Aktivität absichern, gleichzeitig aber auch Selbststeuerung seitens des Lernenden zulassen. Neugier und Interesse an einer Tätigkeit stimulieren den Wunsch, die eigene Kompetenz zu erweitern. Die Reduktion einer Aufgabe auf ein zu bewältigendes Maß aktiviert bereits vorhandenes Handlungspotenzial. Um länger andauernde Anstrengung aufrechtzuerhalten und auch bei schwierigen Phasen durchzuhalten, sind motivationale Stützen erforderlich. Die Beobachtung von Diskrepanzen zwischen der aktuellen Ausführung und der optimalen Lösung liefert wichtige Information zur Modifikation von Anleitung oder Unterstützung, so dass beispielsweise steigende Schwierigkeiten nicht als Misserfolg, sondern als Anlass für Steigerung der Anstrengung gesehen werden. Mit Blick auf das Ziel wird die Fähigkeit zur Ausführung der Tätigkeit kontinuierlich erweitert und vervollständigt.

Das Fazit lautet: Die entwicklungsbezogene Effizienz der Unterstützung resultiert vornehmlich aus zwei sich ergänzenden Orientierungen: erstens, *auf den Fortschritt des Kindes zu achten*, zweitens, die *Hilfestellung an die Leistung des Kindes anzupassen*.

Konzept der proximalen Entwicklung

Als Vertreter einer soziokulturellen Position betont Wygotski (engl. Vygotskiy, 1987) die Notwendigkeit, *Förderung von Entwicklung in die soziale Interaktion einzubetten*, da sich dabei Entwicklung und Lernen gegenseitig bedingen und beeinflussen.

Wygotski leitet individuelle Entwicklungsmöglichkeiten aus der Diskrepanz zwischen aktueller Entwicklungslage und bereichsspezifischem Veränderungspotenzial ab. Diese Diskrepanz kennzeichnet er als *Zone der proximalen (nächsten) Entwicklung*. Die Überwindung der Diskrepanz vom gegenwärtigen zum erreichbaren Niveau wird als Problemlöseprozess konzeptualisiert, den das Kind mit Unterstützung erfahrener Erwachsener oder Peers meistern kann (vgl. Miller, 1993).

Programmatik konstruktiver Entwicklungsbegleitung

Entwicklungsorientierte Förderung von Kindern (auch im Jugendalter) ist ein bedeutendes pädagogisches Anliegen. Die praktische Umsetzung stellt Erwachsene zunächst vor die Aufgabe, sich der Erfahrungsoffenheit von Kindern zu stellen und um Passung divergenter Niveaus der ‚Wirklichkeitskonstruktion' bemüht zu sein. Die Erwachsenenperspektive mag im Nachvollziehen distanter Entwicklungslagen Einschränkungen unterworfen sein, der weitere Zeit- und Erfahrungshorizont kann andererseits aber auch eine Ressource für konstruktive Ideen und Pläne darstellen.

Beziehungserfahrung als Basisbedürfnis

In Bezug auf Komponenten einer entwicklungsfördernden Umwelt sprechen Deci und Ryan (2000) von *'basic needs of human growth'* und weisen 'relatedness', 'competence' und 'autonomy' als signifikante Erfahrungsquellen aus.

Soziale Einbindung (relatedness) basiert auf der Erfahrung, dazuzugehören, mit anderen verbunden zu sein. Zugehörigkeit begründet emotionale Sicherheit und gilt als zentrales Motiv für die Internalisierung von Regeln und für die Anpassung an soziale und kulturelle Gegebenheiten. Dagegen begünstigt die Frustration dieses Bedürfnisses Rebellion, Reaktanz und Apathie.

Kompetenz (competence) repräsentiert das Bestreben, effektiv handeln zu können und fähig zu sein, die Anforderungen des Alltags zu bewältigen (vgl. White, 1979). Der Erwerb von Kompetenzen schließt Strukturierung und Anleitung sowie die Konfrontation mit herausfordernden (nicht überfordernden) Aufgaben ein.

Autonomie (autonomy) bezieht sich auf das Bedürfnis selbstregulierter Aktivitäten und steht im Kontrast zu external kontrolliertem Funktionieren, das einem fremdbestimmt empfundenen Verhalten entspricht (Deci & Ryan, 1995). Zur Erfahrung von Autonomie zählen u.a. Involviertheit, Bewusstheit emotionaler Befindlichkeit und Verantwortlichkeit bezüglich des eigenen Verhaltens und externer Anforderungen.

Basisbedürfnisse unterliegen einer entwicklungsbezogenen Differenzierung. Ihre Befriedigung bedarf über allen Kulturen hinweg einer sozialen Umwelt, denn im Kontext von *Beziehungen* werden soziale Zugehörigkeit erfahren, Kompetenzen aufgebaut und Autonomie erprobt.

Mentorenbeziehung als Entwicklungsressource
Eine zentrale Rolle für den Erwerb entwicklungsrelevanter Erfahrungen spielt die Interaktion mit ‚Bezugspersonen' – zunächst im Kontext der Familie – mit der Erweiterung des sozialen Feldes auch über den familiären Rahmen hinausgehend.

Die Entwicklung von Kindern und Jugendlichen betreffend schreibt Bronfenbrenner (1989) *Erwachsenen* explizit die Rolle von *Entwicklungsmentoren* zu. Zum einen haben sie aufgrund ihres Erfahrungsvorsprungs die Möglichkeit, Exploration anzuregen und Strategien zu unterstützen, die eigene Bewältigungsleistungen ermöglichen. Zum anderen können Handlungsbereiche erschlossen werden, die Erfahrung von Gegenseitigkeit, Zuverlässigkeit, Vertrauen und Empathie vermitteln.

Das Forschungsinteresse an Mentorenfunktionen im Kontext von Entwicklungsförderung (Cavell & Smith, 2005; Rhodes, 2005) richtet sich vor allem auf Fragen zum Einfluss von Mentorenbeziehungen auf die kognitive Entwicklung (z.B. neue Perspektiven, Herausforderungen), die sozial-emotionale Entwicklung (z.B. Kommunikationsfähigkeit, Emotionsregulation) sowie die Identitätsbildung (z.B. Selbstwert, Wertvorstellungen). Die Analyse von sog. *Mentorenstilen* zeigt, dass Kindern und Jugendlichen durchaus bewusst ist, was ein bestimmtes Verhalten auslöst. Folgende Verhaltensweisen und Interaktionsqualitäten werden als positiv hervorgehoben: verstanden werden, Diskutieren von Problemen, Offensein für Kommunikation, Information geben, Vertrauenswürdigkeit, Anerkennung, Ermutigung und emotionale Unterstützung. Zu negativ beurteiltem Verhalten, das ein ‚guter Mentor' nicht zeigen würde, zählt beispielsweise „jemanden herabsetzen", „einen anderen beschämen".

Abbildung 4: Komponenten der Mentorenbeziehung

Der Aufbau von Konzepten der eigenen Person basiert auf subjektiven Beziehungserfahrungen. Ihre Entwicklungsrelevanz besteht darin, dass diese ‚Kohärenz' stiften. Dadurch werden bestimmte Bewertungsrichtungen (Akzeptanz/Ablehnung) und Ursache-Wirkungs-Zusammenhänge (Ereignisse und Folgen) innerhalb eines sozialen Kontextes als ‚sinnvoll' erlebt und Erwartungshaltungen für zukünftiges Verhalten angebahnt.

Für die Entwicklung von Selbstwirksamkeit stellt die Erfahrung einer ‚berechenbaren' Umwelt eine Ressource dar: Wer zuverlässige Ereignis-Folge-Zusammenhänge kennt, kann im jeweiligen Kontext sicher agieren und durch eigene Handlungen etwas bewirken. Im Kontrast zu Selbstwirksamkeit steht die Erfahrung von eigener Machtlosigkeit, von Abhängigkeit oder von Unzulänglichkeit. Negative Konzepte von sich und der Umwelt verhindern Eigenaktivität, schreiben den anderen Verantwortung und Schuld zu und führen zu resignativer, fatalistischer Haltung, aus der heraus auch der eigene Wert (Selbstwert) bestimmt wird.

Kompetenzerfahrung ist nicht gleichzusetzen mit Erfolgserlebnissen, sondern weist eine Reihe von Facetten auf, die den Aufbau von Selbstvertrauen und Selbstwert mitbestimmen. Beide Aspekte – Kompetenz- und Selbstwirksamkeitserfahrung – sind ausschlaggebend für die Entwicklung von Autonomie, die Handlungsergebnisse eigenem Vermögen zuschreibt. Die subjektive Überzeugung bezüglich der internalen Steuerbarkeit stellt gleichzeitig eine Voraussetzung für den Aufbau von Verantwortlichkeit für sich und eigenes Handeln dar.

Ein spezieller Bereich des ‚Mentoring' befasst sich mit Möglichkeiten, Resilienz zu fördern. ‚Resilienz' steht für einen erfolgreichen Umgang mit Belastungen; synonyme Begriffe sind Stressresistenz, psychische Robustheit und psychische Elastizität (vgl. Werner, 1999). Im Zusammenhang mit Mentorenfunktionen sind zwei Modelle der Resilienzforschung von Bedeutung: das Modell der Kompensation und das Modell der Schutzfaktoren. *Kompensation* besagt, dass positive Erfahrungen in der Mentorenbeziehung möglichen Risikofaktoren entgegenwirken, demgegenüber verhindert die Gewährung von *Schutzfaktoren* negative Auswirkungen und verstärkt positive Erfahrungen. Für die Bewältigung von Entwicklungsaufgaben unter Belastungen stellen Mentorenbeziehungen eine zusätzliche Ressource dar.

Modell der Entwicklungsbegleitung

Konstruktive Entwicklungsbegleitung beruht auf einem Netzwerk von Bedingungen, Zielvorgaben und handlungsleitenden Kriterien. Das nachfolgende Modell (Abbildung 5) zeigt einen Grundplan für Maßnahmen und Systemzusammenhänge und rekurriert dabei auf Komponenten, deren Effizienz im Kontext entwicklungspsychologischer Interventionspraxis empirisch belegt ist. In der vorliegenden Form wurde die Ausgestaltung der Inhalte für ein Forschungsprogramm für Entwicklungsförderung im Jugendalter vorgenommen (Dreher, E. & Dreher, M., 2010); das Modell kann prinzipiell an unterschiedliche Entwicklungsetappen der Lebensspanne adaptiert werden.

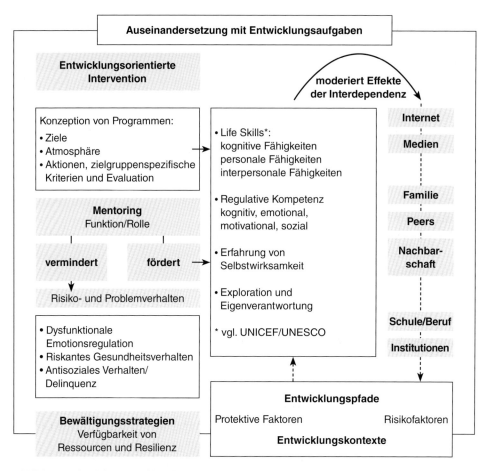

Abbildung 5: Modell einer evidenzbasierten Entwicklungsbegleitung

Kriterien der Konzeption von Maßnahmen / Programmen

Konkrete Programme, Projekte und Maßnahmen brauchen relevante Themen und Handlungsmöglichkeiten. Eine reiche Auswahl hierfür bieten u. a. alterskorrelierte Entwicklungsaufgaben, die im Fokus persönlicher Interessen liegen. Die Auseinandersetzung wird dann als fördernd erlebt, wenn sie Hilfestellung für Probleme gibt und einen persönlichen Gewinn ermöglicht.

Die praktische Umsetzung solcher Konzepte erfordert Zugänge auf zwei Ebenen:

1. Didaktisch-methodische Strategien, die Anreize für Fragen bieten, Situationen unter divergenten Perspektiven beleuchten, Lösungen auf unterschiedlichen Wegen suchen und Informationen generieren, die über das Selbstverständliche hinausreichen;
2. ein Lernsetting, dessen Atmosphäre sowohl Züge einer sach- und zielbezogenen Interaktion ausweist, aber auch ‚emotionale Spielräume' bietet, die auf Zugehörigkeit und Anerkennung von Gleich-Wertigkeit (Äqui-Valenz) basieren (vgl. Dreher, 2007).

Bereiche und Ziele differenzieller Förderung
Der Erwerb von *Life Skills'* ist ein prominenter, internationaler Bildungsbereich. Die World Health Organization (WHO) definiert 'Life Skills' als Fähigkeiten zu adaptivem und positivem Verhalten, das Individuen befähigt, sich mit Anforderungen und Herausforderungen effektiv auseinanderzusetzen. Die United Nations Children's Fund (UNICEF) und die United Nations Educational, Scientific and Cultural Organization (UNESCO) unterteilen die Life Skills in folgende Bereiche:

- Kognitive Fähigkeiten (learning to know)
- Personale Fähigkeiten (learning to be)
- Interpersonale Fähigkeiten (learning to live together)

Neben kognitiven, personalen und interpersonalen Fähigkeiten zählen *Regulationskompetenzen* zum Repertoire der individuellen Förderung. Bei den regulativen Fähigkeiten geht es in erster Linie um kognitive, emotional-motivationale Prozesse, die auf Effekte umgebender Umwelteinflüsse hinsichtlich Intensität, Dauer und Richtung Einfluss nehmen bzw. sie moderieren (siehe Abbildung 5). Diese Art der Regulation besteht zum einen im Aufsuchen und Verstärken von Aktivitäten, zum anderen aber auch im Verringern oder Vermeiden von Interaktion (z. B. Nutzung von Medien, Erwartungen seitens der Familie, Auswahl des Freundeskreises, Engagement für Projekte). Zur Regulationskompetenz zählt im Weiteren auch die Sensitivität gegenüber Risiko- und Schutzfaktoren. Beeinträchtigende und unterstützende Einflüsse können sowohl Entwicklungskontexte (z. B. Wohnumgebung, Nachbarschaft) als auch individuelle Verhaltensmuster betreffen. Die Praxis, in unterschiedlichen Bereichen selbstständig handeln und entscheiden zu können, spiegelt unmittelbare Erfahrungen von Selbstwirksamkeit und Eigenverantwortung wider. In einer eher traditionellen Begrifflichkeit werden solche Entwicklungsschritte als Gewinn psychosozialer Reife verstanden.

Konstruktive Entwicklungsbegleitung ist nicht am Ausbleiben von Belastungen oder Umgehen von Hindernissen zu bemessen, sondern daran, ob die Auseinandersetzung mit jeweiligen Anforderungen zum Aufbau von Bewältigungspotenzial (Resilienz) beiträgt. Inwieweit dies gelingen kann, hängt von der Art des Zusammenwirkens der individuellen Möglichkeiten mit den Ressourcen der Entwicklungsumwelt ab.

Literatur

Baltes, P. B.: Entwicklungspsychologie der Lebensspanne: Theoretische Leitsätze. Psychologische Rundschau, 41, 1–24. Göttingen 1990

Brandtstädter, J.: Entwicklungspsychologie der Lebensspanne: Leitvorstellungen und paradigmatische Orientierungen. In J. Brandtstädter, J. & U. Lindenberger, U. (Hrsg.). Entwicklungspsychologie der Lebensspanne. Ein Lehrbuch (S. 34–66), Stuttgart 2007

Bronfenbrenner, U. & Morris, P. A.: The ecology of developmental processes. In W. Damon (Ed. In Chief), R. M. Lerner (Vol. Ed.), Handbook of child psychology: Vol. I Theoretical models of human development (5th ed., pp. 993–1028), New York 1998

Bronfenbrenner, U.: Die Ökologie der menschlichen Entwicklung: Natürliche und geplante Experimente, Frankfurt a.M. 1989

Cavell, T. A. & Smith, A.-M. (2005): Mentoring children. In D. L. DuBois & M. J. Karcher (Eds.), Handbook of Youth Mentoring (pp. 160–176). Thousand Oaks: Sage Publications

Deci, E. L. & Ryan, R. M. (2000): The darker and brighter sides of human existence: Basic psychological needs as a unifying concept. Psychological Inquiry, 11, 319–338

Deci, E. L. & Ryan, R. M.: Human autonomy: The basis for true self-esteem. *In M. Kernis (Ed.):* Efficacy, agency, and self-esteem (pp. 31–49), New York 1995

Dreher, E.: Partizipation – entwicklungspsychologische Perspektive. In beteiligung.st (Hrsg.). Beteiligung von Anfang an (S. 16–25), Graz 2015

Dreher, E.: Optimierung von Selbstwirksamkeit. Entwicklungspotenziale (er-)kennen und nutzen! In A. Bucher, K. Lauermann & E. Walcher (Hrsg.). Ich kann. Du kannst. Wir können. Selbstwirksamkeit und Zutrauen. 55. Tagungsband der Internationalen Pädagogischen Werktagung, Salzburg 2006, S. 33–57. Salzburg 2007

Dreher, E. & Dreher, M. (2010): Strategien und Kompetenzen der Selbstregulation im Jugendalter. Ludwig-Maximilians-Universität, München

Dreher, E. & Dreher, M.: „Zu Risiken und Nebenwirkungen ... " – ein entwicklungspsychologischer Beitrag zur Identifikation von Gefährdungs- und Schutzfaktoren im Kindes- und Jugendalter. In: Institut 'Sicher Leben' & Berufsverband der Ärzte für Kinderheilkunde und Jugendmedizin Deutschlands (Hrsg.). Kindersicherheit: Was wirkt? Beiträge zum internationalen Kongress, Essen, 27.–28. Sept. 1996. (S. 34–45), Wien 1997

Dreher, M. & Dreher, E.: Subjektive Theorien der Entwicklung. Positionsreferat beim 38. Kongress der Deutschen Gesellschaft für Psychologie, Trier 1992. In L. Montada (Hrsg.), Bericht über den 38. Kongress der DGfP in Trier. Bd.2, (S. 515–522), Göttingen 1992

Glasersfeld, E. v.: Einführung in den radikalen Konstruktivismus. In P. Watzlawick (Hrsg.). Die erfundene Wirklichkeit. Wie wir wissen, was wir zu wissen glauben? Beiträge zum Konstruktivismus (S. 16–38), München 1986

Havighurst, R. J.: Developmental Tasks and Education (7th printing, 1st publ. 1948), New York 1982

Hurrelmann, K., Grundmann, M. & Walper, S.: Zum Stand der Sozialisationsforschung. In K. Hurrelmann, K.,M. Grundmann & S. Walper (Hrsg.). Handbuch Sozialisationsforschung (7. Aufl., S. 14–31), Weinheim 2008

Miller, P. H.: Theorien der Entwicklungspsychologie (Originaltitel: Theories of Developmental Psychology. 3rd edition), Heidelberg 1993

Montada. L., Lindenberger, U. & Schneider, W.: Grundlagen der Entwicklungspsychologie. Fragen, Konzepte, Perspektiven. In W. Schneider & U. Lindenberger (Hrsg.). Entwicklungspsychologie (7., vollständig überarbeitete Aufl., S. 27–60), Weinheim Basel 2012

Petzelt, A.: Kindheit-Jugend-Reifezeit. Grundriß der Phasen psychischer Entwicklung (5. Auflage), Freiburg im Breisgau 1965

Petzold, M.: Entwicklung und Erziehung in der Familie, Baltmannsweiler 1999

Piaget, J.: Theorien und Methoden der modernen Erziehung, Wien 1972

Piaget, J.: Über Pädagogik. (Originalausgabe 1998, Jean Piaget: De la Pédagogie), Weinheim 1999 posthum

Piaget, J: Der Aufbau der Wirklichkeit beim Kinde (Original erschienen 1937), Stuttgart 1975

Rhodes, J. E. (2005): A model of youth mentoring. In: D. L. DuBois & M. J. Karcher (Eds.). Handbook of Youth Mentoring (pp. 30–43). Thousand Oaks: Sage Publications

Rogoff, B.: Apprenticeship in thinking: cognitive development in social context, New York 1990

UNESCO: Introduction to Life Skills/UNICEF: Which skills are „life skills" [Zugriff am 04.08.2017/http://www.unicef.org/]

UNICEF: The State of the World's Children 2003, New York 2003

Weinert, F. E.: Überblick über die psychische Entwicklung im Kindesalter: Was wir darüber wissen, was wir noch nicht wissen und was wir wissen sollten. In F. E. Weinert (Hrsg.), Entwicklung im Kindesalter (S. 1–35), Weinheim 1998

Werner, E. (1999): Entwicklung zwischen Risiko und Resilienz. In G. Opp, M. Fingerle & A. Freytag (Hrsg.). Was Kinder stärkt: Erziehung zwischen Risiko und Resilienz. (S. 25–36), München/Basel: E. Reinhardt

White, R. W.: Competence as an aspect of personal growth. In M. W. Kent & J. E. Rolf (Eds.), Social competence in children (Bd. 3: Primary Prevention of Psychopathology, pp. 5–22). Hanover, NH 1979

Wygotski, L.: Ausgewählte Schriften. Band 2: Arbeiten zur psychischen Entwicklung der Persönlichkeit, Köln 1987

Autoreninfo

Dipl.-Psych. Dr. Eva Dreher & Dipl.-Psych. Dr. Michael Dreher

Lehr- und Forschungstätigkeit an der Ludwig-Maximilians-Universität München (bis 2010); Gastprofessuren im In- und Ausland

Forschungsschwerpunkte:
- Entwicklung im Jugend- und frühen Erwachsenenalter
- Entwicklungsaufgaben und Bewältigungskonzepte der Lebensspanne
- Angewandte Entwicklungspsychologie: Systemische Intervention, Beratung und Evaluation

2 Ausgewählte Blickwinkel auf Erziehung

2.1 Werteerziehung
Prof. Dr. Barbara Staudigl

> **Abstract**
> Jede Generation setzt sich mit ihren jeweiligen gesellschaftlichen Werten auseinander. Auch der sog. Wertewandel in Deutschland unterliegt geschichtlichen und gesellschaftlichen Veränderungen und kann als Chance zur Weiterentwicklung begriffen werden. Aufgabe der Pädagogik ist es, philosophische und soziologische Werte in die Werteerziehung in den Schulen einzugliedern. Werteerziehung steht dabei nicht als ordentliches Fach im Stundenplan, sondern geschieht quasi „nebenbei" durch Lehrkräfte, die für Schüler zu Bezugspersonen werden und so die Werteerziehung gelingen lassen. Jugendstudien wie Shell und Sinus helfen dabei zu erkennen, welche Werte unseren Jugendlichen wichtig sind.

Notwendigkeit der Werteerziehung

„Ach, die Werte!" – ein Buchtitel von Hartmut von Hentig aus dem Jahr 1999, ein Ausruf, dem man sich gerne anschließen möchte, handelt es sich bei den Werten doch um ein schier unerschöpfliches Thema und noch dazu um einen Gegenstand, der sich ständig wandelt.

Keine Generation und keine Gesellschaft kommt an der Auseinandersetzung mit Werten vorbei, da sie aufs Engste mit der Qualität von Gegenwart und Zukunft verknüpft ist. Wie zum Beispiel hält es eine Gesellschaft mit ökologischen Werten? Welchen Wert misst sie Kindern bei? Lässt sich der Stellenwert von Kindern an familien- und bildungspolitischen Maßnahmen ablesen? Und wie stellt eine Gesellschaft sich zur Pflege von alten und kranken Menschen, welche Wertschätzung erfahren pflegende Berufe?

Sowohl im Makro- wie im Mikrobereich zeigt sich in der Gesellschaft, welche Werte gelten, präferiert und tradiert werden. Dabei sind Werte immer Wandlungsprozessen unterworfen und ändern sich sowohl gesamtgesellschaftlich wie auch in Einzelbiografien.

Erziehende, seien es Familien als Primärerzieher oder Erziehende und Lehrende als Sekundärerzieher, haben die Aufgabe, junge Menschen mit den Kompetenzen auszustatten, die sie brauchen, um in dieser Gesellschaft und mit ihren Werten zu leben und beides weiterzuentwickeln.

Das ist eine herausfordernde, komplexe, aber auch schöne und befriedigende Aufgabe, hat man damit doch selbst die Chance, die Gesellschaft und die Zukunft mitzugestalten.

Werte in verschiedenen Disziplinen

Doch wovon sprechen wir, wenn wir von *Werten* oder Werteerziehung sprechen? Die alltägliche Bedeutung von „Wert" ist sehr ungenau und wird für vieles verwendet: Normen, Ziele, Maßstäbe, Ideale, Leitbilder, Grundsätze, persönliche Vorlieben, Interessen, Einstellungen, Haltungen, d.h. für alles, was Menschen subjektiv oder objektiv wichtig ist, für das, was sie motiviert, was sie anstreben, woran sie sich tatsächlich orientieren oder woran sie sich orientieren sollen (vgl. Brezinka 1990, S. 373).

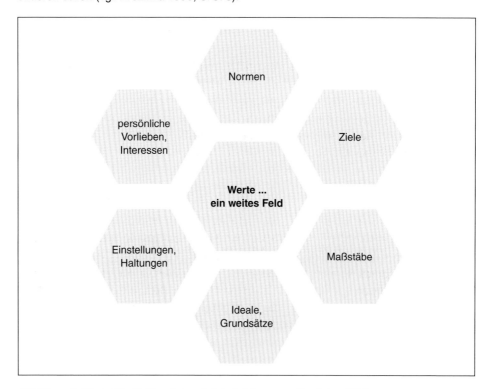

Abbildung 1: Werte (Grafik Staudigl, erstellt in Anlehnung an Brezinka, 1990)

Neben jener im Alltagsgebrauch üblichen, aber doch sehr vagen Verwendung des Begriffs muss man für eine profunde Erziehungsarbeit den Begriff genauer klären. Die Nachbardisziplinen der Philosophie und Soziologie sind hier richtungsweisend.

Werte in der Philosophie
Der Begriff des Wertes meint in der Philosophie zweierlei: Subjektiv drückt er eine Beziehung aus, indem eine Person oder eine Sache wertgeschätzt wird. Dies ist der „relationale" Aspekt des Wertes. Daneben gibt es aber auch den „substanziellen" Aspekt des Wertbegriffs, der in der klassischen Metaphysik als „das Gute, das Wahre, das Schöne" bezeichnet wurde. Das „Gute, Wahre und Schöne" ist inhaltlich gefüllt, während der Wert als Beziehungsbegriff immer nur ausdrückt, dass für eine Person subjektiv etwas wertvoll ist. So gesehen kann man auch wählen, was nicht gut, nicht wahr, nicht schön, nicht moralisch ist, und dies zum Wert erklären (vgl. Müller / Halder 1988, S. 343). Man denke an den von den Nationalsozialisten deklarierten „Wert" der „Rassenreinheit", der dezidiert gegen das Gute, Wahre und Schöne verstieß.

Was ein Wert ist, was wertvoll ist und in welcher Abstufung Werte gelten, ist einem geschichtlichen und gesellschaftlichen Wandel unterzogen und muss je neu reflektiert, diskutiert und kommuniziert werden. Dabei hat die Diskursethik der 1970er-Jahre des 20. Jahrhunderts Maßstäbe gesetzt: Die Richtigkeit ethischer Aussagen soll mittels eines mit vernünftigen Argumenten gestalteten Diskurses gewonnen werden (vgl. Habermas / Apel 1991). Diesem Anspruch muss sich gerade eine pluralistische, heterogene und multikulturelle Gesellschaft stellen. Und er darf auch dann seine Gültigkeit nicht verlieren, wenn in einer Gesellschaft „Postfaktisches" und „Gefühltes" plötzlich salon- und moralfähig wird.

Werte in der Soziologie
Philosophie ist eine normative Wissenschaft, die Soziologie als deskriptive Wissenschaft hingegen setzt keine Normen, sondern beschreibt die Wirklichkeit, die sie vorfindet. Sie definiert Werte als Gesetzmäßigkeiten des gesellschaftlichen Lebens, die zwischen Gesellschaftsmitgliedern gültig sind und Orientierung vermitteln (vgl. Hillmann 2003, S. 50 f). Werte werden dabei durch Normen operationalisiert, d.h. ein Wert ist der Maßstab, die Norm beschreibt das notwendige Verhalten für diesen Maßstab. Beispielsweise wird der Wert „Höflichkeit" durch die Norm „grüßen, die Hand geben" operationalisiert. Kinder lernen im Erziehungsprozess zunächst die Norm „grüßen, die Hand geben" kennen und nicht den abstrakten Begriff „Höflichkeit".

Im Verlauf ihrer Erziehung und Sozialisation lernen Kinder Normen kennen und setzen sich mit zunehmender Bewusstseinsbildung mit den korrespondierenden Werten auseinander, kritisieren sie, stimmen zu oder lehnen sie ab, finden zu eigenen Werthaltungen und gestalten ihrerseits die Gesellschaft.

Werte und Bewertungsvorgänge ändern sich in Gesellschaften. Doch für die Stabilität jeder Gesellschaft ist ein Grundkonsens über zentrale Werte nötig, über die die Mitglieder der Gesellschaft im Gespräch sein müssen.

Konsequenzen für die Pädagogik
Die Philosophie gibt klare normative Vorgaben, die Soziologie hilft, das Hier und Jetzt zu verstehen. Die Pädagogik muss nun beides operationalisieren im Hinblick auf eine konkrete Werteerziehung.

Der Philosoph Heinrich Rombach schlägt vor, nicht zwischen Wert und Norm zu trennen, da sie die beiden Seiten desselben Phänomens sind: Für den Erziehungsalltag halte ich das für hilfreich, denn erzieherische Situationen verlangen ein rasches Eingreifen. Hier brauchen Erziehende einen verlässlichen und schnell anwendbaren roten Faden, den Rombach mit seinen vier verschiedenen Verbindlichkeitsstufen von Normen aufzeigt (vgl. Rombach/Hillmann 1977, S. 307).

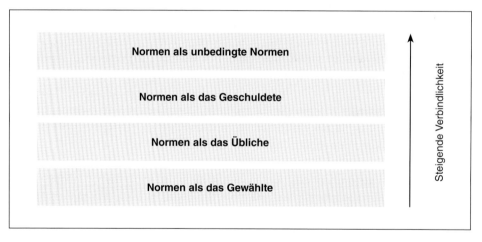

Abbildung 2: Normen. Hierarchie (Grafik Staudigl, erstellt in Anlehnung an Rombach, Heinrich/Hillmann, Karl-Heinz, 1977, S. 307)

1. *Normen als unbedingte Normen* haben höchsten Verbindlichkeitsgrad. Sie stellen Verhaltensgesetze dar, die die Grundlage für das Menschsein überhaupt sind. Zu ihnen gehören das Recht auf Leben oder eine menschenwürdige Behandlung. Zwar kann gegen sie verstoßen werden, der Sinn der unbedingten Normen geht jedoch dadurch nicht verloren. Im Erziehungsprozess muss deutlich gemacht werden, dass es diese unbedingten Werte sind, die wir im Kontext der Menschenrechte, im Kontext demokratischer Grundrechte, auch im Kontext eines christlichen Menschenbildes schützen müssen. Sie sind Gegenstand

in verschiedenen Unterrichtsfächern: Sozialkunde, Religion, Ethik, Geschichte, Deutsch u.a. Sie müssen v.a. aber auch im gemeinsamen Erleben des Schulalltags Raum finden. Junge Menschen erleben die Tragfähigkeit dieser Normen, wenn sich Lehrende handelnd und bewertend zu Missständen verhalten, wenn sie nicht wegsehen und nicht schweigen zu Normverletzungen in Schule und Gesellschaft. Am Handeln der Erziehenden werden junge Menschen die Glaubwürdigkeit dieser Normen erfahren, die nicht verfügbar sind – es sei denn um den Preis des Schuldigwerdens an anderen Menschen.

2. *Normen als das Geschuldete* beanspruchen zwar Befolgung, jedoch sind sie von Zeit und Kultur abhängig. Sie entsprechen der „Sitte". Zu ihnen gehören zum Beispiel Höflichkeitsformen wie Gruß- oder Dankgewohnheiten. Im Erziehungsprozess müssen junge Menschen lernen, dass es verschieden formatierte Räume in der Gesellschaft gibt. Im öffentlichen oder beruflichen Raum bewegt man sich anders als in der Freizeit und in der Familie. Erwachsene spricht man anders an als Mitglieder der Peergroup etc. Die oft als sog. „Sekundärtugenden" bezeichneten Normen wie Pünktlichkeit oder Zuverlässigkeit sind als „geschuldete Normen" verbindlich, will man sich in einem System behaupten. Von Lehrkräften wird häufig beklagt, dass der schulische Unterricht nicht mehr „formatiert" ist, das Setting im Hinblick auf Zeit und Normen nicht klar definiert ist. Die Formatierung der Unterrichtssituation kann jedoch die Lehrperson nur selbst leisten: Wie grüßen wir? Stehen wir auf zum Gruß? Welche Lautstärke ist angemessen? Welches Unterrichtsmaterial muss verbindlich hergerichtet sein? Dürfen die Schüler trinken? Es mag sein, dass es in einer pluralistischen und heterogenen Gesellschaft schwieriger geworden ist, diese Normierung und Formatierung der Unterrichtssituation zu leisten. Gleichwohl bleibt sie unverzichtbar. Nichts strengt mehr an als nicht normierte, nicht formatierte Unterrichtssituationen.

3. *Normen als das Übliche* betreffen nicht das Menschsein an sich, sondern prägen es im Hinblick auf bestimmte Bräuche. Gegen sie zu verstoßen, gefährdet nicht das Humanum, erschwert jedoch das Leben des Einzelnen in der Gemeinschaft. Sind in einer Gruppe zum Beispiel bestimmte Formen der Gastfreundschaft oder der sozialen Zuwendung üblich (z.B. Geburtstags- oder Weihnachtsgeschenke), so schließt sich der Einzelne aus dem sozialen Raum aus, wenn er sich diesen Normen entzieht.

4. *Normen als das Gewählte* haben den niedrigsten Verbindlichkeitsgrad und sind auf bestimmte Verhaltensmuster in bestimmten Gruppen oder Altersgruppen beschränkt. Hierzu gehören zum Beispiel das Verhalten bestimmter Berufsgruppen, ebenso aber das Verhalten in der Peer-group. Typisch hierfür sind z.B. das Verwenden bestimmter Ausdrücke aus der Jugendsprache, eine bestimmte Verhaltensweise, die innerhalb einer bestimmten Gruppe angesagt sind, außerhalb aber wenig Überzeugungskraft besitzen.

Die Pädagogik braucht bei der Werteerziehung beides: die Erkenntnisse aus der Philosophie, um eine ideale Vorstellung von Werten und von Wertehierarchien zu haben; und die

Ergebnisse soziologischer Untersuchungen, um die realen gesellschaftlichen Verhältnisse adäquat einschätzen zu können.

Wertewandel in Deutschland

Eine lebendige und dynamische Gesellschaft wandelt sich und mit ihr wandeln sich Werte, die sie tragen, bestimmen und prägen. Je nach Einschätzung der gesamtgesellschaftlichen Lage und je nach eigenem Menschenbild kann dieser Wandlungsprozess neutral als Wertewandel, negativ als Werteverfall oder positiv als Chance begriffen werden.[1]

Sowohl innovative wie auch konservative Kräfte sind in einer Gesellschaft berechtigt und nötig; wichtig ist jedoch, dass sie miteinander im Gespräch sind, sich zuhören und den Wandel weder als Verfall fürchten noch als Chance schlechthin feiern, sondern als Faktum ansehen, zu dem man sich verhalten muss.

In groben Zügen möchte ich im Folgenden Facetten des Wertewandels der letzten fünfzig Jahre in Deutschland skizzieren:

Ende der 1960er-Jahre des 20. Jahrhunderts
- von Pflicht- und Akzeptanzwerten (Gehorsam, Fleiß, Pünktlichkeit etc.) zu
- Selbstentfaltungswerten (Kreativität, Selbstverwirklichung, Autonomie etc.)

1970er-Jahre des 20. Jahrhunderts
- Gefahren der Wertliberalisierung (Wertsubjektivismus, Egoismus etc.) führen zu
- neokonservativen Strömungen (Sekundärtugenden wie Ordnung, Disziplin etc.)

1980er-Jahre des 20. Jahrhunderts
- anhaltende Debatte zwischen liberalen und konservativen Werten
- neu: postmaterialistische Werte (Frieden, Umweltschutz etc.)

1990er-Jahre des 20. Jahrhunderts
- Wiedervereinigung: rasche Übernahme von liberalen westlichen Werten führen
- zu „DDR-Nostalgie" als Reaktion darauf

Erste Dekade des 21. Jahrhunderts – the Naughties
- Digitalisierung und Globalisierung mit enormer Dynamik
- Gefährdung der Grenze zum Privaten und Intimen durch Internet/TV

Zweite Dekade des 21. Jahrhunderts
- existenzielle Ängste durch Terrorgefahr, Flüchtlingsströme und Klimawandel
- Flucht in „Gefühltes", „Postfaktisches" und „alternative Fakten"

Abbildung 3: Wertewandel der letzten fünfzig Jahre

---

[1] Zur Auseinandersetzung mit den Aspekten Werteverfall, Wertewandel oder auch Wertesynthese bis zur Jahrtausendwende finden sich gute Analysen bei Ronald Inglehart (1979, 1989) und Helmut Klages (2002).

- *1960er-Jahre des 20. Jahrhunderts*
  Die späten 1960er-Jahre des 20. Jahrhunderts werden heute als der Beginn einer Diskussion um Werte gesehen (vgl. Klages 1984, S. 18). Die bis dato fraglos akzeptierten Pflicht- und Akzeptanzwerte wie Ordnung, Pünktlichkeit, Gehorsam etc. büßten im Zuge der Kulturrevolution um 1968 ihre Bedeutung zugunsten von sog. Selbstentfaltungswerten ein: Toleranz, Emanzipation von Autoritäten oder Selbstverwirklichung. Der Prozess des Wertewandels lässt sich parallel zur Demokratisierung der deutschen Gesellschaft nach einer lähmenden Restaurationsphase der Nachkriegszeit lesen: Das Wählen-Können als demokratisches Moment und die subjektive Überzeugung des Einzelnen wurden wichtiger als objektive oder normative Vorgaben.
- *1970er-Jahre des 20. Jahrhunderts*
  Schon bald waren in den späten 1970er-Jahren jedoch die Gefahren offensichtlich geworden, die sich aus jenen subjektbezogenen Werten ergeben konnten: Wertsubjektivismus, mangelnde Bereitschaft zur sozialen Bindung, Individualisierung, in ihrem Gefolge Anonymisierung der Gesellschaft usw. Nachdem das Pendel als Reaktion auf die lähmende Zeit der Restaurationsphase stark in die liberale Richtung ausgeschlagen war, erfolgte nun der Pendelschlag wieder in eine konservativere Richtung (vgl. Mut zur Erziehung, 1979).
- *1980er-Jahre des 20. Jahrhunderts*
  In der Folgezeit der 1980er-Jahre verhärteten sich die Fronten zwischen neokonservativen Positionen, die sich verstärkt den traditionellen Tugenden wie Disziplin oder Gehorsam zuwandten, und liberalen Positionen, die ihrerseits die Sekundärtugenden kritisierten. Die Werte-Debatte erhielt in den 1980er-Jahren eine weitere Konturierung: Auf der einen Seite geschah durch die ökologische Bewegung und durch die Anti-Atomkraftwerk-Bewegung eine neue Akzentverschiebung in Richtung Umweltschutz und postmaterialistische Werte (vgl. Wippermann 2005, S. 31 f.). Andererseits begann in den 1980er-Jahre auch eine Wertverschiebung hin zu Genuss- und Erlebnisorientierung, die bis heute ungemindert anhält.
- *1990er-Jahre des 20. Jahrhunderts*
  Ein weiteres einschneidendes Ereignis für die Wertedebatte in Deutschland war die Wiedervereinigung Deutschlands. Nach der Wende setzten sich im Osten sehr schnell die Prozesse der Pluralisierung und Individualisierung durch, die in den alten Bundesländern bereits in den 1970er-Jahren des 20. Jahrhunderts eingesetzt hatten mit den damit einhergehenden Werteänderungen. Als Reaktion auf die schnelle „Anpassung" und den Identitätsverlust etablierte sich das Phänomen der „DDR-Nostalgie", das aber in den nachwachsenden jungen Generationen, die nach der Wende geboren wurden, keine Rolle mehr spielt (vgl. *https://www.bpb.de/nachschlagen/lexika/handwoerterbuch-politisches-system/202212/werte-und-wertewandel?p=all.*).

- *Die erste Dekade des neuen Jahrtausends*
  Eine große Dynamik hinsichtlich der Digitalisierung zeichnete die erste Dekade aus. Die Welt ging online – noch voller Euphorie und unwissend im Hinblick auf die Gefahren des Internets. Und mit der Digitalisierung hielt die Globalisierung Einzug: Weltweit und zu jeder Tageszeit online einkaufen, weltweit vernetzt sein, sich online verlieben und daten. Die Grenze zwischen Privatsphäre und Öffentlichkeit erfuhr eine neue Gefährdung – durch das Internet ebenso wie durch voyeuristische Formate im Fernsehen, die Menschen in intimen Situationen zeigen. Die Online-Dynamik riss alle mit und ließ wenig Zeit um innezuhalten und zu reflektieren (vgl. *http://www.focus.de/magazin/archiv/tid-16599/das-jahrzehnt-2000-2009-die-jahre-in-denen-die-welt-den-turbo-einlegte_aid_460506.html*).

- *Die zweite Dekade des 21. Jahrhunderts*
  Die aktuelle Situation zu beschreiben ist immer mit der Gefahr verbunden, Trends überzubewerten, da man selbst in ihnen lebt und noch nicht genügend Distanz hat. Einige Schlaglichter seien jedoch benannt: Die kontinuierlich niedrige Geburtenrate, die einhergeht mit der Überalterung der Gesellschaft, wirft die Fragen nach Wert und Schutz von Kindern und Familie, nach Wert und Bezahlung von pflegerischen Diensten in einer alternden Leistungsgesellschaft auf. Der Klimawandel und die globale Erderwärmung werden zu politischen und existenziellen Dauerthemen. Die Flüchtlingswelle der letzten Jahre machte deutlich, wie brüchig ein vermeintlich stabiles demokratisches Wertefundament sein kann, wenn es mit eigenen Ängsten kollidiert. Terroranschläge machen Angst. Das „Gesellschaftsfähig werden" von sog. „fake news" zieht sich durch Veröffentlichungen. Es ist bequemer, sich dem „Postfaktischem", dem „Gefühlten" und sog. „alternativen Fakten" zuzuwenden, als tatsächlich einen vernünftigen Diskurs zu führen. Die Herausforderungen sind klar – und ebenso der Auftrag an Erziehende und Lehrende, junge Menschen auf ihrem Weg in die Zukunft zu begleiten, denn viele der Probleme, die wir derzeit haben, wird die nächste Generation lösen müssen. An uns ist es, sie dafür zu rüsten. Dabei gilt es zunächst, ihre Wirklichkeit wahrzunehmen und sich ein Bild von der aktuellen (Werte-)Situation zu machen.

Werte junger Menschen: Shell-Jugendstudie und Sinus-Jugendmilieustudie

In der Sozialethik gibt es den bewährten Dreischritt „Sehen – urteilen – handeln". In diesem Sinne muss es Erziehenden und Lehrenden zunächst darum gehen, bewusst, intersubjektiv und objektiviert wahrzunehmen, wie es um das Wertebewusstsein unserer Jugendlichen bestellt ist. Was ist ihnen wichtig, wofür engagieren sie sich, was erwarten und erhoffen sie sich?

Zwei bewährte Messinstrumentarien haben sich in den zurückliegenden Jahrzehnten herauskristallisiert: die Shell-Jugendstudie und die Sinus-Milieustudie.

Ergebnisse der 17. Shell-Jugendstudie 2015[2]
Das Energieunternehmen Shell gibt seit 1953 in zeitlichen Abständen von ca. vier Jahren die Shell-Jugendstudie in Auftrag. Diese soll Werte, Einstellungen und Sozialverhalten junger Menschen untersuchen. Ein Wissenschaftsteam der Universität Bielefeld untersucht mit einer Mischung aus quantitativen (Befragung) und qualitativen empirischen Methoden (Interviews) die Werthaltung der 12- bis 25-jährigen Jugendlichen in Deutschland. Die 17. Shell-Jugendstudie aus dem Jahr 2015 hatte erstmals eine Generation vor sich, die vollständig im wiedervereinten Deutschland aufgewachsen ist und zu 99 Prozent Zugang zum Internet hat, gleichwohl gut informiert ist über die Gefahren, die damit einhergehen. Was hat sich nun verändert in den zurückliegenden fünf Jahren seit der letzten Jugendstudie im Jahr 2010? Die jungen Menschen

- sind sehr pragmatisch und unideologisch, wollen die Chancen in Schule und Beruf, Familie und Freundeskreis nützen. Dabei sind sie nicht mehr ausschließlich erfolgsorientiert, sondern
- haben auch idealistische Vorstellungen, sind bereit, sich in die Gesellschaft einzubringen. Gerade im Hinblick auf Umweltbewusstsein und Respekt vor dem Alter lässt sich hier eine höhere Wertschätzung feststellen als noch vor fünf Jahren.
- sind nicht bereit, für Erfolg jedes Opfer zu erbringen, sondern wünschen sich eine bessere Vereinbarkeit von Beruf und Familie, ein Gelingen der „work-life-balance".
- haben trotz Hochbewertung von Familie als höchstem Gut einen sinkenden Kinderwunsch wegen der befürchteten schlechten Vereinbarkeit von Beruf und Familie;
- sind zunehmend politisch interessiert und aufgeschlossen, orientieren sich aber verstärkt an Themen jenseits der etablierten Parteien;
- haben eine größere Angst vor Fremdenfeindlichkeit als vor Zuwanderung und „Überfremdung" in Deutschland;
- sehen mit Sorge die wachsende Terrorgefahr und wünschen sich eine deutsche Politik, die nicht eingreift, aber vermittelt.

Die Shell-Jugendstudie zeichnet entgegen dem häufigen Lamento von der saturierten und verwöhnten jungen Generation, die nur mit Handy und im Internet unterwegs ist, das Bild

---

[2] Vgl. 17. Shell-Jugendstudie, *http://www.shell.de/ueber-uns/die-shell-jugendstudie/multimediale-inhalte/_jcr_content/par/expandablelist_643445253/expandablesection.stream/1456210165334/d0f5d09f09c6142df03c-c804f0fb389c2d39e167115aa86c57276d240cca4f5f/flyer-zur-shell-jugendstudie-2015-auf-deutsch.pdf.*

einer Generation, die mehrheitlich bereit ist, den Herausforderungen der Zukunft mit Idealismus und Engagement zu begegnen, wenngleich auf der Basis einer pragmatischen Haltung.

Ergebnisse der Sinus-Jugendmilieustudie „Wie ticken Jugendliche 2016"? [3]

Ein differenziertes Bild der jugendlichen Milieus liefern die sog. Sinus-Milieustudien.

Die Firma Sinus Sociovision ist ein Marktforschungsinstitut, das seit 35 Jahren Untersuchungen für Wirtschaftsunternehmen und Non-Profit-Organisationen durchführt, um den soziokulturellen Wandel in der Gesellschaft sowie die Alltagswirklichkeit der Menschen zu erfassen. Die Sinus-Milieus wollen die Orientierungen der Menschen, ihre Werte, Lebensziele, Lebensstile und Einstellungen sowie ihren sozialen Hintergrund genau beschreiben. Seit dem Jahr 2008 werden in der Reihe „Wie ticken Jugendliche?" Sinus-Jugendmilieus untersucht, die den Fokus auf soziokulturelle Unterschiedlichkeit von Jugendlichen in einer heterogenen Gesellschaft richten.

Im Jahr 2016 sieht das Ergebnis der Jugendmilieus folgendermaßen aus:

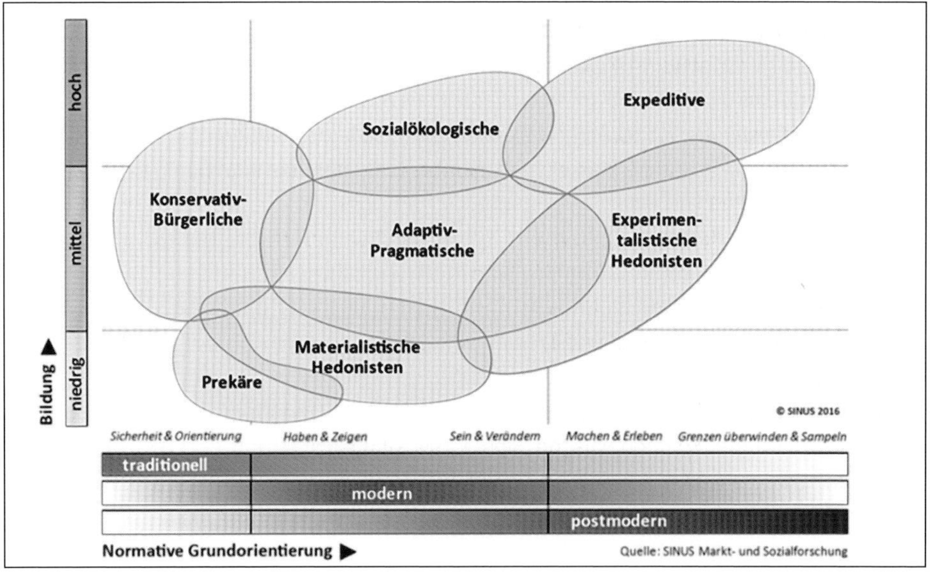

Abbildung 4: Sinus-Lebenswelten (*http://www.sinus-institut.de/sinus-loesungen/sinus-jugendmilieus/*, aufgerufen am 11.06.2017)

---

[3] Vgl. *http://www.sinus-institut.de/*, vgl. *http://www.sinus-akademie.de/fileadmin/*.

Die Grafik zeigt neben der Zuordnung zum Bildungsniveau auch die Einordnung nach verschiedenen Wertgruppen. Durch Überschneidungen wird deutlich, dass die Ränder nicht trennscharf sind.

Welche Gruppen von jungen Menschen begegnen uns heute in den Klassenzimmern?

- Die *konservativ-bürgerlichen Jugendlichen* haben oft ein mittleres Bildungsniveau, sind familienorientiert und bodenständig, halten an bewährten gesellschaftlichen Ordnungen fest, stellen die Erwachsenenwelt nicht infrage, sondern versuchen ihren Platz in ihr zu finden.
- *Adaptiv-pragmatische Jugendliche* haben dasselbe Bildungsniveau und sind sowohl leistungs- als auch familienorientiert, setzen sich Ziele und wollen diese im Bereich der bürgerlichen „Normalbiografie" und eines gesunden Wohlstands erreichen.
- *Prekäre Jugendliche* kommen häufig aus benachteiligten Milieus, was Bildung und Wohlstand betrifft. Mit schwierigen Startvoraussetzungen entwickeln sie eine „Durchbeißermentalität", wollen etwas „schaffen", empfinden die Gesellschaft oft als ungerecht und zeigen eine höhere Affinität zu rechtspopulistischen Klischees.
- Auch *materialistische Hedonisten* kommen öfter aus der Unterschicht, haben ein ausgeprägtes Markenbewusstsein, das sie mit Prestige assoziieren. Fun, Chillen und Coolness sind wichtige Werte, Familie und Freunde werden ebenfalls hochgeschätzt.
- *Experimentalistische Hedonisten* haben oft ein mittleres Bildungsniveau, sind spaß- und szeneorientiert, empfinden sich als Nonkonformisten, die sich bewusst dem Mainstream widersetzen. Dies tun sie aber nicht um höherer Ideale wegen, sondern der eigenen ungehinderten Selbstentfaltung wegen. Das Überschreiten von Regeln und das Provozieren gehören zu ihrer Haltung.
- *Sozialökologische Jugendliche* sind bildungsaffin, an Werten wie Nachhaltigkeit und Umweltschutz, Gemeinwohl und Demokratie orientiert, haben an sich und den Freundeskreis einen hohen normativen Anspruch.
- *Expeditive Jugendliche* haben ebenfalls ein hohes Bildungsniveau, beschreiben sich selbst als „urbane, kosmopolitische Hipster", sie sind erfolgs- und lifestyleorientiert und suchen nach der Balance zwischen Selbstverwirklichung auf der einen und Ehrgeiz und Zielstrebigkeit auf der anderen Seite.

Für Erziehende halte ich beide soziologische Untersuchungen für inspirierend und weiterführend. Die Shell-Jugendstudie befragt alle nach denselben Werten und deren Skalierung und gibt einen groben Überblick, während die Sinus-Studie davon ausgeht, dass unterschiedliche Milieus zu unterschiedlichen Werten führen und das Milieu breiter und bunter beschreibt. Sie lädt ein, die jungen Menschen erst einmal zu sehen und wahrzunehmen in ihrem Milieu, ehe wir sie begleiten, ehe wir an oder im besten Fall mit ihnen „Werterziehung" leisten.

Säulen der Werteerziehung

Werteerziehung zu leisten ist eine anspruchsvolle Arbeit, die die Person des Lehrers ebenso fordert wie seine erzieherische und methodische Kompetenz. Schülerinnen und Schüler brauchen nicht den Lehrer ohne Fehl und Tadel, sondern einen Menschen aus Fleisch und Blut, einen Menschen mit Stärken und Schwächen. Sie brauchen Lehrende, die eine Beziehung zu ihnen aufbauen, sich in die Karten schauen lassen und das eigene Leben im Hinblick auf Werthaltungen transparent machen für den Blick der jungen Menschen. Das erfordert Ich-Stärke, die Kenntnis der eigenen Person und des eigenen Wertekanons.

Vorbild sein: eigene Werteentscheidungen treffen

Werte kann man nicht lehren, sondern nur vorleben.
(Viktor Frankl) [4]

Das Postulat des *Vorbildes* scheint eine altmodische Sache zu sein. Bereits in der Antike wusste man, wie wichtig diese Dimension in der Erziehung ist, man denke nur an das Seneca-Wort: verba docent exempla trahunt – Worte lehren, Beispiele reißen mit. Aber ein richtiger Zusammenhang wird nicht falsch durch sein Alter. Was sich ändern mag, ist die Begründung, nicht der Zusammenhang als solches. Und in der Tat bekommt dieses Postulat Schützenhilfe von der modernen Hirnforschung.

Im Jahr 1996 entdeckte Giacomo Rizzolatti von der Universität Parma ein neurobiologisches System bei Primaten, das beobachtetes Verhalten im Gehirn des Beobachters simuliert, quasi stumm „nachspielt" und das Gesehene in eine Art inneres Tun übersetzt. Im Gehirn des Beobachters entsteht sozusagen ein „Spiegelbild" der Empfindungen dessen, was er sieht, es wird Resonanz ausgelöst (vgl. *http://www.planet-wissen.de/natur/ forschung/spiegelneuronen index.html.*). Im Jahr 2010 konnten Spiegelneuronen auch bei Menschen nachgewiesen werden. Und auch wenn die Forschung vor voreiligen Schlüssen warnt und viele Fragen offen bleiben, wurde offensichtlich, dass ein Lernen am Vorbild ein neuronales Format besitzt und Resonanz auch neuronal ausgelöst wird (vgl. *https://www. dasgehirn.info/denken/im-kopf-der-anderen/spieglein-spieglein-im-gehirn*).

---

[4] Viktor Frankl (1905 –1997) war österreichischer Neurologe und Psychiater und ist Begründer der Logotherapie.

Ein zweiter Impuls, den die moderne Hirnforschung für die Pädagogik liefert, ist die Bedeutung von Emotionen für den Lernprozess. Das sog. limbische System im Gehirn ist das neurobiologische Zentrum, das Hormone und Neurotransmitter produziert, die für Energie, Motivation und Lust an Leistung zuständig sind. Die Motivationsbotenstoffe Dopamin („Leistungsdroge", die motiviert, Leistung zu erbringen), körpereigene Opioide (die für körperliches und seelisches Wohlbefinden) sowie Oxytocin („Freundschaftshormon", das für Verbundenheit mit anderen sorgt) werden in Abhängigkeit von sozialer Anerkennung, persönlicher Wertschätzung und Aussicht auf Anerkennung/Wertschätzung ausgeschüttet (vgl. Bauer 2006, 105 ff).

Wir brauchen Lehrende, die um die Bedeutung von Spiegelneuronen und Emotionen im Lernprozess wissen und denen es gelingt, Resonanz in jungen Menschen zu erzeugen, Lehrerinnen und Lehrern, die wissen, was Hattie so schlicht auf den Punkt brachte: „Know thy impact! – Wisse, was du bewirken kannst!" (vgl. *http://visiblelearningplus.com*).

In Beziehung sein: junge Menschen begleiten und Feedback geben

*What teachers do, matters! What **some** teachers do, matters!*
(John Hattie)

Dies ist das klare Bekenntnis des neuseeländischen Erziehungswissenschaftlers John Hattie, der im Jahr 2009 seine große Metastudie mit der Frage nach dem wirksamsten Lernen publizierte: What teachers do, matters! Hatties Aussagen zur Bedeutung der Lehrperson für einen wirksamen Unterricht, ist wohltuend. Wohltuend, dass mit empirischen Methoden nachgewiesen wurde, was Schüler längst wissen: Auf den Lehrer kommt es an, um genauer zu sein: auf eine strukturierte und klare Unterrichtsführung (Platz 8 von insgesamt 138 untersuchten Faktoren) sowie auf die Lehrer-Schüler-Beziehung (Platz 11 von 138 Faktoren), die im Zentrum allen Tuns steht.

Ein exzellentes Beispiel für die Wirksamkeit einer guten Lehrer-Schüler-Beziehung bot ein Experiment in Schweden in der Mikaelskolan in Örebro. Ausgezeichnete Lehrer/innen aus ganz Schweden brachten innerhalb von fünf Monaten eine 9. Klasse, die durchwegs schlechte Leistungen aufwies, zu Höchstleistungen, in Mathematik sogar an die Spitze der in Schweden üblichen Rangliste. Mathematiklehrer Stavros Louca sagt dazu: „Gewinn ihre Herzen und du kannst mit ihnen tanzen!" (vgl. Kucklick 2011, S. 13). Dazu muss man sich auf die Lebenswirklichkeit junger Menschen einlassen. Louca berichtet davon, dass er die Pausen mit ihnen verbrachte und über ihre Sorgen und Nöte Bescheid weiß: Wie geht es dem Vater, der ins Krankenhaus kam? Und wie geht es der Schülerin, deren Freund letzte Woche mit ihr Schluss gemacht hat? Lehrer prägen durch die Beziehung, die sie zu

Schülern haben. Wenn schon der Lernerfolg in Mathematik von der Beziehung zur Lehrkraft abhängt, um wieviel mehr eine Werteerziehung, die tatsächlich emotionale Aspekte beinhaltet?

Wer mit jungen Menschen tanzen oder lernen will, wer sie begleiten will auf ihrem Weg zu eigenen Werten und Normen, muss ihre Herzen gewinnen. Das kann keine Institution, das können nur Menschen mit Herz.

Zu den effektiven Maßnahmen des Unterrichtens und Erziehens gehört nach Hattie auch eine gute Feedback-Kultur, die in seiner Rangliste auf Platz 10 von 138 Faktoren ist (vgl. Hattie 2013, S. 206ff.). Damit sind aber keineswegs Noten gemeint. Noten sind im besten Fall ein Teil eines Feedbacks, im schlechtesten Fall haben sie gar nichts damit zu tun und erreichen die jungen Menschen nicht. Um Schüler tatsächlich auf ihrem je eigenen Weg zu begleiten, braucht man nach Hattie drei einfache Fragen: Where are you going – Wohin gehst du? How are you going – Wie kommst du voran? Where to the next – Was ist dein nächster Schritt?

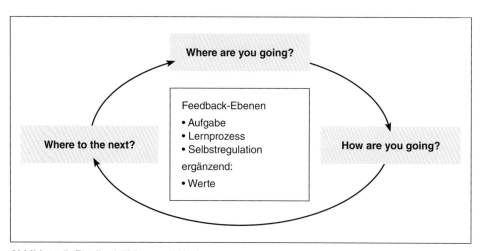

Abbildung 5: Feedback-Kultur nach Hattie

Diese drei Fragen können auf unterschiedliche Ebenen angewandt werden und sich auf die Aufgabe, auf den Lernprozess oder eben auf die Selbstregulation der Person beziehen.

Ich würde in Anlehnung an Hattie einen Schritt weitergehen und eine Feedback-Kultur für Werte etablieren. Feedback-Gespräche zu Werten bieten sich m.E. geradezu an – und sind vor dem Hintergrund der Normenhierarchie nach Rombach gut zu führen (vgl. Abbildung 2).

Ausgehend von der Frage: Welcher Wert ist dir wichtig? (Where are you going?), kann man ins Gespräch kommen über die Frage: Wie kommst du dorthin? (How are you going?) und Zwischenschritte oder nächste Schritte benennen (Where to the next?). Das geht jedoch nur im direkten Gespräche mit mit Schülerinnen und Schülern. Freiräume und Zeiten für diese Gespräche kann man sich schaffen, indem man in vorbereiteter Umgebung mit Freiarbeitsmaterialien arbeitet.

Feedback kann jedoch nur funktionieren, wenn man den Grundsatz berücksichtigt, dass es nicht einseitig sein darf. Am effektivsten ist ein Feedback nach Hattie dann, wenn Lehrerinnen und Lehrer bewusst auch ein Feedback zu ihrem Tun fordern, ihren Unterricht durch die Augen der Schüler/innen zu sehen lernen und „learners of their own teaching" werden (vgl. *https://visible-learning.org/de/2013/06/lehrerfeedback-und-schulerfeedback-nach-john-hattie/*).

Es ist ein spannender „Lernkreis", der sich hier am Beispiel des Feedbacks und der Werteerziehung entspannen kann: Sich selbst als Lehrender in den Kreis der Lernenden einreihen, die eigenen Werte transparent machen und sie einem Feedback durch Schüler unterziehen.

Werte stützen: Rituale schaffen, Ruhe ermöglichen

Ritual ist, wenn die Welt eine Zeit lang zur Ruhe kommt und wir in ihr.
(Heiko Ernst) [5]

Menschen brauchen Rituale, die Sicherheit und Halt geben; Rituale, die von der Wiederholung und der Zuverlässigkeit leben und den Teilhabenden am selben Ritual die Zugehörigkeit zu einer Gruppe ermöglichen. Damit Rituale eine positive Stützfunktion haben, müssen sie erlebt und erfahren und mit angenehmen Gefühlen wie Sicherheit, Zugehörigkeit, Geborgenheit, und Halt verbunden werden.

An etlichen Schulen, auch in der Sekundarstufe und sogar in der Erwachsenenbildung, greift man gerne auf das reformpädagogische Element des Morgen- oder Ankommenskreises zurück. Ich schildere ein Beispiel aus dem Alltag der Maria-Ward-Realschule Eichstätt:[6] Am Montagmorgen sind 30 Minuten Zeit für den Morgenkreis. Eine Zeit, die dem Ankommen, der Ruhe, der Fokussierung und dem Ritual gehört. Eine Zeit, die von den Lehrenden vorbereitet,

---

5   Heiko Ernst ist Psychologe und war bis 2014 Chefredakteur der Zeitschrift „Psychologie heute".
6   An der Maria-Ward-Realschule Eichstätt wird nach der Pädagogik des Marchtaler Plans gearbeitet (vgl. *http://www.mwrs-ei.de/profil/marchtal.de*).

aber gemeinsam gestaltet wird. Nicht jeder Morgenkreis ist ein Highlight oder ein besonderes Event. Das ist auch nicht die eigentliche Bedeutung dieses Rituals. Am Ende ihrer Schulzeit haben die Schüler ca. 220 Morgenkreise erlebt. Dabei finden die Klassen tatsächlich eigene Rituale – mit Kerze, Musik, Bildern oder Bewegung. Wichtig ist, dass sie lernen, sich auf dieses wöchentliche Ritual verlassen zu können, und dort auf Lehrende treffen, die gelernt haben, ein Ritual zu begleiten und zu gestalten und sich selbst auf der Beziehungsebene einzubringen.

Das Ritual des Morgenkreises ist eine ideale Plattform für Werteerziehung. Auch Ruhe und Stille werden von Schülern als Ritual sehr gut angenommen. In einer hektischen und mediatisierten Welt gilt es, Ruhezonen zu schaffen und den jungen Menschen (und sich selbst) ein Verschnaufen und Nachdenken-Dürfen zu ermöglichen. Schulen, die bewusst Ruhephasen in ihr Konzept aufgenommen haben, berichten alle vom selben Phänomen: Schüler schätzen Ruhe und Stille: den Morgenkreis am Montagmorgen, bei dem man eine halbe Stunde in Ruhe ankommen kann; die Formen der Frei- und Stillarbeit, bei der keine Grabesruhe herrscht, aber eine disziplinierte und arbeitsintensive Ruhe; Schweigen als Qualität bei spirituellen Angeboten. Doch es muss Stille in Form einer „vorbereiteten Umgebung" sein – nicht in Form eines lieblosen Ungestaltetseins. Nicht reden zu dürfen, weil der Lehrer redet, hat keine eigene erfahrbare Qualität. Auch hier ist der Lehrende Vorbild und muss die Stille als gehaltvolle Zeit mit den Schülern teilen. In Ritualen und Zeiten der Ruhe kann mit Impulsen (Texte, Lieder und eine Vielzahl von Methoden[7]) dem Bereich der eigenen Wertereflexion Raum gegeben werden.

Debattieren: den rationalen Diskurs einüben

„Diskussion will gelernt sein. Zur Diskussion gehört, zuhören zu wollen und zuhören zu können. Zur Diskussion gehört auch, sich in die Auffassungen des anderen hineinversetzen zu wollen, damit man schließlich zum Kern der Sache kommen kann."

(Herbert Wehner)[8]

Gerade im Zeitalter der „fake news", des „Postfaktischen" und der „gefühlten" und „alternativen" Tatsachen ist es wichtig, mit jungen Menschen den rationalen Diskurs und das vernünftige Argumentieren einzuüben. Eine gute Diskussion will gelernt sein, sagt Wehner. Und sie muss in der Schule geübt werden.

---

7 Gute methodische Anstöße findet man z.B. bei Niehl, Franz/Thömmes, Arnulf: 212 Methoden für den Religionsunterricht, 2014, oder auch bei Raths, Louis/Harmin, Merrill/Simon, Sidney: Werte und Ziele. Methoden zur Sinnfindung im Unterricht, München 1976.
8 Herbert Wehner (1906–1990) war ein deutscher Politiker der Nachkriegszeit, bis 1983 Vorsitzender der SPD-Bundestagsfraktion.

Gut umsetzbar ist die Konstanzer Methode der Dilemma-Diskussion, die der Psychologe Georg Lind in der Weiterentwicklung der Kohlberg´schen moralischen Dilemmata entwickelte (vgl. Lind 2003; vgl. *http://www.uni-konstanz.de/agmoral/kurse/.*). Schüler lernen nicht nur Empathie, sondern auch rationales Argumentieren anhand von moralischen Konflikten. Die Dilemmadiskussion folgt dabei einem klaren Schema, an das sich alle halten (müssen).

---

9. Schritt: Reflexion
(Wertschätzung des eigenen Lernprozesses sowie gute kontroverse Diskussionen)

8. Schritt: Zweite Abstimmung
(Öffentliche Kundgabe der Meinung nach Reflexion; auch Korrektur möglich)

7. Schritt: Nominierung der besten Gegenargumente
(Erfahrung, dass auch Gegner und Gegnerinnen gute Argumente haben können)

6. Schritt: Diskussion im Plenum nach der Ping-Pong-Regel
(Trennen zwischen Qualität von Argumenten, über die man streiten kann, und der Qualität von Menschen, die man respektieren soll)

5. Schritt: Vorbereitung der Diskussion in kleinen Pro- und Contra-Gruppen
(Erfahrung, dass andere Teilnehmer Quelle der Unterstützung sind, dass Argumente unterschiedliche Qualität haben)

4. Schritt: Erste Abstimmung
(Öffentliches Exponieren der eigenen Meinung)

3. Schritt: Dilemma-Klärung
(Was ist das Dilemma? Für wen ist es eines? Für wen ist es keines?)

2. Schritt: Stilles Nachdenken
(Bewusstwerden der eigenen Gefühle und des eigenen Standpunkts)

1. Schritt: Präsentation des Dilemmas
(Identifikation mit der Hauptfigur)

Abbildung 6: Grafik (Staudigl) erstellt in Anlehnung an die KMDD (vgl. *https://lehrerfortbildung-bw. de/u_gewi/religion-rk/gym/bp2004/fb1/2_r_5_6/3_materialien/2_dilemma/*)

Auch im Ansatz „Philosophieren mit Kindern", der in den 1970er-Jahren vom amerikanischen Philosophieprofessor Matthew Lipman entwickelt wurde und in Bayern von der Akademie „Kinder philosophieren" neu aufgelegt und gelehrt wird (vgl. *http://kinder-philosophieren.*

de/akademie-kinder-philosophieren/), werden logisches Denken, stringentes Argumentieren und kritisches Urteilen geschult.

Eine Methode, die ebenfalls sehr gut geeignet ist, um jungen Menschen einen Zugang zu rationalem Denken und logischem Argumentieren zu eröffnen, ist das Projekt „Jugend debattiert", das seit dem Jahr 2002 in Kooperation mit der Kultusministerkonferenz unter der Ägide mehrerer Stiftungen durchgeführt wird und das erfreulicherweise in vielen Schulen im Rahmen des Deutschunterrichts Platz findet (vgl. *https://www.jugend-debattiert.de/*).

Es ist eine Freude, Schüler bei disziplinierten und durchaus strittigen Diskussionen und Debatten zu erleben, die nach einem klaren und geregelten Schema verlaufen. „Man lernt zu warten, bis man selbst an der Reihe ist, und spürt, dass das eigene Argument drei Minuten später nicht schlechter geworden ist", so der Kommentar einer Achtklässlerin der Maria-Ward-Realschule. Und ein Klassenkamerad ergänzt: „Ich finde es spannend, dass das Los entscheidet, ob man pro oder contra ist. Auf diese Weise ist man gezwungen, sich auch mit Haltungen auseinanderzusetzen, die man selbst zunächst nicht einnehmen würde."

Fazit: Sieben Aspekte, die bei der Werteerziehung helfen
Werteerziehung ist erzieherisch höchst anspruchsvolle Arbeit, die in keinem Stundenplan steht, für die es kein Fach und kein eigentliches Zeitbudget gibt, die man gleichsam „nebenher" erledigen soll – und die doch das Eigentliche ist. Sie kann gelingen und Freude machen, wenn man Aspekte berücksichtigt, die eben genannt wurden.

1. *Eigene Werte kennen, das eigene Wertesystem reflektieren*
   Hilfreich ist, selbst eine Werte- oder Normenpyramide zu verinnerlichen und sich bewusst zu machen, dass es Normen in unterschiedlichen Verbindlichkeitsgraden gibt (vgl. Hierarchie der Normen nach Rombach/Hillmann). Man muss nicht auf jeden Normenverstoß mit derselben Strenge reagieren, wenn man sich im Klaren darüber ist, welche Normen man als „geschuldet", als „üblich", als „gewählt" oder eben als „unbedingt" ansieht.
2. *Kindern einen Wertkorridor anbieten, in den sie sich hineinleben*
   Erziehende und Lehrende können Resonanz auslösen, wenn es ihnen gelingt, junge Menschen zu erreichen. Das Vorbildsein der Erwachsenen wird durch die Spiegelneuronen idealerweise zum Impuls, dieses Verhalten nachzuahmen. Das bedeutet für Erziehende, dass sie jungen Menschen kein vages „Das musst du selbst wissen" anbieten, sondern ein klares Bekenntnis zu eigenen Werten.
3. *Beziehung vor Inhalt: Gewinn ihre Herzen!*

Man kann jungen Menschen alles beibringen, wenn es gelingt, sie auf der Beziehungsebene zu erreichen. Wichtiger als die Aufbereitung des Stoffes oder des Inhalts ist die Beziehung, die man zu jungen Menschen hat. „Gewinn ihre Herzen und du kannst mit ihnen tanzen" – das Motto des schwedischen Mathematiklehrers Stavros Louca ist Zuspruch und Einladung zugleich.

4. *Feedback geben*
Persönliches Feedback gilt als einer der größten Erfolgsfaktoren in Erziehung und Unterricht. Gerade bei Wertentscheidungen und daraus resultierendem Verhalten erlaubt Feedback die Reflexion des Verhaltens und ermöglicht das Aufzeigen neuer Perspektiven. Die schlichten Frage „Wohin möchtest du gehen?", „Wie möchtest du dorthin kommen?" und „Was ist dein nächster Schritt?" helfen, Werte bewusst zu machen.

5. *Stützende Rituale schaffen*
Rituale geben durch die Wiederholung Sicherheit und Halt. Ob in einer Familie oder in der Klasse: klare Rituale für den Alltag, für die Woche oder für bestimmte Jahreszeiten zu definieren, helfen, eine verlässliche und strukturierte Umgebung aufzubauen, in der angenehme Gefühle wie Zugehörigkeit erfahrbar werden.

6. *Ruhezonen schaffen*
In einer hektischen und mediatisierten Welt hilft das Schaffen von gestalteten Zeiten und Räumen der Ruhe und ermöglicht den jungen Menschen (und sich selbst) ein Verschnaufen und Nachdenken-Dürfen – auch über Werte und Normen.

7. *Gegen „gefühlte Wahrheiten": Rationales Argumentieren einüben*
Das Individuelle, das Persönliche, auch das Intime sind im 21. Jahrhundert öffentlich geworden, setzen Maßstäbe und verlangen Berücksichtigung. Und dennoch kann Demokratie nur gelingen, wenn es gelingt, intersubjektive und objektivierte Maßstäbe zu setzen, die für alle gleich gültig sind. Junge Menschen müssen lernen, das Gefühlte auch rational zu erläutern und zu erklären und die Sachebene hinter dem Gefühlten zu verbalisieren. Und wir müssen es mit ihnen einüben.

Für diese Arbeit der Werteerziehung brauchen wir reife Persönlichkeiten, die sich ihrer selbst und ihres Wertesystems bewusst sind, die die Kraft zur Beziehung mit jungen Menschen haben und Möglichkeiten kennen, Beziehungsarbeit zu gestalten. Das bedeutet aber, dass wir den Lehrenden und Erziehenden etwas anbieten müssen, was ihnen hilft, Erziehung, Werteerziehung zu leisten.

„Was brauchen Sie, um diese Arbeit gut weitermachen zu können?"

Dies ist ein Satz aus der Mediation, den Mediatoren anwenden, wenn ein Gespräch in eine Blockade geraten ist, es nicht mehr weiterzugehen scheint. Es ist eine Frage, die ich für Erziehende und Lehrende für wichtig halte: Was brauchen Sie, um diese Arbeit gut weitermachen zu können? Und die Antworten müssen zu dem finanziellen und personellen Freiraum führen, dass Erziehende und Lehrende tatsächlich individuell das erhalten, was sie brauchen: Beratung, persönlichkeitsstärkende Fortbildungen, Supervisionen oder Zusatzqualifikationen. Eine Gesellschaft braucht ein solides und tragfähiges Wertsystem, sie braucht Menschen, die dieses System tragen und weiterentwickeln, und Lehrende, die befähigt wurden und sind, Kinder und Jugendliche auf diesem Weg in die Gesellschaft zu begleiten.

Literatur

Bauer, Joachim (2006): Warum ich fühle, was du fühlst. Intuitive Kommunikation und das Geheimnis der Spiegelneurone

Böschemeyer, Uwe (2008): Worauf es ankommt: Werte als Wegweiser

Brezinka, Wolfgang (1990): Werterziehung? Problematik und Möglichkeiten, in: Pädagogische Rundschau 44

Caspary, Ralf (Hrsg.) (2008): Lernen und Gehirn. Der Weg zu einer neuen Pädagogik

Habermas, Jürgen (1984): Moralbewusstsein und kommunikatives Handeln

Ders./Apel, Otto (1991): Erläuterungen zur Diskursethik

Hattie, John (2013): Lernen sichtbar machen

Hillmann, Karl-Heinz (2003): Wertwandel. Ursachen, Tendenzen, Folgen

Hüther, Gerald (2008): Wie lernen Kinder?, in: Caspary, Ralf (Hrsg.): Lernen und Gehirn. Der Weg zu einer neuen Pädagogik

Inglehart, Ronald (1982): Die stille Revolution. Vom Wandel der Werte

Ders. (1989): Kultureller Umbruch. Wertewandel in der westlichen Welt

Joas, Hans (2009): Die Entstehung der Werte

Klages, Helmut (1984): Wertorientierungen im Wandel. Rückblick, Gegenwartsanalysen, Prognosen

Ders. (2002): Der blockierte Mensch. Zukunftsaufgaben gesellschaftlicher und organisatorischer Gestaltung

Kucklick, Christoph (2011): Gute Lehrer, in: Geo 29 (2/2011)

Kohlberg, Lawrence (1995): Die Psychologie der Moralentwicklung

Ladenthin, Volker/Rekus, Jürgen (2008): Werterziehung als Qualitätsdimension von Schule und Unterricht

Latzko, Brigitte (2006): Werteerziehung in der Schule: Regeln und Autorität im Schulalltag

Lind, Georg (2003): Moral ist lehrbar

Meyer, Hilbert: Auf den Unterricht kommt es an! – Hatties Daten deuten lernen. Vgl. *http://www.cornelsen.de/fm/1272/Auf_die_Lehrenden_kommt_es_an_Aufsatz.pdf*

Mokrosch, Reinhold/Franke, Elk (2004): Wertethik und Werterziehung

Müller, Max/Halder, Alois (1988): Philosophisches Wörterbuch

Mut zur Erziehung (1979): Beiträge zu einem Forum am 9./10. Januar 1978 im Wissenschaftszentrum, Bonn-Bad Godesberg

Niehl, Franz/ Thömmes, Arnulf (2014): 212 Methoden für den Religionsunterricht

Raths, Louis/ Harmin, Merrill/Simon, Sidney (1976): Werte und Ziele. Methoden zur Sinnfindung im Unterricht

Rombach, Heinrich/Hillmann, Karl-Heinz (1977): Norm, Wert. In: Rombach, Heinrich: Wörterbuch der Pädagogik

Roth, Gerhard (2008): Möglichkeiten und Grenzen von Wissensvermittlung und Wissenserwerb, in: Caspary, Ralf (Hrsg.), a.a.O.

Standop, Jutta (2005): Werte-Erziehung: Einführung in die wichtigsten Konzepte der Werteerziehung

Staudigl, Barbara (2000): Ethik der Verantwortung. Die Philosophie Emmanuel Lévinas´ als Herausforderung für die Verantwortungsdiskussion und Impuls für die pädagogische Verantwortung

Dies. (2009): Achtung vor dem Kind. Wie Lehrer ethisch handeln können

Steffens, Ulrich/Höfer, Dieter (2014): Die Hattie-Studie

von Hentig, Hartmut (1999): Ach, die Werte! Ein öffentliches Bewusstsein von zwiespältigen Aufgaben. Über eine Erziehung für das 21. Jahrhundert

Wippermann, Carsten (2005): Die soziokulturelle Karriere der Ökologie. In: MUM, Öko-Test-Magazin, Ausgabe III/2005

Internetseiten
- *http://jugend.ekir.de/Bilderintern/20100922_zusammenfassung_shellstudie2010.pdf*, aufgerufen am 11.06.2017
- *http://www.shell.de/ueber-uns/die-shell-jugendstudie/multimediale-inhalte/_jcr_content/par/expandablelist_643445253/expandablesection.stream/1456210165334/d0f5d-09f09c6142df03cc804f0fb389c2d39e167115aa86c57276d240cca4f5f/flyer-zur-shell-jugendstudie-2015-auf-deutsch.pdf*, aufgerufen am 10.06.2017
- *https://www.bpb.de/nachschlagen/lexika/handwoerterbuch-politisches-system/202212/werte-und-wertewandel?p=all*, aufgerufen am 10.06.2017
- *http://www.sinus-akademie.de/fileadmin/user_files/Wie_ticken_Jugendliche_2016/Presse/%C3%96ffentlicher_Foliensatz_u18_2016.pdf*, aufgerufen am 11.06.2017

- *http://www.planet-wissen.de/natur/forschung/spiegelneuronen/index.html*, aufgerufen am 18.06.2017
- *https://www.dasgehirn.info/denken/im-kopf-der-anderen/spieglein-spieglein-im-gehirn*, aufgerufen am 18.06.2017
- *https://visible-learning.org/de/2013/06/lehrerfeedback-und-schulerfeedback-nach-john-hattie/*, aufgerufen am 19.06.2017
- *http://visiblelearningplus.com*, aufgerufen am 23.06.17
- http://www.sqa.at/pluginfile.php/813/course/section/373/hattie_studie.pdf, aufgerufen am 23.06.17
- *https://visible-learning.org/de/2013/06/lehrerfeedback-und-schulerfeedback-nach-john-hattie/*, aufgerufen am 23.06.17
- *http://www.focus.de/magazin/archiv/tid-16599/das-jahrzehnt-2000-2009-die-jahre-in-denen-die-welt-den-turbo-einlegte_aid_460506.html*, aufgerufen am 19.06.2017
- *https://www.jugend-debattiert.de/*, aufgerufen am 23.06.2017
- *http://kinder-philosophieren.de/akademie-kinder-philosophieren/* aufgerufen am 23.06.2017
- *http://www.mwrs-ei.de/profil/marchtal.de*

Autoreninfo

Barbara Staudigl, Prof. Dr., Realschuldirektorin der Maria-Ward-Realschule Eichstätt, Konzeption und Co-Leitung des Zertifikatsstudiengangs „Katholische Reformpädagogik" an der Katholischen Universität Eichstätt, Stiftungsvorstandsvorsitzende der Stiftung „Katholische Bildungsstätten für Sozialberufe in Bayern".

2.2 Medienerziehung
Jutta Baumann & Jutta Schirmacher

> **Abstract**
> Medienerziehung ist eine Herausforderung – nicht nur für Eltern, sondern auch für Lehrkräfte und all jene, die in der Erziehungsverantwortung stehen. In ihr steckt jedoch ein hohes Maß an erzieherischem Potenzial. Um dieses nutzen zu können, müssen Eltern und Lehrkräfte wissen, weshalb Medienerziehung notwendig ist und wie sie erfolgreich gestaltet werden kann. Voraussetzung dafür ist, sich mit dem medialen Alltag von Kindern und Jugendlichen auseinanderzusetzen, denn Medienerziehung funktioniert – wie jede Erziehung – nur im Dialog. Damit Beratungslehrkräfte Eltern und Kollegen bei der Medienerziehung unterstützen können, brauchen sie Hintergrundinformationen zum Thema Medien und Familie und zu medienpädagogischen Angeboten.

Medienerziehung – eine Herausforderung

Digitale Medien sind fest in den Familienalltag integriert und werden von den meisten Familienmitgliedern gerne und häufig genutzt. In Familien kommt es aber gerade beim Thema Medien immer wieder zu Diskussionen. Insbesondere Eltern müssen sich mit vielen Fragen rund um die Mediennutzung auseinandersetzen: Ab wann darf mein Kind ein eigenes Smartphone haben? Was kann ich tun, wenn mein Kind den ganzen Tag am PC sitzt und zockt? Was macht mein Kind eigentlich im Internet? Sobald es um Kinder und Jugendliche und deren Umgang mit digitalen Medien geht, sehen sich viele Eltern vor große Herausforderungen gestellt: Einerseits müssen sie ihre Kinder dabei unterstützen, einen verantwortungsbewussten Umgang mit digitalen Medien zu lernen. Andererseits herrscht häufig große Unsicherheit darüber, wie man Medienerziehung am besten angeht. Zudem kennen sich Eltern oft selbst nicht gut genug aus. Ständig kommen neue Angebote auf den Markt und gerade bei mobilen Medien fehlt es an Referenzerfahrungen aus der eigenen Kindheit.

Auch Lehrkräfte sind in Sachen Medienerziehung und -bildung gefordert. Wie soll man handeln, wenn ein Schüler von anderen im Netz gemobbt wird? Wie kann man seine Klasse für Themen wie Datenschutz, Urheber- oder Persönlichkeitsrecht im Internet sensibilisieren? Lehrkräfte stehen oft sogar vor einer doppelten Herausforderung, da sie unterschiedliche Zielgruppen im Blick haben müssen: Zum einen bringen die Schülerinnen und Schüler viele Medienthemen mit in die Schule. Zum anderen wenden sich auch Eltern an Lehrkräfte, wenn sie bei der Medienerziehung Rat brauchen.

Beratungslehrkräfte und Schulpsychologen sind hier wichtige Anlaufstellen – sowohl für Eltern als auch für Kollegen. Um eine zielführende Beratung leisten zu können, benötigen sie einen Überblick über aktuelle Herausforderungen bei der Medienerziehung und über medienpädagogische Angebote.

Was Medienerziehung leisten muss

Der Umgang mit Medien hat sich in den letzten Jahren stark verändert: Die Bedienung von Geräten ist so einfach und selbsterklärend wie nie zuvor und die Nutzung längst selbstverständlich. Das gilt nicht nur für Erwachsene, sondern auch für Kinder und Jugendliche. Trotzdem oder gerade deshalb gewinnt Medienerziehung zunehmend an Bedeutung.

Bedeutung von Medienerziehung
Die Medienentwicklungen schreiten in rasanten Tempo voran und immer mehr Bereiche unseres Alltags sind von Veränderungen betroffen: Das Zuhause lässt sich mittlerweile über Smart-Home-Systeme steuern. Armbanduhren sagen uns, wann es Zeit ist, vom Schreibtisch aufzustehen und sich zu bewegen. Selbstfahrende Autos werden bald Standard sein. Die Beispiele aus der Haushaltstechnik, dem Gesundheitsbereich und der Automobilindustrie zeigen, dass die Digitalisierung nahezu alle Lebensbereiche durchdrungen hat. Und sie macht auch vor der Lebenswelt von Kindern und Jugendlichen nicht halt. Medien sind von Anfang an omnipräsent. Kleine Kinder üben beispielsweise mit Apps, Farben und Formen zu unterscheiden. Ältere Kinder sehen ihre Lieblingsserien zunehmend im Internet. Und Jugendliche kommunizieren und präsentieren sich in Social Media-Angeboten.

Es steht außer Frage, dass angesichts solcher Entwicklungen und Zukunftsprognosen der Medienerziehung eine besondere Bedeutung zukommt und junge Menschen für die aktuelle und künftige Medienwelt fit gemacht werden müssen. Medienerziehung ist daher als wesentlicher Bestandteil der Erziehungsaufgabe im Gesamten zu verstehen „[...] und nicht als ‚gesondertes Extra', für das noch irgendwo zusätzliche Zeit gefunden werden muss" (Tilemann/Speck-Hamdan, 2015, S. 7). Das bedeutet auch, dass Medienerziehung eine Aufgabe ist, die Eltern, Erziehende und pädagogisch Tätige gemeinsam zu leisten haben. Denn wenn Medien in der gesamten Lebenswelt von jungen Menschen eine Rolle spielen – sei es zuhause, unterwegs, bei Freunden, in der Schule oder im Sportverein – dann ist auch das ganze Umfeld gefragt, bei einem verantwortungsvollen Umgang mit Medien zu unterstützen. Denn alle am Erziehungs- und Betreuungsprozess Beteiligten „bieten Kindern mit ihrem jeweiligen Mediengebrauch jede Menge Vorbilder und Anregungen und sie alle betreiben ex- oder implizit Medienerziehung, setzen Regeln oder verletzen sie, vermitteln Wertmaßstäbe für ‚gute' und ‚schlechte' Angebote, begründen Urteilsvermögen, Geschmack und Vorlieben mit" (vgl. Lange/Theunert, 2012, S. 10). Eltern nehmen eine besondere Rolle ein, denn der Grundstein für den späteren Medienumgang von jungen Menschen wird schon im Kleinkindalter in der Familie gelegt.

Förderung von Medienkompetenz

Ziel aller Bemühungen ist die Förderung der Medienkompetenz. Unter Medienkompetenz versteht man weit mehr als technisches Know-how – die meisten Kinder und Jugendlichen wissen, wie man Spiele-Apps bedient, tolle Fotos mit dem Smartphone macht oder per Messenger-Dienst Sprachnachrichten sendet. Was unter Medienkompetenz zu verstehen ist, lässt sich unter den Schlagworten kennen, verstehen, nutzen zusammenfassen (vgl. Weigand/Schirmacher, 2015, S. 11).

- *Medien kennen*
  Ausgangspunkt für einen kompetenten Medienumgang ist das Wissen über Medien. Hierzu gehören Kenntnisse über mediale Strukturen und Hintergründe zum Mediensystem genauso wie Wissen über Medieninhalte, -genres und -formate oder Nutzungsmöglichkeiten unterschiedlicher Medien. Es ist z.B. wichtig, verschiedene Geschäftsmodelle von Online-Angeboten oder die Bedeutung globaler Medienunternehmen wie Alphabet/Google oder Facebook zu kennen und Kinder und Jugendliche darüber aufzuklären. Es entstehen permanent neue Angebote wie die Apps Snapchat oder musica.ly, die bei jungen Menschen angesagt sind. So ist man ständig gefordert, sich zu informieren und sein Wissen aktuell zu halten.
- *Medien verstehen*
  Für den Umgang mit Medien genügt es nicht, nur über das entsprechende Wissen zu verfügen. Es muss auch gelingen, das Wissen auf die eigene Situation und das eigene Handeln zu übertragen. Medienkompetenz umfasst deshalb auch die Fähigkeit, Chancen und Risiken von Medien für sich zu erkennen. In diesem Zusammenhang bedeutet Medienkompetenz auch, Medieninhalte zu hinterfragen und sich bewusst zu sein, dass Medien gemacht und von Interessen bestimmt sind. Dazu gehört bspw. zu verstehen, dass man Spuren im Netz hinterlässt und genau deshalb so oft passgenaue Werbung angezeigt bekommt.
- *Medien nutzen*
  Über Medienkompetenz zu verfügen, bedeutet, mit Medien selbstbestimmt und kritisch umzugehen. Ziel ist ein verantwortungsvolles und vorausschauendes Medienhandeln in Bezug auf die eigene Person, aber auch im Hinblick auf den medialen Umgang mit anderen. Voraussetzung dafür ist, Medien zu kennen und zu verstehen. Gerade die digitalen Medien machen ein vorausschauendes Handeln notwendig: Mit einem Klick sind Fotos hochgeladen und Kommentare gepostet und damit meist einer breiten Öffentlichkeit zugänglich. Einmal veröffentlicht, wird es schwer, die Inhalte wieder aus dem Netz zu bekommen, denn das Internet vergisst nichts.

Die verschiedenen Dimensionen machen deutlich, dass Medienkompetenz ein anspruchsvolles Feld ist. Medienkompetent zu sein, kann in jedem Alter etwas anderes bedeuten. Je nachdem, welche Medien gerade im Fokus stehen – von Hörspielen im Kindergarten bis zu Social Media-Angeboten im Jugendalter – ist anderes Wissen und anderes Handeln erforderlich. Medienkompetenz ist für Kinder und Jugendliche und auch Eltern und pädagogisch Tätige eine wichtige Fähigkeit.

Wie der mediale Alltag von Kindern und Jugendlichen aussieht

Für den Erfolg von Medienerziehung ist die Auseinandersetzung mit der Medienwelt und den medialen Vorlieben von Kindern und Jugendlichen eine wichtige Voraussetzung. Ein genauerer Blick auf aktuelle Erhebungen zeigt, wie die Nutzung bei Kindern und Jugendlichen in Deutschland derzeit aussieht.

Ausstattung und Nutzung von Medien
Junge Menschen sind heutzutage mit Medientechnik bestens ausgestattet, und zwar schon von klein auf. Vor allem bei mobilen Geräten, insbesondere bei Smartphones, ist in den letzten Jahren ein deutlicher Anstieg erkennbar: Laut der aktuellen KIM- und JIM-Studie 2016 des Medienpädagogischen Forschungsverbunds Südwest (mpfs) besitzen 51 Prozent der 6- bis 13-Jährigen ein eigenes Handy oder Smartphone, bei den 12- bis 19-Jährigen sind es 97 Prozent. Selbst für diejenigen, die keine eigenen Geräte besitzen, gilt: In den meisten Haushalten sind Smartphones, Laptops und Tablets mit Internetzugang vorhanden und werden von Kindern und Jugendlichen ganz selbstverständlich für unterschiedliche Aktivitäten genutzt. Die Nutzungsvorlieben medialer Angebote variieren dabei je nach Altersgruppe: Steht bei den 6- bis 13-Jährigen das Fernsehen mit 96 Prozent an erster Stelle, sind es bei den 12- bis 19-Jährigen mit je 96 Prozent das Handy und das Internet (egal über welchen Verbreitungsweg). Das Fernsehen kommt bei den älteren Befragten erst an fünfter Stelle (79 Prozent).

KIM- und JIM-Studien
Der Medienpädagogische Forschungsverbund Südwest (mpfs) erhebt seit 1998 unabhängige Basisdaten zum Medienumgang von Kindern und Jugendlichen in Deutschland. Seitdem wird mit der JIM-Studie im jährlichen Turnus eine Basisstudie zum Umgang von 12- bis 19-Jährigen mit Medien und Information durchgeführt. Mit der KIM-Studie wird seit 1999 regelmäßig der Stellenwert der Medien im Alltag von Kindern zwischen 6 und 13 Jahren erhoben. Studienergebnisse und weitere Informationen unter *www.mpfs.de*.

Vergleicht man die aktuellen Ergebnisse der Untersuchungen des Medienpädagogischen Forschungsverbunds Südwest (mpfs) mit denen der vorangegangenen Jahre, zeichnet sich ein deutlicher Trend in Richtung mobil und online ab – sowohl was die Entwicklung in Sachen Geräteausstattung angeht als auch bei den Medientätigkeiten. An erster Stelle stehen das Smartphone und seine Funktionen. Kommunikationsdienste wie WhatsApp oder andere Social Media-Angebote wie Instagram, Snapchat oder Facebook sind besonders beliebte Apps. Gerade solche interaktiven Online-Angebote führen dazu, dass Kinder und Jugendliche Medien völlig anders nutzen, als es die Elterngeneration getan hat. Während man früher in der Regel fertige Medienprodukte konsumiert hat, produzieren junge Menschen heute selbst Inhalte, wie z. B. *YouTube-Videos, musica.ly-Clips, Snapchat-Stories* oder *Instagram-Fotos,* und veröffentlichen diese online.

Motive für die Mediennutzung
Digitale Medien sind wichtige Begleiter von Kindern und Jugendlichen. Gerade das Smartphone ist ständig in Gebrauch. Auch wenn sich die Nutzungsmotive von jungen Menschen kaum von denen Erwachsener unterscheiden – der Unterschied liegt meist nur in den genutzten Angeboten –, lohnt es sich, sich die Motive zu vergegenwärtigen.

Neben Information und Unterhaltung steht vor allem die Kommunikation im Vordergrund. Ob im Gruppen-Chat auf *WhatsApp* oder mit Bildnachrichten auf Snapchat – man kann sich schnell, einfach und kostengünstig mit Freunden und Familie austauschen. Hinzu kommt, dass der Großteil der Freunde in digitalen Medien unterwegs ist. Ohne Zugang zu diesen Medien kann man innerhalb der Peer-Group regelrecht sozial isoliert werden. Medien bieten Kindern und Jugendlichen aber auch Orientierung. Sie finden hier vielfältige Vorbilder und das nicht mehr nur im Fernsehen. Die Idole kommen zunehmend aus der Netzwelt wie z. B. *YouTube-Stars*. Die vorhandenen Vorbilder können aber auch zweifelhaft sein oder ihre Bekanntheit zur Vermarktung von Produkten einsetzen. Die Präsentation der eigenen Person und der Wunsch nach Anerkennung sind besonders für Jugendliche ein wichtiges Nutzungsmotiv. Gerade Social Media-Angebote bieten vielfältige Möglichkeiten zur Selbstdarstellung, verbunden mit der Möglichkeit, direkt Rückmeldungen zur eigenen Person zu erhalten. Wird das neueste Bild von sich auf *Instagram* geliked, erhalten junge Nutzer sofort Aufmerksamkeit.

Letztendlich hilft es, die hinter der Mediennutzung liegenden Motive zu hinterfragen und sich diese bewusst zu machen. Warum schreibe ich jetzt nur noch mit *WhatsApp* und rufe nicht einfach an? Wieso checke ich während dem Fernsehen dauernd die Social Media-App? Wieso schalte ich nachts das Smartphone nicht aus? Sich und anderen solche Fragen zu stellen, kann einen verantwortungsbewussten Medienumgang fördern.

Einflussfaktoren auf den Medienumgang
Neben den übergeordneten Motiven für die Mediennutzung gibt es weitere Faktoren, die Einfluss auf den Medienumgang haben. Gerade mit Blick auf Kinder und Jugendliche sind der jeweilige Entwicklungsstand, das Medienangebot und das soziale Umfeld relevant.

- *Entwicklungsstand, Interessen und Vorlieben*
  Jedes Kind ist anders. Deutlich wird das häufig bei Geschwistern: Während der ältere Sohn ganz heiß auf Spielkonsolen war, kann der kleine Bruder im gleichen Alter nichts damit anfangen. Wie Medien genutzt und wahrgenommen werden, hängt zum einen von den individuellen Erfahrungen, Vorlieben und Interessen ab. Zum anderen spielt der Entwicklungsstand des Kindes eine entscheidende Rolle. Darunter fällt das jeweils ausgebildete geistige, sozial-moralische und emotionale Vermögen des Kindes. Der Entwicklungsstand hängt mit dem Alter des Kindes, aber auch mit seinen Erfahrungsräumen zusammen. Je nach Entwicklungsstand können Medieninhalte eingeordnet und verarbeitet werden – oder eben noch nicht.
- *Medienangebot*
  Neben dem Kind selbst sind auch die Angebote, die den Kindern gemacht werden, zu betrachten. Was gezeigt und vermittelt wird und wie die Inhalte dargestellt sind, hat Einfluss auf ihr Medienerleben. Im besten Fall erhalten Kinder durch Medien altersangemessene Anregungen, die sie bei der Auseinandersetzung mit ihrer Lebenswelt unterstützen. Ist das nicht der Fall, können mediale Eindrücke Kinder möglicherweise überfordern. So ist es durchaus sinnvoll, dass sich Kinder ab einem gewissen Alter über eine Kindernachrichtensendung zu aktuellem Geschehen informieren – Nachrichten im Radio oder TV werden hingehen entweder nicht verstanden oder können sogar ängstigen und überfordern. Hier wird die besondere Rolle der Familie deutlich: Sie muss darauf achten, mit welchen Medienangeboten Kinder in Kontakt kommen.

- *Soziales Umfeld*
  Von besonderer Bedeutung beim Medienumgang ist das gesamte soziale Umfeld eines Kindes. Eltern und ältere Geschwister sind bspw. wichtige Vorbilder. Freunde und Klassenkameraden sind darüber hinaus häufig Gesprächspartner z.B. für Medieninhalte und technische Fragen oder sind Ideengeber für die Nutzung bestimmter Medienangebote. So kann es durchaus sein, dass die Gespräche auf dem Schulhof dazu führen, dass die Samstagabendshow oder eine bestimmte Serie unbedingt gesehen werden muss, um mitreden zu können.

Beratung bei der Medienerziehung: Zielgruppe Eltern

Eltern im schulischen Kontext in Sachen Medienerziehung zu beraten, kann höchst anspruchsvoll sein. Die Beratung bringt vielfältige Herausforderungen mit sich, denn Eltern sind nicht gleich Eltern. Gerade für das Thema Medien sind auch nicht alle Eltern gleich offen. Dennoch ist die Chance groß, über die Schule alle Familien zu erreichen. Insbesondere die Grundschule ist ein Ort, an dem alle bzw. der größte Teil der Elternschaft noch gut angesprochen werden kann. Diese Gelegenheit sollte genutzt werden. Beratungslehrkräfte sind dabei wichtige Vermittler von medienerzieherischen Aspekten. Sie können Eltern dabei unterstützen, sich der Bedeutung von Medienerziehung bewusst zu werden, und können erste Werkzeuge an die Hand geben, um Medienerziehung in der Familie erfolgreich zu gestalten.

Familiäre Hintergründe
Familien weisen sehr unterschiedliche soziale Hintergründe auf und müssen ganz unterschiedliche Herausforderungen im Alltag bewältigen. Ab wann…?, Welche Inhalte…?, Welche rechtlichen Probleme…? oder Wie lange…? sind nur einige Fragen in Bezug auf die Mediennutzung, die nicht so ohne Weiteres pauschal beantwortet werden können. Viele individuelle Aspekte, die jeweils von der Familiensituation abhängen, sind zu beachten:

- *Sozio-ökonomische Situation*
  Zentrale Ressourcen wie formale Bildung, ökonomische Lage oder der Beruf der Eltern üben einen großen Einfluss auf die Mediensozialisation von Kindern aus. Die Bedingungen in der Familie sind maßgeblich für den Medienumgang insbesondere jüngerer Kinder – je älter die Kinder werden, desto mehr spielen äußere Faktoren wie Schule, Peers oder Partner eine Rolle. Wie Kinder mit Medien umgehen, hängt von der konkreten Lebensführung der Familie ab: Ein vermehrter Medienkonsum kann bspw. als Folge eines mangelnden Angebots an Alternativen beobachtet werden. Oder bei Überforderung bzgl. der Organisation des Alltags kann ein „Parken" oder „Ruhigstellen" jüngerer Kinder vor dem Fernseher oder mithilfe des Smartphones für Eltern durchaus

entlastend sein. Medien strukturieren meist schon sehr früh den Familienalltag und können konkrete Handlungsanleitungen oder Wertesysteme liefern.

- *Familienstruktur*
Das gesamte familiäre Netzwerk muss in einer Beratungssituation Beachtung finden. Gerade Geschwister, die einen größeren Altersabstand aufweisen, bringen eine eigene Dynamik in das Mediennutzungsverhalten einer Familie. Zum einen geben ältere Geschwister aufgrund ihres Entwicklungs- und Erfahrungsvorsprungs gerne den Ton an. Zum anderen werden jüngere Kinder häufig mit dem Medienhandeln und den Medieninhalten ihrer älteren Geschwister konfrontiert, was zu Überforderung oder Ängstigung führen kann. Möglicherweise widmen Eltern – aus Alltagszwängen heraus – der Medienerziehung der Jüngeren auch weniger Aufmerksamkeit. Eine entwicklungsgemäße Mediennutzung von Geschwistern unterschiedlichen Alters sollte dennoch das Ziel sein.

- *Medienaffinität der Eltern*
Wie Eltern das Thema in der Erziehung angehen, hängt auch von ihrem Wissen über Medien und ihren eigenen Erfahrungen mit Medien ab. Wenn Unkenntnis existiert oder die eigene Mediennutzung stark von den Gewohnheiten der jüngeren Generation abweicht, können Unsicherheiten und Vorurteile entstehen. Gerade wenn es um die Einschätzung von Risiken und Herausforderungen bei Medienangeboten geht, die in der Regel nicht oder ganz anders genutzt werden, z.B. digitale Spiele oder Social Media-Angebote, sind Eltern auf Informationen und Tipps angewiesen.

- *Unterschiedliche (Medien-)Erziehungskonzepte*
Kinder wachsen in Familien mit völlig unterschiedlichen Einstellungen zum Thema „Kinder und Medien" auf. Sie reichen von dem Versuch, vor allem kleinere Kinder so weit wie möglich vor (schädlichen) Einflüssen durch Medien zu schützen, bis hin zu einer enthusiastischen Sichtweise, bei der an Medien so früh wie möglich herangeführt wird. Eltern haben dabei ganz unterschiedliche Ansprüche an die Medienerziehung und setzen auf verschiedene Erziehungskonzepte. Manche regeln die Mediennutzung ihrer Kinder kaum, eine reflektierte Auseinandersetzung mit deren Medienumgang bleibt dann ggf. auf der Strecke. Andere Eltern greifen kontrollierend und reglementierend ein, was bedeutet, dass Regeln und Verbote aufgestellt und durchgesetzt werden. Wieder andere greifen lediglich bei Bedarf ein, wobei sich die Regelungen dann auf einzelne Faktoren beziehen und keinen allgemeinen Ansatz verfolgen. Hinzu kommt, dass bei vielen medienerzieherischen Ansätzen wenig bis gar keine gemeinsame Mediennutzung stattfindet, so dass Einblicke in die konkrete Nutzungsweise und in die kindliche Gefühlswelt dabei fehlen. Auch die Zuständigkeiten innerhalb der Familie bei der Medienerziehung sind sehr unterschiedlich geregelt und sollten in einem Beratungsgespräch Beachtung finden.

Wichtige Beratungsaspekte

In einer Beratungssituation gibt es neben den themenspezifischen Tipps und konkreten Handlungsempfehlungen eine ganze Reihe von grundlegenden Aspekten, die Berücksichtigung finden sollten. Eltern müssen sich bei der Medienerziehung vor allem sicher fühlen, was letztlich auch durch eine Verbesserung der elterlichen Medienkompetenz erreicht werden kann.

- *Eigene Mediennutzung reflektieren*
  In einem ersten Schritt können Beratungslehrer Eltern dazu veranlassen, über den eigenen Medienumgang nachzudenken, wie sie z.B. Smartphones nutzen, welche Inhalte sie bevorzugen oder wie ihre Haltung zu digitalen oder klassischen Medienangeboten aussieht. Und auch ein Blick zurück in die eigene Kindheit kann sich lohnen: Welche TV-Sendung fand man toll und warum war man von einem bestimmten Kinofilm so fasziniert? Vielleicht fällt es Eltern dann leichter, die Medienangebote mit den Augen der Kinder zu sehen und mehr Verständnis für bestimmte Vorlieben aufzubringen.
- *Vorbildfunktion beachten und Rollen verteilen*
  Eltern sind bei der Mediennutzung ein wichtiges Vorbild für ihre Kinder. Nicht allen Vätern und Müttern ist bewusst, dass sie durch ihren eigenen Medienumgang großen Einfluss auf das Medienhandeln ihrer Kinder haben. Wichtig ist, dass Eltern ihre Mediennutzung diesbezüglich reflektieren und mit gutem Beispiel vorangehen. Gemeinsame Regeln sollten nicht nur gut begründet, sondern bestenfalls gemeinsam gelebt werden. So sollte z.B. das Handyverbot am Esstisch wirklich für alle Familienmitglieder Gültigkeit haben und auch für Erwachsene keine Sonderregelung bestehen. Bei der Medienerziehung nehmen Eltern oft auch unterschiedliche Rollen ein. Der eine ist vielleicht computerspielaffin oder beschäftigt sich intensiver mit dem Internet, so dass er dort hilfreiche Unterstützung leisten kann. Der andere hat eher den zeitlichen Aspekt der kindlichen Mediennutzung im Blick, wenn er bspw. tagsüber mehr zuhause ist. Um Kindern einen verlässlichen erzieherischen Rahmen geben zu können, ist auch die Einbeziehung aller am Erziehungsprozess Beteiligten, also auch Geschwister oder Großeltern, notwendig. Dabei hilft es, wenn die Familienmitglieder im Austausch miteinander stehen, Regeln verbindlich aufgestellt und unmissverständlich im Familienalltag formuliert werden.
- *Individuelle Bedürfnisse des Kindes berücksichtigen*
  Eine Orientierung am Kind ist bei medienerzieherischen Maßnahmen der wichtigste Anknüpfungspunkt. Die Bedürfnisse der Kinder selbst sollten nicht unberücksichtigt bleiben. Allgemein formulierte Regeln greifen allerdings oft zu kurz. Jedes Kind hat individuelle Voraussetzungen. Zudem sind Kinder z.B. mehr oder weniger anfällig für einen exzessiven Medienkonsum oder lassen sich unterschiedlich für die Chancen, die eine sinnvolle Mediennutzung bietet, motivieren. Eltern sollten nicht mit einfachen Rezepten abgefertigt sondern ermutigt werden, die individuelle Situation jedes Kindes in den Blick zu nehmen.

> **Grundlegende Tipps für Eltern auf einen Blick:**
> - Medienerziehung in der Familie beginnt von Anfang an.
> - Kinder lernen den Umgang mit Medien in erster Linie zu Hause. Eltern sollten deshalb eigene Mediengewohnheiten reflektieren und sich ihrer Vorbildfunktion bewusst sein.
> - Klare Absprachen und Regeln helfen beim Medienumgang. Mediennutzung sollte gemeinsam festgelegt und verbindlich vereinbart werden. Auch Grenzen müssen gesetzt werden. Unterstützung bietet eine gemeinsame Vereinbarung: siehe z.B. *www.mediennutzungsvertrag.de*.
> - Es ist es wichtig, den Medienumgang immer wieder in der Familie zu thematisieren und auszuhandeln.
> - Eltern sollten ihre Kinder bei der Mediennutzung aktiv begleiten und sich für die bevorzugten Inhalte interessieren.
> - Und: Auch Kinder dürfen Medien zum Spaß und zur Unterhaltung nutzen.

- *Wissen über Medien aneignen*
Damit Eltern ihr Kind unterstützen und als kompetente Ansprechpartner in Sachen Medien zur Verfügung stehen können, ist das Wissen über Medien eine wichtige Voraussetzung. Herausforderung dabei ist, dass bei den vielen unterschiedlichen Themen jeweils spezifische Kenntnisse abverlangt werden. Die raschen Veränderungen auf dem Markt und immer wieder neu aufkommende Trends machen es nicht leicht, immer auf dem neuesten Stand zu sein. Hinzu kommt, dass je nach Alter und Lebensphase unterschiedliche Themen, Fragestellungen und Problembereiche im Vordergrund stehen. Medienpädagogische Materialien für Eltern und Erziehende bieten hier Unterstützung und liefern Wissen über Medien und Informationen rund um die Medienerziehung – differenziert nach verschiedenen Altersstufen und unterschiedlichen Themen- und Problemfeldern wie Smartphone-Nutzung, digitale Spiele oder Soziale Netzwerke (kostenlos z.B. bestellbar auf *www.blm.de* unter den Rubriken „Aktivitäten"/"Medienkompetenz"/"Materialien").

> **FLIMMO:**
>
> FLIMMO ist eine Programmberatung für Eltern und Erziehende. Ziel von FLIMMO ist es, Eltern und Erziehenden die Sichtweisen von Kindern zwischen 3 und 13 Jahren auf Fernsehangebote nahezubringen und ihnen Mut für eine Fernseherziehung zu machen, die die Kompetenz der Kinder fördert. FLIMMO gibt es als Broschüre, die kostenlos bestellt werden kann, und ist online abrufbar. Darüber hinaus ist die Programmberatung als App verfügbar und kann gratis installiert werden. Weitere Informationen unter *www.flimmo.de*.
>
>
>
>

- *Sich über Medien austauschen*
  Der Austausch zwischen Eltern und Kind zu Medienthemen ist grundlegend für den Einblick in die kindliche Medienwelt und die Vermittlung von Chancen und Risiken. Es ist wichtig, über die Mediennutzung und -inhalte – z.B. über Vorlieben, mögliche Ängstigungen, beliebte Medienfiguren, versteckte Werbung und Kostenfallen oder rechtliche Aspekte wie Datenschutz und Urheberrecht – im Gespräch zu bleiben. Bei jüngeren Kindern sollte generell eine enge Begleitung der Mediennutzung stattfinden. Bei älteren Kindern und Jugendlichen können sich Eltern zeigen und erklären lassen, was gerade genutzt wird. Gemeinsam können dann mögliche Risiken und Lösungen bei problematischen Aspekten besprochen werden. Im Vordergrund steht dabei eine vertrauensvolle Atmosphäre zwischen Eltern und Kind.

Dein FLIMMO:

„Dein FLIMMO" ist die Kinderbeilage zum Programmratgeber für Eltern „FLIMMO". Ziel ist, spielerisch Wissen über Medien zu vermitteln und Familien zum Austausch über Medienthemen anzuregen. Die Kinderbeilage erscheint dreimal jährlich zeitgleich mit dem Programmratgeber für Eltern in Bayern. Sie liegt dem Eltern-Ratgeber bei und kann auch separat unter *www.blm.de* (unter den Rubriken „Aktivitäten"/"Medienkompetenz"/"Materialien") bestellt werden.

- *Angebote machen*
  Bildungseinrichtungen sollten die medienpädagogische Elternarbeit in ihren pädagogischen Alltag integrieren, da hier Eltern in der Regel gut erreicht werden können. Dabei ist es möglich, für wichtige Themen zu sensibilisieren und Denkanstöße zu geben, aber auch einen Erfahrungsaustausch anzuregen oder Sorgen bei Bedarf aufzufangen. Hierfür gibt es viele unterschiedliche Ansätze und Methoden wie ein klassischer Elternabend, ein organisierter Erfahrungsaustausch zwischen den Eltern, ein themenspezifischer Elternbrief oder das Verteilen von Informationsmaterialien. Mithilfe dieser Angebote können Eltern erste Basisinformationen und praktische Hilfestellungen und Hinweise für den (Medien-)Erziehungsalltag an die Hand gegeben werden.

Medienpädagogisches Referentennetzwerk Bayern:

Das Medienpädagogische Referentennetzwerk Bayern ist ein Angebot der Stiftung Medienpädagogik Bayern und wird vom Bayerischen Staatsministerium für Wirtschaft und Medien, Energie und Technologie gefördert. Seit Juni 2012 können bayerische Bildungseinrichtungen wie Schulen, Kindertagesstätten und Familienzentren unter *www.stiftung-medienpaedagogik-bayern.de* kostenfrei Expertinnen und Experten für medienpädagogische Informationsveranstaltungen anfragen. Die gemeinnützige Stiftung übernimmt nicht nur die Honorar- und Reisekosten der Referentinnen und Referenten, sondern unterstützt die Bildungseinrichtungen auch bei der Planung und Durchführung der Elternabende. Zur Auswahl stehen Elternabende zum Thema Mediennutzung der Altersstufen der 3- bis 6-Jährigen, der 6- bis 10-Jährigen und der 10- bis 14-Jährigen. Für die letzten beiden Altersgruppen können die Schwerpunktthemen „Internet", „Handy und Smartphone", „Digitale Spiele", „Soziale Netzwerke und Messenger" sowie „Cyber-Mobbing" gewählt werden.

- *Grenzen der Elternberatung kennen*
  Schulische Elternberatung kann aber auch Grenzen hinsichtlich medienpädagogischer Fragestellungen haben. Nicht alle Probleme, mit denen Eltern zur Beratung in die Schule kommen, sind an dieser Stelle auch lösbar – insbesondere wenn es um äußerst problematische Sachverhalte geht wie exzessive Mediennutzung, massives Cyber-Mobbing oder strafrechtlich relevante Inhalte. Die Einbeziehung externer Experten und Stellen wie Suchtberatungsstellen kann hier zielführend sein.

Medienbildung in der Schule

Eine zentrale Rolle bei der Medienkompetenzvermittlung nehmen neben den Eltern insbesondere Lehrkräfte ein. Im schulischen Kontext gilt es, eine Vielzahl von Problemstellungen zu lösen und Konflikte präventiv zu behandeln. Cyber-Mobbing zwischen Schülern einer Klasse, pornografische oder gewaltverherrlichende Videos, ein den Unterricht störender Umgang mit dem Smartphone oder die Reaktionen auf ängstigende Medienberichterstattung bei Terroranschlägen sind nur einige Beispiele. Um Handlungsstrategien zu entwickeln und Medienthemen im Unterricht aufzugreifen, benötigen Lehrkräfte neben dem Fachwissen vor allem medienpädagogische Konzepte und Leitfäden, die ihnen helfen, Medienerziehung erfolgreich zu gestalten.

Für die Umsetzung sind die Voraussetzungen von institutioneller Seite geschaffen: Medienbildung ist als fächerübergreifendes Bildungsziel in den Lehrplänen aller Schularten in Bayern verankert. In den unterschiedlichsten Fächern können, wenn es die inhaltliche Aufgabenstellung erlaubt, Medien eingesetzt oder medienspezifische Fragestellungen behandelt werden. Um eine möglichst umfassende und systematische Medienbildung an der Schule zu gewährleisten, ist eine schulinterne und fächerübergreifende Abstimmung empfehlenswert.

Informationsangebote für Lehrkräfte
Beim Thema Medien auf dem Laufenden zu sein und aktuelle medienpädagogische Herausforderungen im Blick zu haben, kann im Schulalltag durchaus anspruchsvoll sein. Oft kann man in Schülergesprächen heraushören, welche Apps und welche Serien gerade angesagt sind. Ob eine App aber vielleicht dazu verleitet, gegen das Urheberrecht zu verstoßen oder zu viele Daten von sich und anderen preiszugeben, oder ob eine Serie Problempotenzial birgt, weiß die Lehrkraft noch nicht. Gerade hier bieten sich jedoch Anknüpfungspunkte, das Thema Medien und die Sensibilisierung für Chancen und Risiken in der Schule in den Blick zu nehmen: im Unterricht, im Austausch mit Kollegen oder bei Gesprächen mit Eltern.

Um sich über aktuelle Entwicklungen im Medienbereich zu informieren, eignen sich für Lehrkräfte im Besonderen Fachveranstaltungen oder Fortbildungen zu medienpädagogischen Themen. Hier wird meist nicht nur ein guter Überblick über neue Medienangebote und aktuelle Entwicklungen gegeben, sondern im besten Fall auch Anregungen für die pädagogische Praxis. Auch die Möglichkeit, mit Experten und Kollegen zu speziellen Fragestellungen ins Gespräch zu kommen, kann sehr wertvoll sein. Darüber hinaus kann die eigene Haltung zu aktuellen Themen reflektiert werden und eine Auseinandersetzung mit unterschiedlichen Sichtweisen stattfinden.

2 Ausgewählte Blickwinkel auf Erziehung

Fortbildungsveranstaltungen für Lehrkräfte :
Um die Medienkompetenz von pädagogisch Tätigen und Multiplikatoren zu fördern, bietet z.B. die Bayerische Landeszentrale für neue Medien (BLM) medienpädagogische Veranstaltungen an. Auf Fachtagungen, wie der jährlichen Fachtagung des Forums Medienpädagogik der BLM, und in Workshops stehen Informationen zu aktuellen Themen und Anregungen für die Praxis im Mittelpunkt. Die Angebote sind kostenlos. Informationen zu aktuellen Veranstaltungen können unter *www.blm.de* („Aktivitäten"/„Medienkompetenz"/ „Veranstaltungen") abgerufen werden.

Medienpädagogische Konzepte für den Schulalltag

In den unterschiedlichsten Fächern können Medienthemen aufgegriffen werden. Im Religions- oder Deutschunterricht kann über ethisch-moralische oder journalistische Fragen z.B. zu Big-Data oder Manipulation im Netz diskutiert werden. Auch aus Präventionsgründen sollten frühzeitig Themen aufgegriffen werden, die zu Konflikten führen und so den Schulalltag erschweren können. Nach wie vor brisant ist hier vor allem Cyber-Mobbing, das z.B. in der Chatgruppe der Klasse vorkommen kann.

Medienpädagogische Projekte und Unterrichtsmaterialien setzen bei verschiedenen Themen an und bieten Lehrkräften gezielt Unterstützung. Der Vorteil liegt auf der Hand: Durch das Aufgreifen von aktuellen medienpädagogischen Themen wird am Medienhandeln der Schülerinnen und Schüler angeknüpft. Sie lernen die eigene Mediennutzung zu hinterfragen, sammeln Wissen über Medien und werden für Risiken sensibilisiert – und haben meistens viel Spaß dabei.

- *Medienpädagogische Projekte an Schulen*
  Zahlreiche medienpädagogische Projekte bieten die Möglichkeit, Medien in der Schule zum Thema zu machen. Häufig geht es dabei um das „Selbermachen" und Gestalten eines Medienprodukts, wodurch vor allem Fähigkeiten im Bereich Medientechnik und Mediengestaltung gefördert werden. Es wird aber auch ein Eindruck vermittelt, wie Medieninhalte grundsätzlich gemacht werden und damit ein Reflexionsmoment generiert. Die Gestaltung einer eigenen Radiosendung, eines Trickfilms oder die Teilnahme an einem Filmwettbewerb greifen z.B. diesen Ansatz auf. Das Angebot aktiv-kreativer Medienarbeit für Kinder und Jugendliche ist breit gefächert. Je nach Ausrichtung wird die Projektarbeit von der Lehrkraft ggf. mit Unterstützung externer Experten begleitet.

Schulradio Bayern:

Beim Schulradio Bayern werden Radiogruppen im Rahmen von Schulaktivitäten gefördert. Schulradioredaktionen erlernen die Grundlagen des Radiojournalismus, indem sie eigene Beiträge und Sendungen produzieren und im Internet veröffentlichen. Daneben gibt es Schulradio-Coaches, die Schulradio-Box mit Equipment für die Radio-Arbeit, Lehrerfortbildungen und den jährlichen Schulradio-Tag. Weitere Informationen unter *www.schulradio-bayern.de*.

- *Materialien für den Unterricht*
  Es kann inzwischen auf eine Vielzahl von Materialien zurückgegriffen werden, die sich der Medienbildung in Schulen widmen und als Unterrichtsleitfäden dienen. Gute Materialien sind altersgerecht und didaktisch abwechslungsreich gestaltet und für die Lehrkräfte kompakt und mit passenden Hintergrundinformationen aufbereitet. Sie stellen passende Arbeitsmaterialien für die Schülerinnen und Schüler zur Verfügung. So können Medienthemen angegangen werden, ohne dass die Lehrkraft ein Experte auf dem Gebiet sein muss. Es stehen mittlerweile für eine Vielzahl an Themen kostenlose Materialien zur Verfügung, die online oder als Print-Version bezogen werden können.

Schulradio Bayern:

Beim Schulradio Bayern werden Radiogruppen im Rahmen von Schulaktivitäten gefördert. Schulradioredaktionen erlernen die Grundlagen des Radiojournalismus, indem sie eigene Beiträge und Sendungen produzieren und im Internet veröffentlichen. Daneben gibt es Schulradio-Coaches, die Schulradio-Box mit Equipment für die Radio-Arbeit, Lehrerfortbildungen und den jährlichen Schulradio-Tag. Weitere Informationen unter *www.schulradio-bayern.de*.

Fazit

Alle am Erziehungs- und Betreuungsprozess Beteiligten müssen sich ihrer Verantwortung in Sachen Medienerziehung bewusst sein, denn sie ist weder die alleinige Aufgabe von Eltern noch von der Schule. Sicherlich kommt der Familie eine besondere Rolle zu, solange die Kinder klein sind und sich der Einfluss des sozialen Umfelds noch in Grenzen hält. Sobald Kinder schulpflichtig werden, kommt die Schule als wichtiger Akteur hinzu. Gerade die Schule ist ein geeigneter Ort, an dem die Medienkompetenzvermittlung bei Kindern und Jugendlichen gefördert werden kann und auch Eltern wichtige Erziehungsimpulse erhalten.

Weitere Institutionen/Informationsangebote

Aktion Jugendschutz

Neben der Information über jugendschutzrelevante Medienangebote ist es der Aktion Jugendschutz ein wichtiges Anliegen, medienpädagogische Informationen und Angebote zu entwickeln und so zu einem konstruktiven Medienumgang bei Kindern und Jugendlichen beizutragen. *www.bayern.jugendschutz.de*

JFF – Institut für Medienpädagogik in Forschung und Praxis

Das Institut befasst sich in Forschung und pädagogischer Praxis mit dem Medienumgang der jungen Generation. Der bewusste und kritische Umgang mit Medien wird in zahlreichen Projekten und Materialien thematisiert. *www.jff.de*

klicksafe

Die EU-Initiative klicksafe hat das Ziel, Nutzern den kompetenten und kritischen Umgang mit dem Internet und neuen Medien zu vermitteln und ein Bewusstsein für problematische Bereiche zu schaffen. Mit Materialien u.a. für Lehrkräfte und Eltern zu Themen wie

Cyber-Mobbing, Datenschutz oder Soziale Netzwerke bietet klicksafe umfangreiche Hintergrundinformationen und eine Vielzahl von praktischen Hinweisen. *www.klicksafe.de*

Medienpädagogisch-informationstechnische Beratung (MiB)
Die Beraterinnen und Berater stehen bayernweit flächendeckend und in allen Schularten Lehrkräften und Schulen vor Ort mit Fortbildungsangeboten und zur individuellen Beratung zur Verfügung. Das schließt die Information von Eltern und die unmittelbare Arbeit mit Schülerinnen und Schülern ein. *www.mebis.bayern.de/infoportal/mib*

Staatsinstitut für Schulqualität und Bildungsforschung (ISB)
Das für die Lehrpläne der bayerischen Schulen zuständige Institut informiert Lehrkräfte mit dem Onlineangebot „mebis – Landesmedienzentrum Bayern" rund um das Thema „Medien und Bildung". Während der SchulKinoWoche Bayern werden Filme exklusiv für schulische Bildungszwecke in bayerischen Filmtheatern präsentiert. *www.isb.bayern.de, www.mebis.bayern.de, www.schulkinowoche-bayern.de*

Stiftung Medienpädagogik Bayern
Die gemeinnützige Stiftung unterstützt bayernweit Kinder und Jugendliche, aber auch Eltern und pädagogisch Tätige bei der Orientierung innerhalb der unübersichtlichen Medienlandschaft und sensibilisiert für eine kompetente Mediennutzung im Sinne eines präventiven Jugendmedienschutzes. *www.stiftung-medienpaedagogik-bayern.de*

Stiftung Wertebündnis Bayern
Ziel der Stiftung ist es, Wertebewusstsein, Werthaltungen und Wertekompetenz bei jungen Menschen, aber auch bei den Erziehungs- und Bildungsverantwortlichen, zu stärken. Im Rahmen von Projekten wird aktiv Wertebildung gefördert. *www.wertebuendnis-bayern.de*

Stiftung Zuhören
Die Stiftung Zuhören fördert das Zuhören als Kulturgut in allen Bereichen unserer Gesellschaft. Ihr Ziel ist es, gerade bei Kindern und Jugendlichen die Freude am Hören und Zuhören zu wecken. Zur Zuhörförderung werden Lehrmaterial bereitgestellt und Projekte durchgeführt. *www.zuhoeren.de*

Verbraucherportal VIS Bayern
Das Bayerische Verbraucherportal des Bayerischen Staatsministeriums für Umwelt und Verbraucherschutz widmet sich ausführlich aktuellen Themen zum Verbraucherschutz, auch im digitalen Bereich. *www.vis.bayern.de*

Literatur

Lange, Andreas/Theunert, Helga: „Doing Family' im Zeitalter von Mediatisierung und Pluralisierung", merz 2012/02: Familie und Medien, München: kopaed verlagsgmbh 2012

Medienpädagogischer Forschungsverbund Südwest (Hrsg.): KIM-Studie 2016. Kindheit, Internet, Medien. Basisstudie zum Medienumgang 6- bis 13-Jähriger in Deutschland, Stuttgart 2017

Medienpädagogischer Forschungsverbund Südwest (Hrsg.): JIM-Studie 2016. Jugend, Information, (Multi-)Media. Basisstudie zum Medienumgang 12- bis 19-Jähriger in Deutschland, Stuttgart 2017

Tilemann, Friederike/Speck-Hamdan, Angelika: „Medienbildung ist Glückssache. Medienkompetenzförderung in der Kindheit", merz 2015/02: Medien und Kindheit, München: kopaed verlagsgmbh 2015

Weigand, Verena/Schirmacher, Jutta: „Neue Medien – neue Medienbildung! Medienpädagogik im digitalen Zeitalter", Tendenz 2015/01, 2015

Bayerische Landeszentrale für neue Medien (BLM)

Als eine von 14 Landesmedienanstalten in Deutschland genehmigt und kontrolliert die BLM private Hörfunk- und Fernsehangebote und schafft die Rahmenbedingungen für die Weiterentwicklung der bayerischen Rundfunklandschaft. Zu ihren gesetzlich festgeschriebenen Aufgaben gehört, einen Beitrag zur Vermittlung eines verantwortungsbewussten Gebrauchs der Medien, insbesondere zur Medienerziehung und Medienpädagogik zu leisten. Dass dafür auch finanzielle Mittel aus der Rundfunkgebühr eingesetzt werden können, hat bereits 1999 der Gesetzgeber festgelegt. Zur Verstetigung ihrer medienpädagogischen Arbeit hat die BLM 2008 zudem die Stiftung Medienpädagogik Bayern ins Leben gerufen. Weitere Informationen unter www.blm.de.

Autoreninfo

Jutta Baumann ist stv. Bereichsleiterin Medienkompetenz und Jugendschutz und Referatsleiterin Medienpädagogik/Nutzerkompetenz der Bayerischen Landeszentrale für neue Medien (BLM). Zudem ist sie Stiftungsreferentin der Stiftung Medienpädagogik Bayern. Jutta Baumann hat Medienpädagogik, Allgemeine Pädagogik und Psychologie an der Universität Augsburg studiert.

Jutta Schirmacher ist Referentin bei der Bayerischen Landeszentrale für neue Medien (BLM) im Bereich Medienkompetenz und Jugendschutz. Seit 2016 ist sie Jurymitglied der Deutschen Film- und Medienbewertung (FBW). Jutta Schirmacher hat Medienwissenschaft, Rechtswissenschaft und Politikwissenschaft an der Philipps-Universität Marburg studiert.

2.3 Kultursensible Elternberatung bei Flüchtlingsfamilien

Barbara Abdallah-Steinkopff & Farida Akhtar

> **Abstract**
> Lehrkräfte in deutschen Schulen und Eltern von Flüchtlingskindern wissen in der Regel wenig voneinander. Lehrkräfte kennen selten die Lebensbedingungen und Wohnverhältnisse ihrer geflüchteten Schüler, Flüchtlingseltern verstehen das deutsche Schulsystem nicht. Die Loslösung aus den Großfamilien im Herkunftsland und der deutliche Wechsel der Erziehungsstile in Deutschland führen zu Belastungen zwischen Schule und Eltern, aber auch zu Konflikten zwischen Eltern und Kindern in den Flüchtlingsfamilien. REFUGIO München unterstützt seit 20 Jahren Flüchtlinge aus fast 40 Ländern und hat ein muttersprachliches Eltern-Training zur Stärkung der Erziehungskompetenz entwickelt.

Einleitung

Kriegerische Auseinandersetzungen, bedingt durch den Kampf um Rohstoffe und Wasser, sowie ethnische und religiöse Konflikte können nicht allein als Resultat regionaler Krisen verstanden werden. Die wirtschaftlichen und politischen Interessen anderer Staaten, insbesondere der Industrienationen, verschärfen zudem die Dynamik von außen: Erst durch die Verstrickung und Einmischung anderer Nationen in die lokalen Konflikte ist das Austragen von länger andauernden bewaffneten Kämpfen für die regionalen Konfliktparteien überhaupt finanzierbar. Folge dieser oftmals jahrelangen Kriege ist Binnenflucht, sowohl innerhalb des Landes als auch des jeweiligen Kontinents. Nach Studien des UNHCR sind 80 Prozent der Flüchtlinge Frauen und Kinder. Nur für eine Minderheit ist die Flucht aus Afrika oder Asien nach Europa finanziell möglich. Die Betreuung dieser Flüchtlinge ist eine logische, den politischen Umständen geschuldete Konsequenz, und von einem ethischen Gesichtspunkt aus betrachtet ist es Aufgabe von Ländern wie Deutschland, sich der Flüchtlingsproblematik anzunehmen. Eine hohe Anzahl an Personen erleidet aufgrund der Krisensituation im Heimatland und des gefahrvollen Fluchtwegs hoch traumatische Erfahrungen und entwickelt entsprechende gesundheitliche Folgeerkrankungen. Die gesundheitliche Versorgung in Deutschland ist jedoch für diese besonders behandlungsbedürftige Gruppe von Menschen durch rechtliche Regelungen stark eingeschränkt. Während des Asylverfahrens tritt für Asylbewerber das Asylbewerberleistungsgesetz in Kraft, welches besagt, dass diese Patienten nur bei lebensbedrohlichen Erkrankungen Anrecht auf medizinische, daher auch psychiatrische und psychotherapeutische Versorgung haben. Zusätzlich verhindern Sprachbarrieren häufig die (fach-)ärztliche und psychotherapeutische Versorgung von traumatisierten Menschen mit Migrationshintergrund. Dieser erschwerte Zugang zu einem adäquaten Hilfsangebot führt dazu, dass viele Patienten erst nach einer längeren Leidensgeschichte mit einer bereits chronifizierten, komplexen psychischen und auch psychosomatischen Symptomatik professionelle Hilfe in Anspruch nehmen können. Für viele Ärzte und Psychotherapeuten lässt sich dann der Fluchthintergrund als wesentliche Ursache für die Beschwerden nicht mehr erschließen. Ohne Verständnis für den politischen und soziokulturellen Kontext bzw. die Ätiologie der Erkrankung werden die Traumatisierung und die damit verbundene spezifische Symptomatik nicht erkannt und es kommt häufig zu Fehldiagnosen. So kann eine übersteigerte Reaktion auf bestimmte Personengruppen wie beispielsweise Uniformierte bei Patienten, die in ihrer Heimat häufig Razzien erlebt haben, im Rahmen einer posttraumatischen Belastungsstörung nachvollziehbar sein. Sind die Ursachen jedoch unbekannt, wird in solchen Fällen oft fälschlicherweise eine paranoide Störung diagnostiziert (Abdallah-Steinkopff, 2013).

> **Fallbeispiel:**
> Eine Kosovarin schilderte, wie sie auf der Flucht durch den Kosovo zusammen mit anderen Frauen von Serben aus dem Zug in ein Gefangenenlager verschleppt und dort über mehrere Wochen immer wieder vergewaltigt wurde. Ihren eineinhalbjährigen Sohn hatte sie vor Verlassen des Zuges einem ihr unbekannten Mitfahrenden in Obhut gegeben, der ihr sowohl seinen Namen und seinen Wohnort angegeben hatte. Nach ihrer Freilassung aus der Gefangenschaft fand sie ihren Sohn wohlbehalten bei der Familie dieses Mannes wieder. Der Klassenlehrerin fiel ein „übertriebenes" Bedürfnis bei der Mutter auf, ihren mittlerweile 9-jährigen Sohn ständig zu kontrollieren und möglichst nie alleine zu lassen. Die Lehrerin vermutete hinter diesem Verhalten eine „kulturell geprägte Verwöhnungshaltung dem Sohn gegenüber". Im Elterntraining lernte die Mutter den Zusammenhang zwischen der traumatischen Trennung von dem Sohn während des Krieges und ihrem jetzigen Erziehungsverhalten erkennen und reflektieren. Erst dadurch gelang es ihr trotz großer Ängste, ihrem Sohn mehr Selbstständigkeit im Alltag und sogar einen mehrtägigen Aufenthalt im Schullandheim zu gewähren.

Ebenso zeigen sich Auswirkungen einer traumatischen Vorgeschichte häufig im Erziehungsverhalten traumatisierter Eltern (siehe Kasten Fallbeispiel). Familien wurden während kriegerischer Auseinandersetzungen oder auf der Flucht häufig voneinander getrennt und wussten über einen längeren Zeitraum nichts über den Verbleib der Angehörigen. Nach diesen traumatischen Erfahrungen bleibt die Angst in den Familien bestehen, die Kinder, Ehepartner oder Eltern wieder „aus den Augen zu verlieren".

> **REFUGIO München**
>
> Das Team von REFUGIO München, Beratungs- und Behandlungszentrum für traumatisierte Flüchtlinge und Folteropfer, unterstützt seit 20 Jahren Flüchtlinge aus ca. 40 Ländern. Das sozialpädagogische Beratungs- und psychotherapeutische Behandlungsangebot findet mehrheitlich wegen mangelnder Deutschkenntnisse in der jeweiligen Muttersprache unter Mitwirkung von Dolmetschenden statt. REFUGIO München hat aufgrund seiner intensiven Arbeit mit Flüchtlingsfamilien immer wieder die Erfahrung gemacht, dass kulturelle Barrieren sowohl bei den Familien als auch dem pädagogischen Personal bestehen. Viele Flüchtlingseltern meiden staatliche Angebote der Erziehungshilfe, da sie ihnen entweder fremd sind oder sie diese mit staatlicher Gewalt/Polizei assoziieren. Aufseiten der kommunalen Einrichtungen fehlen oft kultursensible Fähigkeiten, die notwendig sind, um Eltern zu motivieren und zu binden, damit konkrete Verhaltensänderungen erlernt und umgesetzt werden können. Diese Versorgungslücke möchte REFUGIO München schließen (vgl. Süddeutsche Zeitung, 02.07.2007). Aus dieser Erkenntnis heraus hat REFUGIO zusätzlich zu seinem psychosozialen Hilfsangebot speziell für die Schulsituation der Flüchtlingskinder ein Kompetenztraining zur Stärkung der Flüchtlingseltern entwickelt und bietet pädagogischen Berufsgruppen wie Lehrenden, Erziehenden und Erziehungsberatungsteams regelmäßige Weiterbildungen und Supervisionen zur Sensibilisierung für kulturelle Aspekte im Umgang mit Flüchtlingsfamilien an.

Flüchtlingskinder im deutschen Schulalltag

Aufgrund der lang andauernden Kriege in Syrien, Irak und den kriegerischen Auseinandersetzungen im Kongo, in Nigeria sowie Afghanistan ist die Zahl der Menschen, die weltweit auf der Flucht sind, in den letzten beiden Jahren stark gestiegen. Immer mehr bayerische Schulen nehmen Flüchtlingskinder auf, ohne auf die Herausforderungen gut vorbereitet zu sein. Das Lehrpersonal konstatiert bei den Flüchtlingskindern häufig Verhaltensauffälligkeiten wie mangelnde Disziplin, motorische Unruhe, aggressives Verhalten oder massive Schüchternheit sowie soziale Ängste. Der Unterrichtsablauf, so geben Lehrkräfte oft zu bedenken, sei dadurch erheblich gestört. Elterngespräche sind aus diesem Grund unerlässlich. Es fehle jedoch der nötige Zugang zu den Flüchtlingskindern und vor allem zu deren Eltern, so ein häufiger Kritikpunkt von Pädagogen. Eltern mit Migrationshintergrund zeigten generell geringes Interesse an einem aktiven Mitwirken. Das zeige sich beispielsweise an mangelnder Teilnahme an den Elternabenden. Zu selten nutzten sie auch das schulische Angebot von Elternsprechstunden, um sich über ihre Kinder und den Unterrichtsstoff zu informieren. Für eine effektive Beratung spielt sicherlich die Sprachbarriere eine wesentliche Rolle. Doch selbst wenn eine Kommunikation möglich ist, beschreiben Lehrer die Beratungsgespräche oft als missverständlich und wenig konstruktiv.

Der Fokus auf die problematischen Flüchtlingsfamilien verstellt allerdings den Blick auf die Mehrheit der Familien mit Migrationshintergrund, ob mit oder ohne Fluchterfahrung, die sich trotz schwieriger Lebensbedingungen erfolgreich in Deutschland eingelebt haben und deren Kinder gute Schulabschlüsse erhalten. Diese Familien sind mit dem Leben in Deutschland vertraut, verfügen über entsprechendes soziokulturelles Wissen und haben einen sinnvollen Weg zu einer Identität zwischen beiden Kulturen gefunden. Um effektive Unterstützungsmaßnahmen zu finden, ist es daher notwendig, diejenigen Faktoren genauer zu betrachten, die sich förderlich oder aber erschwerend auf einen Migrationsprozess auswirken. Folgende belastende Aspekte konnten aufgrund der Erfahrungen mit Flüchtlingsfamilien bei REFUGIO analysiert werden.

Häufige negative Faktoren, die sich in der Beratung von belasteten Flüchtlingsfamilien seitens der Eltern zeigen:

- Mangelnde Kenntnisse über schulrelevante Themen wie Schulsysteme, Lernstile und Benotungskriterien.
- Unrealistische Erwartungen, was die Berufsausbildung ihrer Kinder betrifft.
- Unbehandelte Traumafolgestörungen bei Eltern und Kindern.

Seitens der Lehrkräfte:

- Mangelnde Kenntnisse über die Lebensbedingungen der Flüchtlingsfamilien.
- Unreflektierter Umgang mit eigenen Stereotypen.
- Fehlender Dolmetschereinsatz bei mangelnden Deutschkenntnissen der Eltern in der Beratung für eine bessere Verständigung.

Kulturelle Aspekte im Schulalltag
Viele Flüchtlingseltern beklagen, dass sie sich nicht ausreichend um die schulische Entwicklung ihre Kinder kümmern können. Ihnen fehlen oft ausreichende *Kenntnisse über das deutsche Schulsystem*, um bei der Schulwahl mitentscheiden zu können. Auch die Art und Weise des Unterrichts und die entsprechenden *didaktischen Methoden* sind neu für viele Eltern. In der Mehrzahl der Herkunftsländer der Flüchtlinge war das *Auswendiglernen die einzige Unterrichtsmethode*. „Mit eigenen Worten einen Sachverhalt wiederzugeben" ist daher eine Anforderung, die Flüchtlingseltern nicht verstehen und daher können sie ihren Kindern bei entsprechenden Aufgaben nicht behilflich sein. Schwer verständlich ist vielen Kindern zu Schulbeginn auch die *Erfordernis einer aktiven Mitarbeit im Unterricht*. Sie haben im Heimatland gelernt, sich nur auf explizites Nachfragen einer Respektsperson zu äußern. Ein weiterer Grund für Missverständnisse sind *unterschiedliche Bewertungskriterien für das Verhalten und die verschiedenen Fächer*. In vielen Herkunftsländern fließt die

Bewertung des Verhaltens mit in die Fachbewertung ein. Kinder, die das ganze Schuljahr auf diszipliniertes Verhalten geachtet haben, wundern sich dann über eine schlechte Note im jeweiligen Fach und vergleichen sich mit vielleicht unruhigeren Mitschülern, die eine bessere Note im gleichen Fach erhalten haben. So kann es dann auch seitens der Eltern zu Unverständnis und großer Unzufriedenheit ob der als ungerecht empfundenen *Notengebung* kommen.

Mit dieser begrenzten Auswahl an Beispielen aus dem Schulalltag soll auf mögliche interkulturelle Unterschiede hingewiesen werden. Das Thema der *interkulturellen Kommunikation* ist derzeit ein sehr gefragtes Fortbildungsthema an vielen Schulen. Für eine sinnvolle Beratung ist die Vermittlung von interkulturellem Wissen für die Teams notwendig, um den zahlreichen, oftmals auch unbewussten Stereotypen und Vorurteilen entgegenzuwirken, die in den verschiedensten pädagogischen Berufsgruppen vorherrschen. In einer Studie von Forghani-Arani/Geppert/Katschnig (2014) an mehreren österreichischen Mittelschulen wurde der Zusammenhang zwischen „versteckten" Einstellungen bei Lehrern zur migrationsbedingten Andersheit untersucht. Das Ergebnis der Analyse zeigte, dass Lehrende explizit ihre Einschätzungen und Prognosen im Hinblick auf die schulischen Leistungen ihrer Schüler nicht von deren Herkunft abhängig machen, allerdings eindeutig negative implizite Einstellungen in Bezug auf den Migrationshintergrund aufweisen. Diese können mit den Leistungen der Schüler in Zusammenhang gebracht werden. In Studien mit Selbstbeurteilungsbögen stellen sich Menschen oft frei von Stereotypen dar, im impliziten Assoziationstest jedoch zeigen die gleichen Versuchspersonen eine Vielzahl von Stereotypen. Interkulturelle Aufgeschlossenheit bedeutet daher nicht frei von Stereotypen zu sein, sondern sich diese bewusst zu machen und reflektiert mit ihnen umzugehen. Die Zunahme von Kindern mit Migrationshintergrund mit und ohne eigene Fluchtgeschichte macht eine interkulturelle Öffnung an deutschen Schulen und anderen erziehungsrelevanten Institutionen dringend erforderlich.

> **Mangelnde Kultursensibilität:**
> Besonders auffällig ist die mangelnde Kultursensibilität an vielen Gymnasien verglichen mit anderen Schulformen. Grund dafür sind sicherlich die noch geringen Zahlen an Kindern mit Migrationshintergrund in den Gymnasialklassen und die damit verbundenen mangelnden Erfahrungen mit dieser Schülergruppe. Nicht selten fällt in Gymnasialklassen mit einem höheren Anteil an Migrantenkindern der Ausspruch: „Wenn ihr das nicht kennt, dann gehört ihr nicht ans Gymnasium." Häufig beziehen sich diese Lehrkräfte dabei auf ein in Deutschland erwartetes Vorwissen einer deutschen gehobenen Mittelklasse, oft in Nebenfächern wie Geschichte, Musik und Ethik, welches Kinder mit Migrationshintergrund nicht von ihren Eltern mitbekommen haben. Flüchtlinge stammen häufig aus verschiedenen Schichten der Mittelklasse, da die Flucht sehr teuer ist. Instabile politische und gesellschaftliche Bedingungen erfordern jedoch andere Kompetenzen und Wissensinhalte für die Lebensgestaltung als gesicherte und wohlgeordnete Lebensbedingungen.

Frage nach der Universalität deutscher Werte

Werte und Normen von Familien aus der Mittelklasse der industrialisierten Länder machen ca. 5 Prozent der kulturellen Wertvorstellungen der Weltbevölkerung aus. Das bedeutet nicht, dass diese Vorstellungen keine Gültigkeit haben, sondern dass sich Wertvorstellungen in Abhängigkeit von Lebenskontexten und ökonomischen Bedingungen unterschiedlich entwickeln. Von einer Universalität der eigenen Wertvorstellungen kann man in den Industrienationen nicht ausgehen, da sie auf den außerordentlich privilegierten Lebensbedingungen in diesen Staaten beruhen. Viele Menschen, die migriert sind, stammen aus Ländern, in denen die gesellschaftspolitischen und ökonomischen Strukturen aufgrund von Kriegen und politischen Konflikten nicht mehr intakt sind, was destabilisierende Auswirkungen auf die Lebensbedingungen hat und die Bevölkerung zwingt, sich ausschließlich mit dem täglichen Überleben zu beschäftigen. Bildungsansprüche, die es in vielen dieser Gesellschaften vor den Kriegen gegeben hat, haben in diesem Überlebenskampf keinen Platz mehr. Um das Überleben in diesen durch Krisen zerrütteten Ländern zu sichern, sind völlig andere Werte und Normen von Bedeutung.

Auswirkungen der Migration auf das Leben der Flüchtlingsfamilien

Fehlendes Wissen

Flüchtlingsfamilien fehlen konkrete *Kenntnisse über bestehende Normen*, Werte und rechtliche Grundlagen in Deutschland, wie beispielsweise Kinderrechte und Gleichberechtigung der Frau. Wie bereits erwähnt, fehlen ihnen entsprechende Konzepte aus der Heimat für die vielfältigen erziehungsrelevanten Einrichtungen in Deutschland. Weiterhin verfügen sie nicht über *Kenntnisse bezüglich der Rechtsprechung* bei Scheidung und Sorgerecht. Auch das *komplexe deutsche Gesundheitswesen* mit vielen Vorsorgeuntersuchungen speziell für Kinder ist für Flüchtlinge schwer durchschaubar. Für die Flüchtlingseltern bedarf es einer Erklärung, warum es überhaupt notwendig ist, mit einem gesunden Kind zu Vorsorgeuntersuchungen zu gehen, und dass diese Untersuchungen in Deutschland kostenlos sind, da der Arztbesuch im Heimatland in der Regel Geld kostet und deshalb meist nur bei akutem Bedarf infrage kommt.

> **Sorgerechtsregelung in anderen Ländern:**
> In Syrien verbleiben die Kinder nach einer Scheidung in der Familie des Vaters. Diese Regelung gilt jedoch nicht in allen muslimischen Ländern, in Tunesien beispielsweise verbleiben die Kinder nach einer Scheidung bei der Mutter. Im Kongo gibt es in manchen Regionen eine matrilene Form, in der die Kinder von Geburt an der Familie der Mutter angehören. Das kann dazu führen, dass sich ein Mann eher um die Kinder seiner Schwester als um seine eigenen kümmert. Vielfach zu beobachten ist, dass die Mütter aus der matrilenen Form Kinder von unterschiedlichen Vätern haben.

Wechsel von Großfamilie zu Kleinfamilie

Flüchtlinge haben in ihren Heimatländern mehrheitlich in großfamiliären Strukturen gelebt. Nach Deutschland migrieren sie in der Regel als Kleinfamilie. Der Wechsel vom Leben in der Großfamilie zum Leben in einer Kleinfamilie geht erfahrungsgemäß mit großen Veränderungen für die Eltern und Kinder einher.

Aus Perspektive der Eltern verändern sich dadurch ihre Erziehungsaufgaben in Deutschland, da sich im Heimatland im Verbund mit der Großfamilie mehrere Bezugspersonen um die Kinder kümmern. Durch die hohe Fremdkontrolle im familiären Kontext obliegt das Einhalten von gesellschaftlichen Regeln und Normen sowie das Einhalten von Grenzen bei der Erziehung nicht nur einem bzw. beiden Elternteilen, sondern Erziehung vollzieht sich in der familiären Gemeinschaft. Unter diesen Lebensbedingungen sind die Rollenerwartungen an Väter und Mütter in vielen Herkunftsländern, vor allem in der ländlichen Bevölkerung, folgendermaßen definiert und gesellschaftlich akzeptiert: Die Aufgabe der Väter wird in der existenziellen Absicherung der Familie gesehen, während die Mütter für die Sicherung einer gesunden Entwicklung der Kinder, insbesondere hinsichtlich Hygiene und Ernährung, verantwortlich sind. Die moralische Entwicklung der Kinder wird von den Eltern, aber auch von Großeltern und näheren Verwandten gefördert. Eine wichtige Rolle in der Entwicklung der Kinder spielen die Lehrer, die aus Sicht der Eltern ebenfalls Verantwortung für die geistige und moralische Entwicklung der Kinder übernehmen. Auch in Deutschland verstehen Erzieher und Lehrer das Vermitteln von Wertvorstellungen wie Gleichheit, Meinungsfreiheit und gewaltfreies Miteinander als Teil ihrer Aufgaben. Allerdings wird dem Lehrpersonal in den Herkunftsländern auch zugebilligt, elterliche Erziehungsmethoden einzusetzen, wie beispielsweise die Prügelstrafe. Nach der Migration sind Flüchtlingseltern daher mit einer Vielzahl an Erziehungsaufgaben konfrontiert, die vor der Migration von Familienangehörigen und der Gesellschaft mitgetragen worden sind.

Wechsel von Erziehungsstilen
Betrachtet man die unterschiedlichen Erziehungsstile auf einer Achse zwischen den beiden Polen autoritärer und autoritativer Erziehungsstil, bedeutet die Migration für viele Flüchtlingsfamilien das Wechseln von einem eher autoritären Erziehungsstil der Herkunftsländer zu einem autoritativen Erziehungsstil, der gegenwärtig in deutschen pädagogischen Institutionen als entwicklungsfördernder Erziehungsstil favorisiert wird. Ein zeitlicher Rückblick auf pädagogische Erziehungsvorstellungen, wie beispielsweise der Wechsel von einem eher autoritären zum antiautoritären Erziehungsstil der 1970er-Jahre, zeigt, dass die deutsche Gesellschaft diesbezüglich im Laufe der letzten Jahrzehnte ebenfalls einem Wandel unterworfen war – und es zeichnet sich ab, dass diese Entwicklung noch nicht abgeschlossen ist. Für Flüchtlingsfamilien ist dies ein Wandel im Zeitraffer. Für manche Flüchtlingskinder kann das Pendeln zwischen diesen extrem gegensätzlichen Erziehungsstilen zu Desorientierung und Verunsicherung, aber auch Rebellion führen, was sich negativ auf ihre weitere psychische Entwicklung auswirken kann.

Autoritärer und autoritativer Erziehungsstil:
Kimil/Waldhoff/Salman (2013) beschreiben den autoritären Erziehungsstil in seiner extremen Form als rigide Durchsetzung elterlicher Autorität und hoher Fremdkontrolle und damit einhergehender geringer Selbstständigkeit der Kinder. Im Gegensatz zum autoritären Erziehungsstil definiert Uslucan (2010) den autoritativen Erziehungsstil als starke elterliche Zuwendung, Unterstützung und Wärme bei gleichzeitig hohen, aber flexibel gehandhabten Forderungen an die Kinder. Beide Erziehungsstile bergen entweder durch zu rigide Durchsetzung elterlicher Autorität oder durch zu hohe Forderungen der Eltern an die Kinder unterschiedliche Risiken für die kindliche Entwicklung.

Die Flüchtlingseltern erfahren über die Erziehungseinrichtungen, dass körperliche und psychische Gewalt gegenüber Kindern in Deutschland nicht geduldet ist. In ihrer Exilgemeinde hören sie zudem, dass Kinder bei bestehender Kindeswohlgefährdung aus der Familie genommen und dem Jugendamt in Obhut gegeben werden können. Diese Information über den Schutz des Kindes ist notwendig und sinnvoll, kann aber oftmals von den Eltern ohne genauere Erklärung nicht richtig eingeordnet werden. Eine Verhaltensänderung gelingt den Eltern jedoch erst dann, wenn Einsicht in die Folgen von Gewalterfahrungen auf die kindliche Entwicklung vermittelt und alternative Lösungen für Erziehungskonflikte erarbeitet werden.

Verlust der Kindheit bei Flüchtlingskindern

Aus Perspektive der Kinder sind diese häufig nach der Migration viel mehr als früher mit ihren Eltern befasst. Wenn die Eltern traumatisiert sind, müssen sich die Kinder, die möglicherweise ebenfalls traumatische Erfahrungen gemacht haben, um sie kümmern und Rücksicht auf ihre Bedürftigkeit nehmen. Hinzu kommt, dass Flüchtlingskinder wegen ihrer meist besseren Deutschkenntnisse in vielen Situationen, ob bei der Ausländerbehörde oder beim Psychiater, Dialoge übersetzen müssen und dabei mit Themen konfrontiert werden, die sie aufgrund ihres Alters noch nicht verstehen können. Sie erleben ihre Eltern dabei als schwach und auf sie angewiesen. In einer Studie von Gavranidou u.a. (2008) über die Belastungen bei Flüchtlingskindern wurde erhoben, dass Kinder neben den Belastungen durch traumatische Erfahrungen und durch schwierige Lebensbedingungen in Deutschland auch unter der Funktion des Dolmetschens zur Unterstützung ihrer Eltern besonders leiden. Kinder, die diese Rolle in der Familie einnehmen müssen, sind gezwungen, eigene Interessen und Bedürfnisse zurückzustellen. Die Gefahr einer Parentifizierung der Kinder ist bei Flüchtlingsfamilien und nicht selten bei Migrantenfamilien unter den beschriebenen Bedingungen relativ hoch.

Identitätssuche zwischen beiden Kulturen

Flüchtlingskinder werden aufgrund des Schulbesuchs früher als ihre Eltern mit ihrem neuen Lebensumfeld und den kulturellen Begebenheiten in Deutschland konfrontiert und erwerben dadurch auch die deutsche Sprache schneller. Ihre Eltern sind hin- und hergerissen zwischen Anerkennung dieser Offenheit dem neuen Land gegenüber und der Sorge, dass sich ihre Kinder von der Herkunftskultur und damit auch von ihnen entfremden. Sie reagieren schockiert, wenn ihre Kinder sich weigern, ihre Muttersprache daheim zu sprechen und mit der Zeit anderes Essen, als das traditionelle, bevorzugen. Verständlicherweise sind Flüchtlingseltern daran interessiert, die kulturellen Werte ihres Heimatlandes in ihrer Erziehung zu vermitteln; die Flüchtlingskinder dagegen wollen sich möglichst gut in die deutsche Gesellschaft integrieren. Der Spagat zwischen den Kulturen gelingt vielen Migrantenfamilien in Deutschland.

Allerdings gibt es dafür notwendige Voraussetzungen: Die Bereitschaft des Exillandes, den Flüchtlingen eine Teilhabe am gesellschaftlichen Leben zu ermöglichen und die Offenheit für ein bikulturelles Leben in den Flüchtlingsfamilien zu schaffen. Diese Bedingungen sind aufgrund rechtlicher Hürden bei Flüchtlingsfamilien über Jahre nicht gegeben. Flüchtlingsfamilien leben jahrelang ohne einen sicheren Aufenthalt in Deutschland. Mit dieser unsicheren Zukunftsperspektive und der Befürchtung einer möglichen Abschiebung in das Heimatland fällt es Familien schwer, sich auf das Leben in Deutschland einzulassen. Die Gefahr einer konfliktreichen Verarbeitung der Migration ist bei Flüchtlingsfamilien damit deutlich höher als bei Migranten ohne Fluchthintergrund.

Verschiebung der Machtverhältnisse innerhalb der Familie
Waldhoff (1995) thematisiert die Verschiebung der Machtverhältnisse innerhalb der Familie als ein Resultat des Migrationsprozesses. Aus seiner Sicht verschieben sich die Machtverhältnisse häufig bei Familien mit Migrationshintergrund zugunsten der Frauen, Jugendlichen und Kinder. Folge dieser Dynamik nach Uslucan (2007) ist die Schwächung der Männer. Diese Veränderung der familiären Machtstrukturen fördere das Potenzial für Kränkungen und Konflikte zwischen Eltern und Kindern. Die Stärkung der Väter ist daher ebenso wichtig wie die der übrigen Familienmitglieder.

Freizeitgestaltung
Was unter Freizeit verstanden wird und wie diese zu gestalten ist, darüber herrschen in den einzelnen Migrantenfamilien je nach Herkunftsland, Schichtzugehörigkeit, Bildungsstand und kulturellem Hintergrund ganz unterschiedliche Vorstellungen. Freizeit bedeutet in arabischer Sprache die „leere Zeit". In vielen Herkunftsländern der Flüchtlinge verbringt man die Zeit außerhalb der Arbeit mit Familie und Freunden. Es gibt teilweise Sportangebote in Klein- und Großstädten, die jedoch für einen Großteil der Menschen nicht immer erschwinglich sind. Das Spielen mit Kindern wird von Flüchtlingseltern allgemein als „unnütze Zeitvergeudung" betrachtet. Außerdem leben in den Großfamilien in der Heimat meist genügend Kinder, die miteinander spielen können. Die Kinder verfügen nicht über ein derartiges Angebot an Spielzeug und Kinderspielen wie in Deutschland, sodass weder Flüchtlingseltern noch deren Kinder nach der Migration mit der deutschen Spielkultur vertraut sind. Ein häufig geäußerter Vorwurf in Kindergärten oder Horteinrichtungen ist, dass Flüchtlingseltern nie mit ihren Kindern spielen. Ohne Kenntnis der Hintergründe wird dies oftmals als mangelnde Fürsorge der Eltern interpretiert. Zu bedenken ist, dass sich die heutige Spielkultur mit einem großen Angebot an Spielen für die Familie auch erst in den letzten 50 Jahren in Deutschland entwickelt hat. Das Spielen der Eltern mit dem Kind/den Kindern war erst notwendig, nachdem die Zahl der Geburten stark zurückgegangen ist und Spielgefährten durch Erwachsene ersetzt werden mussten.

Umgang mit den Medien
„Ein Fernsehapparat, der nicht läuft, ist kaputt." Viele Flüchtlinge wie auch viele Deutsche sehen in den Medien eine Bereicherung und ein Zeichen von Wohlstand. Der tägliche Gebrauch der Medien ist selbstverständlich. In den Herkunftsländern ist der Umgang damit ähnlich. Im Unterschied zum Leben in Deutschland spielt sich das Leben im Herkunftsland weitgehend in der Öffentlichkeit ab und die Kinder verbringen viel Zeit außerhalb

des Hauses. Nach der Migration in ein fremdes Land verbringen die Kinder, vor allem auf Wunsch ihrer verunsicherten Eltern, viel mehr Zeit in der Wohnung, was ein Übermaß an Fernsehzeit und an Spielzeit mit den technischen Medien wie Internet, virtuelle soziale Netzwerke und Spiele etc. zur Folge hat. Eine Aufklärung über die Folgen dieser Gewohnheiten auf die Konzentrationsfähigkeit der Kinder und über notwendige zeitliche Reglementierungen ist daher ein wichtiger Aspekt in der Beratung dieser Familien.

Gesunde Ernährung
Die Migration in ein wohlhabendes Land wie Deutschland konfrontiert viele Flüchtlingsfamilien mit einem Überangebot an Nahrung. Selbst für deutsche Eltern gestaltet sich die richtige Auswahl an Nahrungsmitteln ohne gezielte Informationen über gesunde und ausgewogene Ernährung schwierig. Flüchtlingseltern haben ihre Kinder in der Heimat oft gesünder ernährt als nach der Migration. Aufgrund mangelnder Deutschkenntnisse sind sie nicht in der Lage, die Beschreibungen auf der Verpackung zu verstehen. In ihrer Verunsicherung richten sie sich nur nach den Wünschen ihrer Kinder. Daher stellt die Information über eine gesunde Ernährung in Deutschland eine wichtige Hilfe für sie dar.

Entwicklung eines Elterntrainings für Flüchtlingsfamilien

Eckpunkte des Trainingmanuals
Der kurze Einblick in die migrationsspezifischen Folgen bei Flüchtlingsfamilien hat verdeutlicht, welche Inhalte bei der Entwicklung eines Elterntrainings für Flüchtlingsfamilien berücksichtigt werden müssen.

Die Stärkung der Erziehungskompetenz soll durch folgende zentrale Eckpunkte des muttersprachlichen Elternseminars „Eltern Aktiv" erreicht werden:

- Bewusstmachung der Ziele und Werte in der eigenen Erziehung, im Kulturvergleich zwischen Herkunftsland und Deutschland, um eine Synthese aus beiden Kulturen als Wertekompass zur Orientierung in der Erziehung zu entwickeln.
- Information über Gesundheitsversorgung, erziehungsrelevante Institutionen, rechtliche Aspekte bei Scheidung und Trennung.
- Anregungen zur familiären Freizeitgestaltung.
- Angemessener Umgang mit den Medien.
- Informationen zu einer gesunden Ernährung.
- Sensibilisierung für die Wahrnehmung der eigenen Gefühle und denen des Kindes.
- Erlernen von Deeskalationsstrategien in akuten Eltern-Kind-Konflikten.
- Erlernen von Lösungsstrategien für verfestigte Erziehungsprobleme.
- Bewusstmachung von Folgewirkungen der Traumatisierung in der Eltern-Kind-Beziehung.

Konzeptuelle Grundlage und Module des Trainingmanuals
Aufgrund der Erfahrungen mit Flüchtlingsfamilien in Therapie und Beratung war für das Beratungs- und Behandlungszentrum REFUGIO München von zentraler Bedeutung, die bisherigen Angebote um einen Trainingsansatz zu erweitern, der den Flüchtlingsfamilien die Umsetzung von Verhaltensänderungen im Erziehungsalltag ermöglicht. Der Trainingsansatz sollte neben den üblichen Modulen eines Elterntrainings auch flüchtlingsrelevante Themen berücksichtigen. Zudem sollte der Wissenstransfer in den Erziehungsalltag – daher das Einüben der erlernten Verhaltensänderungen – besondere Berücksichtigung finden.

REFUGIO München entschied sich für das Trainingsmanual „Familienteam" von Frau Dr. Johanna Graf als konzeptionelle Grundlage für die Entwicklung des muttersprachlichen Elterntrainings. Johanna Graf hat zahlreiche Übungen und Rollenspiele entwickelt, um den Eltern zu ermöglichen, erlernte Verhaltensänderungen in den Erziehungsalltag zu übertragen.

Abbildung: 1: © F. Akhtar, Sh. Krasniqi, B. Abdallah-Steinkopff

Das Programm von Johanna Graf, das auch als Buch vorliegt (Graf 2005), musste von REFUGIO München jedoch insbesondere im Hinblick auf interkulturelle Aspekte in der Erziehung sowie auf den spezifischen Umgang mit Traumafolgestörungen erweitert werden (siehe Abbildung 1 – An der inhaltlichen Entwicklung der Module und Ausführung des Manuals waren B. Abdallah-Steinkopff, F. Akhtar, G. Framhein, S. Krasniqi und R. Raab beteiligt). Die kulturspezifischen Inhalte sind als *Integrationswissen* und *pädagogisches Wissen* überschrieben. Beide Module beinhalten Informationen und Lösungsvorschläge, die die in diesem Artikel beschriebenen Wissenslücken bei Flüchtlingsfamilien schließen sollen. Das Modul *Kommunikationswissen* bezieht sich auf Verhaltensänderungen für eine gewaltfreie Konfliktlösung in der Erziehung. Dieses Modul orientiert sich im Vorgehen am Trainingsmanual „Familienteam". Das Modul *Umgang mit Traumafolgestörungen* beinhaltet eine Psychoedukation zu Traumafolgen bei Kindern und die Vermittlung eines angemessenen Umgangs damit.

Als grundlegende Voraussetzung für die Eltern gilt die Fähigkeit zur *Selbstfürsorge* als zentrales Modul (siehe Trainingsmanual „Familienteam"), um die Erziehung ihrer Kinder mit der nötigen Energie zu meistern. Insbesondere traumatisierte Eltern müssen Techniken für den Umgang mit Intrusionen und Flashbacks erlernen. Das Wiedererleben traumatischer Erfahrungen im Rahmen einer posttraumatischen Belastungsstörung löst massive Affekte bei den Betroffenen aus und verhindert eine angemessene Affektregulation. In diesem affektiven Zustand geschehen die meisten gewalttätigen Übergriffe von Flüchtlingseltern auf die Kinder. Viele Flüchtlingseltern lehnen diese Form von Gewalt ihren Kindern gegenüber ab. Sie leiden unter diesen Ausbrüchen und ihrer Scham darüber, sich in diesen Momenten nicht kontrollieren zu können.

Einsatz von muttersprachlichen Trainern
Die Trainings umfassen zwölf Sitzungen à zwei Präsenzstunden und werden entweder individuell vor Ort in den Familien abgehalten. Oder die Gruppen können in den Räumlichkeiten von REFUGIO oder in einer anderen Einrichtung stattfinden. „Eltern Aktiv" wird von muttersprachlichen Trainern durchgeführt, die eine pädagogische oder psychologische Hochschulausbildung haben und von erfahrenen Elterntrainern von REFUGIO innerhalb von vier Wochenendblockseminaren geschult werden. Das Elterntraining wird mittlerweile in 30 Sprachen angeboten. Durch die Auseinandersetzung mit der eigenen Migration bringen die Trainer ein hohes Maß an interkultureller Kompetenz in die Arbeit ein und erreichen so eine hohe Akzeptanz der Trainingsinhalte bei den Eltern. Die Trainer erfüllen zudem eine wichtige Vorbildfunktion. Die Muttersprachlichkeit sorgt für eine reibungslose Verständigung.

> **Finanzierung:**
> Die Finanzierung des muttersprachlichen Elterntrainings wird seit 2013 durch die Stadt München im Rahmen der Regelfinanzierung übernommen. Die Einführung und Erprobung des Elterntrainings wurde seit 2005 dank der finanziellen Unterstützung sowohl von „Aktion Mensch" als auch von „World Childhood Foundation" ermöglicht. 2013 wurde »Eltern Aktiv REFUGIO München« mit dem 1. Preis der Karl Kübel Stiftung ausgezeichnet.

Interkulturelles Pendeln als Kommunikationstechnik

Trotz anschaulicher pädagogischer Erklärungen für notwendige Veränderungen im Erziehungsverhalten während des Elterntrainings verharren Eltern manchmal in ihren mitgebrachten Erziehungsvorstellungen. Besonders bei der Frage der Anwendung körperlicher Gewalt als Erziehungsmethode ergeben sich daraus Probleme für die Trainerinnen. Die Eltern können oft nicht nachvollziehen, warum eine Erziehungsmethode schädlich für ihre Kinder sein soll, die aus ihrer Sicht bei ihnen selbst funktioniert oder zumindest keinen Schaden angerichtet hat. Sie haben ihre eigenen Eltern als fürsorglich erlebt, auch wenn es Schläge in Maßen als Erziehungsmethode gegeben hat. Häufig werden Schläge in Maßen als hilfreiches Verhalten der eigenen Eltern interpretiert, um den Kindern zu helfen, nicht vom richtigen Weg abzukommen.

Migration als Bruch in der Lebensgeschichte erfordert das Hinterfragen von Selbstverständlichkeiten. Der rote Faden, der sich durch das Elterntraining zieht, ist das wiederholte Bewusstmachen elterlicher Aufgaben und Rollen, die vor der Migration im Verbund mit der Großfamilie funktioniert haben, sowie das Überprüfen der Wirksamkeit dieses mitgebrachten Repertoires unter den neuen Lebensbedingungen in der Kleinfamilie. Im Rahmen des Elterntrainings können muttersprachliche Trainerinnen das Über- und Umdenken, aber auch das Beibehalten von hilfreichen Wertvorstellungen und Verhaltensweisen aus dem eigenen kulturellen Hintergrund der Flüchtlingseltern unterstützen und die erforderliche Erweiterung des mitgebrachten Werte- und Verhaltensrepertoires fördern. Ein wichtiger Grundgedanke des Elterntrainings ist die Bereitschaft der Elterntrainer, die Flüchtlingseltern bei der Suche nach einer Identität zwischen beiden Kulturen zu unterstützen. Aufgrund ihrer eigenen erlebten Kulturdifferenzen verfügen nach Kimil/Waldhoff/Salman (2013) Migranten über den Vorteil des sog. *Code Switching*, dem flexiblen und souveränen Hin- und Hergleiten zwischen verschiedenen Kulturen und Wertesystemen. Muttersprachliche Elterntrainer beherrschen dieses Code Switching daher gut und können diesen Vorteil bei der Begleitung der Familien sinnvoll nutzen.

Der Einsatz der Befragungstechnik „*Interkulturelles Pendeln*" (Abdallah-Steinkopff in Druck) zur Reflexion der Auswirkungen des Migrationsprozesses auf die Erziehung, an einem Fallbeispiel im Kasten verkürzt dargestellt, hat sich im Rahmen von Beratung, Therapie und Elterntraining als besonders hilfreich erwiesen.

Fallbeispiel für das interkulturelle Pendeln:
Eine Mutter aus dem Kosovo berichtet der Elterntrainerin, dass sie früher ihre Tochter geschlagen habe. Sie wisse, dass das in Deutschland verboten sei, und habe mithilfe des Elterntrainings damit aufgehört. Allerdings verstünde sie nicht, was daran so schlimm sei, da sie selbst, wie andere Kinder im Kosovo, immer von den Eltern geschlagen worden sei. Sie und die anderen Kinder hätten sich jedoch ganz normal entwickelt. Die Elterntrainerin, die auch aus dem Kosovo stammt, bittet die Mutter darum, sich an Situationen zu erinnern, in denen sie von der eigenen Mutter geschlagen wurde. Nachdem die Mutter sich entsprechende Situationen in Erinnerung gebracht hat, fragt die Trainerin sie, was sie als Kind nach den Schlägen gemacht habe. Die Mutter berichtet, sie habe nach Schlägen immer Trost bei der Großmutter, Tante oder Cousine gesucht und gefunden. Die Elterntrainerin fragt die Mutter nach einer entsprechenden Situation in Deutschland mit der eigenen Tochter. Was habe ihre Tochter nach den Schlägen von der Mutter gemacht? Die Mutter beschreibt, dass ihre Tochter sich alleine in ihr Zimmer zurückgezogen und lange geweint habe. Die Trainerin macht die Mutter auf die veränderten Lebensbedingungen nach der Migration aufmerksam. Sie lebe nun mit ihrem Mann und zwei Kindern als Kleinfamilie in Deutschland. Sie könne ihre Situation im Kosovo nicht mit der Situation ihrer Tochter in Deutschland vergleichen und müsse die Folgen ihrer Erziehungsmethode für ihre Tochter nun unter neuen Gesichtspunkten bewerten.

Literatur

Abdallah-Steinkopff, B.: Psychotherapeutische Behandlung traumatischer Flüchtlinge. In komplexe Traumafolgestörungen, Diagnostik und Behandlung von Folgen schwerer Gewalt und Vernachlässigung. Hrsg.: Sack, Sachsse, Schelleng, 2013, 437–446, Schattauer Verlag

Forghani-Arani, N./ Geppert, C./ Katschnig, T. (2014): Wenn der Pygmalioneffekt nicht greift. In: Zeitschrift für Bildungsforschung. Springer Fachmedien, Wiesbaden

Gavranidou, M. / Niemiec, B./ Magg, B./ Rosner, R. (2008): Traumatische Erfahrungen, aktuelle Lebensbedingungen im Exil und psychische Belastungen junger Flüchtlinge. In: Kindheit und Entwicklung 17(4), 224–231. Hogrefe Verlag, Göttingen

Graf, J. (2005): Familienteam – das Miteinander stärken. Herder Freiburg, 2. Auflage Kimil, A./Waldhoff, H-P./Salman, R. (2013): Wer versteht schon diese Familie? Ressourcen und Schwierigkeiten von MigrantInnen und ihren Familien im Kontext von Beratung und Therapie. In: Zeitschrift für systemische Therapie und Beratung (2/2013). Verlag modernes lernen

Uslucan, H.-H. (2007): Männlichkeit, Gewalt und Erziehung in Migrationsfamilien. In: Familienpolitische Informationen 6, 1 – 6

Uslucan, H.-H. (2010): Kinderschutz im Spannungsfeld unterschiedlicher kultureller Kontexte. In: Suess, G./Hammer, W. (Hrsg.). Kinderschutz – Risiken erkennen, Spannungsverhältnisse gestalten. Klett-Cotta Stuttgart, 150 – 165

Waldhoff, H-P. (1995): Fremde und Zivilisation; wissenssoziologische Studien über das Verarbeiten von Gefühlen der Fremdheit, Probleme der modernen Peripherie-Zentrums-Migration am türkisch-deutschen Beispiel. Suhrkamp Frankfurt am Main

Lektorat: Babette Mock

Kontakt REFUGIO München: www.refugio-muenchen.de

2.4 Verwöhnung und Überbehütung als Phänomen in der Erziehung
Doris Graf

„Wer immer liebevoll getragen wird, lernt nicht laufen."
(Peter Hohl)

Abstract
Verwöhnung spielt in der Kulturgeschichte des Menschen schon immer eine Rolle und ist ein gesellschaftliches Phänomen, dessen erhebliche Folgen häufig unterschätzt werden. Denn wer wird nicht gerne verwöhnt? Der Artikel zeigt Erscheinungsformen, Folgen, Erklärungsansätze und Handlungsmöglichkeiten in der Schule sowie in der Beratung auf.

Abbildung 1: Kind in Watte gepackt, Werner Tiki Küstenmacher

Schon vor der Jahrtausendwende war in den Medien von der ‚Generation Rücksitz' die Rede, heute liest man von Helikopter-Eltern, die ständig über allem wachen, oder von Curling-Eltern, die ihren Kindern schon im Vorfeld jegliches Problem aus dem Weg räumen. Sie sehen ihre Aufgabe als ‚gute Eltern' darin, für Wohlergehen und Schutz in jeder Hinsicht zu sorgen. Man könnte auch sagen, die Kinder werden in Watte gepackt oder alle Kanten haben Polster.

Solche Phänomene sind nicht nur im erzieherischen Bereich, sondern auch überall in der Gesellschaft zu beobachten. Versicherungssysteme, staatliche Unterstützungen (Der ‚Wohlfahrtsstaat' untergräbt die Würde seiner Empfänger, Seligman, S. 153), Medikamente für jede Kleinigkeit und auch manche Situationen in der Schule unterminieren die Leistungsfähigkeit, unterstützen Anspruchsdenken und verhindern eigene Aktivitäten und damit Zufriedenheitserlebnisse aufgrund erbrachter Leistung. Derartige Wirkmechanismen werden mit den Begriffen *Überbehütung, Verwöhnung, Überbemutterung, Overprotecting* oder *Überbesorgnis* verbunden. In der Fachliteratur wird von *permissiv-verwöhnendem Erziehungsstil* gesprochen. Etymologisch ist das Wort „Verwöhnen" vom mittelalterlichen „verwenen" (‚sich an etwas in übler Weise gewöhnen') abgeleitet.

Die Bezeichnung ‚Verwöhnung' geht auf Alfred Adler (1904) zurück. Er bezeichnet dieses Phänomen „als einen der schwersten und folgenreichsten Erziehungsfehler. Ähnlich beschreibt Frick (2001) Verwöhnung als eine subtile Form der Kindesmisshandlung. (…) Zusammengenommen bedeutet Verwöhnung sowohl ein *Zuviel* (z.B. an Sorge, Entlastung) als auch ein *Zuwenig* (z.B. an Zutrauen, Forderung)" (Fuhrer, S. 250/251). Albert Wunsch fasst die wesentlichen Aspekte folgendermaßen zusammen: *„Immer dann, wenn Menschen daran gehindert werden, etwas zu tun, was sie selbst tun könnten oder sollten, wenn um der eigenen Ruhe willen keine Auseinandersetzung stattfindet, Verwöhnung praktiziert wird und somit Abhängigkeit entsteht, schadet dies einem Menschen zeitlebens. Dies kann durch einzelne Personen, Personengruppen und selbst durch Institutionen geschehen, z.B. durch staatliche Organe."* (Wunsch, S. 20).

> **Merkmale der Überbehütung/Verwöhnung:**
> Von Überbehütung/Verwöhnung kann man dann sprechen, wenn Eltern das Leben ihres Kindes in die eigene Hand nehmen und ihren/m Schützling
> - vor Unannehmlichkeiten und negativen Erfahrungen bewahren
> - mit Materiellem überhäufen (Spielsachen, ‚Zwischendurchgeschenke', …)
> - mit Immateriellem überhäufen (Zärtlichkeiten, Versprechen)
> - alle Wünsche erfüllen
> - zu wenig zutrauen (in Alltag, Schule, Sport), Botschaft: Ich traue es dir nicht zu!
> - keine Anstrengung zumuten (Leben und Lernen soll angenehm und lustig sein): die zu bewältigenden Aufgaben zu schnell abnehmen
> - zu wenig (heraus-)fordern
> - keine Grenzen setzen und Auseinandersetzungen vermeiden oder sich vom Kind unter Druck setzen oder erpressen lassen
> - körperliche und emotionale Gefühle abnehmen (z.B.: „Zieh dir die Jacke an, du frierst!", „Weine nicht, es tut nicht weh!", „Sei nicht traurig, ich kaufe dir ein neues Spielzeug!" Beim Streit: „Es gibt auch noch andere Freunde!")
> - übermäßig bewundern und für jede Kleinigkeit unangemessen loben

Die Verhaltensbiologie unterscheidet zwischen „Anspruchsverwöhnung" (Angebot wird unnötig erhöht) und „Anstrengungsverwöhnung" (erfüllbare Aufgaben werden abgenommen). „In der Regel verwöhnt sich der Mensch allerdings, wenn er es kann, in beiden Bereichen: Er vermeidet Anstrengung, und er treibt Sofortbefriedigung; er verwöhnt sich also sozusagen doppelt." (Felix von Cube, S. 116) Man kann sich also selber verwöhnen oder aber andere. Wer Mitmenschen verwöhnt, spekuliert auf Sympathie und Dankbarkeit des anderen, quasi als ‚emotionale Lebensversicherung' für den Verwöhner. Er kaschiert seinen Wunsch nach Konfliktvermeidung oder emotionaler Bindung durch scheinbare Großzügigkeit und Gewähren von Freiheiten. Zuwendung dagegen orientiert sich am anderen, an seinen Entwicklungsmöglichkeiten, Erwartungen, Möglichkeiten und Grenzen, ist wohlwollend und ermutigend, auf Eigenverantwortung gerichtet. Im Gegensatz dazu tritt Verwöhnung zwar im Gewand der Zuwendung auf, orientiert sich aber an den Bedürfnissen des Verwöhners. Da sich der Verwöhnte – besonders ein Kind – kaum über die Zuwendung beklagen wird, trifft der Verursacher nur selten auf Gegenwehr. Er gewöhnt sich daran, alles zu bekommen, ohne sich anzustrengen. Dies „wirkt wie eine Droge und macht auf Dauer auch genauso abhängig" (Wunsch, S. 14).

Die Verwöhnung von Kindern ist auch vollkommen unnötig, denn sie sind von sich aus hochaktiv und denken gar nicht an Verwöhnung! „Ein Kind nimmt die Anstrengungen, die zur Triebbefriedigung vorgesehen sind, als Selbstverständlichkeit auf sich – die Reflexionsfähigkeit ist noch nicht so weit entwickelt, dass es auf den Gedanken käme, in sein Triebsystem und in die natürliche Lust-Unlust-Ökonomie einzugreifen. Darin liegt, moralisch gesehen, das besonders Verwerfliche an der verwöhnenden Erziehung: Das Kind wird zur Selbstverwöhnung verführt" (Wunsch, S.116).

Durch verwöhnendes Verhalten werden Kinder um **entwicklungspsychologisch wichtige Lebenserfahrungen** – kostbare Errungenschaften und Prophylaxe gegen problematisches Verhalten – gebracht:
- selbst etwas zu erreichen
- etwas durch Einsatz zu schaffen
- sich über soziale Beiträge zu freuen
- mithelfen zu können
- zu scheitern
- Probleme und unerreichbar Geglaubtes zu überwinden
- Lernen zu verzichten und zu warten
- Neues zu lernen
- verletzt zu werden
- eigene Entscheidungen zu treffen
- (Grenz-)erfahrungen zu erleben

„Verwöhnung macht asozial, lebensuntüchtig und einsam" (*www.familienhandbuch.de*). Durch Verwöhnung kann sich das Gefühl von Selbstwirksamkeit und Selbstwert nicht adäquat entwickeln, das Kind wird entmutigt und die Ausbildung von selbstständigem Denken und Handeln wird verwehrt. Die Folge ist ein reduziertes Verhaltensrepertoire, das auch als ‚erlernte Hilflosigkeit' bezeichnet werden kann. „Wenn ein junger Erwachsener keine Erfahrung mit der Bewältigung von Angst und Frustration sammeln konnte, wenn er niemals versagte und damit fertig wurde, wird er nicht fähig sein, Mißerfolg, Langeweile und Frustration in entscheidenden Situationen zu bewältigen. Zu viel Erfolg, zu viel Verwöhnung machen ein Kind hilflos, wenn es schließlich mit seinem ersten Mißerfolg konfrontiert wird. (…) Aus Hilflosigkeit resultiert Depression" (Seligman, S.150/151). Einzelkinder und Nesthäkchen sind besonders häufig betroffen. Für Jungen sind die Folgen von Verwöhnung deutlicher als für Mädchen, denn die klassisch männlichen Attribute wie mutig, stark, zielstrebig bleiben unterentwickelt.

Verwöhnte können folgende **Verhaltensweisen** entwickeln:
- Motivations-, Kraft- und Mutlosigkeit
- Mangelndes Interesse und fehlende Neugier, wenig Ideen
- Macht- und herrschaftsbetonte, fordernde, selbstsüchtige und sogar tyrannische Charakterzüge
- Starke Konsumorientierung
- Tiefes Minderwertigkeitsgefühl, Unzufriedenheit
- Gefühl, von anderen abhängig zu sein (ohne Eltern geht nichts)
- Große Anspruchshaltung, Versorgungserwartungen, Anspruchsdenken
- Bequemlichkeit
- Unrealistische Erwartungen an die Mitmenschen (Mitmensch als Wunscherfüller)
- Verantwortungslosigkeit (kann nicht Konsequenzen des eigenen Handelns tragen)
- Wunsch nach ununterbrochener Bewunderung (will immer im Mittelpunkt sein)
- Mangel an sozialen Fertigkeiten (will nur nehmen, statt auch zu geben)
- Vorwürfe an die Umgebung (diese verhält sich nicht wunschentsprechend)
- Fehlendes Zutrauen in eigene Fähigkeiten
- Geringe Belastbarkeit, mangelnde Ausdauer, schnelles Resignieren
- Große Angst vor neuen Aufgaben und Anforderungen
- Passivität und Lebensuntüchtigkeit (stellt sich selber infrage und bedauert, weniger als andere zu können)
- Probleme der Abgrenzung/Loslösung
- Angst vor Nähe und tieferen Beziehungen
- Gefühl, missverstanden zu sein, verkannt und nicht richtig behandelt zu werden
- Problematische Lebenseinstellung, dass die Welt als Versorgungs- und Dienstleistungsgesellschaft dient

Eltern möchten in der Regel das Beste für ihr Kind und handeln mit der festen Überzeugung, dass ihr Verhalten Positives bewirkt. Sie können manchmal nicht klar erkennen, welche Folgen ihr verwöhnender Erziehungsstil auf längere Sicht hervorruft, vor allem weil es dafür *gute Gründe* gibt:

- Schuldgefühle, z.B. Eltern kompensieren Defizite mit Geschenken
- Unzufriedenheit mit der eigenen Lebenssituation
- Probleme mit der eigenen Lebensgeschichte, z.B. Eltern wollen Kindern die eigenen negativen Erfahrungen ersparen
- Eigene Ängste und Unsicherheiten, z.B. Scheu vor Konflikten
- Angst vor dem Scheitern des Kindes (Angst, dass es zu wenig isst, trinkt, zu langsam wächst ..., kurz: dass es das Leben nicht meistert)
- Angst, die Elternrolle nicht ausreichend auszufüllen
- Großes Harmoniebedürfnis
- Orientierung an anderen Eltern (‚Die machen es ja auch so!')

Es könnte auch sein, dass persönliche Einstellungen eine Rolle spielen, die vielleicht einmal überdacht werden sollten. „Allgemein übliche, gesellschaftlich anerkannte oder sogar geforderte Erziehungsgrundregeln (gesellschaftliche Idealvorstellungen) (…) werden missverstanden und als *irrationale Glaubenssätze* internalisiert, z.B.:

- Eine ‚gute Mutter' liebt ihr Kind über alles, also muss sie auch alles für es tun,
- Sie muss ihr Kind möglichst vor Anforderungen und vor Druck schützen (Stichwort: unbeschwerte Kindheit).
- Sie darf ihre negativen Gefühle (Wut, Enttäuschung, Trauer, Angst) nicht zeigen, denn nur ‚schlechte Mütter' sind auf ihre Kinder wütend.
- Sie muss immer für ihr Kind da sein" (Wyrwa, S. 205).
- Eine gute Mutter identifiziert sich vollkommen mit dem eigenen Nachwuchs.

2 Ausgewählte Blickwinkel auf Erziehung

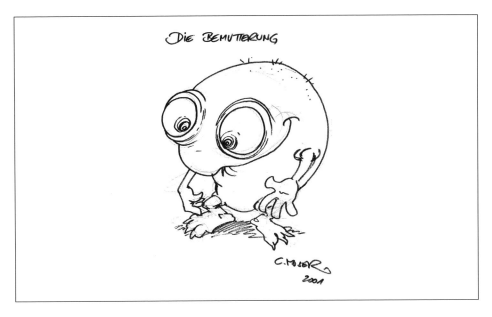

Abbildung 2: Die Bemutterung, Christian Moser

Das Streben nach Verwöhnung spielt in der Kulturgeschichte des Menschen schon immer eine Rolle. Viele Völker und Religionen haben Wunschvorstellungen wie das Paradies oder das Schlaraffenland entwickelt. Auch Märchen (z.B. Tischlein-deck-dich) erzählen von Genuss ohne Anstrengung. Doch selbst im Märchen gibt es am Ende Belohnung und Glück nur für den, der die Prüfungen und Aufgaben erfolgreich bestanden hat. Wunsch greift die Märchenmetapher auf und beschreibt in diesem Zusammenhang „die Entwicklungsphasen vieler heutiger Kinder und Jugendlicher:

- geboren als Prinz oder Prinzessin
- im Burgverlies aufgewachsen [oder im goldenen Käfig; Anm. d. Verf.]
- mit vielen Defiziten ins Leben gelassen!" (Wunsch, S. 52)

Wenn Eltern ihren Kindern eine wunschlos glückliche Welt organisieren – häufig weil sie ihnen selber nicht vergönnt ist – entsteht ein Ungleichgewicht zwischen Geben und Nehmen. Eine vermeintliche Gleichberechtigung oder gar Unterordnung negiert die asymmetrische Beziehung und natürliche Hierarchie, die durch die größere Erfahrung der Erzieher vorgegeben ist. Reflektierte Eltern übernehmen Verantwortung, denn Kinder wollen nicht gleichberechtigt sein, sondern in sicherer Obhut.

An authentischen Vorbildern kann sich der Nachwuchs orientieren und den Umgang mit schwierigen Emotionen, Situationen und Konflikten lernen. Steht das Kind nicht mehr ständig im Mittelpunkt, lernt es zu kooperieren, Kompromisse einzugehen, eigene und fremde Emotionen einzuschätzen. „Ein Gefühl für Wert, Bewältigung oder Selbstwert wird nicht geschenkt. Es kann nur verdient werden. Wird es geschenkt, verliert es seinen Wert und hört auf, zur Würde des Individuums beizutragen. Wenn wir die Hindernisse, Schwierigkeiten, Ängste und Konkurrenzkämpfe dem Leben junger Menschen fernhalten, werden wir keine Generation junger Menschen mehr sehen können, die ein Gefühl für Würde, Macht und Wert haben" (Seligman, S. 151).

Nimmt man die Folgen von Verwöhnung ernst, verstößt ein verwöhnendes Verhalten – ebenso wie Vernachlässigung – gegen das Gesetz, denn alle Erziehungsmaßnahmen sind zum *Wohle des Kindes* durchzuführen (Art. 6 GG, § 1626 BGB, Art. 3 UN-Kinderrechtskonvention). Schon deshalb ist es geboten, geeignete Strategien und ggf. Maßnahmen zur Entwöhnung zu entwickeln. Ein permissiv-verwöhnender Erziehungsstil ist nur für Säuglinge empfehlenswert, denn sie können nicht verwöhnt werden.

Außerdem erzeugt die ständige Sorge und das Bestreben, die Schützlinge vor Schaden zu bewahren, Dauerstress bei den Eltern. Eine zukunftsorientierte Erziehung entlastet die Erwachsenen und gibt den Kindern die Möglichkeit, die nötigen Erfahrungen zu sammeln, die sie stark machen. Wachstum entsteht durch Anstrengung, Muskelzuwachs ist nur durch hartes Training zu erreichen. Mit einer guten Beziehung, viel Wohlwollen, Ermutigung und Konsequenz kann sich eine starke Persönlichkeit entwickeln. Orientierung gibt auch der kategorische Imperativ und das Prinzip der Hilfe zur Selbsthilfe nach Maria Montessori: Hilf mir, es selbst zu tun!

Möglichkeiten, um Kinder und Jugendliche zu Selbstverantwortung, Disziplin und Durchhaltevermögen (letztendlich zu Lebensmut) **zu ermutigen**:
- Sich in das Kind einfühlen, seine Situation und seine Bedürfnisse verstehen
- Mit den Kindern sprechen
- Störungen wahrnehmen
- Auf Stärken aufbauen, an Erfolge erinnern
- Ermutigen (Signal der Aufmerksamkeit, das das Zugehörigkeitsgefühl weckt oder stärkt)
- Nicht jedem Wunsch nachgeben
- Auch die Grundbedürfnisse (essen und trinken) müssen nicht jederzeit befriedigt werden
- Kinder können viele Strecken alleine (je nach Alter, zu Fuß oder mit dem Fahrrad) bewältigen (Rücksitzgeneration!)
- Zur Hilfsbereitschaft ermutigen
- Hilfe annehmen können (geben und nehmen!)
- Hinschauen! (Wer wegsieht, reagiert auch. Die stille Botschaft lautet: ‚Mir ist es egal!'), aber auch zuschauen lernen (Chance zu eigenen Erfahrungen geben)
- Bewältigen von Aufgaben = Erlernen von Fähigkeiten
- Klärungen vornehmen
- Gegenseitige Verbindlichkeiten, Vereinbarungen treffen
- Verantwortung tragen lassen (z.B. Eltern haben Verantwortung, Essen einzukaufen und anzubieten, aber nicht dafür, dass das Kind isst)
- Beiträge für die Gemeinschaft leisten lassen
- Zutrauen in die Fähigkeiten des Kindes zeigen, Vertrauensvorschuss geben
- Selbstständigkeit fördern
- Kinder aus den Folgen ihres Verhaltens lernen lassen, natürliche Konsequenzen aufzeigen ist besser als strafen
- Realistische Ziele setzen
- Kein Machtkampf (kein Gewinnenwollen oder Heimzahlen, keine Androhungen)
- Anstrengung verlangen: nicht alles auf einen Schlag, stufenweises und schrittweises Vorgehen (Plan für sich erarbeiten)
- Genuss erst nach (verdienter) Anstrengung, Lust erst nach Aufschub
- Rückhalt geben
- Grenzen setzen, Nein-Sagen, wenn notwendig
- Tränen ertragen
- Angemessene, altersgemäße Zuwendungen (z.B. kleine Kinder → kleines Eis, große Kinder → größeres Eis)
- Nicht streiten, vorwerfen, moralisieren und belehren
- Nicht ausfragen (keine Informationen sammeln und nicht kontrollieren, Gesprächsbremser!), aus dem Prozess des Ausfragens aussteigen!

- Fehler nicht so wichtig nehmen
- Bei der Korrektur behilflich sein, Anleitung freundlich
- Beschränkte Wahlmöglichkeiten („Willst du lieber den Tisch decken oder den Salat schneiden?", „Möchtest du gleich schlafen oder noch lesen?")
- Humor behalten
- Das Verhalten des verwöhnten Kindes nicht als Haltung gegen sich erleben
- Selbsterfahrung des Erziehenden (Neige ich zu Verwöhnung? Neige ich dazu wegen meiner Persönlichkeitsstruktur oder Lebenserfahrung?)
- Vorbild sein!
- …

→ einfühlsames Verstehen und verantwortungsvolles Handeln (nicht Härte statt Verwöhnung!)

Verwöhnung in der Schule
Auch in der Schule ist das Phänomen Verwöhnung nicht unbekannt. Welcher Lehrer hat noch nicht erlebt, dass – verwöhnte – Schüler im Unterricht unbedingt essen und trinken müssen und ein Verbot dieses Verzehrs als unakzeptable und unnötige Zumutung empfinden? Eltern entschuldigen nicht erledigte Hausaufgaben mit einem Familienausflug und Besuch von der Verwandtschaft, ein Nachreichen wird als nicht hinnehmbar zurückgewiesen. Die Schüler fehlen mit Unterstützung der Eltern wegen Nichtigkeiten und können schon beim kleinsten Wehwehchen nicht mehr an sportlichen Aktivitäten teilnehmen. Diese Anspruchshaltung gilt auch für die Erwartungen an einen motivierenden Unterricht. Statt angemessener Leistungsanforderungen wird ein ansprechender und möglichst viel Spaß bringender Unterricht gefordert. Dass es ein Privileg ist, in die Schule gehen zu dürfen, haben viele Kinder und auch manche Eltern nicht präsent (oder noch nie gehört?).

„Eine Schule, die keine Forderungen an ihre Schüler stellt, produziert schlechte Ergebnisse und sinkendes Wohlbefinden" (Eberhard, S. 113). Die Wirkung ist dieselbe wie im Elternhaus. Hier kann es sogar als Problemverstärker wirken, wenn verwöhnendes Elternverhalten in der Schule akzeptiert und fortgeführt wird. „Schule bietet somit den Raum zum größtmöglichen ‚Betroffenentreff' von Verwöhnten" (Wunsch, S. 106).

Und es gilt auch zu bedenken: „Schule verwöhnt nicht nur, Schule wird selbst verwöhnt" (Wunsch, S. 107), sei es durch die Rahmenbedingungen, steigenden Verbrauch von Material, Heizung, Strom, unnötige Anschaffungen oder durch die Sicherheit, die der Beamtenstatus verleiht. Eine Reflexion dieser Strukturen bietet erste Anhaltspunkte für einen konstruktiven Umgang mit dieser Situation. Voraussetzung ist – wie oben schon erwähnt – eine gute Beziehung, Ermutigung, Wohlwollen, Konsequenz und die Vorbildfunktion der

Lehrkraft. Die folgende Auflistung hat appellativen Charakter, will praktische Möglichkeiten und Ansatzpunkte aufzeigen und vor allem anregen, eigene Ideen zu verwirklichen.

Verwöhnungsphänomene	Mögliche Reaktionen
Arbeitsblätterflut, zu viele Kopien	Selbstgestaltung, mehr Hefteinträge
‚Wander'-tag mit Bus	Ausflug zu Fuß
Vergessene Schulsachen	Konsequenzen selbst erfahren lassen
Inflation des Lobes	Angemessenes Lob, persönliche Ermutigung
Permanente Motivierung	Schule darf langweilig sein
Lückentexte	Texte selber schreiben lassen
‚Servierteller'-Didaktik, zu vieles mundgerecht aufbereitet	Mehr entdeckendes Lernen, herausfordernde Rahmenbedingungen für experimentierendes Tun schaffen
Zu viel Verständnis	Regeln betonen, Konsequenz
Zu intensive Stoffaufteilung	Mehr Eigeninitiative verlangen
Essen und Trinken im Unterricht	Regeln aufstellen und einhalten
Süßes am Pausenverkauf / Kiosk	Kontrolliertes Angebot
Schwätzen	Zu Bedürfnisaufschub anleiten
Wiederholen trotz klarer Aussage	Aufmerksamkeit einfordern
Medienflut	Medieneinsatz reduzieren und reflektieren
Respektlosigkeit	Hinweisen und überzeugen, Orientierung durch Vorbild geben
Pünktlichkeit	Konsequente Mahnung und ggf. angemessene Maßnahmen (z.B. Eltern informieren)
Überempfindlichkeit	Verständnis und Konsequenz
Absenken des Anspruchs (z.B. damit der Schnitt der Schulaufgabe stimmt)	Niveau schulartgemäß festlegen
Immer weniger Hausaufgaben	Angemessene Übungsaufgaben verlangen, evtl. auch individuell unterschiedlich
Vandalismus (aus Langeweile)	Entschlossenes Einschreiten

Um die einzelne Lehrkraft wirksam zu unterstützen, könnte in der Schule ein *Konzept* erarbeitet werden, das allgemeine Grundsätze festlegt, z.B.: Individuelles Fördern durch angemessenes Fordern, Ältere übernehmen Verantwortung für Jüngere (Schüler lernen Rücksicht, Hilfsbereitschaft, Toleranz), etc.

Die Schule ist die einzige Institution, die direkten Zugang zur Elternschaft hat. Daraus ergibt sich die Verpflichtung, Erziehungsthemen aufzugreifen und die Eltern zu sensibilisieren.

Abgesehen davon ist es nicht nur im Rahmen der ‚Erziehungspartnerschaft', sondern auch im Sinne aller Beteiligten von Interesse, gemeinsam mit den Erziehungsberechtigten an einem Strang zu ziehen. Ein *Elternabend* zu diesem Thema könnte also informieren und Gelegenheit zu Diskussion und Absprachen bieten (z. B.: Eltern als ‚Bringservice'?, Freiheit ohne Verantwortung?, Ist Erziehung Sache der Kinder?, Müssen wir unsere Kinder in Watte packen?).

Verwöhnung in der Schulberatung
In der Schulberatung geht es beim Thema Verwöhnung häufig um Eltern, die zum Loslassen und zu verantwortlichem Handeln ermutigt werden möchten. Um die Ratsuchenden zu bestärken, können einige grundsätzliche Überlegungen beitragen:

- Der permissive Erziehungsstil ist ein weit verbreitetes Phänomen und daher *gesellschaftlich akzeptiert*. Eltern befinden sich in einer Rechtfertigungsposition, wenn sie sich nicht unentwegt um die Kinder ‚kümmern' und jeden Schritt kontrollieren. Dies bewusst zu machen, kann schon ein erster Schritt zur Distanzierung sein.
- Zahlreiche Experten propagieren Erziehungsprinzipien, die von der antiautoritären Bewegung beeinflusst sind, und deren Vorstellungen sich (noch?) nicht dauerhaft bewährt haben. Dadurch herrscht *Unsicherheit bei Erziehungsfragen* und es ist in erster Linie wichtig, das Selbstvertrauen der Eltern zu stärken.
- Beruhigend dürfte es auf Eltern wirken, dass *Kinder weniger verletzlich sind als gemeinhin angenommen* und auch etwas aushalten können. „Es gibt keine wissenschaftlichen Beweise, dass man an Kinder keine Forderungen stellen sollte. (…) Das Bild des extrem verletzlichen Kindes, das dauernd aufgrund diverser Bedrohungen Gefahr läuft unterzugehen, ist geschichtlich gesehen ganz neu" (Eberhard, S. 122). Zudem korrespondieren hohe Anforderungen und hohe Erwartungen mit hoher Achtung und hohem Zutrauen in die Fähigkeiten des anderen.
- Ebenfalls entlastend ist es, dass der *Peereinfluss größer ist als dieser von Eltern eingeschätzt* wird (Eberhard, S. 86, 115, 132). Im ökosystemischen Modell sind Einflüsse von Familie vs. Peers mindestens gleich gewichtet. Eltern müssen also nicht alle Eventualitäten abdecken und können auch gar nicht so viel falsch machen, wenn die Beziehung stimmt. Sollten Fehler passieren, können sie bei einer (verantwortungs-)bewussten Erziehung dazu stehen.

Neben der oben angesprochenen Argumentation haben sich in der Beratung von Eltern – zur Beratung von Lehrkräften lässt sich entsprechend anknüpfen (s.o.) – folgende grundsätzliche Gesprächsinhalte in diesem Zusammenhang bewährt:

Häufige Themen in der Beratung:
- Reflexion der momentanen Erziehungsprinzipien und der des Partners
- Reflexion der Erziehungserfahrungen aus der eigenen Kindheit
- Stärkung des Selbstvertrauens der Eltern (z.B.: Es ist gut genug, sein Bestes zu geben, und Fehler gehören dazu; auf das eigene Gefühl achten, nicht alles zuerst auf pädagogische Korrektheit prüfen)
- Zuschauen lernen und Kinder machen lassen, was sie selber können (auch Fehler!)
- Verantwortung für das eigene Verhalten übernehmen (Eltern und Kinder!)
- Anpassung ist in einer Gemeinschaft notwendig (sich nicht als Opfer wahrnehmen)
- Beziehung zum Lehrer verbessern, da diese Beziehung von elementarer Bedeutung für das Kind ist und davon auch die Motivation abhängt
- Irrationale Glaubenssätze bearbeiten (s.o.)
- Strategien zur Entwöhnung

Um konkrete Handlungsschritte zu erarbeiten, bietet folgende – zugegebenermaßen einfache – Formel aus dem Familienhandbuch erste Anhaltspunkte für ein Gespräch.

„Zur Verdeutlichung der Zusammenhänge hier die Verwöhn-Formel 3 = 3
- *falsches Helfen → Eltern übernehmen vom Kind selbst zu erlernende Funktionen*
- *fehlende Begrenzung → Eltern kapitulieren vor den Aktionen der Kinder*
- *ausbleibende Herausforderung → Eltern verhindern eine mutmachende Entwicklung*

führen immer zu: Nichtkönnen → Abhängigkeit → Anspruchshaltung."

www.familienhandbuch.de

Darüber hinaus zeigt das Wertequadrat nach Schulz von Thun Orientierungspunkte auf, die als Gesprächsgrundlage dienen und in Richtung positiver Werte entwickelt werden können, nach dem Motto: von verwöhnendem Verhalten zu verantwortungsvoller Fürsorge.

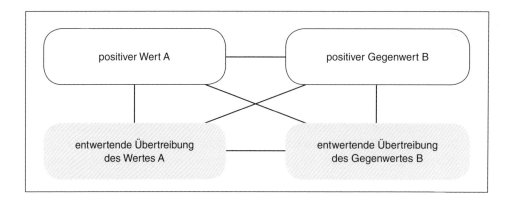

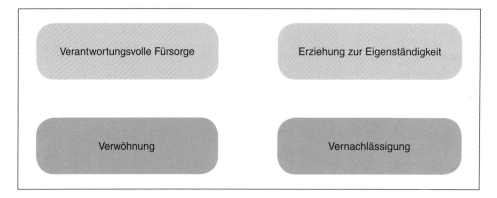

Abbildung 3: Wertequadrat nach Schulz von Thun, Original und Adaptation auf das Thema ‚Verwöhnung'

Wenn das Kind schon in den Brunnen gefallen ist und starke Symptome zu beobachten sind, sind besondere Maßnahmen gefragt. „Entwöhnung basiert auf Einsicht, benötigt Geduld und braucht klare Regeln." (Wunsch, S. 214) Dazu sei ausdrücklich auf die praktikablen Interventionsansätze in Kapitel 3 dieser Publikation hingewiesen. Grundlegende Forschungsbefunde, v.a. zum autoritativen Erziehungsstil, sind in Kapitel 1.3 zu finden.

Ziel jeder Beratung ist es wie immer, individuelle Lösungen zu eröffnen, die die Situation, den Entwicklungsstand und das Umfeld berücksichtigen.

Fazit
Die Folgen von Verwöhnung können schwerwiegend sein und werden häufig unterschätzt, es handelt es sich keineswegs um ein Bagatellproblem. Bei vielen Fragestellungen steht ein permissiver Erziehungsstil im Hintergrund, der Kindern dauerhaft schadet.

Da Schule ein Spiegel der Gesellschaft ist, wird uns der Trend zu immer mehr Absicherung und Bequemlichkeit weiterhin vor Herausforderungen stellen: Verwöhnung wird sich nicht einfach abstellen lassen. Und da wird es sich wohl nicht vermeiden lassen, bei sich selber anzufangen: Was habe ich persönlich mit dem Thema Verwöhnung zu tun?

Wer würde nicht gerne den verlockenden Werbeslogans folgen und sich verwöhnen lassen? Warum nicht, sofern es sich um ‚Highlights' handelt, die den Charakter des Einmaligen oder Außergewöhnlichen wahren. Solange man sich gelegentlich etwas Besonders gönnt, hat das nichts mit Verwöhnung als Dauerzustand oder als Haltung zu tun.

Und Verwöhnung durch Beratung? Diese Gefahr besteht durchaus und es gilt, darauf zu achten, dass Beratung nicht ebenso verwöhnt und dem Ratsuchenden die Verantwortung abnimmt.

Literatur

Bueb, Berhard: Lob der Disziplin, Berlin, 2006, Ullstein

von Cube, Felix: Fordern statt verwöhnen. Die Erkenntnisse der Verhaltensbiologie in Erziehung und Führung, Piper, 1986, München

Eberhard, David: Kinder an der Macht. Die monströsen Auswüchse liberaler Erziehung, München 2015, Kösel

http://www.familienhandbuch.de/babys-kinder/erziehungsfragen/allgemein/KinderundJugendlicheinderVerwoehnungsfalle.php 17.07.2017

Fuhrer, Urs: Überbehütung und Verwöhnung von Kindern, in: Lehrbuch Erziehungspsychologie, 2009, Verlag Hans Huber, S. 250–253

Seligman, Martin E.P.: Erlernte Hilflosigkeit, Weinheim und Basel, 1999, Beltz TB

Wunsch Albert: Die Verwöhnungsfalle, München 2000, Kösel

Wyrwa, Holger: Die Schlaraffenlandkinder, Weinheim und Berlin, 1998, Beltz Quadriga

---

Autoreninfo
Doris Graf ist Schulpsychologin und Supervisorin (bdp). Sie ist Leiterin der Staatlichen Schulberatungsstelle Oberbayern-West.

2.5 Paradoxe Effekte von Lob und Tadel
Prof. Falko Rheinberg & Prof. Dr. Regina Vollmeyer

Ein fragliches Phänomen

Dass Menschen lieber gelobt als getadelt werden, gehört zu unseren alltagspsychologischen Gewissheiten, die bei genauerer Betrachtung keineswegs immer zutreffen. Im Leistungskontext enthält ein Lob zumindest zwei Komponenten, nämlich

1. die *Rückmeldung*, dass man etwas gut oder richtig gemacht hat, sowie
2. die Information, dass jemand anderes dies besonders positiv bewertet und mit einer *Sanktion* versieht. Bei Tadel liegen die Dinge entsprechend umgekehrt.

Beim ersten Aspekt dürfte der Sachverhalt klar sein. Nahezu ausnahmslos machen Menschen Dinge lieber richtig und gut als falsch und schlecht und begrüßen entsprechende Rückmeldungen. Beim zweiten Aspekt, also der zusätzlichen Fremdsanktion, werden die Sachverhalte etwas komplizierter. Das wird schnell klar, wenn man einmal die Ergebnisrückmeldung (1) konstant hält, aber die Sanktion (2) variiert: Zwei Schüler lösen eine sehr leichte Aufgabe, die die ganze Klasse schafft. Bei dem einen Schüler sagt der Lehrer: „Das hast du prima gemacht. Sehr schön!" Bei dem anderen sagt der Lehrer: „Ja, 32 ist die richtige Zahl" (Meyer, 1978, 76). Fragt man Schüler, *wen* der Lehrer wohl für begabter in Mathematik hält, so zeigt sich, dass (ab ca. 15 Jahren, d.h. ab der 8. Klassenstufe) Jugendliche mehrheitlich der Meinung sind, der Lehrer halte den gelobten Schüler für *weniger* fähig (Meyer, 1978). Bei Schülern unter 10 Jahren ist das übrigens umgekehrt. Sie glauben, der Lehrer halte den gelobten Schüler für fähiger.

Für einen *älteren* Schüler kann Lob unter bestimmten Bedingungen also alles andere als ein erwünschtes Ereignis sein. Lob kann ihm nämlich mitteilen, dass der Lehrer ihn offenbar für unfähig hält. Sofern er diese Einschätzung des Lehrers für valide ansieht und er sich in seiner Selbsteinschätzung noch unsicher ist, kann dieses Lob – insbesondere, wenn gehäuft in dieser Weise verabreicht – das → Selbstkonzept seiner Fähigkeiten negativ beeinflussen. Das wiederum kann ungünstige motivationale Folgen haben: Der Schüler traut sich selbst nichts mehr zu, weicht angemessenen Anforderungen aus, hat unnötig Sorgen, versagen zu können, und gibt nach Misserfolgen vorschnell auf (Meyer, 1978, 1984). Das ist sicher das Gegenteil von dem, was der Lobende bewirken wollte. Da solche Effekte überdies krass der Annahme behaviorialer Theoretiker widersprachen, dass Lob ein positiver Verstärker mit entsprechend positiven Verhaltensauswirkungen sei (z.B. Skinner, 1971; → Pädagogische Verhaltensmodifikation), nannte Meyer (vgl. Meyer & Plöger, 1979) diese Auswirkungen „paradoxe Effekte von Lob und Tadel". Er fügte hinzu, dass diese

Paradoxie nur „scheinbar" sei, weil nach ihrer theoretischen Rekonstruktion sich die Effekte stringent ableiten lassen.

Theoretische Rekonstruktion
Meyer (1978) erklärte das beschriebene Phänomen mit einer Kombination zweier attributionstheoretischer Annahmen. Die erste Annahme betrifft das sog. *Fremdbewertungssystem*. Danach werden in der Fremdbewertung Leistungsresultate um so eher sanktioniert, je mehr ihr Zustandekommen auf die Anstrengung des Sanktionierten zurückzuführen ist (Lanzetta & Hannah, 1969; Rheinberg, 1975; Weiner & Kukla, 1970). Meyer nimmt an, dass dieser Sachverhalt ab einem bestimmten Alter zumindest implizit gewusst ist. Ist dies der Fall, kann umgekehrt aus einem Lob geschlossen werden, der Sanktionierende glaube, ich hätte mich angestrengt (respektive bei Tadel: ich hätte mich nicht angestrengt).

Die *zweite* Annahme betrifft das Zusammenwirken von Fähigkeit und Anstrengung beim Zustandekommen von Leistungen (→ Attributionen). Nach Kelley (1972) gibt es in der „naiven" Psychologie kausale Schemata, nach denen leichte Aufgaben entweder mit Fähigkeit oder mit Anstrengung bewältigt werden können (multipel hinreichende Bedingungen); schwere Aufgaben erfordern dagegen sowohl Fähigkeit als auch Anstrengung (multipel notwendige Bedingungen). Meyer bezeichnet diese kausalen Schemata als „kognitive Struktur". Aus der Kombination beider Annahmen ergibt sich Folgendes: Werde ich nach Erfolg bei einer leichten Aufgabe gelobt, entnehme ich dem „Fremdbewertungssystem" zunächst, der Lobende glaube, ich hätte mich angestrengt. Wenn er aber meint, ich würde mich bei so leichten Aufgaben anstrengen (müssen), so muss er glauben, ich hätte zu geringe Fähigkeiten („kognitive Struktur"). Ein Tadel nach Misserfolg bei schweren Aufgaben sagt mir zunächst, der Tadelnde führe mein Abschneiden auf mangelnde Anstrengung zurück („Fremdbewertungssystem"). Wenn er das aber tut, muss er meine Fähigkeiten für so hoch einschätzen, dass er mir bei hoher Anstrengung einen Erfolg zugetraut hätte („kognitive Struktur"). Von daher kann Lob nach gelungener leichter Aufgabe zur Annahme führen, der Lobende halte mich für unfähig, wohingegen Tadel nach misslungener schwieriger Aufgabe zur Annahme führen kann, der andere halte mich für besonders fähig und traue gerade mir viel zu.

Szenariomethode: Einschränkende Bedingungen für das Auftreten paradoxer Effekte
Dass die für paradoxe Effekte erforderliche komplexe Struktur bei jüngeren Kindern noch nicht vorliegt, überrascht nicht. Allerdings scheint das Fremdbewertungssystem (Sieben- bis Neunjährige: Weiner & Peter, 1973), aber auch die kognitive Struktur (Zehn- bis Zwölfjährige: Barker & Graham, 1987; Heckhausen, 1978, 91) schon eher als mit 15 Jahren gegeben zu sein. Meyer (1978) und Heckhausen (1978) vermuten, dass der spätere Zeitpunkt des überwiegenden Auftretens der paradoxen Effekte von Lob und Tadel (15 Jahre)

auf die Erhebungsmethode zurückzuführen sei. Sie verlangt vom Szenarien beurteilenden Kind eine „doppelte Reflexivität" (Heckhausen, 1978, 92). Es soll nämlich darüber nachdenken, was wohl der Lehrer über die Leistungen von zwei Schülern denkt.

Neben den altersbezogenen Einschränkungen nennt Meyer (1984) für das Auftreten der paradoxen Effekte von Lob und Tadel im Wesentlichen noch, dass die Ergebnisse der unterschiedlich sanktionierten Schüler absolut identisch sein müssen und dass der Lehrer die Schüler schon länger kennt, mithin sich ein Fähigkeitsurteil gebildet haben konnte. Werden diese Bedingungen eingehalten und hält man sich strikt an die von Meyer (1978) eingeführte Befragungsmethodik, so sind paradoxe Effekte von Lob und Tadel zumindest in unserer westlichen Kultur ein replikationsstabiles Phänomen (Meyer, Bedau & Engler, 1988). Studien in China können dieses Phänomen nicht bestätigen (Salili & Hau, 1994).

Konkurrierender Erklärungsansatz

Sprechakttheoretische Rekonstruktion
Eine ganz andere Erklärung der paradoxen Effekte von Lob und Tadel liefern Groeben und Blickle (1988, 91) aus sprachpsychologischer-sprechakttheoretischer Sicht. Sie halten Meyers Erklärung der Fähigkeitswahrnehmung für zu kompliziert und schlagen als einfachere Version stattdessen vor, „dass Begabungseinschätzung des Lehrers über den Schüler von diesem unmittelbar als Präsupposition des Sprechaktes im kognitiv-konstruktiven Verstehen der Äußerung mitrealisiert wird". Gemeint ist, Tadel – sofern verstanden – beinhalte immer schon die Einschätzung von höherer Fähigkeit, und die Anstrengungsattribution sei „nur die komplementäre Manifestation dieser Einschätzung, nicht ein notwendiger Zwischenschritt bei der Attributionsgenese" (Groeben & Blickle, 1988, 91). Neben hoher Fähigkeit und geringer Anstrengung gehöre als Drittes eine „normative Erwartungsenttäuschung" zu den Komponenten, die ein Tadel im alltagssprachlichen Verständnis per se enthalte. In der sprechakttheoretischen Rekonstruktion sind also paradoxe Effekte von Lob und Tadel nicht Ergebnis kognitiver Zwischenprozesse, sondern Teil des unmittelbaren Verstehens von Sanktionen. So gesehen gäbe es auch gar keine Paradoxien zu *erklären*, vielmehr müsse hier ein besonderer Sprechakt lediglich *beschrieben* werden.

Probleme der sprechakttheoretischen Erklärung paradoxer Effekte
Unbefriedigend ist an diesem Ansatz, dass unerklärt bleibt, *warum* denn Lob bzw. Tadel alltagssprachlich so, wie behauptet, verstanden werden. Überdies blieb zunächst sogar ungesichert, ob diese Sanktionen im Alltagssprachverständnis überhaupt die oben angegebenen drei Komponenten enthalten. Die Verfasser hatten sich hier offenbar auf ihre eigene Sprachintuition verlassen. Im Fall von Tadel wurde das Alltagssprachverständnis inzwischen empirisch untersucht. Die Ergebnisse widersprechen klar der sprechakttheoreti

schen Behauptung, Tadel würde eine hohe Fähigkeitseinschätzung bereits mit enthalten. Stattdessen wird im Tadel lediglich der Hinweis auf zu geringe Anstrengung, nicht aber der Hinweis auf hohe Fähigkeit unmittelbar mitverstanden (Blickle, 1995). Die Fähigkeitseinschätzung kommt als neue Qualität erst aufgrund kognitiver Mediationsprozesse hinzu. Damit ist dem sprechakttheoretischen Erklärungsansatz der paradoxen Effekte von Lob und Tadel seine Grundlage entzogen. Dieser Ansatz wurde nicht weiter verfolgt.

Die sprechakttheoretische Kritik hat aber auf einen anderen Punkt aufmerksam gemacht. Bei der Methode von Meyer (1978) werden stets zwei Schüler eingeführt, die unterschiedlich sanktioniert wurden. Dies ist aus dem Meyer'schen Erklärungsansatz jedoch nicht abzuleiten, weil der ebenso gut für den Fall einer einzeln sanktionierten Person gelten müsste. Möglicherweise muss es erst zu einer Verletzung von Konversationsmaximen sensu Grice (1975) kommen („sei klar" oder „vermeide Mehrdeutigkeit"), damit Fähigkeitsinferenzprozesse überhaupt angeregt werden.

Ökologische Validität
Da Lob und Tadel in der (pädagogischen) Praxis häufig eingesetzte Maßnahmen sind (Pädagogische Verhaltensmodifikation), stellt sich nach den mehrfach replizierten Befunden zu paradoxen Effekten von Lob und Tadel die Frage, wie vorsichtig oder zurückhaltend man mit der Vergabe von Lob sein müsste. Abweichend von den Befunden zu paradoxen Effekten von Lob und Tadel zeigen die feldexperimentellen Sanktionsexperimente bei aller Befundwidersprüchlichkeit insgesamt *seltener negative Effekte von Lob als von Tadel* (Johannesson, 1967). Wären paradoxe Effekte von Lob und Tadel besonders häufig zu beobachten, müsste das umgekehrt sein. Überdies findet sich in einer Metaanalyse von Deci, Koestner und Ryan (1999) bei 21 Studien, dass verbale Belohnung/Lob zu einer höheren Persistenz führt ($d = 0{,}33$). Untersucht wurde zum einen, wie sehr paradoxe Effekte von Lob und Tadel an die Erhebungsmethode geknüpft sind. Anders als im schnell laufenden Unterrichtsgeschehen sind die Schüler bei Meyer ja in der Rolle eines unbetroffenen und zudem noch hoch reflexiven Urteilers, der darüber nachzudenken hat, welchen von zwei *fiktiven Schülern* ein *fiktiver Lehrer* wohl für begabter hält.

Wenn damit auch stark *methodenabhängig*, sind paradoxe Effekte von Lob und Tadel nicht gänzlich Artefakte der Befragungsmethode – zumindest bei Schülern in der Rolle eines unbetroffenen, reflexiv urteilenden Beobachters (vgl. Hofer & Pikowsky, 1988). Die Methodenabhängigkeit des Effekts schränkt auch die externe Validität der Ergebnisse ein (Henderlong & Lepper, 2002), da es im Alltag sehr selten vorkommt, dass zwei Schüler die gleiche Leistung zeigen, aber der Lehrer ihnen unterschiedliches Feedback im Beisein des anderen Schülers gibt.

Es zeigte sich übrigens, dass Schüler von Lehrern mit individueller → Bezugsnormorientierung, also von Lehrern, die nur selten Fähigkeitsattributionen (→ Atrributionen) vornehmen, auch seltener im Sinne von paradoxen Effekten von Lob und Tadel interpretieren. Sie hielten es auch für unwahrscheinlicher, dass so etwas bei ihrem Lehrer auftreten würde. Das steht auf den ersten Blick im Widerspruch zu der Tatsache, dass diese Lehrer ihre Schüler je nach individuellem Leistungsstand unterschiedlich sanktionieren (Rheinberg, 1980). Damit realisieren sie häufiger die Bedingungen, die in Meyers Szenarien realisiert sind. Allerdings tritt der paradoxe Effekt besonders dann auf, wenn Schüler vermuten, der Lehrer würde Schulleistung mit Begabung/Fähigkeiten erklären (Binser & Försterling, 2004). Genau diese Ursachenerklärung kommt aber bei Lehrern mit individueller Bezugsnormorientierung nur selten vor (Rheinberg, 1980).

Ist der paradoxe Effekt ein Produkt der Befragungsmethode?
Meyers (1984) Befunde wurden mit einer Szenario-Methode gewonnen, bei der die Probanden direkt nach Fähigkeitseinschätzungen des Lehrers gefragt wurden. Kommen Meyers Befunde vielleicht nur dadurch zustande, dass man mit dieser Frage die Probanden auf paradoxe Interpretation lenkt?

- *Stichprobe und Vorgehen.* Rheinberg und Weich (1988) legten N = 263 Realschülern und Gymnasiasten der 5. – 12. Klassenstufen die Szenarien von Meyer (1978) vor. Statt gleich die Einschätzung von Fähigkeiten zu thematisieren, wurden die Schüler ungelenkt gefragt: „Was denkt sich Martin darauf hin wohl?" *(Stufe 1)*. Auf *Stufe 2* wurde sozialer Prespektivwechsel angeregt: „Was überlegt Martin, was der Lehrer über ihn denkt?" Dann wurden Kausalattributionen (→ Attributionen) angesprochen: „Warum behandelt der Lehrer die beiden Schüler so unterschiedlich?" *(Stufe 3)*. Auf der *Stufe 4* wurden die Schüler dann wie bei Meyer direkt nach Fähigkeitseinschätzungen gefragt.
- *Auswertung.* Die freien Schülerangaben Stufen 1 bis 3 wurden mit einer 87-prozentigen Übereinstimmung sechs Inhaltskategorien zugeordnet. Die Daten wurden varianzanalytisch ausgewertet.
- *Ergebnis.* Bei geringster Lenkung (Stufe 1) interpretierten Schüler die Szenarien am häufigsten mit der Kategorie „Sympathie/Ungerechtigkeit" (37,6 Prozent). Paradoxe Interpretationen traten hier nur sehr selten auf (10,2 Prozent). Die Prozentzahl paradoxer Interpretationen steigt statistisch signifikant auf 50,1 Prozent an, je stärker die Schüler mit den Fragestufen auf den paradoxen Effekt gelenkt werden ($p < 0.01$). Erwartungsgemäß liefern ältere Schüler statistisch signifikant mehr paradoxe Interpretationen als jüngere ($p < 0.01$).

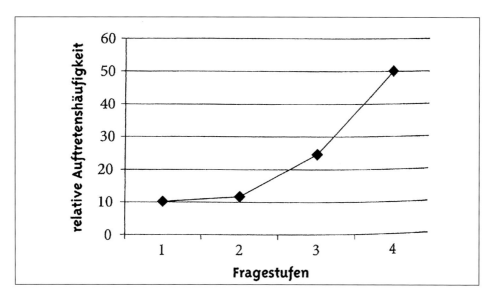

Abbildung 1: Relative Auftretenshäufigkeit des paradoxen Effekts auf vier Fragestufen

- Kommentar. Da ein – wenn auch nur sehr kleiner – Teil der Schüler (10,2 Prozent) auch bei geringster Lenkung *(Stufe 1)* in Kategorien des paradoxen Effektes interpretiert, ist dieser Effekt nicht allein ein Produkt der Erhebungsmethode. Allerdings sind ohne Lenkung andere Interpretationen viel wahrscheinlicher (z.B. Sympathie). Durch Meyers (1978) direkte Fähigkeitsfrage *(Stufe 4)* wird die Auftretenshäufigkeit des paradoxen Effektes dann verfünffacht. Das spricht für eine sehr deutliche Methodenabhängigkeit des Effektes, stellt ihn aber nicht gänzlich infrage. In der Praxis scheint die individualisierende Sanktionierungsstrategie von Lehrern mit individueller → Bezugsnormorientierung unproblematisch zu sein, da ihre Schüler diese Sanktionen anders interpretieren.

Lob-Untersuchungen im Unterricht

Sofern die Bedingungen der paradoxen Effekte von Lob und Tadel (unterschiedliche Sanktionierung von identischen Resultaten) nicht im Unterricht exakt hergestellt sind, lässt sich nicht beurteilen, ob paradoxe Effekte von Lob und Tadel auch im Fall direkt betroffener Schüler auftreten oder nicht. Es spräche allerdings gegen die praktische Relevanz, wenn sich paradoxe Effekte von Lob und Tadel nicht oder nur selten in Feldexperimenten mit Lobverwendung finden ließen. Das scheint aber der Fall zu sein. In den 32 bei Johannesson (1967) zusammengestellten Lob-Experimenten traten jedenfalls in *keinem* Experiment negative Lob-Effekte auf. Tacke und Linder (1981) fanden dagegen, dass Schüler, die in einem Unterrichtsexperiment für einfache Behaltensleistungen *nicht* gelobt wurden, ein besseres Selbstkonzept des Gedächtnisses entwickelten, wohingegen gelobte Schüler ihre diesbezügliche → Selbsteinschätzung nicht änderten.

In einer detaillierten Felduntersuchung von Pikowsky (1988) zum Verständnis und zur Wirkung von Lob wurden soeben gelobte Schüler aus dem Unterricht genommen und zu ihrer Interpretation dieses Lobes sowie zu den vermuteten Lehrerkognitionen befragt. Diese Kognitionen wurden dann mit denen der Lehrer (erfasst nach der Unterrichtsstunde) verglichen. Zunächst zeigte sich, dass Lehrerlob – sofern vom Schüler wahrgenommen – *ausnahmslos* positiv bewertet wurde. In 96 Prozent aller Fälle wurde sowohl vom Lehrer als auch vom Schüler das Lob mit mittlerer oder guter bis sehr guter Begabung in Zusammenhang gebracht. In *keinem* Fall wurden Interpretationen von der Art der paradoxen Effekte von Lob und Tadel gefunden. Das Phänomen „Paradoxe Effekte von Lob und Tadel" ist damit für den laufenden Unterricht natürlich nicht widerlegt. Es scheint im Schulalltag allerdings selten aufzutreten.

Ausblick
Abschließend wollen wir die Forschung zu den paradoxen Effekten von Lob und Tadel bewerten und sie in Beziehung zu verwandten Ansätzen setzen. Der von Meyer (Meyer & Plöger, 1979) beschriebene Effekt wird nur unter eingeschränkten Bedingungen gefunden (s.o.). Meyer und Kollegen untersuchten auch nur die Auswirkungen auf selbst berichtete Fähigkeitseinschätzung und Sympathie. Verhaltensindikatoren wie z.B. Persistenz oder Leistung wurden nicht untersucht. Theoretisch wäre es also möglich, dass sich die Gelobten oder die Getadelten, die auf Fähigkeit attribuieren können, zwar für kompetenter halten, aber trotzdem nicht mehr weiter lernen wollen. Es wären also Studien nötig, die aufzeigen, dass die Fähigkeitseinschätzung den Einfluss von Lob bzw. Tadel auf die Leistung mediiert. In Bezug auf die Wirkung von Tadel fehlen solche Studien. Die Literatur über die Effekte von Lob und Tadel ist auch nur auf den deutschsprachigen Raum begrenzt, während Ansätze zu Lob auch international diskutiert werden. Deswegen möchten wir hier auch internationale Ansätze erwähnen.

Henderlong und Lepper (2002) geben einen sehr guten Überblick über Theorien und empirische Studien, die den Effekt von Lob auf Persistenz thematisieren. Auch sie sprechen sich gegen eine nur positive Wirkung von Lob aus, wie es in den behavioristischen Theorien noch angenommen wurde. In Anlehnung an die Selbstdeterminationstheorie von Deci und Ryan (1985) kann Lob sehr wohl negative Auswirkungen haben. Die negativen Folgen treten dann auf, wenn sich die Gelobten bewusst werden, dass sie die Tätigkeit lediglich ausführen, um das Lob zu erhalten, und sie sich dadurch in ihrer Autonomie verletzt fühlen. Dieser Effekt konnte jedoch in einer Metaanalyse von Deci, Koestner und Ryan (1999) nur für materielle Belohnung (die materiell belohnte Gruppe arbeitet persistenter als die Kontrollgruppe: d = .33), nicht aber für verbale Belohnung/Lob nachgewiesen werden (s.o.).

Dass bei der Wirkung von Lob und Tadel auf Persistenz sehr viele Moderatoren zu berücksichtigen sind, betonen Henderlong und Lepper (2002). Sie nehmen an, dass Lob dann schadet, wenn

- nicht passende Attributionen gefördert werden (z.B. Lob bei leichten Aufgaben),
- Autonomie unterminiert wird (z.B. kontrollierendes Lob: „Das hast du gut gemacht, genauso wie du solltest!"),
- Kompetenz unterminiert wird (z.B. Lob, das nur sozialen und nicht individuellen Vergleich nahelegt: „Du hast schlechter abgeschnitten als deine Mitschüler."),
- zu hohe oder unrealistische Standards gesetzt werden (z.B. „Du bist das fleißigste Mädchen, das ich gesehen habe.").

Literatur

Einführende Literatur
Blickle, G. (1995). Welche Bedeutung hat das Konzept „Tadel" für Schüler? Zeitschrift für Pädagogische Psychologie, 9, 112–128.

Weiterführende Literatur
Meyer, W.U. (1984): Das Konzept von der eigenen Begabung. Bern: Huber

Meyer, W.U. (1992): Paradoxical effects of praise and criticism on percieved ability. In E. Stroebe & M. Hewston (Eds.), European review of social psychology (Vol. 3, pp. 259–283). Chichester: Wiley

Rheinberg, F. (Hrsg.): (1988). Paradoxe Effekte von Lob und Tadel. (Themenschwerpunktheft der Zeitschrift für Pädagogische Psychologie, 2.) Bern: Huber

Zitierte Literatur
Barker, G.P. & Graham, S. (1987): Developmental study of praise and blame as attributional cues. Journal of Educational Psychology, 79, 62–66

Binser, M.J. & Försterling, F. (2004): Paradoxe Auswirkungen von Lob und Tadel: Personale und situative Mediatoren. Zeitschrift für Entwicklungspsychologie und Pädagogische Psychologie, 36, 182–189

Blickle, G. (1995): Welche Bedeutung hat das Konzept „Tadel" für Schüler? Eine Überprüfung sprachpsychologisch-sprechakttheoretischer Hypothesen zu einer scheinbar paradoxalen Wirkung von Tadel. Zeitschrift für Pädagogische Psychologie, 9, 112–128

Deci, E.L., Koestner, R. & Ryan, R.M. (1999): A meta-analytic review of experiments examining the effects of extrinsic rewards on intrinsic motivation. Psychological Bulletin, 125, 627–668

Deci, E.L. & Ryan, R.M. (1985): Intrinsic motivation and self-determination in human behavior. New York, NY: Plenum Press

Grice, H.P. (1975): Logic and Conversation. In P. Cole & J.L. Morgan (Eds.), Syntax and semantics (Vo. 3: Speech and acts, pp. 41–58). New York, NY: Academic Press

Groeben, N. & Blickle, G. (1988): Gegen einen objektivistisch halbierten Kognitivismus: Kognitiv-konstruktives Sprachverstehen und nicht-paradoxe Wirkung von Lob und Tadel. Zeitschrift für Sozialpsychologie, 19, 85–117

Groeben, N. & Blickle, G. (1992): Anmerkungen zum „Verstehensvorgang bei scheinbar paradoxen Wirkungen von Lob und Tadel" nach Reisenzien, Debler & Siemer (1992). Zeitschrift für experimentelle und angewandte Psychologie, 39, 684–688

Heckhausen, H. (1978): Kommentar zum Beitrag von Meyer. In D. Görlitz, W.-U. Meyer & B. Weiner (Hrsg.), Bielefelder Symposium über Attribution (S. 89–104). Stuttgart: Klett

Heider, F. (1958): The psychology of interpersonal relations. New York, NY: Wiley

Henderlong, J. & Lepper, M.R. (2002): The effects of praise on children's intrinsic motivation: A review and synthesis. Psychological Bulletin, 128, 774–795.

Hofer, M. & Pikowsky, B. (1988): Wie Jugendliche bei freier Antwortmöglichkeit Lehrersanktionen deutschen. Zeitschrift für Pädagogische Psychologie, 2, 243–250

Johannesson, J. (1967): Effects of praise and blame. Stockholm: Almquist & Wiksell

Kelley, H.H. (1972): Causal schemata and the attribution process. New York, NY: General Learning Press

Lanzetta, J.T. & Hannah, T.E. (1969): Reinforcing behaviour of „naive" trainers. Journal of Personality and Social Psychology, 11, 245–252

Meyer, W.U. (1978): Der Einfluss von Sanktionen auf die Begabungsperzeption. In D. Görlitz, W.-U. Meyer & B. Weiner (Hrsg.), Bielefelder Symposium über Attribution (S. 71–87). Stuttgart: Klett

Meyer, W.U. (1984): Das Konzept von der eigenen Begabung. Stuttgart: Huber

Meyer, W.U., Bedau, U. & Engler, U. (1988): Indirekte Mitteilungen über Fähigkeitseinschätzungen in hypothetischen Lehrer-Schüler-Interaktionen. Zeitschrift für Pädagogische Psychologie, 2, 235–242

Meyer, W.U. & Plöger, F.O. (1979): Scheinbar paradoxe Wirkungen von Lob und Tadel auf die wahrgenommene eigene Begabung. In S.H. Filipp (Hrsg.), Selbstkonzept-Forschung. (S. 221–236). Stuttgart: Klett

Pikowsky, B. (1988): Lob im Unterricht: Lehrer- und Schülerkognitionen im Vergleich. Zeitschrift für Pädagogische Psychologie, 2, 251–258

Rheinberg, F. (1975): Zeitstabilität und Steuerbarkeit von Ursachen schulischer Leistung aus der Sicht des Lehrers. Zeitschrift für Entwicklungspsychologie und Pädagogische Psychologie, 7, S. 180–194

Rheinberg, F. (1980): Leistungsbewertung und Lernmotivation. Göttingen: Hogrefe

Rheinberg, F. & Weich, K.W. (1988): Wie gefährlich ist Lob? Eine Untersuchung zum „Paradoxen Effekt" von Lehrersanktionen. Zeitschrift für Pädagogische Psychologie, 2, 227–235.

Salili, F. & Hau, K.T. (1994): The effect of teachers' evaluative feedback on Chinese students' perceptions of ability: A cultural and situational analysis. Educational Studies, 20, 223–236

Skinner, B.F. (1971): Erziehung als Verhaltensformung. München: Kindler

Tacke, G. & Linder, F. (1981): Der Einfluss individualisierenden Lehrerverhaltens auf das Selbstkonzept von Schülern. Zeitschrift für Entwicklungspsychologie und Pädagogische Psychologie, 13, 190–193

Weiner, B. & Kukla, A. (1970): An attributional analysis of achievement motivation. Journal of Personality and Social Psychology, 15, 1–20

Weiner, B. & Peter, N. (1973): A cognitive-developmental analysis of achievement and moral judgements. Developmental Psychology, 9, 290–309

aus: Rost (Hrsg.), Handwörterbuch Pädagogische Psychologie © 2010 Programm PVU Psychologie Verlags Union in der Verlagsgruppe Beltz · Weinheim Basel

3 Interventionsansätze

3.1 Ansätze in Kommunikation und Interaktion

3.1.1 Gewaltfreie Kommunikation
Heike Kozikowski

Abstract
„Wir können nicht nicht kommunizieren", sagte einst Paul Watzlawick. So ist es auch in der Schule. Im täglichen Miteinander entstehen immer wieder Schwierigkeiten/Konflikte aufgrund missverstandener oder mangelnder verbaler Kommunikation. Der folgende Artikel zeigt Möglichkeiten, für ein wertschätzendes Miteinander in Schule und Familie mit der Methode der Gewaltfreien Kommunikation nach Dr. Marshall B. Rosenberg, auf.

„Wenn wir unseren Kindern vorleben, wie sie für sich sorgen,
ohne andere zu verletzen, lernen sie alles, was sie zum Leben brauchen."
(Isolde Teschner)

Vorbemerkung
„Man kann nicht nicht kommunizieren", sagte einst Paul Watzlawick. So ist es auch in der Schule. Im täglichen Miteinander entstehen immer wieder Konflikte aufgrund missverstandener oder mangelnder verbaler Kommunikation. Unser Denken, insbesondere in der Schule, ist häufig geprägt von einer Unterscheidung in Richtig und Falsch, Schuldig oder Unschuldig. Entweder wird die Schuld dem anderen zugeschrieben oder bei sich selber gesucht. In beiden Fällen führt dies zu einer lebensentfremdenden Kommunikation (vgl. Rosenberg, M., 2012, S. 35). Keiner der Gesprächspartner fühlt sich wirklich wohl und es werden Strategien entwickelt, die ein friedliches und lebensbereicherndes Miteinander verhindern.

Wäre es nicht wunderbar, täglich in eine Schule gehen zu können, in der das Miteinander geprägt ist von:

Abbildung 1: Unser Miteinander

Theoretische Grundlagen

„Konflikte sind der tragische Ausdruck nicht erfüllter Bedürfnisse!"
(Dr. Marshall B. Rosenberg)

Gewaltfreie Kommunikation (GFK) nach Dr. Marshall B. Rosenberg

Dr. Marshall B. Rosenberg (1934–2015, amerikanischer Psychologe, Gründer des „Center for nonviolent communication" und international tätiger Mediator) entwickelte eine Gesprächsform, die es auf sehr einfache Art ermöglicht, den Kommunikationsfluss zu erleichtern. Dadurch wird ein gegenseitiges Verständnis und ein einfühlsames, wertschätzendes Miteinander gefördert. Angst, Schuld, Scham sowie moralisches Urteilen verlieren an Bedeutung.

Für Rosenberg findet sich hinter jedem Ärger ein Bedürfnis, dass nicht erfüllt ist (vgl. 2012, S. 166). Kern der Gewaltfreien Kommunikation (GFK) nach Rosenberg ist das Verstehen der eigenen und fremden Bedürfnisse. Alle Menschen haben die gleichen Bedürfnisse, erfüllen sich diese aber mit unterschiedlichen Strategien. Dadurch entstehen Konflikte auf der Verhaltensebene. Einander verstehen, ohne mit dem Verhalten des Gesprächspartners einverstanden sein zu müssen, ermöglicht einen neuen Umgang mit Gefühlen. Diese

Möglichkeit, Gefühle auszudrücken, zeigt für beide Parteien neue Wege auf, wie solche Situationen zu verstehen und zu bewältigen sind.

Die Gewaltfreie Kommunikation basiert auf drei Säulen:

- *Selbstempathie* ist die Voraussetzung für einfühlsames Zuhören und authentischen Selbstausdruck. Nur wenn ich mir selber über meine Gefühle und Bedürfnisse klar bin, kann ich Entscheidungen treffen, hinter denen ich stehe, und gut für mich und mein Gegenüber sorgen.
- *Einfühlsames Zuhören* bedeutet, ganz präsent dem Gegenüber zuzuhören, dessen Gefühle und Bedürfnisse wahrzunehmen und auch einmal Stille auszuhalten. Dieses tiefe Verständnis führt zu einer Verbindung mit dem Gegenüber und wirkt deeskalierend. Ratschläge, Bestärkung, Mitleid, Sympathie, Trost und Erklärungen würden die andere Person manipulieren und sind kein Ausdruck einfühlsamen Zuhörens.
- *Ein achtsamer und authentischer Selbstausdruck* ist nur dann möglich, wenn ich mit mir selbst verbunden bin, mir Selbsteinfühlung geben kann. Somit kann ich meinem Gesprächspartner (non-)verbal achtsam und klar meine Beobachtung, mein Gefühl und meine Bedürfnisse mitteilen, ohne ihn anzugreifen bzw. zu verletzen (vgl. Weckert, A., 2016, S. 40 ff.).

Grundannahmen der Gewaltfreien Kommunikation
Die Arbeit von Rosenberg wurde geprägt vom humanistischen Menschenbild, der klientenzentrierten Gesprächstherapie nach Carl Rogers und Gandhis Überlegungen zur Gewaltfreiheit.

Daraus resultieren die folgenden Grundannahmen der Gewaltfreien Kommunikation:

- „Alle Menschen möchten ihre Bedürfnisse erfüllt bekommen.
- Wir leben in anregenden, wohltuenden Beziehungen, wenn wir diese Bedürfnisse durch Zusammenarbeit statt durch aggressives Verhalten erfüllen.
- Jeder Mensch hat bemerkenswerte Ressourcen und Potenziale, die uns erfahrbar werden, wenn wir durch Einfühlung mit ihnen in Kontakt kommen.
- Jedes Verhalten ist ein mehr oder weniger gelungener Versuch, ein Bedürfnis zu erfüllen.
- Jedes Bedürfnis dient dem Leben, insofern gibt es keine negativen Bedürfnisse!" (Orth, G. & Fritz, H., 2013, S. 15)

Die vier Schritte der Gewaltfreien Kommunikation
Rosenberg bediente sich zweier gegenläufiger Kommunikationsformen: Der lebensbereichernden sog. „Giraffensprache" und der lebensentfremdenden sog. „Wolfsprache". Diese

Symbole dienen der Erheiterung und Leichtigkeit im Umgang mit dem Erlernen der häufig unbekannten „Giraffensprache" (vgl. Rosenberg, M., 2009, S. 9). Anzumerken ist, dass in der Altersgruppe 10–18-Jährigen die Begriffe Wolf und Giraffe häufig als „kindisch" empfunden werden und daher eher zu vermeiden sind (vgl. Hart, S. & Kindle Hodson, V., 2010, S. 71).

In der Regel sind wir mit einer Sprache sozialisiert, die nur die eigenen Bedürfnisse sieht, die über Mitmenschen urteilt, sie abstempelt, sie in Kategorien von guten und schlechten Menschen unterteilt, sie beschuldigt und Forderungen an sie stellt. Rosenberg nennt dies die „Wolfsprache".

Davon zu unterscheiden ist die „Giraffensprache", auch als Sprache des Gebens und Nehmens, Sprache des Herzens, der einfühlsamen und Wertschätzenden Kommunikation bekannt. Rosenberg hat die Giraffe als Symboltier gewählt, da sie das Landtier mit dem größten Herzen ist und aufgrund ihrer Größe den Überblick und Weitblick über Situationen hat. Somit kann sie verschiedene, mögliche Lösungswege erkennen. Die „Giraffensprache" drückt aus, was tatsächlich beobachtbar ist. Sie versucht die eigenen und die Bedürfnisse der anderen wahrzunehmen und einen Weg zu finden, mit dem sich beide Gesprächspartner ihre Bedürfnisse erfüllen können.

Die Aufrichtigkeit als...

Giraffe	Wolf
Ich sage dir mal ganz ehrlich und aufrichtig,...	Ich sage dir mal ganz ehrlich und aufrichtig,...
... wie es mir geht. ... was ich brauche. ... was meine Bitte ist.	... was mit dir nicht stimmt. ... was ich über dich denke. ... welche Urteile ich über dich habe.

vgl. Pierre Boisson, Kurzpräsentation Wertschätzende Kommunikation in der Erziehung mit Kindern

Abbildung 2: Aufrichtigkeit als Giraffe und Wolf

Unterstützt wird die Giraffensprache von vier Schritten, die eine sehr einfache und klare Kommunikationsstruktur bieten:

1. *Schritt: Beobachten ohne zu Bewerten*
   Für eine gemeinsame Gesprächsbasis braucht es eine klare Unterscheidung zwischen Beobachten und Bewerten. Die größte Herausforderung liegt darin, beides nicht miteinander zu vermischen. „Beobachten, ohne zu bewerten, ist die höchste Form menschlicher Intelligenz", sagte Jiddu Krishnarmuti. Eine von der Bewertung getrennte Beobachtung verhilft zu einer Klarheit für beiden Parteien. Eine Bewertung ist immer subjektiv und sollte nicht persönlich genommen werden. Neben dem Beobachten ist hier auch das genaue Zuhören gemeint. Beides wird im Alltag sehr schnell mit Bewertungen – dem inneren Kopfkino – vermischt.

   Beispiel:
   Ich sehe Flecken in deinem Heft und zehn durchgestrichene Worte. (Beobachtung)
   Du arbeitest schlampig. (Bewertung)

2. *Schritt: Gefühle versus Interpretation / Gedanken*
   Die Gefühle werden zwar durch Beobachtungen ausgelöst, gleichzeitig sind sie Indikatoren für unsere erfüllten bzw. nicht erfüllten Bedürfnisse. Sie dienen als wichtige Hinweisgeber. Für meine Gefühle bin ganz alleine ich verantwortlich. Sie ermöglichen meinem Gegenüber, mich besser zu verstehen. Interpretationen hingegen suchen die Schuld für die eigenen Gefühle bei dem Gegenüber.

   Bespiel:
   Ich bin allein / einsam / traurig. (Gefühl)
   Ich fühle mich ausgeschlossen. (Interpretation / Gedanke)
   Gefühleliste: siehe Anhang

3. *Schritt: Bedürfnisse versus Strategien*
   Jede Handlung, die wir ausführen, dient der Erfüllung von Bedürfnissen. Diese sind bei allen Menschen gleich und zeigen sich in unterschiedlichen Handlungen. Die Bedürfnisse sind positiv, abstrakt und unabhängig von einer bestimmten Person. Wenn wir auf der Ebene der Bedürfnisse kommunizieren, dann können wir gemeinsam Lösungen suchen, um die Bedürfnisse beider Parteien zufriedenzustellen. Somit können Konflikte vermieden werden.

Beispiel:
Mir ist Bewegung wichtig. (Bedürfnis)
Ich wackele mit meinem Stuhl. Ich laufe auf dem Gang auf und ab. (Strategien)
Bedürfnisliste: siehe Anhang
Eine weitere Liste mit Formulierungen, die für Kinder leichter zu verstehen sind, ist bei Orth, G. & Fritz, H. (2013, S. 31 f.) zu finden.

4. *Schritt: Bitte / Lösungen finden versus Forderung*

Mit einer Bitte gebe ich meinem Gegenüber die Möglichkeit, mir zu helfen, mein Bedürfnis zu erfüllen. Dies setzt voraus, dass die Bitte positiv, konkret und klar formuliert und dem Gegenüber auch das dahinterstehende Bedürfnis mitgeteilt wird. Gleichzeitig ist sie offen für ein „Nein", d.h. ich respektiere das Bedürfnis nach Selbstbestimmung des Gegenübers.
Zu unterscheiden sind fünf verschiedene Arten von Bitten (vgl. Weckert, A., 2016, S. 111):

- Eine Bitte um konkrete Handlung, d.h. eine klare Aussage, wie mein Gegenüber mein Bedürfnis erfüllen kann.
- Eine Bitte um Empathie, d.h. ich brauche einen guten Zuhörer, der sich in meine Gefühle und Bedürfnisse einfühlen kann ohne zu vergleichen oder Ratschläge zu geben.
- Eine Bitte um Rückmeldung, um die Meinung meines Gegenübers zu einem Thema zu erfahren.
- Eine Bitte um Wiedergabe des Gesagten, damit sichergestellt wird, dass ich mich verständlich ausgedrückt habe, und um Missverständnisse zu vermeiden.
- Eine Bitte an mich selber, d.h. für mich zu sorgen. Immer dann, wenn mir die täglichen Herausforderungen über den Kopf wachsen, darf ich diese mit anderen teilen oder für eine Auszeit sorgen. Gleichzeitig ist es wichtig, sich immer wieder der täglichen Freuden bewusst zu werden und auch diese zu feiern und zu teilen.

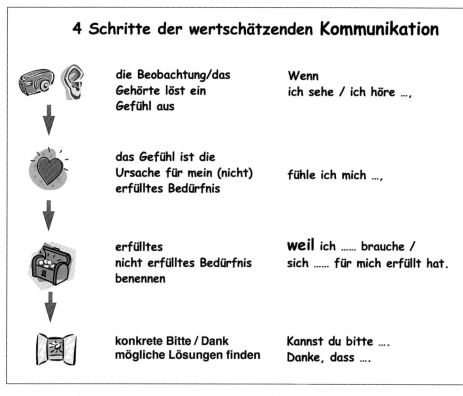

Abbildung 3: Vier Schritte der Wertschätzenden Kommunikation

Durch viel Übung kann aus dem einfachen Werkzeug der Gewaltfreien Kommunikation eine empathische Grundhaltung entstehen, die es ermöglicht, auch unter Druck respektvoll und achtsam miteinander umzugehen.

Eisbergmodell der Wertschätzenden Kommunikation

Das Eisbergmodell eignet sich sehr gut, um noch einmal zu verdeutlichen, wie unsere Kommunikation im Alltag abläuft. Das, was wir oberhalb des Wasser erkennen und hören können, sind Worte, Körpersprache und Handlungen. Was wir leider nicht sehen und hören, liegt unter der Wasseroberfläche und ist der weitaus größere Teil des Eisberges, nämlich unsere Gefühle, Bedürfnisse, Wahrnehmungen, Werte, Einstellungen, Motive und Erfahrungen.

Für ein wertschätzendes Miteinander bedarf es Mut und Vertrauen, dem Gegenüber Einblicke unter die Wasseroberfläche zu geben bzw. einfühlend mit entsprechenden Fragen zu erfahren, was zu den Worten und Handlungen meines Gegenübers geführt hat. Nur dadurch kann ich verstehen, was der andere wirklich braucht.

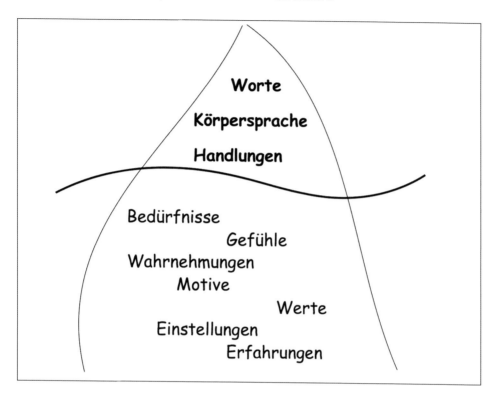

Abbildung 4: Das Eisbergmodell

Welche Sprache möchtest du anwenden?

In jedem Menschen stecken beide Seiten – die Giraffe und der Wolf –, es liegt an dir selber, für welche Seite du dich entscheidest: Willst du Gelassenheit oder gestresst sein?

Giraffensprache	Wolfsprache
Erkennt Wahlmöglichkeiten an Es gibt viele Möglichkeiten um Bedürfnisse zu erfüllen.	Verneint Wahlmöglichkeiten Es gibt nur einen, meinen Weg Ich muss … .
Nimmt Fülle wahr Die Bedürfnisse aller können zufrieden gestellt werden. Es gibt dich und mich.	Nimmt Einschränkungen wahr Wir können nicht die Bedürfnisse aller zufrieden stellen. Entweder du oder ich.
Beobachtet und spricht aus Ich sehe… . / Ich höre… .	Urteilt und Bewertet Er ist geizig. Sie ist … . Du bist … .
Übernimmt Verantwortung für die eigenen Gefühle und Bedürfnisse Ich fühle mich …, weil ich … brauche.	Klagt sich selbst und andere an Ich fühle mich…, weil du … .
Fragt danach was der andere erfüllen kann Wärest du bereit … ? Ist das o.k. für dich?	Stellt Forderungen auf Du hast zu … Wenn du nicht …, dann … .
Hört einfühlsam zu Fühlst du dich …, weil du … brauchst?	Hört selektiv zu Gibt Ratschläge, manipuliert, analysiert.

vgl. Hart, S. & Kindle Hodson, V., 2010, S. 97

Abbildung 5 „Welche Sprache möchtest du anwenden?"

Praktische Anwendung

Im folgenden praktischen Teil wird von Wertschätzender Kommunikation gesprochen, die im Wesentlichen auf der Gewaltfreien Kommunikation von Dr. Marshall B. Rosenberg basiert. Gleichzeitig ist meine praktische Arbeit beeinflusst von einer Vielzahl weiterer Kommunikationsmethoden wie z.B. NLP, Schulz von Thun, Themenzentrierte Interaktion sowie Kommunikationsregeln nach Watzlawick. Wie kann die Schulberatung die schulinterne Wertschätzende Kommunikation konkret unterstützen?

Es wäre ein wunderbarer Traum,
wenn sich alle an Schule beteiligten Personen gemeinsam auf den Weg machen könnten,

wenn alle offen dafür wären, miteinander und voneinander zu lernen,
wenn eine wertschätzende Schulkultur wachsen könnte,
wenn alle an Schule beteiligten Personen auf einer gleichwürdigen Ebene mit ihren Bedürfnissen wahrgenommen werden.
Schüler, Lehrer und Eltern sind zwar nicht gleichrangig, aber gleichwürdig (vgl. Jasper, J., 2011).

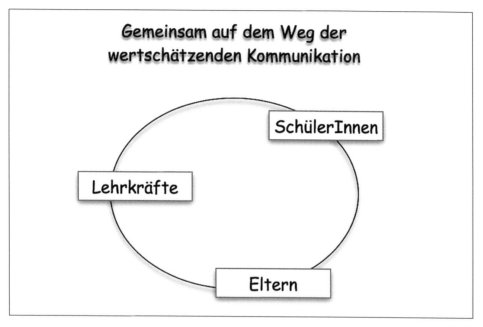

Abbildung 6: Gemeinsam auf dem Weg der WSK

Manches lässt sich nicht gleich realisieren. Auch als Beratungslehrer unterliegt man dem vorgegebenen System, den Widerständen und der Skepsis vieler Kollegen und Eltern (vgl. Dormann, M., 2017, S. 58–61). Gleichzeitig kann sich jeder Einzelne jedoch mit seinem Verhalten und seiner Haltung auf den Weg begeben. Hier möchte ich das Lied „Sieh die Schönheit in mir" erwähnen, dass das Bedürfnis eines jeden von uns, egal ob Groß oder Klein, nach Gesehenwerden, Wahrgenommenwerden und Anerkennung sehr schön beschreibt (vgl. Rosenberg, M., 2009, S. 11).

Des Weiteren verweise ich auf eine Studie, die die Auswirkungen von Gewaltfreier Kommunikation an Grundschulen untersuchte. Diese kam zu dem Ergebnis, dass sich die Beziehungen zwischen Schüler und Lehrer sowie das Konfliktverhalten aller verbesserte und das Vertrauen in die Kommunikationsfähigkeit gestiegen ist (vgl. Hart, S. & Kindle Hodson, V., 2010, S. 20).

Wenn ein Beratungslehrer, der mit einer wertschätzenden Haltung und dem Werkzeugkoffer mit den vier Schritten der Gewaltfreien Kommunikation ausgestattet ist, den Kollegen, Eltern und Schülern gegenübertritt, ist schon ein großer Schritt in Richtung wertschätzendes Miteinander getan. Auch wenn es sicher nicht immer einfach scheint, haben die Gesprächsbeteiligten jederzeit die Möglichkeit, für sich selbst zu entscheiden: den Gesprächseinstieg als Einladung/Geschenk anzunehmen und dann gemeinsam Lösungen zu suchen oder gestresst und blockierend zu reagieren. Egal wie die Reaktion erfolgt, ergibt sie sich aus dahinterstehenden Gefühlen und Bedürfnissen, die nicht immer in angenehme Strategien verpackt werden. Dieses Wissen erleichtert es, manche Gespräche nicht zu persönlich zu nehmen.

Dabei bleibt stets zu beachten, dass es sich bei der Wertschätzenden Kommunikation keineswegs um eine „Wir haben uns alle lieb" - Sprache handelt, sondern sie besticht in ihrer Klarheit und Authentizität, mit der wir einander begegnen. Es geht stets um ein Geben und Nehmen auf der Strategieebene, um die Erfüllung der Bedürfnisse aller sicherstellen zu können. Kelly Bryson (2006) sagt im gleichnamigen Buch dazu: „Sei nicht nett, sei echt!"

Eine Verbindung zu meinem Gegenüber kann jedoch erst dann entstehen, wenn ICH mich selbst verstehe, d.h. tatsächlich meinen unteren Teil des Eisbergs genauer betrachte. Danach kann ich entscheiden, ob ich empathisch dem DU gegenübertrete und versuche, es zu verstehen oder ob ich mich klar und authentisch dem DU gegenüber ausdrücke. Dabei kommt es häufig zu einer Art Tanz, indem ich vom ICH zum DU zum ICH immer wieder in den vier Schritten gehe.

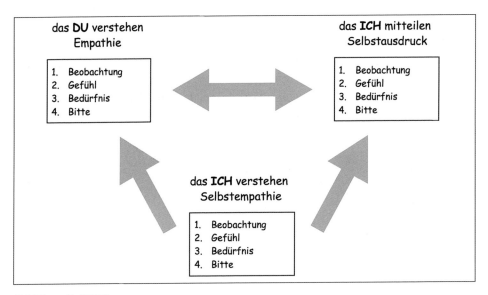

Abbildung 7: GFK-Tanz

Bevor der Beratungslehrer in ein Gespräch mit Kollegen, Schülern oder Eltern geht, gilt es zunächst gut für sich zu sorgen. Er sollte sich selbst in der Lage fühlen, diesen Prozess mit dem jeweiligen Gesprächspartner zu durchlaufen.

In den folgenden Unterkapiteln werden gesondert für die einzelnen Beteiligten (Lehrer, Schüler, Schulklasse, Eltern) einige Ideen und Impulse vorgestellt, wie sich die Wertschätzende Kommunikation an der Schule einführen lässt bzw. wie auch in kleinen Schritten Wertschätzende Kommunikation gelebt werden kann.

Die Lehrer
Im Schulalltag sind die Lehrer permanent (zum Teil ungeplanten) Herausforderungen ausgesetzt, mit denen sie oft alleine da stehen. Viel Zeit für ein wertschätzendes, stärkendes Miteinander im Lehrerkollegium und einen konstruktiven Austausch über herausfordernde Klassen bzw. Schüler steht meist nicht zur Verfügung. Hier kann m.E. die Schulberatung einen wichtigen Beitrag zur Stärkung der Lehrer leisten. Da diese Gespräche häufig einen „supervisorischen" Charakter haben, können sie auch zur Gesundheitsprävention im Lehrerkollegium beitragen.

Nachfolgend werden einige Unterstützungsmöglichkeiten vorgestellt:

Der Bitte nach Empathie nachkommen
Ein sehr wichtiges Werkzeug für alle Lehrer ist die Selbsteinfühlung. Nur wenn ich mit mir selber verbunden bin, mir meiner Gefühle und Bedürfnisse bewusst bin, kann ich mich einfühlsam mit meinem Gegenüber (den Schülern, Eltern und den Kollegen) verbinden und eine klare Sprache sprechen. Da in diesem Prozess manch einer Hilfe braucht, bietet sich die Beratungslehrkraft als Empathiegeber an. Sie ist dann jemand, der ganz präsent zuhört, ohne einen Rat zu geben oder Mitleid zu spenden, zurechtzuweisen oder zu sympathisieren. Hier können die vier Schritte wieder ein hilfreiches Werkzeug sein:

> *„Beobachtung: Wenn du über die Zeit nachdenkst, die du mit diesem Problem verbracht hast, ohne auf eine Lösung zu kommen …*
> *Gefühl: … fühlst du dich entmutigt, …*
> *Bedürfnis: … weil dir Weiterentwicklung wichtig ist?*
> *Bitte: Möchtest du gerne einige Ideen von mir dazu hören?"*
> (Hart, S. & Kindle Hodson, V., 2010, S. 94)

Kollegiale Empathie
Eine Kombination der Kollegialen Beratung mit den Elementen der Gewaltfreien Kommunikation bietet die Kollegiale Empathie. Vorausgesetzt, dass eine gewisse Offenheit und Vertrauen im Kollegium gegeben ist, bietet dieses Instrumentarium eine hilfreiche Perspektivenerweiterung und – gepaart mit der fachlichen Kompetenz der Kollegen – neue Handlungsmöglichkeiten für verfahrene Beziehungen zu Schülern/Eltern.

Schulinterne Lehrerfortbildung zur Gewaltfreien Kommunikation
Mit einer solchen Fortbildungsmaßnahme kann sich das Kollegium gemeinsam auf den Weg machen, eine Sprache kennenzulernen, die darauf basiert, einander zu verstehen, das eigene Leben und das der anderen (Kollegen, Eltern, Schüler) zu bereichern: ein Beginn für die Einführung einer wertschätzenden Schul- und Lernkultur, in der Lernen wieder mit Neugierde, Engagement und Freude verbunden ist.

Die Schüler

„Worte können Mauern sein oder Fenster."
(Dr. Marshall B. Rosenberg)

Aussagen, die Schüler häufig hören, kommen meist aus der „Wolfsprache":

> Du bist faul!/Ihr seid faul!
> Stell dich nicht so an!
> Ihr habt schon wieder nicht gelernt!
> Nie macht ihr eure Hausaufgaben!
> Das war doch klar, wieder eine 5!
> Wir wollen dich nicht dabeihaben!
> Du nervst!
> Immer der mit seinen Monologen!

Bei diesen Aussagen entstehen zunächst viele hohe Mauern und emotionale Sicherheit ist nicht gegeben. Neuere pädagogische Forschungen sowie die Gehirnforschung bestätigen immer wieder die Wichtigkeit des Verhältnisses von emotionaler Sicherheit und der Fähigkeit zu lernen. „Doc Lew Childre sagt: ‚Furcht ist von Vorteil, wenn wir in Gefahr sind und schnell reagieren müssen; aber Furcht schränkt die Auffassungsgabe, die Kommunikationsfähigkeit und das Lernen ein, wenn wir nicht in Gefahr sind'" (Hart, S. & Kindle Hodson, V., 2010, S. 23). Den Begriff Furcht möchte ich in diesem Kontext noch um die Gefühle Angst, Wut und Feindseligkeit erweitern. Dies sind Emotionen, die vielen Schülern im Alltag sowohl in der Schule als auch zu Hause begegnen und somit ihre Lernfähigkeit stark beeinträchtigen.

Hart und Kindle Hodson sehen hier zwei wichtige grundlegende Wege, um Sicherheit und Vertrauen im Klassenraum, m.E. in der gesamten Schule, aufbauen zu können:

1. Sich auf die Anliegen der Schüler und der Lehrer zu fokussieren, d.h. die Gesamtheit der Bedürfnisse wahrzunehmen und ihnen empathisch zuzuhören. In Bezug auf Schule gibt es neben dem reinen Lernen viele weitere Bedürfnisse wie z.B. Freude, Spaß, Autonomie, Dazugehörigkeit und Freiheit.
2. Eine Sprache des Gebens und Nehmens (Gewaltfreie Kommunikation, Einfühlsame und Wertschätzende Kommunikation) zu erlernen und anzuwenden, bei der Beziehungen als wichtig erachtet werden. Hier bietet sich die Gewaltfreie Kommunikation als Werkzeug und gleichzeitig auch als Haltung an. Langfristig kann das Bedürfnis nach emotionaler Sicherheit erfüllt und Vertrauen aufgebaut werden, um einen aktiven und konstruktiven Lernprozess zu ermöglichen (vgl. Hart, S. & Kindle Hodson, V., 2010, S. 23 f.).

Abbildung 8: Empathisches Zuhören in vier Schritten

Der Bitte nach Empathie nachkommen
An den äußeren Umständen lässt sich leider häufig nichts ändern. Dennoch besteht im Beratungsprozess zunächst die Möglichkeit, der oft von Schülern nicht ausgesprochenen

Bitte nach Empathie nachzugehen. Dies bedeutet, sich die Zeit zu nehmen, mit dem Schüler in Verbindung zu kommen und ihn mit seinen Gefühlen und Bedürfnissen wahrzunehmen. Dies erfolgt wieder in den bekannten vier Schritten (vgl. Abschnitt „Die Lehrer"). Um den Prozess noch klarer zu visualisieren, empfiehlt es sich, die Gefühle und Bedürfnisse auf separaten Moderationskarten zu notieren. Dies erleichtert neue Wege zu finden. Im letzten vierten Schritt können auch lösungsorientierte Gesprächstechniken helfen.

Ressourcen stärken
Weitere Möglichkeiten bestehen darin, immer wieder die Ressourcen der Schüler zu erkennen und zu stärken. Hier bieten sich z.B. Übungen wie „Mein Name – Meine Stärke" oder die „Stärken-Hand" an.

Mein Name - Meine STÄRKEN

Zu jedem Buchstaben werden so viele Stärken wie möglich geschrieben

M – <u>mutig</u>, mitreißend, mitdenkend

I – interessiert, intelligent, <u>interessant</u>

C – charmant, <u>cool</u>, checker

H – heldenhaft, <u>hilfsbereit</u>, helle

A – <u>aufmerksam</u>, außergewöhnlich

E – engagiert, entspannt, <u>energievoll</u>

L – liebevoll, lesebegeistert, <u>lustig</u>

Jetzt werden die Stärken ausgesucht, die am besten zu mir passen, z.B.

Ich bin der mutige, interessante, coole, hilfsbereite, aufmerksame, energievolle und lustige Michael!

Abbildung 9: Ressourcen stärken

Stärken-Hand
Die Handumrisse auf ein DIN A4- oder DIN A3-Papier malen. Eine Überschrift aussuchen, z.B. Meine Stärken allgemein / beim Lernen / in der Schule,
linke Hand = allgemein,
rechte Hand = lernen.

In jeden Finger eine Stärke schreiben und die Stärken-Hand an eine gut sichtbare Stelle hängen, um die Stärken immer im Blick zu haben.

Die Schulklasse
Die Beratungslehrer können gemeinsam mit den Lehrern Projekte zur Wertschätzenden Kommunikation an der Schule entwickeln oder externe Partner dazu einladen.

Bevor ich so ein Projekt mit einer Klasse starte, hole ich mir zunächst die Erlaubnis der ganzen Klasse ein, um jedem Schüler die Möglichkeit der Selbstbestimmung und der Eigenverantwortung zu geben. Zunächst setzen wir uns mit folgender Frage auseinander: Wie wünschen wir uns unser Miteinander in der Klasse/Schule? (siehe auch oben Vorbemerkung) Im nächsten Schritt stelle ich dann Ideen vor, wie sich diese Bedürfnisse erfüllen lassen, und lade die Schüler ein, sich aktiv an einem Projekt zu beteiligen:

- *Giraffentraum® für die Grundschule*
  Ein Projekt von Frank und Gundi Gaschler, welches für Kindergärten entwickelt wurde und sich sehr einfach in der Grundschule adaptieren lässt. Einige Erfahrungsberichte sind auf meiner Homepage www.heike-kozikowski.de zu finden.
- *Projekt zur Wertschätzenden Kommunikation* für alle Schularten
- *Streitschlichterprojekt für alle Schularten*
  Hier ist zu beachten, dass die Streitschlichter in der Schule jederzeit präsent sein müssen, damit das Vertrauen und der Mut der anderen Schüler wachsen kann und sie tatsächlich helfend zum Einsatz kommen. Ansonsten haben die Streitschlichter (die vielleicht irgendwo auf einem Plakat als Bild hängen, aber nicht bekannt sind) zwar ein Handwerkszeug bekommen, welches allerdings selten in Anspruch genommen wird. Meine persönliche Erfahrung zeigt, dass häufig die Konflikte mit den Lehrern, Eltern oder Freunden geklärt werden, da es an Mut und Vertrauen mangelt, zu den Streitschlichtern zu gehen. Auch der Name Streitschlichter ist m.E. besser durch einen positiven Begriff zu ersetzen wie z.B. „Vertrauensschüler" oder „Pausenengel". Ergänzend zu den Streitschlichtern wäre es besonders nachhaltig, mit der ganzen Klasse ein Kommunikations-Projekt durchzuführen. Dabei ist es sehr wichtig, dann auch Übungsmöglichkeiten für die Klasse in den Schulalltag zu integrieren, z.B. eine „Giraffenstunde" in der Klasse einzuführen oder bei Vertrauenslehrern/Schülern eine feste „Giraffensprechstunde" für die ganze Schule (für Schüler und Lehrer) anzubieten. Dies ermöglicht eine Neuorientierung der Schulkultur zu einem insgesamt vertrauensvolleren, offeneren, sensibleren und achtsameren Umgang miteinander.

Präventive Übungen im Klassenzimmer
Des Weiteren bieten sich präventiv regelmäßige, kleine Übungen im Klassenzimmer an. Hier sind nur einige für mich sehr wichtige Übungen genannt:

- *Glücksstühlchen*
  Ein Schüler sitzt vor der Klasse, eventuell auf einem besonderen Stuhl. Ein anderer Schüler sagt der Person, was sie an ihm mag oder besonders schätzt. Hierbei ist darauf zu achten, dass jeder die gleiche Anzahl an Komplimenten (ca. 3–4) bekommt (vgl. Gaschler, F. & G., 2013, S. 118).
- Ein *„Gefühlometer"* im Klassenzimmer installieren. Wie ein Thermometer werden auf einen Pappkarton Gefühlebilder oder Gefühleworkarten geklebt (je nach Altersstufe bis zu 20 Gefühle). Mit persönlichen Namenswäscheklammern kann jeder Schüler seinen momentanen Gefühlszustand anzeigen. Alternativ bietet sich der Emotionsscanner von Michael Kobbeloer an *(www.kobbeloer.de)*. Mit durchsichtigen Post-it lassen sich die Gefühle immer wieder neu markieren. Anschließend kann auf das jeweilige Klassenklima eingegangen werden. Dies muss aber nicht täglich passieren. In erster Linie dient diese Übung der täglichen Wahrnehmung der eigenen und fremden Gefühle und kann ggf. zu persönlichen Gesprächen mit einzelnen Schülern führen. Wichtig dabei ist, dass die Lehrer auch als Teil der Klasse mitmachen, um so einen offenen, ehrlichen und vertrauensvollen Umgang miteinander zu signalisieren.
- *Stärkenbild entwickeln*
  Bei Konflikten einer ganzen Klasse mit einer Lehrkraft kann der Beratungslehrer mit der Klasse arbeiten und gemeinsam ein Stärkenbild zu der betroffenen Lehrkraft entwickeln. Dies hilft den Schülern, einen Perspektivenwechsel einzunehmen und hinter den allgemeinen Vorurteilen zur jeweiligen Person auch die möglichen Stärken dieser Person wahrzunehmen. Häufig führt diese kleine Übung schon zu einer anderen Haltung, mit der die Klasse dann in die nächste Stunde geht. Entsprechende positive Reaktionen kommen meist dann auch von der Lehrkraft. Da unsere Kommunikation bekanntermaßen zu ca. 80 Prozent aus nonverbaler Kommunikation besteht, führt manchmal allein die Menge der positiven Gedanken zu einer neuen gestärkten Atmosphäre im Klassenzimmer.
- *Worte können Mauer sein – oder Fenster öffnen*
  Ein Plakat mit Mauerworten erstellen und fortlaufend sammeln. Aus diesen Mauerworten magische Worte entwickeln, die klar sagen, was die Schüler ausdrücken wollen, ohne andere zu verletzen, und auf einem weiteren Plakat sammeln, z.B. Geh weg! → Ich möchte gern in Ruhe arbeiten.
- Das Buch die *„7 blinden Mäuse"* von Ed Young (2007) eignet sich sehr gut, um den ersten Schritt der Gewaltfreien Kommunikation zu thematisieren.
- *Rollenspiele*
- *Klassenrat* (siehe Blum, E. & H., 2012)
- *Regelmäßige Achtsamkeitsübungen und Übungen zum aktiven Zuhören*

Die Eltern

Die „Giraffensprache" bietet mit den vier Schritten ein wertvolles Hilfsmittel, um ein Elterngespräch wertschätzend und zielführend zu gestalten. Diese Methode ermöglicht, den Prozess strukturiert und entschleunigend zu durchlaufen. Idealerweise werden dazu auch die vier Schrittekarten verwendet und bei den Schritten die jeweiligen Gefühle, Bedürfnisse und Bitten auf die entsprechenden Wortkarten geschrieben (vgl. Abschnitt „Die Schüler").

Unbedingte Voraussetzung für dieses Gespräch ist – wie bereits oben erwähnt – ein (Beratungs-)Lehrer, der selber gut für sich gesorgt hat, bevor er in das Gespräch geht. Nur so lassen sich vorschnelle Urteile in (non-)verbaler Form vermeiden und es besteht die Möglichkeit, sich ganz präsent auf den Gesprächspartner einzulassen.

Der Bitte nach Empathie nachkommen
Zunächst ist es erst einmal wichtig, den meist in „Giraffensprache" unerfahrenen Eltern einfühlsam zuzuhören und sie mit ihren Gefühlen sowie ihren Bedürfnissen wahrzunehmen. Erst wenn sich die Eltern mit ihren Sorgen und Problemen wirklich verstanden fühlen, sind sie offen, sich die Beobachtungen, Gefühle und Bedürfnisse der (Beratung-)Lehrer anzuhören. Im Anschluss können dann beide Gesprächspartner gemeinsam Lösungen suchen, die dem Kind, dem Lehrer und den Eltern lebensdienlich sind. Auch hier bieten sich ergänzend wieder lösungsorientierte Gesprächstechniken an.

Elternseminar
Auch ein Elternseminar zum Thema „Wertschätzendes Miteinander in Schule und Familie" kann als hilfreiches Angebot auf dem gemeinsamen Weg dienen. In diesem Seminar lernen die Eltern die lebensbereichernde „Giraffensprache" kennen, sich selber mit ihren Bedürfnissen wahrzunehmen, den anderen zu verstehen und gleichzeitig für ihre Interessen einzutreten. Dies kann zu einer verbesserten Beziehung mit den Lehrern der Kinder führen, die Beziehungen innerhalb der Familie und auch die Beziehungen zu Arbeitskollegen oder Freunden stärken.

Ressourcen stärken
Ebenso können auch hier die Methoden zur Ressourcenstärkung den Eltern unterstützend an die Hand gegeben werden (vgl. Abschnitt „Die Schüler").

Ausblick
„Gewaltfrei heißt nicht nur Verzicht auf Gewalt und Widerstand, heißt auch nicht etwa die andere Wange hinhalten.

Gewaltfrei ist eine viel schwierigere Aufgabe, nämlich Verständnis und Einfühlung in die Ängste, die Unwissenheit, Hilflosigkeit und Unsicherheit der Menschen und Faktoren, die gewaltvolles Handeln hervorrufen."
(Mahatma Gandhi)

Es gibt es immer wieder verständliche Hinderungsgründe, sich auf den Weg der Wertschätzenden Kommunikation zu begeben.

Diese liegen häufig in der Unsicherheit vor Veränderungsprozessen und der Angst, alte Pfade zu verlassen. Weil wir nicht wissen, wie es wirklich geht, verstecken wir uns hinter moralischen Urteilen, glauben für die Gefühle anderer verantwortlich zu sein und leugnen unsere Verantwortung für die eigenen Gefühle und Handlungen. Auch bestehen häufig Ängste vor der Reaktion der anderen oder wir bekommen nicht schnell genug, was wir wollen. Alles in allem sind es nicht erfüllte Bedürfnisse, die uns daran hindern, diesen anderen Weg zu gehen.

Sich auf die Wertschätzende Kommunikation einzulassen bedeutet, mit Zeit, Geduld, Mut und Vertrauen neue Wege zu bestreiten. Nicht die tatsächlichen Worte sind ausschlaggebend. Allein schon das Bewusstsein über die vier Schritte hilft, diesen Weg zu gehen, um mit Freude das eigene Leben und gleichzeitig das der anderen zu bereichern (vgl. Rosenberg, M., 2012, S. 26). Konflikte können dann als Chance für Veränderungen zum Wohle aller gesehen werden. Dies ist die beste Voraussetzung für motiviertes und engagiertes Lernen und eine kreative Entwicklung in Schule und Familie.

Anhang

Gefühle, die ausdrücken, dass meine Bedürfnisse erfüllt sind

Ich bin ...
aufgeregt, begeistert, berührt, dankbar, erfreut, erheitert, erleichtert, erstaunt, fasziniert, freundlich, friedlich, froh, frei, gestärkt, gelassen, geborgen, gerührt, glücklich, hoffnungsvoll inspiriert, lebendig, lebhaft, liebevoll, locker, lustig, motiviert, munter, mutig, neugierig, ruhig, sicher, satt, stark, stolz, überrascht, überglücklich, wach, zärtlich, zuversichtlich, zufrieden

Gefühle, die ausdrücken, dass meine Bedürfnisse nicht erfüllt sind

Ich bin ...
allein, abwesend, angespannt, angeekelt, ärgerlich, ängstlich, besorgt, betrübt, desinteressiert, durcheinander, einsam, entsetzt, erschrocken, eifersüchtig, enttäuscht, erschöpft, feindselig, frustriert, gelähmt, genervt, gestresst, hilflos, irritiert, krank, kribbelig, müde, mutlos, neidisch, nachdenklich, nervös, sauer, sorgenvoll, traurig, träge, überlastet, unglücklich, unruhig, unsicher, überfordert, verzweifelt, wütend, zornig

Kommunikation mit Herz, heike.kozikowski@t-online.de

Anhang 1: Gefühleliste alphabetisch

> **Bedürfnisse** = positiv, unabhängig von Zeit, Ort und Personen, kann mit 1001 Strategie erfüllt werden
>
>
>
> Abgrenzung, Abwechslung, achtsamer Umgang, Ästhetik, Aktivität, Akzeptanz, Alleinsein, Anerkennung, Anregung, Arbeit, Aufmerksamkeit, Aufrichtigkeit, Ausgewogenheit, Austausch, Authentizität, Autonomie, Balance zwischen Geben und Nehmen, Bedauern, Beständigkeit, Beitragen, Beteiligung, Bewegung, Bildung, Einfühlung, Effektivität, Effizienz, Ehrlichkeit, Einklang, Engagement, Entspannung, Entwicklung, Erholung, Fairness, Familie, Feiern, Flexibilität, Freiheit, Freizeit, Freude, Freundschaft, Frieden, Geborgenheit, Geduld, Gegenseitigkeit, Gelassenheit, Gemeinschaft, Gerechtigkeit, Gesundheit, Gleichbehandlung Gleichwürdigkeit, Harmonie, Herausforderung, Hilfe, Hoffnung, Humor, Identität, Individualität, Information, Initiative, Inspiration, Integrität, Klarheit, Kommunikation, Kompetenz, Kontakt, Kraft, Kreativität, Kultur, Lebensfreude, Leichtigkeit, Lernen, Liebe, Menschlichkeit, Mitgefühl, Mitbestimmung, Mitgestalten, Mut, Nähe, Nahrung, Natur, Neugier, Offenheit, Ordnung, Raum, Respekt, Rücksicht, Ruhe, Schlaf, Schönheit, Schutz, Sehen und Gesehen werden, Selbstbestimmung, Selbstentfaltung, Selbständigkeit, Sicherheit, Sinn, Spaß, Spiel, Spiritualität, Spontaneität, Stabilität, Struktur, Teilnahme, Toleranz, Überblick, Unabhängigkeit, Unterstützung, Verantwortung, Verbundenheit, Verlässlichkeit, Verständnis, Verständigung, Vertrauen, wahrgenommen werden, Wahlfreiheit, Wachstum, Weiterentwicklung, Wertschätzung, Zärtlichkeit, Zugehörigkeit, Zusammenarbeit
>
> ♡ Kommunikation mit Herz, heike.kozikowski@t-online.de

Anhang 2: Bedürfnisliste alphabetisch

Literatur

Blum, E. & H.: Der Klassenrat. Ziele Vorteile Organisation, Verlag an der Ruhr, Mülheim 2012

Boisson, P.: Downloads: Kurzpräsentation Gewaltfreie Kommunikation. Online unter: *www.gewaltfreie-kommunikation-seminare.com.* zuletzt aufgerufen am 04.07.2017

Bryson, K.: Sei nicht nett, sei echt! Handbuch für Gewaltfreie Kommunikation, Junfernmann Verlag Paderborn 2005

Dormann, M.: Wertschätzende Kommunikation an Schulen in: Empathische Zeit, 2/2017, Empathikon, Glücksstadt 2017

Gaschler, F. & G.: Ich will verstehen, was du wirklich brauchst. Gewaltfreie Kommunikation mit Kindern, Kösel Verlag, München 2013

Hart, S. & Kindle Hodson, V.: Empathie im Klassenzimmer. Gewaltfreie Kommunikation im Unterricht, Junfernmann Verlag, Paderborn 2010

Jasper, J.: Das lernende Dreieck: Pädagogen – Kinder und Jugendliche – Eltern, Auszüge aus dem Vortrag im Rahmen des Bildungstages am 28. November 2011 im Aachener Krönungssaal

Orth, G. & Fritz, H.: Gewaltfreie Kommunikation in der Schule, Junfernmann Verlag, Paderborn 2013

Kaltwasser V.: Achtsamkeit in der Schule: Stille - Inseln im Unterricht: Entspannung und Konzentration, Beltz Verlag, Weinheim und Basel 2008

Rosenberg, Marshall B.: Gewaltfreie Kommunikation. Eine Sprache des Lebens, Junfernmann Verlag, Paderborn 2012

Rosenberg, Marshall B.: Kinder einfühlend unterrichten. Wie SchülerInnen und LehrerInnen durch gegenseitiges Verständnis Erfolg haben können, Junfernmann Verlag, Paderborn 2009

Watzlawick, P., Beavin, J., Jackson, D.: Menschliche Kommunikation, Huber Bern Stuttgart Wien 1969, 2.24 S. 53

Weckert, A.: Grundlagenseminar Gewaltfreie Kommunikation, Junfernmann Verlag, Paderborn 2016

Young, E.: 7 blinde Mäuse, Beltz & Gelberg Verlag, Bad Langensalza 2007

Abbildungsverzeichnis

Abbildung 1: Unser Miteinander, eigene Quelle

Abbildung 2: Aufrichtigkeit als Giraffe und Wolf, Quelle Boisson, 2017, Clipart eigene Quelle

Abbildung 3: Vier Schritte der Wertschätzenden Kommunikation, eigene Quelle, Cliparts mit freundlicher Erlaubnis von Gaschler, 2013

Abbildung 4: Das Eisbergmodell, eigene Quelle

Abbildung 5: Welche Sprache möchtest du anwenden?, Quelle Hart & Hodson, 2010, Clipart eigene Quelle

Abbildung 6: Gemeinsam auf dem Weg der Wertschätzenden Kommunikation, eigene Quelle

Abbildung 7: GFK-Tanz, eigene Quelle

Abbildung 8: Empathisches Zuhören, eigene Quelle, Cliparts mit freundlicher Erlaubnis von Gaschler, 2013

Abbildung 9: Ressourcen stärke, eigene Quelle

Abbildung im Anhang 1: Gefühleliste alphabetisch, eigene Quelle, Cliparts eigene Quelle

Abbildung im Anhang 2: Bedürfnisliste alphabetisch, eigene Quelle, Clipart mit freundlicher Erlaubnis von Gaschler, 2013

Autoreninfo

Heike Kozikowski, Dipl.Kffr. (Univ.), Trainerin für erfahrungsorientiertes Lernen (EOL – METALOG), LernProzesstrainerin, NLP-Practitioner, Lerncoach (nlpaed), Mulitplikatorin Giraffentraum® ist als freiberufliche Trainerin zu Themen rund um „Wertschätzendes Miteinander" in Schule und Familie tätig.

3.1.2 Stärke statt Macht – Das Konzept Haim Omers: ein systemischer Beitrag für eine nachhaltige Pädagogik

Tobias von der Recke

Abstract
Haim Omers Ansatz der „Neuen Autorität" als Erziehungsprinzip plädiert für ein Umdenken: Unerschütterliche Präsenz statt Machtkampf, Wiedergutmachung statt Strafe, Bündnisse statt Einzelkampf. Fundament des Konzepts ist das Prinzip der Gewaltfreiheit, das auf dem Grundgedanken „Stärke statt Macht" aufbaut. Anhand eines Fallbeispiels wird aufgezeigt, wie Haim Omers Prinzipien in Therapie und Beratung verankert werden können. Abschließend werden systemischen Aspekte des Konzepts beleuchtet.

Vorbemerkung

Veröffentlichungen über Erziehung und pädagogische Ratgeber gibt es in Hülle und Fülle, aber offensichtlich leisten sie nur einen überschaubaren Beitrag zur Stärkung und Unterstützung von Eltern. Tragen die zahlreichen Ratgeber am Ende zu dieser Verunsicherung bei, gegen die sie eigentlich geschrieben werden?

Diese Frage betrifft uns als professionelles Kollektiv aus Lehrern, Pädagogen, Psychologen, Erziehern, Schulpsychologen und vielen anderen Professionellen, die sich die Unterstützung von Eltern an die Fahne geheftet haben: Wie müssten wir unser Engagement choreografieren, damit Eltern durch unsere Arbeit nachhaltig gestärkt und in der Erziehung ihrer Kinder wirklich sicherer werden?

Seit 2010 beschäftige ich mich intensiv mit der theoretischen und praktischen Arbeit Haim Omers und sehe in diesem Konzept eine gute Orientierung für Eltern und Lehrer. Besonders hilfreich finde ich, dass es Eltern stärkt, in ihrer originären Verantwortung ernst nimmt und ihnen zutraut, erfolgreich sein zu können. Das ist ein wichtiges systemisches Element des Konzeptes: Es setzt an den Ressourcen an, nicht an den Defiziten, und es stiftet Zuversicht und nicht noch mehr Insuffizienzgefühle. Damit steuert es dem Trend entgegen, die Verantwortung für die Erziehung zunehmend an Pädagogen, Therapeuten, Psychologen etc. abzugeben. Oder wie es Haim Omer mal in einem Vortrag formuliert hat: „Eltern müssen breitere Schultern bekommen."

Ausgangslage

Haim Omers Erfahrungen sind unter dem Motto „Neue Autorität" veröffentlicht und treffen damit den Kern des Problems: Wir haben ein gesellschaftspolitisches Problem mit dem

Begriff „Autorität" und historisch steht uns dieses Problem gut zu Gesichte. Der Nationalsozialismus hat diesen Begriff auf unsägliche Weise missbraucht und ad absurdum geführt, was sich auch im Kontext der Pädagogik flächendeckend niedergeschlagen hat. Johanna Haarers Standardwerk „Die deutsche Mutter und ihr erstes Kind", erschienen 1934 und in Abwandlungen bis in die 1990er-Jahre veröffentlicht, zeugt von einer menschenverachtenden Pädagogik, in der Gefühle, Bedürfnisse oder gar Aspekte von Selbstbestimmung von Kindern keinen Platz hatten. Diese Form und Ausgestaltung von elterlicher Autorität war nach dem Krieg nicht mehr hoffähig, gleichwohl sie in Familien und Schule bis weit in die 1960er-Jahre praktiziert wurde. Zumindest aber in weiten Kreisen der Gesellschaft wurden diese Vorstellungen von Pädagogik abgelehnt und es entwickelten sich Vorstellungen und Konzepte von „Antiautorität". Die Vorstellung, Kinder hätten alles, was sie zum Erwachsenwerden brauchen, in sich und man müsse nur Räume schaffen, in denen sich diese Ressourcen, Talente und Begabungen voll entwickeln könnten, inszenierte sich am Ende der 1960er-Jahre in der antiautoritären Bewegung. Deren Ergebnisse waren allerdings mehr als ernüchternd und führten zusammengefasst eher zu einer Zunahme genau jener Probleme, gegen die man eigentlich angetreten war: Antiautoritär erzogene Personen hatten mehr Probleme in der Gestaltung ihrer Beziehungen, in ihrem schulischen und beruflichen Fortkommen und waren statistisch häufiger von Problemen wie Dissozialität oder Drogen und Alkohol betroffen. Zusammengefasst stellte sich also die Frage: „Was tun, wenn wir die alte Autorität nicht mehr wollen, ohne Autorität aber nicht erreicht haben, was wir eigentlich wollten?" Haim Omers Konzept der „Neuen Autorität" bietet Antworten auf diese Frage.

Stärke statt Macht – Die Prinzipien Haim Omers Arbeit zur neuen Autorität
Haim Omer begann seine Arbeit mit der Frage, wie es dazu kommen kann, dass Kinder und Jugendliche aggressives und gewalttätiges Verhalten, teilweise auch selbst- und fremdgefährdend, entwickeln. Darüber forschte er in Tel Aviv in den 1970er-Jahren, wo es offensichtlich zu einer deutlichen Zunahme dieser Phänomene gekommen war. Aus seinen praktischen Erfahrungen zieht er im Wesentlichen folgende Schlussfolgerungen:
Sein erstes Ergebnis war, dass in den betroffenen Familien elterliche Präsenz fehlte. Das durchaus komplexe Thema Präsenz spielt folgerichtig in seiner Arbeit eine zentrale Rolle. Im weiteren Verlauf seiner Arbeit kam Haim Omer mit den Konzepten und Erfahrungen des gewaltfreien Widerstands (Mahatma Gandhi, Martin Luther King u.a.) in Berührung, mit denen er sich intensiv auseinandersetzte. Eine gewaltfreie Haltung und das Primat der Eskalationsvorbeugung wurden Grundpfeiler seiner pädagogischen Arbeit, die sich auf den Umgang mit aggressiven, oppositionellen und delinquenten Kindern und Jugendlichen fokussierte. Solche Verhaltensweisen machen es erfahrungsgemäß immer wieder erforderlich, dass Eltern mit ihren Sorgen und Ängsten nicht länger alleine bleiben; folgerichtig wurde die Frage nach Unterstützungsmöglichkeiten und neuen Bündnissen ein weiterer Baustein in seinem Konzept. Das bedeutet auch die Tendenz zur Geheimhaltung

aufzuweichen und sich möglichen Unterstützern gegenüber zu öffnen, mithin bedarf es des *Mutes zur Transparenz*.

In seiner Arbeit stand stets die gute Beziehung zwischen Eltern und Kindern im Mittelpunkt und nicht wie in der „alten Autorität" Macht und deren Sicherung. Vor diesem Hintergrund geht es um die konkrete Frage, welche *Konsequenz* folgen sollte, wenn Kinder/Jugendliche einen Schaden verursacht haben.

Diese hier angeführten Aspekte werden im Folgenden näher erläutert.

Elterliche Präsenz

Präsenz ist das Herzstück in Haim Omers Konzept.

Die zentralen Botschaften elterlicher Präsenz sind:

- Ich bin da.
- Ich bin deine Mutter/dein Vater und ich bleibe es. Du kannst mich nicht kündigen.
- Ich werde nicht nachgeben (wenn es um unakzeptables Verhalten geht).
- Ich kämpfe um dich, nicht gegen dich.

Im letzten Punkt wird schon deutlich, dass es um Beziehung und Bindung geht.

Inwieweit Eltern in der Lage sind, im Leben ihrer Kinder in diesem Sinne präsent zu sein, ist von vielen Aspekten abhängig. Im Laufe meiner familientherapeutischen Erfahrungen habe ich die Faustregel entwickelt: *Das Beste, was Eltern für ihre Kinder tun können, ist, gut für sich selbst zu sorgen.* Damit steigern sie zum einen ihre kraftvolle Präsenz im Leben ihrer Kinder, zum anderen machen sie es für Kinder attraktiv, selbst erwachsen zu werden. Das ist meist leichter gesagt als getan. Wenn Eltern psychisch angeschlagen oder krank sind, wenn sie Drogen oder Alkohol missbrauchen und/oder wenn sie selbst in ihrem Großwerden Traumatisierungen erlitten haben, die bis heute nachwirken, sind sie in der Regel in ihrer elterlichen Präsenz deutlich beeinträchtigt. Kinder übernehmen dann häufig Rollen innerhalb der Familie, mit denen sie in aller Regel überfordert sind. Diese Überforderung kompensieren sie dann gerne mit Strategien, die sie auffällig erscheinen lassen und heute sehr schnell zu Kontakten zu Erziehungsberatungsstellen oder kinder- und jugendpsychiatrischen Ambulanzen führen. Systemisch betrachtet können solche „Auffälligkeiten" (ADHS, Schulverweigerung, Dissozialität o.a.) immer ein Hinweis sein, dass hier elterliche Präsenz in einen kritischen Bereich gesunken ist. Die Frage ist, was zur Stärkung elterlicher Präsenz getan werden kann, und nicht so sehr, was die Kinder an außerfamiliärer Unterstützung brauchen (Therapie, Jugendhilfemaßnahmen o.a.). Wenn Hilfe von außen zu schnell eingeschaltet wird, kann dies die elterliche Präsenz schwächen. Ich habe mich über zwölf Jahre in einem Projekt aufsuchender Familientherapie engagiert und dort immer wieder die Erfahrung gemacht, dass wir die Liebe der Eltern zu ihren Kindern als starke Kraft nutzen können, selbst wenn die psychosozialen Ausgangsbedingungen bei den Eltern denkbar schlecht waren (Arbeitslosigkeit, Alkoholmissbrauch, psychische Erkrankung etc.).

Elterliche Präsenz kann auch dann geschwächt sein, wenn Kinder im Leben ihrer Eltern eine (über-)große Bedeutung einnehmen und das Selbstwertgefühl der Eltern in hohem Maße von der Entwicklung des Kindes abhängig ist. Ein klassisches Beispiel ist heute der Erfolg eines Kindes in der Grundschule (z. B. das Übertrittszeugnis). Für den schulischen Erfolg ihrer Kinder opfern manche Eltern eigene Interessen bis hin zur Selbstaufgabe. Sie überfordern ihre Kinder in missbräuchlicher Weise, was wiederum zu verschiedensten Verhaltensauffälligkeiten führen kann. Der Begriff „Adultismus" beschreibt diese Form diskriminierenden Verhaltens der Erwachsenen gegenüber Kindern.

Selbstkontrolle und Eskalationsvorbeugung
Das Prinzip der Gewaltfreiheit ist ein wichtiges Fundament von Haim Omers Ansatz. Sich daraus ergebende Leitsätze werden im Folgenden beschrieben:

- *„Ich kann dich nicht verändern oder kontrollieren".* Dieser Satz ist gewissermaßen die „bittere Pille" des Konzeptes, zumal traditionelle Autorität auf der Idee gründet, Kontrolle sei ein wichtiger Bestandteil erfolgreicher Erziehung. In Wirklichkeit können Eltern aber nicht jedes Verhalten ihres Kindes kontrollieren.
- *„Aber ich werde / wir werden etwas verändern",* d.h. wir können kontrollieren, was wir tun und was wir lassen (Selbstkontrolle). Für das Handeln der Eltern ist dabei entscheidend, ob ihr Verhalten die Wahrscheinlichkeit einer Eskalation eher erhöht oder mindert. Aggressives Verhalten ist in der Regel ebenso eskalierend wie die immer gleichen pädagogischen Belehrungen.
- *„Ich will und kann dich nicht besiegen."* Viele pädagogische Auseinandersetzungen nehmen den Charakter eines Machtkampfes an, in dem es vermeintlich um Gewinnen oder Verlieren geht. Hier geht es aber nicht darum, das Kind zu besiegen, sondern um die Frage, wie die elterliche Haltung präsent, kraftvoll und eindeutig formuliert und vertreten werden kann. Daraus folgt:
- *„Ich lasse mich nicht hineinziehen."* Damit ist gemeint, sich nicht auf einen Machtkampf einzulassen, bei der eigenen Haltung zu bleiben und sich an den Stellen, an denen es ernst ist, nicht in lange oder fruchtlose Diskussionen verwickeln zu lassen. Das ist oft leichter gesagt als getan. Eine gute Voraussetzung dafür ist immer, mit seinen Sorgen, Nöten, Ängsten und Aggressionen nicht alleine zu bleiben.
- *„Ich schmiede das Eisen, wenn es kalt ist."* Damit ist gemeint, dass ich als Mutter oder Vater nicht Maßnahmen ergreife, wenn die Stimmung – auch die eigene – sehr angespannt oder die Situation eskaliert ist. Die Wahrscheinlichkeit, bei starker affektiver

Beteiligung vernünftige Entscheidungen zu treffen, ist schon aus neurobiologischen Gründen sehr gering und deshalb ist das Prinzip des Aufschubs bedeutend. „Wir können das nicht auf sich beruhen lassen, werden darüber nachdenken und kommen mit Sicherheit darauf zurück" wäre eine hilfreiche Haltung, wenn gerade „alle Lämpchen rot leuchten". Das gilt immer auch dann, wenn Eltern sehr belastet sind oder unter Stress stehen.

- „Ich darf Fehler machen, Korrektur ist später möglich." Das ist ein wichtiger und entlastender Aspekt. Fehler gehören dazu, momentanes „Scheitern" ist Teil des Lebens und Fehler lassen sich wieder gutmachen. Eine Distanzierung von der Idee elterlicher Unfehlbarkeit ist dafür hilfreich. Nahi Alon und Arist von Schlippe haben dies als „tragische Haltung" beschrieben, die sie im Sinne von Omers Konzept einer dämonisierenden Haltung vorziehen: Es geht nicht darum, Ohnmacht zu dämonisieren und alles zu unternehmen, um Fehler auszumerzen. Es geht darum, mit der Situation (vorübergehend) „Frieden zu schließen" und nicht alleine zu bleiben, wenn es richtig schwierig wird.
- „Wir tun das, weil es unsere Pflicht ist, wir haben keine Wahl." Das ist gewissermaßen das Mantra für Eltern in Situationen, in denen sie es mit Verhaltensweisen zu tun haben, in denen ihre Kinder gefährdet sind. In diesen Situationen werden sie aktiv bzw. noch aktiver, suchen sich Unterstützung und beginnen, ihren Widerstand zu organisieren. Beharrlichkeit ist dabei der wichtigste Aspekt.

Unterstützungsnetzwerk und Bündnisse

„Es braucht ein ganzes Dorf, um ein Kind großzuziehen", lautet ein altes afrikanisches Sprichwort. Das Problem ist nur, dass dieses Dorf in unseren Zeiten nur noch selten vorhanden ist. Eltern sehen sich bei der Erziehung ihrer Kinder immer wieder auf sich selbst zurückgeworfen. Wenn es mit der Erziehung schwierig wird, verstärkt sich dieser Trend, Eltern haben häufig das Gefühl, alle schaffen es, nur sie selbst haben diese Probleme. Darüber erleben sie Scham, die es ihnen erschwert, mit Verwandten, Freunden oder Bekannten über ihre Schwierigkeiten in Kontakt zu treten. Wenn Scham zu groß oder auch traumatisch wird, führt sie zu Rückzug, Isolation und nicht selten zu destruktiven Schamabwehrstrategien wie Aggression, Abwertung oder Suchtverhalten.

Haim Omers Konzept sehe ich hier als einen Versuch, das erforderliche Dorf wiederherzustellen, zumindest in Situationen, in denen es kritisch ist und sich Eltern überfordert fühlen. Dazu gehört eine Haltung, die der gesellschaftlichen Wirklichkeit von Privatheit und dem Primat des Individualismus entgegensteht. Dies hat auch zur Folge, dass die Schwelle kleiner werden muss, um Unterstützung bitten zu können.

Das ist gewissermaßen die soziale Hürde des Konzepts; so gilt es doch immer noch als selbstverständlich, dass Eltern alleine zurechtkommen. Visionär gedacht, braucht es an kritischen Punkten der Erziehung nicht ein Mehr an professioneller Unterstützung, sondern eine Revision der privaten Grenzen: Wäre es selbstverständlicher, dass Eltern mit ihren Erziehungsbemühungen immer wieder auch an Grenzen stoßen, wäre es in solchen Situationen unproblematisch, andere Menschen (Verwandte, Freunde, Nachbarn, Bekannte) als Unterstützer zu gewinnen. So bräuchte es weniger Pathologisierung schwieriger Entwicklungsphasen in Kindheit und Jugend und weniger Dämonisierung problematischen Verhaltens („Max ist eine tickende Zeitbombe") und damit weniger professionelle Aufrüstung, um dieser „dramatischen Entwicklung" Herr zu werden.

Familie Neumann dient als fiktives Beispiel, um konkret zu vermitteln, wie Unterstützung gewonnen und elterliches Verhalten im Sinne von „Stärke statt Macht" nachhaltig gestärkt werden kann.

Familie Neumann, das sind die Mutter Christine (44 Jahre), der Vater Hartmut (46 Jahre), der Sohn Fabian (14 Jahre) und die Tochter Carolin (11 Jahre). Die Mutter ist studierte Pharmazeutin und hat ihre Stelle als angestellte Apothekerin nach der Geburt ihres ersten Kindes zugunsten der Familie ausgesetzt. Aktuell möchte sie beruflich wieder in der Apotheke einer alten Freundin einsteigen. Der Vater ist Informatiker und arbeitet als Führungskraft in einem mittelständischen, recht erfolgreichen Software-Unternehmen. Fabian ist ein kluger Junge, besucht die 8. Klasse des Gymnasiums und zeigt seit etwa einem Dreivierteljahr eine problematische Entwicklung, von der gleich noch mehr die Rede sein wird. Carolin ist gewissermaßen die „Prinzessin" in der Familie. Sie besucht die 6. Klasse Gymnasium, ist sehr sportlich, spielt Querflöte und ist gut eingebunden in ein Netz guter Freundinnen und Klassenkameraden.

Fabian hat sich bis zum Ende der 7. Klasse weitgehend unauffällig, ja eigentlich richtig gut entwickelt. Die schulischen Anforderungen hat er immer mit relativ geringem Aufwand bewältigt, sportlich war er sehr erfolgreich und gut in die Hockey-Jugendmannschaft an seinem Heimatort integriert. Auch er hat einen Kreis guter Freunde, mit denen er viel unternommen hat. Erste Probleme traten am Ende der 7. Klasse auf, als den Eltern auffiel, dass er seinen Einsatz für die Schule nochmals reduzierte und sich zu Hause zunehmend zurückzog. Nach der Schule verschwand er schnell in seinem Zimmer und beschäftigte sich dort zunehmend mit Computerspielen. Offensichtlich hatte er auch Jugendliche aus einer anderen Schule kennengelernt, mit denen er zum Schuljahresende mehr und mehr Zeit irgendwo im Zentrum der Kleinstadt verbrachte; mehr hatten die Eltern bisher nicht in Erfahrung gebracht. Nach weitgehend harmonischen Sommerferien, die die Familie wie in den Jahren zuvor in Italien verbracht hatte, setzte sich die problematische Entwicklung im neuen Jahr fort: Das Computerspielen steigerte sich, die Eltern schöpften Verdacht, dass ihr Sohn mit seiner neuen Clique gelegentlich Drogen, auf jeden Fall aber zunehmend Alkohol konsumierte, die schulischen Leistungen verschlechterten sich zusehends und in den letzten Wochen blieb er mehrfach unerlaubt von der Schule fern. Zum Hockeytraining ging er nicht mehr und, darauf angesprochen, sagte er nur, er habe keinen Bock mehr. Wegen der schulischen Entwicklung gab es bereits einen Termin mit der Klassleitung und ein zusätzliches Gespräch der Eltern mit der Schulpsychologin, die den Eltern dringend nahelegte, eine Beratungsstelle aufzusuchen. Dem stimmten die Eltern nach anfänglichem Zögern zu, nachdem Fabian einmal seine Schwester gewaltsam aus seinem Zimmer vertrieben und in einer anderen Situation ein volles Saftglas in der Küche an die Wand geworfen hatte, nachdem ihn seine Mutter auf die schlechten Schulleistungen angesprochen hatte. Auch war Fabian in jüngster Zeit mehrfach stark alkoholisiert und fraglich unter Drogeneinwirkung nach Hause gekommen. Die Eltern riefen auf Empfehlung der Schulpsychologin bei mir an, erzählten mir zusammenfassend die oben beschriebene Lage und wir vereinbarten einen Termin, zu dem ich nur die Eltern einlud.

Ziele dieses *Erstgesprächs* sind:
1. Eine gemeinsame Erkundung der aktuellen Situation
2. Das Schmieden eines Bündnisses für die weitere Zusammenarbeit
3. Die Identifikation möglicher bislang noch nicht genutzter Unterstützer
4. Die Klärung erster möglicher Maßnahmen und
5. Die Klärung, was jetzt am wichtigsten ist, d. h. welche Verhaltensweisen ihres Sohnes die Eltern nicht mehr zu akzeptieren bereit sind.

Die Eltern schildern beide ihre Sicht der Dinge und es zeigt sich, dass sie selbst bereit sind, etwas zu unternehmen. Bei Klienten, die nur kommen, weil sie „geschickt" sind, müssen wir uns etwas mehr Zeit nehmen, um sie für eine aktive Mitarbeit zu gewinnen. Entscheidend ist nämlich im Folgenden, die Entschlossenheit der Eltern zu aktivieren, auch wenn sie aktuell noch nicht wissen, was sie tun können.

Im Sinne eines guten *Bündnisses* sage ich etwa: „Es ist sehr gut, dass Sie hier sind und mit Ihren Problemen nicht alleine bleiben. Gerne verbünde ich mich mit Ihnen mit dem Ziel, dass die Sorgen um Ihr Kind wieder kleiner werden. Und jetzt sind wir schon zu dritt!"

Bei der Erkundung möglicher *Unterstützer* stellt sich heraus, dass der Hockeytrainer Fabian sehr vermisst, und ich schlage vor, dass die Eltern ihn über die Entwicklung informieren und ihn einladen, mit Fabian Kontakt aufzunehmen. Auch die Schwester des Vaters, Fabians Patentante, die noch kaum etwas über Fabians jüngste Entwicklung weiß, erweist sich als mögliche Bündnispartnerin und ich ermutige den Vater, seine Schwester einzuweihen und auch sie um Unterstützung zu bitten. Das Einbeziehen bisher nicht Eingeweihter ist immer wieder ein kritischer Punkt, weil es Eltern häufig sehr unangenehm ist, offen über ihre schwierige Lage zu sprechen. Auch dafür braucht es immer wieder ausreichend Zeit, um darüber zu sprechen, was Eltern vermuten, wie andere Personen über sie urteilen („Was denken die dann über uns?"; „Halten die uns für bekloppt?"). Die Erfahrung zeigt aber, dass Verwandte oder andere Unterstützer in aller Regel sehr bereit sind zu helfen, Eltern unterstützen und damit einen wesentlichen Beitrag zur Stärkung elterlicher Präsenz leisten.

Mögliche erste Maßnahmen in unserem Beispiel zielen darauf ab, *mehr* über die Kontakte und die Aktivitäten ihres Sohnes im Zusammenhang mit seiner neuen Clique *zu erfahren*: Wer sind die anderen Jugendlichen? Gibt es Telefonnummern? Lässt sich mit deren Eltern Kontakt aufnehmen? Wo trifft sich die Clique, kann z.B. der Vater dort einmal vorbeischauen? Die Idee, hier mehr Informationen in Erfahrung zu bringen, dient nicht der Spionage, sondern erklärt sich aus der Tatsache, dass die Eltern begründet in großer Sorge um ihren Sohn sind und deshalb keine andere Wahl haben als in diese Richtung aktiv zu werden. Haim Omer nennt das die dritte Stufe wachsamer Sorge.

Sobald sich Fabians Entwicklung wieder in akzeptablen Bahnen bewegt, geht es zurück auf Stufe zwei und eins und die Eltern werden und sollen ihre Maßnahmen wieder deutlich einschränken. Auch dieser Hinweis den Eltern gegenüber ist zu Beginn einer Zusammenarbeit wichtig: Es geht nicht darum, dass Neumanns zu „Helikoptereltern" werden, sondern darum, dass sie jetzt, da Gefahr in Verzug ist, ihre Präsenz für Fabian spürbar erhöhen. Im Einzelnen besprechen wir die nächsten Schritte genau und fassen die Ergebnisse am Ende der Sitzung zusammen.

Jetzt muss noch geklärt werden, was im Vordergrund steht, d.h. wogegen die Eltern bereit und entschlossen sind Widerstand zu leisten. Dafür hat sich das *„Vier-Körbe-Modell"* bewährt:

In den *roten Korb* gehören die Verhaltensweisen des Kindes, die Eltern nicht mehr bereit sind, auch nur noch einen Tag länger zu akzeptieren. Das sollten nicht mehr als zwei oder maximal drei sein, in unserem Beispiel könnte das der Konsum von Drogen und Alkohol und/oder Tätlichkeiten gegenüber der Schwester oder der Mutter sein. Die Beschränkung ist wichtig, weil Eltern möglicherweise Gefahr laufen, Widerstand gegen ihren Sohn an sich und nicht gegen bestimmte Verhaltensweisen ihres Sohnes zu leisten. Dies könnte bewirken, dass sich der Sohn von seinen Eltern abgelehnt fühlt, und zu einer Eskalation führen.

In den *gelben Korb* kommen Verhaltensweisen, die Eltern nicht akzeptieren, die aber im Moment nicht so entscheidend sind, in unserem Beispiel etwa Schuleschwänzen oder extensives Computerspielen. Die Haltung wäre dann: „Wir akzeptieren das nicht, unternehmen aber im Moment nichts dagegen; bei Gelegenheit werden wir darauf zurückkommen." Hier zeigt die Erfahrung, dass erfolgreicher Widerstand gegen die Verhaltensweisen im roten Korb auch positive Auswirkungen auf andere Problembereiche hat.

In den *grünen Korb* gehören Verhaltensweisen, die Eltern für längere Zeit ignorieren können. Eine mögliche Überlegung könnte lauten: „Das sollte sich unser Sohn in den nächsten Jahren abgewöhnen, aber jetzt müssen wir uns damit nicht beschäftigen. Darüber regen wir uns ab jetzt nicht mehr auf!"

Wichtig ist dann noch der *weiße Korb*: In ihn kommen alle Eigenschaften und Fähigkeiten, die Eltern an ihrem Kind schätzen; auch hier ist es gut, ausführlich nachzufragen. An Fabians Beispiel: Er ist charmant, sehr intelligent, sportlich talentiert und hat große Kompetenzen im sozialen Bereich. Die Frage nach diesen Dingen ist eine Intervention für sich und die Neumanns merken am Ende der Sitzung, dass sie eigentlich einen richtig tollen Sohn haben, der aktuell in großen Schwierigkeiten steckt. Am Anfang der Sitzung hatten sie eher das Gefühl, ihr Sohn sei ein einziges Problempaket und sie hätten offensichtlich in ihrer Erziehung versagt.

Gewaltfreier Widerstand: **Die Ankündigung und das Sit-In**
Nehmen wir an, die Familie Neumann hat nach dem ersten Termin den Hockeytrainer verständigt, die Patentante eingeweiht und erste Erkundungen über Fabians Clique eingeholt. Die Patentante hat Fabian auch schon eine E-Mail geschrieben, der Hockeytrainer hat bei Fabian angerufen und die Eltern haben ausführlich mit Fabian darüber gesprochen, mit wem er die Zeit verbringt, und dass sie wissen müssten, wer diese Jugendlichen sind. Mit anderen Worten, Fabian hat gemerkt, dass seine Eltern etwas verändert haben, worüber er nicht begeistert war und er sich seinen Eltern gegenüber ziemlich mürrisch zeigte. Dennoch verliefen zehn Tage ohne nennenswerte Zwischenfälle, Fabian ging regelmäßig in die Schule und verhielt sich zu Hause weiter zurückgezogen aber ruhig. Am vergangenen Samstag jedoch kam er erst um 3.00 Uhr morgens nach Hause, offensichtlich in stark angetrunkenem Zustand.

Entsprechend in Sorge kommen die Eltern zum zweiten Termin und wir einigen uns schnell darüber, den nächsten Schritt zu gehen und eine *„Ankündigung"* zu formulieren. Die Ankündigung heißt auf Englisch *announcement* und kann auch mit *„Verkündigung"* ins Deutsche übersetzt werden. Es ist eine durchaus rituelle Intervention, mit der Eltern ihrem Kind gegenüber ihre Haltung in neuer Weise verdeutlichen. Beispielhaft könnte eine

Ankündigung folgendermaßen lauten: „Lieber Fabian, am vergangenen Samstag bist du erneut stark angetrunken in der Nacht nach Hause gekommen und wir wollen dir sagen, dass wir nicht länger akzeptieren, dass du Alkohol trinkst und mit deinen Freunden Drogen konsumierst. Wir werden alles in unseren Möglichkeiten Stehende tun, um dagegen Widerstand zu leisten. Wir werden mit diesem Problem auch nicht länger alleine bleiben und haben uns bereits um Unterstützung bemüht, deinen Hockeytrainer verständigt und auch deine Patentante informiert. Wir tun das, weil du unser Sohn bist und wir keine Wahl haben."

Die Ankündigung wird schriftlich formuliert, wichtig ist, dass die Eltern dabei eine für sie stimmige Sprache nutzen. Dann gehen die Eltern zum Zimmer ihres Sohnes, klopfen an, gehen hinein und verlesen die Ankündigung (oder tragen sie frei vor). Anschließend übergeben sie die Ankündigung ihrem Sohn und verlassen das Zimmer wieder. Wichtig ist, dies in einer Situation zu tun, die nicht gerade durch einen akuten Konflikt angespannt ist und in der die Eltern selbst nicht in zu großer Anspannung sind (Deeskalation, „das Eisen schmieden, wenn es kalt ist"). Zur Vorbereitung der Ankündigung gehört ein ausführliches Gespräch über die möglichen Reaktionen des Sohnes, denn Jugendliche wie Fabian sind in der Regel nicht dankbar und freudig überrascht über diese Information. Deshalb ist es gut, dass sich Eltern auf mögliche Reaktionen vorbereiten und Ideen haben, was sie z.B. tun, wenn Fabian aggressiv wird, die Ankündigung zerreißt und in die Ecke wirft oder das Zimmer verlässt. Einziges Ziel der Ankündigung ist, dass die Eltern ihre Haltung in dieser Weise präsentieren und dies ganz unabhängig von der Reaktion ihres Sohnes. Kinder und Jugendliche machen hier eine Erfahrung, hinter die sie nicht mehr zurückkönnen, d.h. sie werden immer wieder daran denken, unabhängig davon, was sie in der Folge tun werden.

Nicht selten zeigen Jugendliche wie Fabian mit Verzögerung Reaktionen auf diese Intervention, beispielsweise vermeiden sie Alkoholkonsum oder machen auf andere Weise deutlich, dass sie die Botschaft ihrer Eltern verstanden haben und ernst nehmen. In unserem Beispiel folgen auf die Ankündigung tatsächlich vier friedliche Wochen zu Hause und die Eltern hoffen, dass es nun aufwärts geht. Allerdings kommt es zu einem neuerlichen Vorfall, als Fabian nochmals stark angetrunken und offensichtlich unter Drogeneinfluss nach Hause kommt und am nächsten Tag jedes Gespräch verweigert, die Türen knallt und seine Mutter heftig beschimpft, als diese versucht, mit ihm ins Gespräch zu kommen.

Vor der dritten Sitzung kommt er noch erneut betrunken spät nach Hause und in der dritten Sitzung besprechen wir den nächsten Schritt: Das *Sit-in* als nächste Stufe des gewaltfreien Widerstands der Eltern gegen den massiven Alkoholkonsum ihres Sohnes. Beim Sit-in wählen die Eltern wieder eine Situation zu Hause, die ruhig ist; außerdem sollten sie Zeit haben und nicht durch Termine unter Druck stehen. Dann gehen sie in Fabians Zimmer, setzen sich (auf Stühle oder auf den Boden) und sagen: „Lieber Fabian, du hast wieder zweimal sehr viel Alkohol getrunken und wir haben dir schon in der Ankündigung gesagt, dass wir das nicht länger akzeptieren werden. Wir bleiben jetzt hier sitzen, bis du uns einen Vorschlag machst, was du tun wirst, um solche Situationen in Zukunft zu vermeiden. Wir tun das, weil wir dich lieben und große Angst haben, dass du dich schädigst." Dann schweigen die Eltern und sitzen, das kann eine halbe Stunde, das können auch zwei Stunden sein. Die Eltern entscheiden selbst, wann sie das Sit-in abbrechen und welche Vorschläge ihres Sohnes sie aufgreifen oder nicht. Kommt gar kein Vorschlag, können die Eltern abbrechen und etwa sagen: „Lieber Fabian, wir sehen, dass wir für das Problem noch keine befriedigende Lösung haben, deshalb werden wir wiederkommen, weil wir das nicht auf sich beruhen lassen können." Natürlich können (und sollen) Eltern das Sit-in immer abbrechen, wenn Fabian aggressiv wird oder mit Tätlichkeiten droht. Auch hier ist das Ziel eine kraftvoll und Schulter an Schulter präsentierte Haltung und nicht eine bestimme Reaktion des Sohnes. Eine gute Vorbereitung auf mögliche Reaktionen ist – ähnlich wie bei der Ankündigung – auch vor dem Sit-in sehr wichtig.

Unabhängig davon wie Fabian reagiert, auch hier macht er eine neue Erfahrung, die er nicht so schnell vergessen wird. Die Erfahrung mit vielen Familien zeigt, dass der Jugendliche die klare Haltung seiner Eltern auf neue Weise erfährt und nicht mehr auskommt, sich damit auseinanderzusetzen und sich dazu zu verhalten. Sehr häufig entsteht darüber ein Raum für neue, möglicherweise längst fällige Gespräche, in denen deutlich wird, was hinter Fabians problematischem Verhalten steckt, wie z.B. Selbstzweifel, Eifersucht gegenüber der Schwester, Enttäuschungen in der Begegnung mit Freunden o.ä.

Wichtig erscheint mir abschließend zu diesem Absatz noch einmal der Hinweis, dass die Ankündigung und das Sit-in Maßnahmen gegen Verhaltensweisen im roten Korb liegen und nicht als „Coaching Tools" gegen Bagatelle schlechte Angewohnheiten eines Kindes missverstanden werden sollten.

Gesten der Wertschätzung und Versöhnung
Da es im hier beschriebenen Konzept im Kern letztlich um die elterliche Beziehung zu ihrem Kind und deren Stärkung geht, sind bei allem Widerstand gegen die Dinge im roten Korb immer auch Gesten der Beziehungsstärkung gefragt und gefordert. Wann immer sich Fabian konstruktiv, friedlich oder verantwortlich verhält, sind die Eltern eingeladen, darauf positiv zu reagieren und Respekt und Wertschätzung ausdrücken. Dabei geht es eher um kleine Gesten und Aufmerksamkeiten, wie z.B. Post-it-Nachrichten oder Speisen, die das Kind besonders mag. Wichtig ist, dass das Kind entscheidet, ob es sie annimmt, Eltern sollten dabei auf Zurückweisung vorbereitet sein und darauf vertrauen, dass Gesten wirken,

auch wenn es keine positiven Reaktionen gibt. Wir sprechen in diesem Zusammenhang von einer „Stoßdämpfer-Haltung".

Das Angebot gemeinsamer Aktivitäten wie Wandern, Kino oder Paddeln können solche Gesten sein, die – oft zur Enttäuschung der Eltern – von Fabian wenig begeistert aufgenommen werden. Grundsätzlich ist das Alter der Kinder und Jugendlichen zu berücksichtigen, wenn über gemeinsame Unternehmungen nachgedacht wird. Der Autor dieses Artikels hat eine gute Erfahrung mit dem Vorschlag seines Vaters gemacht, einen monatlichen Stammtisch abzuhalten. Für mich war das eine Form, die mein fortgeschrittenes Alter ernst genommen hat, gleichzeitig war der Stammtisch ein Format, dessen Regelmäßigkeit die Beziehung zu meinem Vater sehr gestärkt hat (Wir machen ihn noch heute, mein Vater wird 88!).

Zu den beziehungsstiftenden Gesten kann auch gehören, über eigene heftige Reaktionen in der Vergangenheit Bedauern ausdrücken. „Das tut mir leid", wenn es von Herzen kommt, hat eine sehr beziehungsstiftende Wirkung. Ähnlich wie beim weißen Korb, dient dieser Aspekt des Konzeptes auch der Vermeidung einer zu starken „Problemtrance" bei den Eltern, die sich gerne einstellt, wenn Kinder und Jugendliche über längere Zeit in einer problematischen Entwicklungsphase sind – und kein Jugendlicher ist 24 Stunden täglich ein Problem, auch dann nicht, wenn es sich gerade so anfühlt.

Transparenz und partielle Öffentlichkeit
Über diesen Aspekt ist das Wichtigste schon im Absatz über Unterstützung beschrieben. Transparenz spielt eine besondere Rolle, wenn wir mit diesem Konzept in größeren Kontexten, beispielsweis in der Schule, arbeiten. Auch hier gibt es ja oft den Reflex, Probleme wie Gewalt oder Drogenkonsum lieber zu verheimlichen aus Angst vor heftigen öffentlichen Reaktionen; und letztlich auch aus Scham, dass so etwas in der eigenen Einrichtung vorkommt. Haim Omers Konzept wendet sich eindeutig *gegen die Geheimhaltung* und lädt ein, offen auch über die beobachteten Missstände zu sprechen. Mich überzeugt diese Haltung, weil sie meines Erachtens Vertrauen stiftet und allen Beteiligten das Gefühl gibt, dass man sich hier auch um die problematischen Themen kümmert. Dazu gehört außerdem, dass alle Beteiligten über eingeleitete und abgeschlossene Maßnahmen informiert werden. So wird das Fehlverhalten des einzelnen Schülers nicht nur ein Problem des Täters und Opfers, sondern betrifft die ganze Klasse, ggf. auch das Lehrerkollegium und die Eltern. Alle Personen verbindet der Wunsch nach einer gewalt- und angstfreien Schule.

Ziel ist es dafür zu sorgen, dass ein „Täter" wieder Mitglied in der Klassengemeinschaft werden kann. Damit dies gelingt, ist die Initiierung und Durchführung von Wiedergutmachungsprozessen erforderlich und hilfreich, von denen abschließend die Rede sein soll.

Wiedergutmachungsprozesse
Wo Schaden ist, muss es Entschädigung geben.
Die Grundhaltung der beteiligten Verantwortlichen (Eltern, Lehrer) wäre: „Wir helfen, einen Weg zur Wiedergutmachung zu finden, und wir helfen bei der Ausführung. Wir bauen eine ‚Rampe' für den ‚Täter' und ermutigen ihn, die Geschichte aus der Welt schaffen."
Dafür gibt es zwei Voraussetzungen: Verantwortungsübernahme und die Geste des guten Willens und der Wiedergutmachung. Dabei muss damit gerechnet werden, dass nicht jeder „Täter" sofort bereit ist, für sein Fehlverhalten die Verantwortung zu übernehmen.

Fabian, um im Beispiel zu bleiben, muss sich nicht sofort entscheiden, sich bei seiner Schwester für sein aggressives und verletzendes Verhalten zu entschuldigen. Wir vertrauen dabei auf die Prinzipien der Reifung und der Zuversicht, bleiben im Sinne des Konzepts beharrlich.

Bei Fabian hat es eine Zeit lang gedauert, aber dann hat er Carolin um ihr Poesiealbum gebeten und hineingeschrieben:
„Liebe Carolin, es tut mir sehr leid, dass ich dir wehgetan habe. Um es wieder gutzumachen, lade ich dich in unsere Eisdiele auf einen Bananasplit ein und verspreche dir, künftig einfach nur Nein zu sagen, wenn ich nicht möchte, dass du in mein Zimmer kommst."

Und überhaupt ist es bei der Familie Neumann ganz gut weitergegangen. Es fanden noch zwei weitere Treffen statt, um den Umgang mit schulischen „Ehrenrunden" zu besprechen. Zu meiner Freude haben sie mir Jahre später die Kopie von Fabians eindrucksvollem Abiturzeugnis geschickt.

Zweifel
In Begegnungen mit Familien und in Seminaren werden natürlich immer wieder Zweifel geäußert, die wir ernst nehmen und die uns auch in der Weiterentwicklung des Konzeptes weiterhelfen. „Ja bei den Neumanns ist das ja einfach, aber was ist,

- wenn die Eltern überhaupt nicht einig oder auch strittig getrennt sind,
- wenn ein Elternteil selbst psychisch krank ist oder mit Drogenproblemen zu tun hat,
- wenn Fabian keine Einsicht zeigt und trotz allen guten Willens und aller vollzogenen Maßnahmen sein problematisches Verhalten ungebrochen fortsetzt,
- wenn Eltern überhaupt keine Verantwortung übernehmen,
- wenn bei Fabian eine psychiatrische Diagnose attestiert wurde,
- wenn …"

All diese Fragen sind berechtigt und mit allen haben wir uns in den letzten Jahren intensiv auseinandergesetzt. Hier würde es zu weit führen, auf alle Fragen im Einzelnen einzugehen. Ich will es bei einem Hinweis belassen: Im Rahmen meiner knapp zwölfjährigen Tätigkeit als Leiter eines Teams für aufsuchende Familientherapie haben wir Antworten auf diese Fragen gefunden und auch mit sogenannten „Multiproblemfamilien" gearbeitet. Hier konnten Lösungen gefunden werden, die Eltern in ihrer Verantwortung gestärkt, ihr Erziehungsverhalten im Sinne des Konzeptes deutlich verändert und die Entwicklung der Kinder und Jugendlichen bezüglich ihres Sozialverhaltens, des schulischen Erfolgs und des Suchtverhaltens nachhaltig positiv verändert haben. Beharrlichkeit und Zuversicht waren uns dabei immer wieder die wichtigsten Ratgeber.

Die systemischen Aspekte des Konzeptes
Die Frage nach der Einordnung dieses Konzeptes in den Kontext systemischer Therapie und Beratung ist nach wie vor sehr aktuell und wird im April nächsten Jahres eine ganze Fachtagung beschäftigen (SyNA-Tagung 2018 in Hannover). Aus meiner Sicht ist „Stärke statt Macht" ein systemisches Konzept, das mit einer Vielzahl traditioneller und aktueller systemischer Ansätze in enger Verbindung steht.

- In erster Linie ist es sicherlich ein Ansatz struktureller Familientherapie, die maßgeblich von Salvador Minuchin entwickelt wurde. Das Konzept stärkt das „Subsystem" Eltern in ihrer Verantwortung für ihre Kinder und gibt ihnen Möglichkeiten an die Hand, ihrer Verantwortung noch besser gerecht zu werden.
- Virginia Satirs familientherapeutischer Pionierarbeit ist es verwandt, weil es so großen Wert auf die Beziehung legt sowie Eltern und Kinder in ihrem Selbstwert stärkt.
- An Jay Haleys strategische Ansätze erinnert es, weil es Eltern klar umschriebene Strategien – inklusive der dafür wichtigen Haltung – an die Hand gibt, die es ihnen ermöglicht, Erziehungsprobleme strategisch zu lösen.
- Den jüngeren narrativen Ansätzen der systemischen Therapie ist das Konzept nahe, weil es die Grundlage beinhaltet, die „Problemgeschichten" von Kindern und Jugendlichen neu zu erzählen.
- Die Bindungstheorie John Bowlbys – wenn auch keine explizit systemische Theorie, mit der aber viele systemische Ansätze eng verbunden sind - ist zweifellos eine theoretische Grundlage von Haim Omers Ansatz, zumal Bindung und ihre Stärkung die Basis des Ansatzes und der Interventionen darstellen.
- Sozusagen metasystemisch halte ich das Konzept für besonders hilfreich, weil es in einem gesellschaftlichen Kontext starker Verunsicherung Orientierung gibt und die originär Verantwortlichen (Eltern, Lehrer etc.) stärkt.

Literatur

Omer, H., von Schlippe, A. (2004): Autorität durch Beziehung. Die Praxis des gewaltlosen Widerstands in der Erziehung, Göttingen, Vandenhoeck & Ruprecht

Omer, H., von Schlippe, A. (2006): Autorität ohne Gewalt. Coaching für Eltern von Kindern mit Verhaltensproblemen, Göttingen, Vandenhoeck & Ruprecht

Omer, H., Alon, N., von Schlippe, A. (2007): Feindbilder. Psychologie der Dämonisierung, Göttingen, Vandenhoeck & Ruprecht

Omer, H., von Schlippe, A.(2010): Stärke statt Macht: Neue Autorität in Familie, Schule und Gemeinde. Göttingen, Vandenhoeck & Ruprecht

Omer, H., Lebowitz, E. (2012): Ängstliche Kinder unterstützen. Die elterliche Ankerfunktion, Göttingen, Vandenhoeck & Ruprecht

---

Autoreninfo

Diplom-Psychologe und Approbierter Psychologischer Psychotherapeut; Therapeut, Supervisor, und Coach (DGSF); Lehrender für Systemische Beratung, Therapie, Coaching und Supervision; Klinische Hypnose (M.E.G.); Psychodrama (1 Jahr bei Yaacov Naor)

10 Jahre als Psychologe in der Heckscher Klinik für Kinder- und Jugendpsychiatrie; seit 1996 selbständig als Psychotherapeut, Coach, Supervisor und in der systemischen Weiterbildung in München, Hamburg, Russland, Österreich, Schweiz; 2004–2015 Leitung „Intensive Familienberatung" am Jugendamt Weilheim-Schongau; seit 2005 Gründer und Inhaber des Münchner Instituts für Systemische Weiterbildung (misw)

3.2 Ausgewählte Erziehungsprobleme

3.2.1 Triple P Konzept und Kurse
Dipl.-Psych. Consuelo G. Ballestrem

> **Abstract**
> Häufig liegen kindlichen Lern- und Verhaltensproblemen leichte oder massive familiäre Beziehungs- oder Kommunikationsdefizite zugrunde. Triple P ist ein didaktisch einfaches, konsistentes Gesamtkonzept für Beratung und Prävention. Das individuelle Erleben, die Verhaltens- und Reaktionsmuster der Kinder und Jugendlichen werden aufgeschlüsselt. Auf der Grundlage entwicklungspsychologischer und pädagogischer Erkenntnisse erarbeiten Eltern in einzelnen Bausteinen ein vertieftes Verständnis und Handwerkszeug für die Förderung der Entwicklung ihrer Kinder, den Umgang mit unerwünschtem Verhalten, die Prävention von Risikosituationen. Triple P ist ein stimmiges Gesamtkonzept, dessen jeder Baustein sich gut für die schulische Einzelberatung eignet.

Vorbemerkung
Den beiden großen biographischen Projekten, Paarbindung und Erziehung, geht in der Regel keine Vorbereitung oder Ausbildung voraus. Paare entwickeln ihre Kompetenzen anhand von unterschiedlichen Vorbildern, die ihnen in Kindheit und Jugend begegnet sind, sowie durch Versuch und Irrtum. Den Bedarf aber spürend, besuchen sie heute oft schon zu Beginn der Elternphase einen Erziehungskurs.

Aus meiner Sicht ist Erziehung und Bildung der heranwachsenden Generationen eine der wichtigsten Aufgaben der Gesellschaft.

Bedeutung von Familie aus Sicht der Jugendlichen
Die Familie ist nach wie vor stark. Untersuchungen bestätigen, dass ein Großteil aller Kinder und Jugendlichen mit ihrer Familie vertrauensvoll verbunden ist (vgl. Abbildung 1).

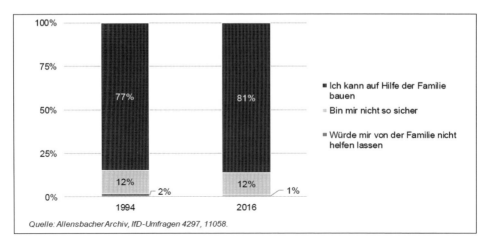

Abbildung 1: Anteil der Bevölkerung ab 16 Jahren, die sich in einer schwierigen Lage von der Familie helfen lassen würde

Sie bestätigen, dass ihre Familie für sie das Wichtigste in ihrem Leben ist. 90 Prozent finden es gut, wie sie erzogen wurden, und 75 Prozent der befragten Jugendlichen wollten einmal ebenso erziehen (vgl. 15. Kinder- und Jugendbericht vom 01.02.2017, S. 8, Bundesministerium für Familie, Senioren, Frauen und Jugend). Die meisten Jugendlichen erachteten ihre Familie als Mittelpunkt ihres Lebens (Abbildung 2).

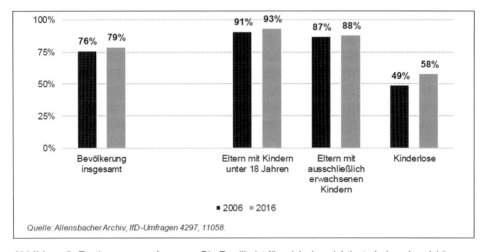

Abbildung 2: Zustimmung zur Aussage „Die Familie ist für mich der wichtigste Lebensbereich"

Motivation zum Besuch des Triple P – Elternkurses

Eltern wollen das Beste für ihre Kinder, wünschen sich innerfamiliäre Harmonie und möglichst glückliche Kinder, die ihre Talente rund um Familie und Schule voll entfalten.

D.h. einleitend können wir festhalten, die Motivation der Eltern ist groß, das Beste aus dem familiären Zusammenleben zu machen. Es erscheint daher sinnvoll, durch qualitätvolle, präventive Elternkurse den „Erfolg" zu maximieren und den „Irrtum" zu minimieren.

Triple P (Positive Parenting Program) mit seinen nachgewiesenen positiven Effekten setzt genau hier an. Sein Motto „Bleib positiv" ist durchaus begründet und kein Zweckoptimismus.

Triple P: Mehr-Ebenen-Modell

Trotz der dargestellten positiven Umfragen bezogen auf den Familienzusammenhalt erleben Eltern Erziehungskrisen und haben wir hohe Prävalenzraten psychischer und verhaltensbezogener Störungen im Kindes- und Jugendalter (Abbildung 3). Hinzu kommen rapide sich wandelnde technische, soziale und wirtschaftliche Umweltbedingungen, die nicht nur Eltern, sondern auch Lehrer und Sozialpädagogen vor immer neue Herausforderungen stellen.

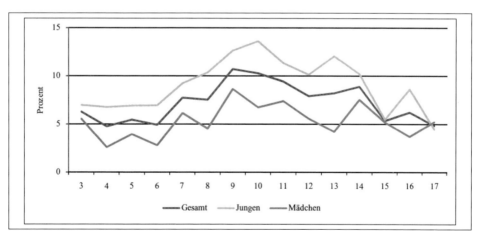

Abbildung 3: Prävalenzraten psychischer und verhaltensbezogener Störungen der 3- bis 17-Jährigen (Robert Koch Institut, Gesundheitssurvey, 2008)

Aus Abbildung 3 ist ersichtlich, dass Jungen stärkere Verhaltensauffälligkeiten zeigen als Mädchen. Die Häufigkeitsverteilung weist u.a. auf eine zeitliche Korrelation von schulischen, psychosozialen Anforderungen und kindlichen Verhaltensauffälligkeiten hin.

Triple P befähigt Eltern, mit den meisten Herausforderungen der kindlichen Entwicklung angemessen und einfühlsam umzugehen, und trägt dadurch zur Prävention von Fehlentwicklungen bei.

Triple P kann erfahrungsgemäß auch der Schule als zentraler Institution des Bildungswesens wertvolle Impulse bei ihrer Kinder- und Elternarbeit im psychosozialen Bereich (Schulsozialarbeit, Schulpsychologie) geben.

Denn Triple P ist nicht nur ein einzelnes Programm, sondern bietet vielmehr eine ganze Reihe von Unterstützungsangeboten steigender Intensität für Eltern von Kindern bis zu 16 Jahren, ein Mehr-Ebenen-Modell (s. Abbildung 4). Es stellt ein Kontinuum von universellen Präventionsangeboten bis hin zu Interventionsmaßnahmen dar und kann von unterschiedlichen Berufsgruppen wie Ärzten, Lehrern, Sozialpädagogen, Erzieherinnen und Therapeuten in Kontakten mit Eltern genutzt werden.

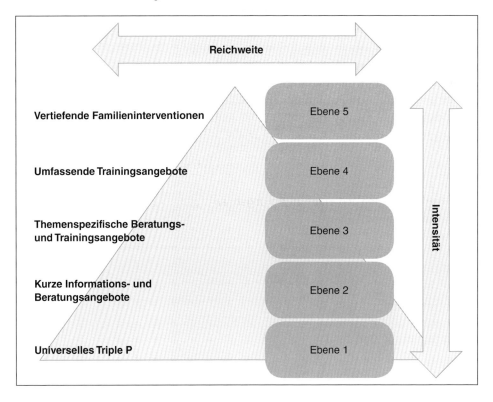

Abbildung 4: Triple P – Mehr-Ebenen-Modell
(vgl. http://www.triplep.de/de-de/was-kann-triple-p/das-triple-p-system/)

Innerhalb jeder Ebene gibt es wiederum eine Auswahl an Durchführungsformen, wie z.B Unterstützungsangebote für Eltern im Eins-zu-eins-Kontakt oder in der Gruppe sowie Selbsthilfematerialien und einen Online-Elternkurs. So wird sichergestellt, dass Triple P flexibel genug ist, um den Bedürfnissen individueller und spezifischer Zielgruppen gerecht zu werden. Es wurde entwickelt, um Eltern im Sinne der Ressourcenorientierung und Selbstregulation genau so viel Hilfe zu geben, wie sie brauchen – nicht mehr und nicht weniger –, um einer Überversorgung vorzubeugen und die Unabhängigkeit zu fördern.

Die folgenden Ausführungen geben einen Überblick über die Geschichte, Theorie und Anwendungsbereiche dieses umfassenden Präventions- und Interventionsprogramms.

Das Triple P Konzept

Zur Geschichte
Triple P wurde vor mehr als 30 Jahren an der Queensland Universität, Brisbane, Australien von dem klinischen Psychologen Professor Matthew R. (Matt) Sanders und Mitarbeitern entwickelt. Als während einer Beratung ein kleiner Junge seiner Mutter einen Plastikrasenmäher ins Gesicht warf und Sanders erlebte, wie verletzt, hilflos und verwirrt sie ihrem Kind gegenüber war, beschloss er, dass mehr als nur Beratung nötig ist. Er entwickelte ein Präventions- und Interventionsprogramm, um möglichst vielen Eltern schon frühzeitig einen Weg aus dem erzieherischen Informationsvakuum zu zeigen. Daraus wurde in vier Jahrzehnten ein Mehr-Ebenen-Modell (Tabelle 1), das möglichst viele Eltern erreichen möchte.

Das Ziel ist, die Inanspruchnahme von Unterstützung bei der Erziehung zu entstigmatisieren und zu normalisieren, die Sichtbarkeit und Reichweite von Angeboten zur ‚Positiven Erziehung' zu erhöhen und Eltern zu ermutigen, an Programmen zur ‚Positiven Erziehung' teilzunehmen. Es ist inzwischen in 26 Ländern verbreitet, in 19 Sprachen übersetzt und von den Vereinten Nationen zum besten Erziehungsprogramm weltweit erklärt worden.

Ebene	Inhalte
Ebene 1	Breitgestreute Informationen über Erziehung wie z.B. Medien, Selbsthilfematerialien, Vorträge. Sie sollen dazu beitragen, Grundwissen zu verbreiten und die Inanspruchnahme von Unterstützung in Erziehungsfragen zu erleichtern, so dass möglichst viele Eltern ermutigt werden, sich präventiv und akut Hilfe zu suchen.
Ebene 2	Information und Beratung für spezifische Erziehungsfragen, kurze, einmalige Unterstützung für Eltern, die im Allgemeinen gut zurechtkommen, aber eine oder zwei Schwierigkeiten mit dem Verhalten oder der Entwicklung ihres Kindes haben.
Ebene 3	Information und Beratung für Eltern, die spezifische leichte bis mittelschwere Schwierigkeiten oder Sorgen haben; mit aktivem Training von Erziehungsfertigkeiten
Ebene 4	Für Eltern von Kindern mit Verhaltensschwierigkeiten (oder im Fall der Gruppentrainings: Für motivierte Eltern, die daran interessiert sind, ein vertieftes Verständnis der Positiven Erziehung zu gewinnen). Es sind Angebote für Eltern von Kindern bis 12 Jahre, für Eltern von Jugendlichen bis 16 Jahre sowie für Eltern von Kindern mit einer Behinderung oder Entwicklungsverzögerung verfügbar. Intensives Training von Erziehungsfertigkeiten (Gruppe, Einzeltraining oder Selbsthilfe)
Ebene 5	Intensive und vertiefende Unterstützung für Familien mit schwerwiegenderen Problemen. Durchführbar als: Triple P Plus – Für Eltern, deren Familiensituation durch Probleme wie Partnerschaftskonflikte, Stress oder psychische Probleme belastet ist. Triple P Wege – Für Eltern, die ein erhöhtes Risiko aufweisen, ihr Kind zu misshandeln. Behandelt die Bewältigung von Ärger und andere kognitive und Verhaltensstrategien zur Verbesserung der elterlichen Bewältigungskompetenzen bei der Erziehung.

Tabelle 1: Triple P: Mehr-Ebenen-Modell

Theoretische Grundlagen

Triple P basiert auf theoretischen Annahmen der sozialkognitiven Lerntherapie, der Selbstmanagment-Therapie von Kanfer und der klinischen Psychologie.

Die Sozialkognitive Verhaltenstherapie (Bandura, 1990)
Die sozialkognitive Lerntheorie geht von der Annahme aus, dass Verhalten erlernt ist und auch wieder verlernt werden kann.

Im Fokus der Aufmerksamkeit stehen dabei weniger die psychischen, unsichtbaren Abläufe, als die *beobachtbare* Situation und *messbare* Vorgänge und auch weniger die

Vergangenheit als die Gegenwart. Dazu gehören neurologische und neurobiologische Modelle, bei denen Reiz und Reaktion gemessen werden können.

Das Erlernen von Verhalten folgt der Logik: Handlungen, denen Eltern ihre Aufmerksamkeit zuwenden, werden wiederholt, solche, die keine Aufmerksamkeit bekommen, allmählich seltener.

Aus neurologischer Sicht ist das *Präfrontalhirn* die *wichtigste Kontrollinstanz* für Entscheiden und Handeln. Es entwickelt sich allmählich bis zum Alter von 25 Jahren zu seiner vollen Reife in der Interaktion mit den Eltern und der sozialen Umwelt. Dabei spielt das *Vorbild* eine wichtige Rolle (vgl. Friedrich Wilhelm August Fröbel (1782–1852): „Erziehung ist Beispiel und Liebe – sonst nichts". Verhaltensprägend ist primär, was wir tun, sekundär, was wir sagen.

Die Selbstmanagement Theorie (F. H. Kanfer)
Selbstmanagement basiert auf der Annahme, dass „eine Beschreibung des problematischen Verhaltens, seiner kontrollierenden Bedingungen und der Mittel, durch die es geändert werden kann, die angemessensten Erklärungen für das Verhalten sind" (Amelang & Bartussek, 2001). Reinecker betont ergänzend: „Eines der Hauptanliegen unseres Selbstmanagement Ansatzes besteht darin, wissenschaftlich-psychologische Befunde mit den Ansprüchen des praktisch-therapeutischen Handelns zu verbinden (und umgekehrt)" (Kanfer et al., 2012).

Das Empowerment der Triple P Kurse befähigt Eltern zum Selbstmanagement als Erzieher im Alltag. Mit dem Begriff „Empowerment" werden Strategien und Maßnahmen bezeichnet, die den Grad an Autonomie und Selbstbestimmung von Menschen erhöhen sollen. Es trägt gleichzeitig dazu bei, die Kinder allmählich zum altersgemäßen Selbstmanagement zu befähigen.

Klinische Psychologie
Die Berücksichtigung der Grundlagen- und Anwendungsforschung bezüglich psychischer Erkrankungen und Verhaltensstörungen ist selbstverständliche Grundlage des Triple P Konzepts.

Triple P ist evidenzbasiert. Das bedeutet: Effekte werden kontinuierlich wissenschaftlich überprüft, Prämissen und Anwendung auch anhand der Rückmeldungen der Eltern ergänzt und begleitet.

Im Kursverlauf zeigt sich m.E., dass eine Fülle weiterer psychologischer Einsichten in das Programm einfließen, wie die systemisch-lösungsorientierte Therapie (de Shazer & Dolan, 2016), die Resilienz Theorie (Antonovsky, 1997), das Vulnerabilität-Stress Modell (Lazarus, 1999), die Bindungstheorie (Bowlby, 1997), die Kommunikationstheorie (Watzlawik, 2012), wie sie EPL (Thurmaier et al., 1993) zugrunde liegt, u.v.m.

Vorstellung der Triple P-Elternkurse
Im Folgenden werde ich versuchen, die Erziehungsfertigkeiten, wie sie im Elternkurs auf der Ebene 4 des Mehr-Ebenen-Modells (vgl. Abbildung 4) vermittelt werden, besonders auch mit Blick auf ihre Brauchbarkeit für den schulischen Alltag und die Elternberatung durch Lehrer/-innen und Schulberater/-innen darzustellen.

Für Eltern mit Kindern im Alter von 2–12 Jahren einerseits und von 10–16 Jahren andererseits stellt Triple P zwei bis ins Detail strukturierte Kurse von je acht Sitzungen zur Verfügung. In den Elterngruppentrainings ist pro Familie ein Arbeitsbuch vorgesehen, in dem die Lehrinhalte nachzulesen sind. Videobeispiele, Gruppengespräche und einzelne Übungen sind Elemente jeder Sitzung. Pro Kurswoche sollten Eltern zwei der gerade besprochenen Erziehungsfertigkeiten anwenden. Insgesamt lernen die Eltern 17 solcher Erziehungsfertigkeiten kennen.

Fragebögen
Um die individuellen Fragen der Teilnehmer und die subjektive Bewertung ihres Erziehungsverhaltens sowie des Verhaltens der Kinder besser einschätzen zu können, werden die Eltern zu Beginn des Kurses darum gebeten, zwei Fragebögen auszufüllen. Es handelt sich um den Erziehungsfragebogen-Kurzform (EFB-K) und den Fragebogen zu Stärken und Schwächen (SDQ-DEU); engl. Original: Strength and Difficulties Questionnaire, SDQ, Goodman, 1999). Die Ergebnisse werden auf Wunsch in Einzelgesprächen besprochen. Am Ende des Kurses werden die Fragebögen erneut ausgefüllt, um mögliche Verbesserungen festzuhalten.

Dem Erziehungsfragebogen kann die Kursleiterin entnehmen, welchen Erziehungsstil die einzelnen Eltern pflegen: „Nachsichtigkeit" oder „Überreagieren", „Nachsichtigkeit" und „Überregieren" oder einen „ausgewogenen Erziehungsstil".

Erziehungskompetenzen
Voraussetzung: eine positive Sprache und Kommunikation

Worte können heilend und verletzend, aufbauend und vernichtend wirken. Auch Lehrern stellt sich bei Elterngesprächen vermutlich die besorgte Frage, wie kommunizieren die

Schüler-Eltern eigentlich mit ihren Kindern? Machen sie ihnen Mut, trauen sie ihnen etwas zu? Und habe ich als Lehrer einen Einfluss auf den Umgang der Eltern mit ihren Kindern?

Man kann nicht nicht kommunizieren, ist das erste Axiom der Kommunikation von Paul Watzlawick. Eine positive Sprache und Kommunikation, auch in Haltung und Ausdruck zu pflegen, durchzieht daher alle 8 Sitzungen von Triple P. Eltern lernen im Laufe der Kurse nicht nur die Grundzüge einer positiven Erziehung (Sitzung 1) kennen. Sie lernen und üben auch ganz konkret, auf eine positive Weise zuzuhören und mit ihren Kindern zu sprechen.

Sei es, dass sie sie loben, mit ihnen über ihre Interessen sprechen, eine klare Anweisung geben, sie auffordern, eine Handlung zu unterlassen und stattdessen das angemessene Verhalten zu zeigen. Sei es, dass sie mit ihnen Familienregeln entwickeln. Immer geht es darum, das *erwünschte* Verhalten zu formulieren, zu loben oder in Form einer Regel zu vereinbaren.

Beispiel: Ein Vater freute sich nach der 2. Sitzung über die Übung, sein Kind aktiv und konkret zu loben. Das mache ihm selbst so viel Freude und dem 11-jährigen Tommy genauso. Eine Mutter erzählte nach der 3. Sitzung des Elternkurses, wie froh sie sei, dass sie nun nicht mehr andauernd „nein" sage oder „hör endlich auf zu schreien", sondern „sprich ruhig und sag mir, was du möchtest."

Sie und die Kinder gewöhnen sich schnell daran, darauf zu schauen, was sie Positives tun oder tun sollten. Ziel ist das Erlernen des erwünschten und das Löschen des unerwünschten Verhaltens.

Eine lösungsorientierte Gesprächsführung
Eltern lernen auch durch das Vorbild der Trainer und wiederholte Übungen eine ressourcen- und lösungsorientierte Sprache kennen. Fragen werden auf eine Weise gestellt, dass die Kinder selbst die Antwort finden und geben, statt sich vorwiegend und widerwillig Vorschläge der Eltern anhören zu müssen.

Beispiel: Frau S. stieß sofort auf Widerstand, wann immer sie die Anweisung gab, „Packe dein Matheheft endlich aus und mache deine Hausaufgaben!" Fragte sie ihren 9-jährigen Leo aber: „Womit willst du beginnen: mit den leichteren oder den schwereren Hausaufgaben?", und führte ihn fragend und lobend durch die Klippen von Ablenkung, Langeweile und Schwierigkeiten, dann verbesserten sich seine Eigeninitiative und sein Arbeitseifer merklich.

Mit den sog. „W-Fragen" mit Ausnahme von „warum" werden die Eltern und Kinder ermutigt, selbst ihre Lösungen zu finden (prompten). Ähnlich wie Eltern in Sitzung vier trainierten, Aktivitäten für eine Reise oder die Abläufe für die Hausaufgabenanfertigung zu planen, so entwickeln die Eltern zusammen mit den Kindern hilfreiche Regeln, indem sie bspw. fragen, was nötig ist, damit sie sich im Auto ruhig verhalten.

Für das Teenageralter stellt das Programm ein Problemlöseschema bereit, das die spezifischen Wünsche der Jugendlichen berücksichtigt, wie z.B. dem Wunsch nach mehr Selbstständigkeit, abends auszugehen etc., und an dessen Entwicklung die Jugendlichen sich aktiv beteiligen.

Beispiel: Frau M. bedauerte, dass ihre 14-jährige Tochter Kerstin nun nicht mehr an den Familienausflügen am Wochenende teilnehmen wollte, sondern lieber unabhängig sein wollte, um mit Freunden abzuhängen. Als ein offenes Gespräch dazu führte, dass die drei Kinder reihum das Familienwochenende selbst planen durften, war auch Kerstin wieder ganz dabei. Den jeweils vierten Sonntag durfte sie dann mit ihren Freunden verbringen. Auch dieser wurde gemeinsam besprochen.

Aktives Mitdenken stärkt den Selbstwert, die Selbstregulation und die Motivation, sich wie abgemacht zu verhalten.

Triple P: Gruppentraining für Eltern
Im Folgenden werden die einzelnen Sitzungen des Triple P Gruppentrainings für Eltern näher beschrieben.

3 Interventionsansätze

Triple P Gruppentraining für Eltern von Kindern im Alter von 2–12 Jahren	TEEN Triple P Gruppentraining für Eltern von Kindern ab 10 Jahren
Sitzung 1: „Positive Erziehung" • Grundprinzipien der Positiven Erziehung • Faktoren kennenlernen, die das Verhalten von Kindern beeinflussen • Ziele für Veränderungen festlegen • Verhalten systematisch beobachten	**Sitzung 1: „Positive Erziehung"** • Grundprinzipien der Positiven Erziehung • Faktoren kennenlernen, die das Verhalten von Jugendlichen beeinflussen • Ziele für Veränderungen festlegen • Verhalten systematisch beobachten
Sitzung 2: „Die Entwicklung der Kinder fördern" • Eine gute Beziehung zum Kind stärken • Wünschenswertes Verhalten unterstützen • Neue Fertigkeiten und Verhaltensweisen beibringen	**Sitzung 2: „Wünschenswertes Verhalten unterstützen"** • Eine gute Beziehung zum Teenager stärken • Wünschenswertes Verhalten unterstützen • Neue Fertigkeiten und Verhaltensweisen beibringen
Sitzung 3: „Mit Problemverhalten umgehen" • Mit Problemverhalten umgehen • Erziehungsroutinen entwickeln	**Sitzung 3: „Mit Problemverhalten umgehen"** • Mit Problemverhalten umgehen • Umgang mit Gefühlsausbrüchen
Sitzung 4: „Vorausplanen" • „Überlebenstipps" für Familien • Risikoreiche Erziehungssituationen erkennen • Vorbeugende Aktivitätenpläne für Risikosituationen entwickeln	**Sitzung 4: „Mit riskantem Verhalten umgehen"** • Risikosituationen erkennen • Pläne zum Umgang mit riskantem Verhalten erstellen
Sitzung 5–7: „Erziehungsfertigkeiten einsetzen" • Telefonkontakte zur individuellen Anpassung der Erziehungsfertigkeiten an die Bedürfnisse der Familie und zur Unterstützung bei der Umsetzung der Erziehungsfertigkeiten im Alltag und zur Verringerung von Stress in der Familie	**Sitzung 5–7: „Erziehungsfertigkeiten einsetzen"** • Telefonkontakte zur individuellen Anpassung der Erziehungsfertigkeiten an die Bedürfnisse der Familie und zur Unterstützung bei der Umsetzung der Erziehungsfertigkeiten im Alltag und zur Verringerung von Stress in der Familie
Sitzung 8 „Rückblick und Programmabschluss" • Abschlusssitzung • „Überlebenstipps" für Familien • Bilanz ziehen • Veränderungen aufrechterhalten, vorausplanen – Ziele für die Zukunft festlegen – Sitzung 8 kann alternativ auch als Telefonkontakt gestaltet werden	**Sitzung 8: „Rückblick und Programmabschluss"** • Abschlusssitzung • „Überlebenstipps" für Familien • Bilanz ziehen • Veränderungen aufrechterhalten, vorausplanen – Ziele für die Zukunft festlegen – Sitzung 8 kann alternativ auch als Telefonkontakt gestaltet werden

Tabelle 2 Triple P Gruppentraining 4

Positive Erziehung – Sitzung 1

Mithilfe der folgenden Schritte, besonders dem Verhaltenstagebuch, können (Beratungs)-Lehrer Eltern zu einem besseren Verständnis für ein Lern- oder Erziehungsproblem führen und einen Lösungsweg zeigen.

Sitzung 1 des Triple P Elternkurses regt zur Reflexion über Erziehung, zu sorgsamer Selbst- und Fremdbeobachtung an. Zunächst stellt die Kursleiterin die *fünf Grundregeln (Abbildung 5) einer positiven Erziehung* vor, um sie dann in der Gruppe zu diskutieren. Die Eltern überlegen je einzeln, wo bei ihnen noch Verbesserungsbedarf sein könnte.

Grundregeln einer positiven Erziehung

1. Für eine sichere und interessante Umgebung sorgen
2. Eine positive und anregende Lernatmosphäre schaffen
3. Sich konsequent verhalten
4. Realistische Erwartungen entwickeln
5. Die eigenen Bedürfnisse beachten

Abbildung 5: Fünf Grundregeln einer positiven Erziehung

Einflüsse auf das Verhalten von Kindern
Vor allem Mütter neigen dazu, sich für alles, was nicht wie gewünscht läuft, verantwortlich zu fühlen (negativ internal zu attribuieren). Daher ist es hilfreich, anhand eines Überblicks über verschiedene Einflussfaktoren unterscheiden zu lernen, wo der elterliche Einfluss beginnt und wo er endet (Abbildung 6).

Einflussfaktoren	Einflussbereich der Eltern
• Die genetischen Anlagen	**kein Einfluss**
• Das Umfeld (Medien, Schule, Freunde)	**geringer Einfluss**
• Familiäre Faktoren	**großer Einfluss**
• Mögliche Erziehungsfallen im familiären System Eskalationsfalle, Ignorieren von erwünschtem Verhalten, ungünstige Anweisungen, unklare Erwartungen, Stress, Ignorieren von erwünschtem Verhalten, „schlechtes Beispiel" der Eltern, Inkonsequenz: mal ja, mal nein, im Zorn erteilte Strafe, körperliche Gewalt, Überzeugungen und Erwartungen der Eltern.	

Abbildung 6: Elterlicher Einfluss auf das Verhalten der Kinder

Nur die Gestaltung des *familiären Systems* haben die Eltern selbst in der Hand. Hier können sie in einer Liste der möglichen Erziehungsfallen (vgl. Abbildung 6) diejenigen ankreuzen, die sie bei sich selbst entdecken und für verbesserungswürdig halten.

Förderung kindlicher Kompetenzen
Die folgende Übung befasst sich mit den Bereichen, in denen Eltern ihre Kinder fördern möchten (Abbildung 7).

- Mit anderen kommunizieren und zurechtkommen
- Mit den eigenen Gefühlen umgehen
- Unabhängig werden
- Probleme lösen

Abbildung 7: Welche Fertigkeiten möchten Sie bei Ihrem Kind fördern?

Jede dieser Fertigkeiten wird detailliert besprochen. Daraus ergibt sich die Frage, welche Ziele Eltern sich für ihre Familie setzen und welches Verhalten sie bei sich und den Kindern in den kommenden Wochen verändern möchten. Diese Ziele, z.B. „ruhig miteinander sprechen" oder „Hausaufgaben gleich und sorgfältig erledigen", werden im Arbeitsbuch notiert, um sie im Alltag präsent zu haben und darauf auch im Kontext neuer Erziehungsfertigkeiten Bezug zu nehmen.

Verhaltenstagebuch

Um es den Eltern zu erleichtern, die Auslöser für kindliches Fehlverhalten, wie z.B. Zorn, Streit, Verweigerung, etc. besser zu erkennen, wird das Verhaltenstagebuch (Tabelle 3) eingeführt. Dort kann in fünf Schritten das kindliche Verhalten innerhalb des sozialen Systems notiert werden.

Problematisches Ereignis	Wann und wo trat es auf?	Was passierte vor dem Ereignis?	Was geschah danach?	Weitere Bemerkungen
9-Jährige steht trotz mehrfacher Ermahnungen nicht auf	Montag früh, 7.30	Eltern streiten wg. Verteilung der häuslichen Aufgaben	Bus ist weg, Mutter schimpft, fährt das Kind mit dem Auto zur Schule	Alle gestresst

Tabelle 3: Verhaltenstagebuch

Diese Beobachtung erleichtert es den Eltern, sowohl den Auslöser eines dysfunktionalen Verhaltens als auch bereits mögliche Lösungswege zu erkennen.

An diesem Punkt spricht der eine oder andere in der Runde häufig aus, was alle Teilnehmer spüren – dass das „Fehl"- Verhalten der Kinder oft eine Folge des elterlichen „Fehl"-Verhaltens ist. Und dass das Vorbild der Eltern die Wurzel guter Erziehung ist.

Die Entwicklung von Kindern fördern – Sitzung 2

Lernen und Konzentration baut im Bestfall auf einer sicheren Bindung auf und sollte Spaß machen. Sitzung 2 dient der Sensibilisierung der Eltern dafür, dass ihre Zuwendung zu den Kindern ohne Wenn und Aber elementar für deren Entfaltung und Lebensglück ist. Dessen sind sie sich häufig nicht in vollem Umfang bewusst.

Lehrer, meist selbst Eltern, können die Eltern ihrer Schüler in ihrer Rolle und Verantwortung entscheidend ermutigen. Sie sind sich bewusst, dass Kinder *langsam* an neue Themen herangeführt werden müssen. Eltern erwarten oft zu viel von den Kindern. Das einfühlsame *„Fragen-Sagen-Tun"* (s.u.) ist für viele Eltern eine optimale Hilfe zur Einfühlung in den aktuellen kindlichen Wissensstand.

Die in (Tabelle 4) genannten Erziehungsfertigkeiten werden von der Kursleiterin eingeführt, gemeinsam diskutiert und eingeübt. Am Ende der Sitzung wählen die Eltern zwei der Fertigkeiten, die sie in der kommenden Woche besonders beachten oder einüben wollen.

Förderungsbereich	Erziehungsfertigkeiten
Stärkung der Beziehung Entwicklung positiver Beziehungen, sichere Bindung, Beziehungsfähigkeit, ...	Wertvolle Zeit, mit Kindern reden, Zuneigung zeigen
Wünschenswertes Verhalten unterstützen Sicherheit, Selbstwertgefühl, Lernen durch Anregung, Lebensfreude	Beschreibend loben, Aufmerksamkeit schenken, interessante Beschäftigungen anbieten
Beibringen neuer Fertigkeiten und Verhaltensweisen Selbstständigkeit, Selbstsicherheit, Freude an Lernen und Erfolg, ...	Lernen am Modell, beiläufiges Lernen nutzen, Fragen-Sagen-Tun, Punktekarten

Tabelle 4: Die Entwicklung von Kindern fördern

Beispiel: Herr B., häufig beruflich unterwegs, war mit dem Wunsch in den Kurs gekommen, zu seinen Teenagern, die viel Zeit außerhalb der Familie mit ihren Freunden verbrachten, eine gute Beziehung aufzubauen. Sein Anliegen war, „dass das Familienleben wieder schön und lebendig wird". Er nahm sich vor, sie zu loben, für das, was sie gut machten, und nicht ihre Abwesenheit zu beklagen. Genau hinzuhören, wenn sie etwas erzählten und offene Fragen zu stellen, um sie zum Erzählen zu ermutigen. So begann ein ganz neuer Vater-Sohn-Austausch auch als Basis für Vertrauen und gelegentliche gemeinsame Unternehmungen.

Die genannten Erziehungsfertigkeiten dienen dem Aufbau oder/und Erhalt der sicheren Bindung und Beziehung von Eltern und Kindern, der gegenseitigen Prägung, sie fördern das Selbstvertrauen der Kinder, Herausforderungen bewältigen zu können, und minimieren Auslöser für unerwünschtes Verhalten, wie z.B. Frustration und Langeweile.

Viele Eltern klagten in der ersten Sitzung über häufige Wutanfälle ihrer Kinder und wunderten sich, dass sie schon gleich darauf keine solchen mehr beobachten konnten. Vermutlich spürten die Kinder, dass ihre Eltern aufmerksamer auf sie schauten, und fühlten sich rechtzeitig (auf)gehalten.

Umgang mit Problemverhalten – Sitzung 3
Dennoch erwarten die meisten Eltern, ganz besonders solche, deren Kinder die Diagnose ADHS bekommen haben, mit großem Interesse die Sitzung 3. Sie erhoffen sich Hilfen, um mit Streit, Geschrei und Wut der Kinder fertigzuwerden, ohne selbst zu schreien. Sie hoffen, dass die Kinder auf Anhieb folgen, ihre Hausaufgaben freiwillig und zügig machen, friedlich mit ihren Freunden spielen, ruhig schlafen gehen, bereitwillig aufstehen und Ordnung halten.

Eltern lernen in dieser Sitzung daher erst einmal, sich über ihre Ziele und Werte zu einigen und daraus *Familienregeln* mit den Kindern altersgemäß abzuleiten. Sodann wird geübt, diese Regeln *ruhig, klar und konsequent* durchzusetzen. Das bedeutet bei Problemverhalten, *sofort entschieden und jedes Mal* das Fehlverhalten *ansprechen* und *das erwünschte Verhalten benennen oder vom Kind benennen und ausführen zu lassen.*

Übereinstimmung zwischen den Eltern schenkt den Kindern ein Gefühl von Geborgenheit und Verhaltenssicherheit. Sie ist keineswegs selbstverständlich und gerade auch in Bezug auf Schule und Hausaufgaben sehr wichtig.

Beispiel: Kevin, 10 Jahre, lernt schlecht und unkonzentriert, seine Mutter macht Druck, stöhnt in regelmäßigen Abständen „Hach Kevin", wird laut, fürchtet, dass er schulisch versagt und sich seine Zukunft verbaut. Kevin blockiert, der Vater beschimpft am Abend sowohl den Sohn als auch die Mutter wegen Versagen.
Mögliche Lösung: Die Eltern nehmen sich vor, klare Anweisungen und positives Feedback zu geben. Sie einigen sich mit ihrem Sohn auf die Regel, dass er seine Hausaufgaben sofort und zügig nach dem Mittagessen beginnt, die Hilfe seiner Mutter in Anspruch nehmen kann und der Vater sie am Abend noch kontrolliert. Es wird eine Punktekarte entwickelt, die eine Belohnung, einen kleinen Familienausflug nach fünf Tagen, vorsieht.
Selbstverständlich lobt die Mutter die einzelnen Arbeitsschritte. Für den Fall, dass Kevin wütend wird, kann die Mutter für die Schwere oder Länge der Aufgabe Verständnis zeigen, ihn dann aber ruhig an die Abmachung erinnern und auffordern, weiterzuarbeiten. Als logische Konsequenz für eine zweimalige Verweigerung der Hausaufgabe muss Kevin die Hausaufgaben alleine zu Ende bringen und abends mit dem Vater eine Viertelstunde zusätzliche Übungen machen. Es gibt keinen Eintrag in die Punktekarte. In Kevins Fall hat diese Weichenstellung umgehend zum Erfolg geführt. Das regelmäßige positive Feedback der Eltern, besonders das des Vaters, war ihm sehr wichtig.

Wichtig ist auch, dass die Erziehungsfertigkeiten, die in Sitzung 3 vermittelt werden (Tabelle 5), auf einer grundsätzlich intakten, fairen, achtsamen Beziehung aufbauen müssen, wie sie in Sitzung 2 beschrieben wurde.

Erziehungskompetenzen für den Umgang mit Problemverhalten

Förderungsbereich	Erziehungsfertigkeiten
Teamfähigkeit, Selbstwert, Rücksicht, Perspektivenwechsel, Sozialkompetenz	Familienregeln
Berechenbarkeit, Stärkung des präfrontalen Cortex, Impulskontrolle	Direktes Ansprechen, absichtliches Ignorieren, klare ruhige Anweisungen, logische Konsequenzen, Stille Zeit/Auszeit

Tabelle 5: Erziehungskompetenzen für den Umgang mit Problemverhalten

Vorausplanen – Sitzung 4

In der 4. Sitzung (Tabelle 6) des Elterngruppentrainings haben die Eltern alle 17 Erziehungsfertigkeiten bereits kennengelernt und teilweise zu Hause eingeübt. Nun werden die Kompetenzen zusammengeführt. Die Eltern werden noch einmal dazu ermuntert, gelegentlich auch an sich selbst zu denken und die *Paar- und Elternebene zu stärken*, um dann wieder entspannt und fröhlich Familie zu genießen.

Risikosituationen rechtzeitig zu erkennen dient dem Vorbeugen von Krisen. Sie entstehen oft unter öffentlicher Beobachtung oder Stress. Das Schema des *präventiven Aktivitätenplans* hilft dabei, Herr/Frau über die Situation zu bleiben.

Themen	Erziehungsfertigkeiten
Bedürfnisse der Eltern	Sich eine Pause gönnen, zusammenarbeiten, Streitereien vor Kindern vermeiden, sich Unterstützung holen
Risikosituationen, Coping- und Problemlösestrategien	Erkennen von Risikosituationen zuhause und in der Öffentlichkeit
Selbstmanagement, Berechenbarkeit der Abläufe und Erwartungen, Teamerfahrung	Aktivitätenplan

Tabelle 6: Vorausplanen

Risikosituationen

Allein die Wahrnehmung, dass sog. risikoreiche Erziehungssituationen, angefangen mit dem morgendlichen Aufstehen über Schulwechsel bis zu Trennung, Umzug oder Krankheit und Todesfällen, das innere Erleben beeinflussen und Verhalten verändern können, hilft Eltern, nicht nur auf ihre eigene Überforderung zu schauen, sondern auch auf die der Kinder zu achten.

Aktivitätenpläne
Erwachsene übersehen oft, dass die Kinder noch keinen Überblick über komplexe Situationen haben. Indem Eltern sie in die Planung mit einbeziehen, wissen die Kinder, was von ihnen erwartet wird, können sie mitgestalten und vorausschauend mitplanen.

Das Schema des Aktivitätenplans hilft vorbereitet zu sein (Tabelle 7). Zunächst wird die Risikosituation benannt. Anschließend wird in einzelnen Stufen ein für alle Beteiligten berechenbarer Ablauf des Ereignisses oder des Tages geplant:

Risikosituation	Längere Reise mit dem Auto
Eine Übung planen	Wann? Wo? Mit wem?
Vorausplanen und vorbereiten	Spiele, Bücher, Pausen, ...
Regeln festlegen	Sich ruhig halten, teilen, Wünsche ruhig äußern, ...
Interessante Beschäftigungen	Ratespiele, Lieder, Reime, Bücher, Hörbücher, Witze, Besichtigungen, Reisespielekoffer, ...
Belohnungen für angemessenes Verhalten	Lob, Obst, kleine Belohnung, Pausen, ...
Konsequenzen bei Problemverhalten	Keine Belohnung, anhalten, kurz ruhig sitzen
Nachbesprechung	Zuerst das, was gelungen ist, dann Verbesserungswürdiges

Tabelle 7: Aktivitätenplan

Nach dem gleichen Schema kann z.B. das *Erledigen der Hausaufgaben*, ein ganzer Tag oder Urlaub, vorübergehende Abwesenheit der Eltern, der Ablauf von Mahlzeiten, ein Einkauf oder der Besuch einer Hochzeit geplant werden.

Individuelle Unterstützungen – Sitzungen 5–7
Die drei je 20–30 minütigen, individuellen Unterstützungen (z.B. telefonisch) mit der Kursleiterin in den folgenden drei Wochen geben den Eltern die Gelegenheit, ausführlicher ihre persönlichen Fragestellungen zu behandeln. Sie sollen aber auch dazu beitragen, dass die Eltern mithilfe des Arbeitsbuches ihre Erziehungsfragen zunehmend selbst beantworten. Die Aufgabe der Kursleiterin ist es, solche Fragen zu stellen bzw. Hinweise zu geben, die den Eltern helfen, die Lösung eigenständig zu finden.

Die Abschlusssitzung – Sitzung 8
In der Abschlusssitzung werden die vergangenen Wochen rekapituliert und besprochen: Was wurde erreicht? Wie wird das Erlernte und Erfahrene in Zukunft aufrechterhalten? Wie lässt sich das Erlernte auf neue Lebenslagen anwenden? etc. Mögliche Risikosituationen,

Entwicklungsphasen, wirtschaftliche und gesundheitliche Einbrüche, werden in den Blick genommen und Lösungswege anhand der erworbenen Kompetenzen entwickelt.

Der Rückblick zeigt, dass Eltern sehr unterschiedliche Sitzungen und Erziehungsfertigkeiten als besonders wertvoll empfinden. Keine erweist sich im Gruppenkontext als überflüssig. Für viele ist es das Loben, die Konsequenzen, der Aktivitätenplan. Für viele spielt auch die gegenseitige Anregung in der Gruppe eine wichtige Rolle. Es entsteht schnell eine Atmosphäre der Bewunderung für die Stärken der anderen, für die Ruhe der einen, den Ideenreichtum der anderen.

Viel Verständnis zeigen die Teilnehmer für die Doppelbelastung besonders alleinerziehender Mütter in Beruf und Familie und bestärken sich dadurch gegenseitig. Häufig bilden sich Freundschaften, die bei Erziehungsfragen gemeinsam das Arbeitsbuch wieder einmal in die Hand nehmen, die Kinder zusammen bringen oder sich gegenseitig abnehmen.

Die positive Sprache wirkt sich häufig auch auf die Paarbeziehung fruchtbar aus. Durchwegs vertiefen und verbessern sich die Beziehungen zu den Kindern. Gelegentlich muss eine Mutter eine Sitzung aussetzen, weil ein Kind erkrankt ist oder die Großeltern die Kinder nicht betreuen können. Die Entschlossenheit, mit der die Eltern, Mutter oder Vater die verpasste Sitzung nachholen und gleich wieder mitmachen, zeigt, dass der Einsatz lohnt.

Schluss
Die beschriebenen einzelnen Fertigkeiten können den Eltern auch in kurzen Einzelberatungen (Triple P Kurzberatung) von Lehrern oder Schulberatern erklärt und empfohlen werden. Es hilft im Kontakt mit gestressten und besorgten Eltern generell das positive Feedback und die positive Kommunikation anzuwenden, als Mutmacher und auch als Vorbild für den Umgang mit den Kindern. Selbst aggressiveren Eltern kann so die häufig verborgene Angst genommen werden. Die Ausbildung zum Triple P Trainer bzw. Triple P Berater kann ich daher auch für den Schulkontext empfehlen.

Literatur

Amelang, M. & Bartussek, D.: Differentielle Psychologie und Persönlichkeitsforschung. Kohlhammer, Stuttgart 2001

Antonovsky, A.: Salutogenese. Zur Entmystifizierung der Gesundheit. Dgvt, Tübingen 1997

Bandura, A.: Sozial-kognitive Lerntheorie. Klett-Cotta, Stuttgart 1990

Bowlby, J.: Attachment (Attachment & Loss). Random House, London, 1997

De Shazer, S. & Dolan, Y.: Mehr als ein Wunder: Die Kunst der lösungsorientierten Kurzzeittherapie. Carl-Auer, Heidelberg 2016

Kanfer, F.H. et al.: Selbstmanagement Therapie: Ein Lehrbuch für die klinische Praxis. Springer, Berlin, 2012

Lazarus, R.S.: Stress and Emotion: A new Synthesis. Springer, New York 1999

Thurmair, F. et al.: Forschungsbericht Ehevorbereitung. Ein partnerschaftliches Lernprogramm (EPL). Ehrenwirt, München 1993

Turner, K.M.T., Sanders, M.R. & Markie-Dadds, C.: Das Triple P Gruppenarbeitsbuch. Broschüre. 1999

Watzlawik, P. & Nardone, G.: Kurzzeittherapie und Wirklichkeit: Eine Einführung. Piper, München 2012

Internet-Link:
http://www.triplep.de/de-de/startseite/ Stand: 3.12.2017

Autoreninfo
Consuelo Gräfin Ballestrem ist Dipl. Psychologin und Dipl. Heilpädagogin sowie Erziehungs- (Triple P) - und Paarkommunikations- (EPL) Coach. Zusätzlich machte sie eine dreijährige Fortbildung in „Systemische Therapie und Beratung" am Münchener Familienkolleg. Sie ist Mutter von vier Kindern und sechsfache Großmutter.

3.2.2 FamilienTeam – Elterntraining für eine starke Eltern-Kind-Beziehung

Dr. Johanna Graf & Prof. Dr. Dieter Frey

> **Abstract**
> FamilienTeam ist ein wissenschaftlich begründetes, hoch qualifiziertes, ressourcenorientiertes Training, das Eltern stark macht für das, was ihnen am Herzen liegt: eine liebevolle Beziehung zu ihren Kindern. Die emotionale Kommunikation zwischen Eltern und Kindern bildet das Herzstück von FamilienTeam – und den größten Unterschied zu anderen Elternprogrammen. Im FamilienTeam gewinnen Eltern Sicherheit, um auch in schwierigen Situationen achtsam und liebevoll mit ihren Kindern umzugehen und dadurch ihrer Verantwortung als Eltern in einer neuen Form der Autorität gerecht zu werden – ohne sich aus Hilflosigkeit zurückzuziehen oder zu demütigenden, eskalierenden Erziehungspraktiken zu greifen. Der Beitrag soll dabei helfen zu entscheiden, wann es sich für Sie als Berater/in anbietet, Eltern das FamilienTeam als Kursangebot ans Herz zu legen oder selbst Teile aus dem FamilienTeam-Handwerkskoffer (Abschnitt 5–12) in Ihrer Beratungsarbeit zu nutzen.

*Wir brauchen unsere Kinder nicht erziehen,
die machen uns eh alles nach.
(Karl Valentin)*

Ihre Situation in der Schulberatung: Kinder und Eltern unter Druck (Abschnitt 1)

Längst reicht der lange Arm der Schule in die Familie hinein. Viele Familien haben täglich mit Problemen zu kämpfen, die zumindest in einer Form das Thema Schule berühren. Da Kinder heutzutage einen solch hohen emotionalen Stellenwert für ihre Eltern besitzen (Walper, 2006; Fuhrer, 2009), wollen die Eltern das Beste für ihre Kinder. Sie wollen sie zu glücklichen, selbstverantwortlichen, erfolgreichen Menschen erziehen, die auch gewappnet sind, sich in unserer (z.T. Leistungs-) Gesellschaft zu bewähren. Dabei stellen sie höchste Ansprüche an sich selbst (ihre Rolle und Aufgabe als Mutter/Vater), wollen alles „richtig" machen (auch was die individuelle und schulische Förderung betrifft) und stehen dadurch enorm unter Druck (vgl. Wilhelm, in diesem Band; Henry-Huthmacher, 2008) – ein Druck, den zwangsläufig auch die Kinder verspüren. Erschwerend hinzu kommt eine Flut widersprüchlicher Empfehlungen aus der Ratgeberliteratur und z.T. massive Vorwürfe seitens der Presse, denen sich Eltern heute ausgesetzt sehen („Warum unsere Kinder Tyrannen werden", „Die Verwöhnfalle", „Helikopter-Eltern"). Die Sorgen und Ängste der Eltern sind daher vielfältig: Sie haben Angst, ihr Kind nicht genug zu fordern oder aber es zu überfordern; Angst, selbst zu kurz zu kommen *und* Angst, als Eltern nicht gut genug zu sein; Angst, ihr Kind zu verwöhnen *und* Angst, die Zuneigung des Kindes zu verlieren, wenn sie ihm Enttäuschungen zumuten.

Da die Erziehung zu Unterordnung und Gehorsam als Erziehungsziel abgelöst wurde zugunsten von Wertvorstellungen, die mit freiem Willen, Eigenständigkeit und Flexibilität zu tun haben (Schneewind & Ruppert, 1995), bedarf es heute anderer Wege der Erziehung als die in autoritären Befehlshaushalten vergangener Zeiten übliche – und damit auch anderer Kompetenzen der Erziehungs- und Beziehungsgestaltung sowie der Kommunikation, für die viele keine Vorbilder haben. Heute streben die meisten Eltern eine partnerschaftliche Beziehung zu ihren Kindern an – einerseits ein Fortschritt, andererseits kann die Beziehung zwischen Eltern und Kindern nie partnerschaftlich sein, sondern „nur" gleichwürdig. Denn für eine gesunde Entwicklung von Kindern und Jugendlichen braucht es klare Hierarchieunterschiede zwischen Eltern und Kindern, wie die Familiensystemtheorie deutlich macht (z.B. Minuchin, 1983). Es sind immer die Eltern, die die Verantwortung dafür zu tragen haben, wie es in der Familie läuft. Das bedeutet, Eltern haben heutzutage die anspruchsvolle Aufgabe, eine liebevolle Beziehung zu ihren Kindern aufzubauen und aufrechtzuerhalten *und* gleichzeitig ihrer Führungsrolle gerecht zu werden – auf eine neue Art und Weise (vgl. auch Omers Konzept der „neuen Autorität", Omer & v. Schlippe, 2016). Kein Wunder, wie viele Eltern sich heute verunsichert und z.T. überfordert fühlen. Gesellen sich dann noch Probleme in der Schule hinzu, passiert es leicht, dass das ohnehin schon volle Fass überläuft.

Glücklicherweise gibt es an immer mehr Schulen Beratungsteams, die verzweifelten Eltern als Anlaufstelle und kompetente Ansprechpartner für ihre Sorgen zur Verfügung stehen. Ganz oben auf der Liste der Sorgen und Nöte stehen nachlassende Leistungen oder mangelnder Einsatz für die Schule, meist begleitet von tagtäglichen Konflikten, die sich um Hausaufgaben, Lernen und das Ausmaß an Medienkonsum drehen. Dabei werden die unbeschwerten Momente liebevollen Miteinanders in der Familie immer seltener (vor allem während der Pubertät). In kritischen Momenten verlieren Eltern ihre Selbstbeherrschung und schalten – sofern sie sich nicht auf ein hilfloses „Ich kann sowieso nichts mehr bewirken" (im Sinne des laissez-faire-Stils) zurückziehen – statt zu deeskalieren häufig auf autoritäre Führungssprache und Machtanwendung um („Jetzt ist aber Schluss mit dem ewigen Gedaddel!"), was für Kinder und Jugendliche schwer zu akzeptieren ist, häufig weitere Konflikte heraufbeschwört und den Eltern im Nachgang ein schlechtes Gewissen beschert, da sie diese Art des Umgangs nicht mit ihren eigenen Wertvorstellungen in Einklang bringen können.

Ziele und Inhalte von FamilienTeam (Abschnitt 2)

Wie können Eltern stark gemacht werden für das, was ihnen wirklich am Herzen liegt, nämlich eine liebevolle Beziehung zu ihren Kindern?
Aus diesem Anliegen heraus ist das Trainingsprogramm FamilienTeam an der Ludwig-Maximilians-Universität München an der Fakultät für Psychologie und Pädagogik in Kooperation mit Prof. Walper entwickelt worden (Graf, 2013). Es integriert aktuelle Befunde der Bindungs-, Emotions- und Erziehungsstilforschung mit einer familiensystemischen Perspektive. Die wissenschaftlichen Grundlagen von FamilienTeam sind ausführlich beschrieben im Artikel von Johanna Graf „Unsere Familie – ein starkes Team". Wesentliche Aspekte einer wert- bzw. ethikorientierten Führung werden konsequent umgesetzt (Frey, 2015). Im Einklang mit zentralen Befunden der Positiven Psychologie, die sich seit den 1990er-Jahren als empirisches Forschungsfeld immer mehr etabliert (vgl. Seligman et al., 2005), fokussiert FamilienTeam auf emotionales Wohlbefinden, die Stärken von Eltern und Kindern sowie ein gutes Miteinander. Dabei gehen wir mit Ryan und Deci (2000) von drei grundlegenden psychologischen Bedürfnissen von Kindern und ihren Eltern aus: Verbundenheit, Autonomie / Selbstbestimmung und Wirksamkeit / Kompetenz.

Was Eltern im FamilienTeam lernen
- eine wertschätzende, auf gegenseitigem Respekt gründende Beziehung auch in Konfliktsituationen aufrechtzuerhalten
- „emotional verfügbar" sein, auch in schwierigen Situationen „emotional intelligent" handeln und gleichzeitig die emotionalen Kompetenzen ihrer Kinder fördern
- in kritischen Situationen deeskalieren und verantwortungsvoll führen, ohne auf autoritäre Formen wie Befehl, Kontrolle, Strafe, negative Konsequenzen oder distanzierende Vorgehensweisen wie Auszeit zurückzugreifen

---

Kinder großziehen, die emotional stabil sind und selbstbestimmt handeln, die Dinge voller Selbstvertrauen und Optimismus anpacken und die eigenen Stärken sehen – das sind heute die Wertvorstellungen der meisten Eltern (und wichtige Charakterstärken nach Seligman). Genau darin werden die Teilnehmer von FamilienTeam unterstützt.

Um die elterlichen Kompetenzen zur Selbstregulation und Beziehungsgestaltung im konkreten Familienalltag nachhaltig zu erweitern, beschränkt sich FamilienTeam nicht auf Wissensvermittlung, sondern setzt auf *erfahrungsorientiertes, individuelles Lernen*. In *achtmal drei Stunden* stellen Eltern mithilfe zweier speziell ausgebildeter Trainer ihren persönlichen FamilienTeam-Werkzeugkoffer zusammen: *innere Haltung plus Handwerkszeug*, um künftige Problemsituationen mit Sicherheit und Gelassenheit zu meistern und ihren Kindern ein *sicherer Hafen* zu sein. Dabei bietet FamilienTeam keine fertigen Problemlösungen oder Patentrezepte. Vielmehr werden schrittweise hilfreiche Möglichkeiten der Kommunikation und Einflussnahme aufgezeigt. Zunächst nur wenige an einfachen Situationen (z.B. Wertschätzung schenken), dann immer mehr an immer schwierigeren Situationen (z.B. wenn Eltern genervt sind). Am Schluss sind die Eltern mit einem kompletten Werkzeugkasten ausgerüstet, der es ihnen ermöglicht, selbst bei Konflikten mit ihrem Kind an einem Strang zu ziehen. Dieser systematische Aufbau nach dem Baukastenprinzip gewährleistet Erfolgserlebnisse von Anfang an. Oberste Leitlinie bei allen Schritten ist stets die *Achtsamkeit:* sich selbst, dem Partner und dem Kind gegenüber. Die Trainer schenken den Eltern *Wohlwollen, Verständnis und Sicherheit* – und genau das geben diese an ihre Kinder weiter. Einen Überblick über die einzelnen inhaltlichen Bausteine sowie den systematischen Aufbau von FamilienTeam zeigt Abbildung 1.

Abbildung 1: Die FamilienTeam-Einfluss-Pyramide

Für eine ausführliche Darstellung der einzelnen Module sei auf das *Praxisbuch* zum Training verwiesen (Graf, 2013). Bevor in den nächsten Abschnitten wichtige Beziehungs- und Erziehungsprinzipien sowie Grundhaltungen aus dem Training näher beschrieben werden, noch ein paar Worte dazu, wie Sie als Berater FamilienTeam als Beziehungskonzept nutzen könnten.

FamilienTeam als Begleiter in der Schulberatung (Abschnitt 3)

Für alle schulischen Belange, die das Kind und seine Familie betreffen, sind Sie Experte, und ein standardisiertes Elterntraining kann niemals so individuell auf die einzelnen Eltern eingehen, wie Sie es in der Schulberatung tun. Und doch kann es manchmal entlastend sein, eine Kooperation einzugehen, einen externen Ansprechpartner zu haben oder zu wissen, mit welchen Kooperationspartnern es möglich ist, Hand in Hand an den vereinbarten Zielsetzungen zu arbeiten. Vielleicht finden Sie in diesem Artikel Formulierungen, Bilder (z.B. Kompass, Beziehungskonto), Prinzipien (z.B. „Wir gemeinsam – gegen das Problem"), Fragen oder „Minikompasse" (in den grauen Kästen), die in Ihrer Arbeit mit den Eltern nützlich sein könnten? Ideen, die es erleichtern könnten, die Eltern zu entlasten, zu ermutigen und sie für die gemeinsame Arbeit zu gewinnen – quasi als Türöffner? Unsere Erfahrung zeigt, dass Eltern die „FamilienTeam-Sprache" gerne annehmen, da dadurch stets das „Miteinander" in der Familie – und damit eine wesentliche Wertvorstellung der meisten Familien heute – in den Vordergrund rückt. Ein Vorteil der FamilienTeam-Prinzipien und -Werkzeuge liegt in der flexiblen Einsetzbarkeit: FamilienTeam kommt auch erfolgreich in der Einzelarbeit zur Anwendung, z.B. im Rahmen von Erziehungsberatung, begleitend zur Kindertherapie, in der aufsuchenden Familienarbeit sowie im Rahmen von MSD-Einsätzen.

In Ihrer Arbeit als Berater erleben Sie sicher auch, dass Eltern, die zu Ihnen kommen, zunächst einmal Entlastung und Verständnis für ihre Probleme sowie Hilfe bei der Emotionsregulation (um den „Frust" auszuhalten) brauchen. Ihre Entscheidungen für konkrete Maßnahmen und weitere Schritte werden stets die Antwort auf die Fragen berücksichtigen: *Handle ich so, dass das Vertrauen der Eltern in sich selbst und in ihr Kind wächst? Und dass sich ihre Handlungskompetenz erweitert?* Die Art, wie Sie als Berater Ihre Beziehung zu den Eltern aufbauen, wird Modellwirkung haben, unmittelbar in die Familie hineinwirken und so auch der Eltern-Kind-Beziehung zugutekommen. Die im folgenden Kasten aufgeführten Fragen können Ihnen dabei helfen, immer wieder einzuschätzen, wo Sie bei einem konkreten Beratungsfall stehen und welche FamilienTeam-Bilder, -Leitlinien, -Grundhaltungen und -Prinzipien ggf. für weitere Schritte bzw. Lösungsansätze hilfreich sein könnten.

Orientierungshilfen für die Schulberatung nach FamilienTeam
- Habe ich einen expliziten *Auftrag* der Eltern? (als Voraussetzung)
- Wie kann ich die Eltern *entlasten*? (z.B. Information über typische Probleme während der Pubertät oder in der aktuellen Klasse; Normalisierung; Verständnis für Sorgen)
- Wie kann ich Eltern helfen, ihre eigenen Emotionen zu regulieren und die belastende Situation auszuhalten? (*Emotions-Coaching* mit den Eltern, Abschnitt 8)
- Wie kann ich das *Vertrauen* der Eltern in ihr eigenes Kind stärken?
- Wie kann ich den Blick der Eltern wieder auf das „ganze" Kind und seine Stärken richten und das *Verständnis* der Eltern für ihr eigenes Kind fördern? (Abschnitt 7)
- Wie kann ich den Eltern helfen, *auf einer Seite* mit ihrem Kind zu stehen („Wir gemeinsam – gegen das Problem", Abschnitt 11)
- Wie kann ich Eltern darin unterstützen, *innere Klarheit* (in Bezug auf das Problem) zu finden? (Abschnitt 10)
- Wie kann ich die Familie am besten befähigen, die geschilderten und künftigen Probleme selbst in die Hand zu nehmen? (*Hilfe zur Selbsthilfe*, z.B. „Minikompass" Dauerbrenner, Abschnitt 11)
- Wie kann ich ihre *Sicherheit in der Erzieherrolle* stärken? (konkretes, leicht anwendbares Handwerkszeug)
- Was kann ich ihnen bereits jetzt – in der wenigen Zeit, die uns gemeinsam zur Verfügung steht – weiterhelfen? Welche *einfachen Schritte* könnten der Familie bereits helfen und die Eltern-Kind-Beziehung stärken?
- Welche *Bilder* (z.B. Beziehungskonto, Flussufer) oder *Prinzipien* („Alle Gefühle sind erlaubt, aber nicht jedes Verhalten") könnten für die Eltern ein hilfreicher Anker sein, der sie auch für die weitere Beratungsarbeit oder den Kursbesuch öffnet?
- Mit welchem *„Minikompass"* könnten die Eltern einen guten Schritt weiterkommen? (z.B. Minikompass „Wertschätzung schenken" am Kühlschrank anbringen)
- Wie kann ich die *Lehrkräfte* mit einbeziehen und eine gute *Brücke* bauen zwischen beteiligten Eltern, Schülern und Lehrern, sodass alle an einem Strang ziehen?
- *Meine Ressourcen*: Was kann und will ich selbst leisten? Mit den Eltern „nur" sortieren, wie es weitergehen kann, bis hin zur intensiven Beratungsarbeit inklusive Training?
- Wären die Eltern bereit, Teile aus dem Artikel (aus 5 – 12) oder dem Elternbuch zu lesen, und würde das evtl. meine Beratungsarbeit erleichtern?
- Wie könnte ich sie ggf. motivieren, am Elterntraining teilzunehmen? Für Eltern ist es entlastend zu hören, dass sie nicht alleine sind mit ihren Problemen, sondern solche Kurse von Hunderten von Eltern besucht werden – um Sicherheit zu gewinnen, die Eltern-Kind-Beziehung zu stärken und um konkrete Hilfestellungen dafür zu erhalten, ihre persönlichen Wertvorstellungen im Alltag zu leben.
- Wollen wir für die Eltern an unserer Schule ein Training anbieten? (Inhouse-Seminar)
- Wie kann ich Eltern dabei unterstützen, zu entscheiden, ob intensivere Formen der Unterstützung notwendig sind? Wie könnte ich diese Kontakte erleichtern oder anbahnen? (z.B. Erziehungsberatung, Kinder- und Jugendpsychotherapie, MSD?)

Um Eltern Unterstützung und Stärkung zu bieten und FamilienTeam für Ihre Beratungsarbeit nutzbar zu machen, gibt es also insgesamt vier Wege, die sich auch miteinander kombinieren lassen, je nachdem, wie umfangreich Sie den Kontakt zu den Eltern gestalten können oder möchten (nach Niederschwelligkeit sortiert):

1. *Lektüre.* Auszüge aus diesem Artikel (z.B. geeigneten Minikompass) oder das gesamte Elternbuch „FamilienTeam – Das Miteinander stärken" (Graf, 2013) als Lektüre mitgeben bzw. empfehlen; am effektivsten mit einer konkreten gemeinsamen Zielvereinbarung, welchen konkreten Schwerpunkt sich die Eltern vornehmen möchten und was bei der Umsetzung im Alltag helfen könnte.
2. *Arbeitsschwerpunkt.* Im Rahmen der Beratung einen Schwerpunkt herausgreifen – bis hin zum gemeinsamen Erarbeiten und Einüben von erforderlichen Schritten zur Problemlösung. Z.B. können Sie den Minikompass „Emotions-Coaching" im Rollenspiel erfahrbar machen bzw. sogar mit den Eltern trainieren.
3. *Elternkurs.* Die Teilnahme am Trainingsprogramm als Möglichkeit aufzeigen bzw. zur Teilnahme motivieren. Am leichtesten ist dieser Schritt, wenn Sie bereits im Beratungsgespräch mit Bildern oder Werkzeugen aus FamilienTeam arbeiten und die Eltern dies als hilfreich erlebt haben und sich „mehr" wünschen. Ein Training an der eigenen Schule („Inhouse-Seminar") anzubieten, macht es Eltern leichter. Auch wenn Sie konkrete Trainer in der näheren Umgebung empfehlen bzw. aktuelle Kurstermine in der Nähe mitgeben, erhöht sich die Wahrscheinlichkeit, dass die Eltern diesen Schritt gehen.
4. *Externe Unterstützung.* Die Eltern an Beratungsstellen, die z.T. auch mit FamilienTeam arbeiten, weitervermitteln (ebenfalls am leichtesten mit Telefonnummer).

Kriterien zur Beurteilung und Auswahl geeigneter Elternkurse (Abschnitt 4)

Es gibt eine Flut unterschiedlicher Elternkurse. Welchen könnten Sie für Ihre Zusammenarbeit mit den Eltern – bei Bedarf – am ehesten heranziehen? Selbstverständlich können Sie aus dem Bauch heraus entscheiden, je nachdem, wie die Inhalte Sie ansprechen und *ob Sie selbst hinter den vorgeschlagenen Erziehungspraktiken stehen können* bzw. ob sie zu Ihrer eigenen Philosophie passen (vgl. Abschnitt 5–12). Vielleicht ist für Sie die jeweilige Arbeitsweise bzw. *Trainingsmethode* ausschlaggebend, damit die Inhalte auch „ankommen" (vgl. Abschnitt 13). Vielleicht sehen Sie im Internet nach, welche Kurse überhaupt in der näheren Umgebung angeboten werden? Um unterschiedliche Elternkurse differenziert zu vergleichen und sich ein eigenes Bild zu machen, können Sie folgende *wissenschaftlich bewährte Beurteilungskriterien bzw. Qualitätsanforderungen* an Elternkurse heranziehen (vgl. Kadera & Minsel, 2016; Layzer et al., 2001; Tschöpe-Scheffler, 2005; vgl. auch Grawe, 2005). Wir laden Sie ein, FamilienTeam bewusst im Hinblick auf diese Kriterien zu betrachten, damit Sie eine fundierte Entscheidung treffen können.

Beurteilungskriterien für Elternkurse

- Entspricht die theoretische Grundlage/empirische Basis dem heutigen Forschungsstand?
- Werden Grundbedürfnisse von Kindern berücksichtigt?
- Wird das Verständnis für die Bedürfnisse der Kinder gefördert?
- Werden entwicklungsförderliche Kompetenzen gestärkt?
- Setzt der Kurs bei Ressourcen und Stärken an (statt Defizitorientierung)?
- Werden Kompetenzen zur eigenständigen Lösung künftiger Probleme vermittelt?
- Orientiert sich der Kurs an den unmittelbaren Bedürfnissen der Familien?
- Bietet der Kurs mehr als Einsicht und gute Vorsätze?
- Gelingt der Transfer in den Alltag? (Nachhaltigkeit)
- Ist die Kursleitung professionell ausgebildet?
- Welche Maßnahmen zur Qualitätssicherung werden getroffen?
- Liegen Wirksamkeitsnachweise/Evaluationsbefunde vor?
- Ist der Kurs systematisch mit zunehmendem Schwierigkeitsgrad aufgebaut?
- Niederschwelligkeit (Ort/Finanzen/Sprache)

Die folgenden Abschnitte (Abschnitt 5–13) bieten Ihnen eine komprimierte Vorstellung wesentlicher Inhalte und Arbeitsweisen von FamilienTeam. Die Reihenfolge entspricht dabei dem systematischen Aufbau der FamilienTeam-Pyramide (Abbidung 1). Aus diesem Teil des Artikels können Sie immer wieder Ideen für Ihre Beratungsarbeit nachschlagen bzw. gezielt etwas herausgreifen, was die jeweilige Familie, mit der Sie gerade arbeiten, besonders brauchen könnte.

Von der Notwendigkeit der Selbstfürsorge: die FamilienTeam-Basis (Abschnitt 5)

„Eltern müssen zurückstecken, die Kinder kommen immer zuerst", lautet ein weit verbreiteter Glaubenssatz, der aus der Kindzentriertheit der heutigen Zeit resultiert. Wenn Eltern vor Erschöpfung gar nicht mehr wissen, wo ihnen der Kopf steht, „reißen sie sich zusammen", um den Spagat zwischen Familie und Beruf hinzubekommen und allen Ansprüchen gerecht zu werden. Ein fataler Irrtum, der das letzte Fünkchen Kraft raubt, in einen Teufelskreis aus Erschöpfung und Reizbarkeit mündet und ein guter Weg ins elterliche Burnout ist. Wenn die eigenen Batterien leer sind, ist keine Kraft übrig. Schon gar nicht, um herausfordernde Situationen in der Familie emotional intelligent zu meistern. Nicht ohne Grund lautet die Anweisung im Flugzeug, im Notfall zuerst sich selbst und dann erst dem Kind die Atemmaske überzustreifen. Nur wer auch achtsam und liebevoll mit sich selbst umgeht, immer wieder Gelegenheiten findet, um seine Akkus aufzuladen, kann auch achtsam und liebevoll mit seinem Kind umgehen und in schwierigen Situationen „die Nerven" behalten. Deshalb bildet die Selbstfürsorge das FamilienTeam-Fundament und den Sockel der FamilienTeam-Pyramide. Eltern zu *entlasten*, sie in ihren Bemühungen und Anstrengungen zu würdigen und sie zu ermutigen, das *Hamsterrad anzuhalten*, immer wieder bewusst eine Pause zu machen und für sich selbst Kraft zu schöpfen, ist der erste und wichtigste Schritt – sei es im FamilienTeam-Kurs oder in der Beratung. Was kann liegen bleiben oder ganz über Board gehen? Wie kann ein soziales Netz als Unterstützung einbezogen werden? Die Eltern lernen im Kurs, kein schlechtes Gewissen mehr zu haben, wenn sie auf sich selbst achten und sich Ruhepausen gönnen. Sie lernen, sich bewusst Zeit zum Abschalten, zum Träumen und Entspannen zu nehmen. Sich auf diese „Verabredungen mit sich selbst" zu freuen, ist schon der erste Schritt in die Erholung.

> **Eine Insel für mich**
> - Wann/nach welchen Situationen habe ich einen körperlichen und/oder seelischen Tiefpunkt und bräuchte eine Pause?
> - Wie kann ich zur Ruhe kommen und Kraft schöpfen? (für die Bereiche Körper, Seele, Geist, Beziehungen)
> - Wo, wann und mit welcher Unterstützung kann ich das in meinen Alltag einbauen?
> - Welche Absprachen helfen mir dabei?

Das Positiv-Tagebuch
Da sich ein Positiv-Tagebuch in zahlreichen Untersuchungen als sehr wirksam erwiesen hat (Emmons & McCullough, 2003; Wood, Froh, & Geraghty, 2010), wird den Eltern in der ersten Einheit ihr persönliches FamilienTeam-Tagebuch überreicht, in das sie bewusst die Dinge eintragen können, über die sie sich freuen oder für die sie dankbar sind. Statt ständig den „inneren Kritiker" zu Wort kommen zu lassen und die eigene „ich bin nicht gut genug"-Liste fortzuschreiben, werden die Eltern angeregt, ihren Blick auf das halbvolle Glas zu richten.

- Worüber habe ich mich heute gefreut? Wofür bin ich dankbar?
- Welche schönen Momente gab es zwischen mir und meinem Kind?
- Was habe ich dazu beigetragen, dass ich das als positiv erlebt habe?
- Wofür kann ich mir selbst auf die Schulter klopfen?

Mit der Zeit wird es zur Gewohnheit, die Dinge in positivem Licht zu betrachten – mit besten Auswirkungen auf Gesundheit, Stressresistenz, Lebenszufriedenheit und Optimismus. Dies wirkt sich automatisch positiv auf die Eltern-Kind-Beziehung aus und weitet – ganz nebenbei – den Blick der Eltern auf das „ganze" Kind, der in belasteten Situationen manchmal etwas einseitig auf das, was schiefläuft, fokussiert ist.

Selbstregulation im FamilienTeam: Mit Werte-Kompass und „Pausenknopf" (Abschnitt 6)

Trotz Liebe und bester Absichten passiert es im ganz normalen Wahnsinn des Alltags, dass nicht gelingt, was man sich vorgenommen hatte: achtsam, geduldig und liebevoll zu sein, auch in schwierigen Momenten. *„Wir alle kommen immer wieder vom Kurs ab. Wichtig ist, einen Kompass zu haben",* lautet deshalb das Motto der ersten FamilienTeam-Einheit. Gerade für Menschen mit hohem Perfektionsanspruch stellt diese Normalisierung („alle", „immer wieder") eine große Entlastung dar. Die Kursteilnehmer entwickeln im Kurs und zuhause mit der ganzen Familie eine Art Werte-Kompass (vgl. Frey, 2015), eine innere Landkarte, die ihre ganz *persönlichen Wertvorstellungen* für das tägliche Miteinander, die Erziehungs- und Beziehungsziele, die ihnen wirklich am Herzen liegen, aufzeigt. Z.B.: „In unserer Familie wollen wir zusammen Spaß haben, unsere Zuneigung zeigen und uns nach Streitigkeiten wieder versöhnen." Ein solcher Kompass hilft in schwierigen Momenten, zurück „auf Kurs" zu kommen, d.h. das eigene Verhalten wieder an den persönlichen Leitlinien auszurichten (vgl. Borkowski, Ramey & Stile, 2002). Er entspricht dem, was in großen Firmen gemeinsam mit den Mitarbeitern als „Mission Statement" entwickelt wird (Covey, 1996). Solche „Visionen" oder inneren Bilder haben die Macht, unser Denken, Fühlen und Handeln maßgeblich zu beeinflussen – insbesondere, wenn sie konkret und positiv ausgemalt sind (Hüther, 2010). Haben sich Eltern beispielsweise vorgenommen, ihr Kind zu einem selbstverantwortlichen Menschen zu erziehen, hilft der persönliche Wertekompass, in Konfliktsituationen das Kind mit seinen Bedürfnissen im Blick zu behalten und wirklich gemeinsam eine Lösung zu finden, die für alle Beteiligten passt, statt sich durch Machtanwendung durchzusetzen.

Unser Familienkompass
- Wie möchte ich als Mutter/Vater im Umgang mit meinen Kindern sein?
- Welche Eigenschaften will ich bei meinen Kindern fördern?
- Was möchte ich ihnen für ihr Leben mitgeben?
- Wie können wir in unserer Familie ein echtes „Team" sein?
- Wie wollen wir miteinander umgehen? Wie schaffen wir es, an einem Strang zu ziehen?

Auch der schönste Kompass hilft nur weiter, wenn man ihn wirklich nutzt. Im Alltag geraten solche Zielvorstellungen jedoch leicht aus dem Blick. Deshalb üben die Kursteilnehmer, in schwierigen Momenten – wie beim Videorekorder – „auf den *Pausenknopf*" zu drücken, um ihr Verhalten bewusst auszuwählen, d.h. um bewusst zu agieren, statt automatisch zu „reagieren" („responding" statt „reacting"). Sie halten einen Moment inne, um innerlich Abstand zu gewinnen, die Situation aus der Vogelperspektive zu betrachten, sich über die eigenen Ziele und Prioritäten klar zu werden (Kompass) und entsprechend zu handeln. Da Kinder unaufhörlich, aus jeder Erfahrung, lernen (und damit ist nicht der schulische Lernstoff gemeint; vgl. Spitzer, 2006), lohnt es sich, das eigene Verhalten stets an der FamilienTeam-Leitfrage auszurichten: *Was möchte ich, dass mein Kind lernt?* Hier geht es nicht darum, ob es in diesem Moment Schleifebinden lernt oder nicht, ob es rechtzeitig im Bett ist oder nicht, sondern um die wichtigen Lebensfragen, aus deren Antworten das Kind seine *internalen Arbeitsmodelle* von sich („Was bin ich für ein Mensch?"), von Beziehungen („Sind wichtige Menschen in meinem Leben verlässlich/fair …?") und der Welt bildet (vgl. Grossmann & Grossmann, 2004). Welche Botschaft integriert es in sein *Selbstbild* (z.B. „Mama ist für mich da", „Ich bin ein liebenswerter Mensch")? Mit welcher *Brille* wird es die Welt betrachten und interpretieren? Wie werden später seine *inneren Dialoge* ablaufen? Wird ein innerer Kritiker auf seiner Schulter sitzen oder wird es eine wohlwollende, ermutigende innere Stimme hören? Selbstvertrauen entsteht aus dem Vertrauen oder Zutrauen wichtiger Bezugspersonen. Da es eine große Herausforderung ist, sich nicht von den eigenen Emotionen (Angst, das Kind könnte im Test schlecht abschneiden, wenn es nicht jetzt mit den Hausaufgaben beginnt; Ärger, dass es immer noch nicht damit angefangen hat) zu einem Verhalten hinreißen zu lassen, das man im Nachhinein bedauern würde, steht ein *„Selbstcoaching"* (die eigenen Gefühle wahrnehmen und akzeptieren, das Verhalten bewusst an den eigenen Zielen ausrichten, vgl. Berking, 2010) mit konsequenter Nutzung des Pausenknopfs und des individuellen Wertekompasses im Fokus jeder einzelnen Trainingseinheit.

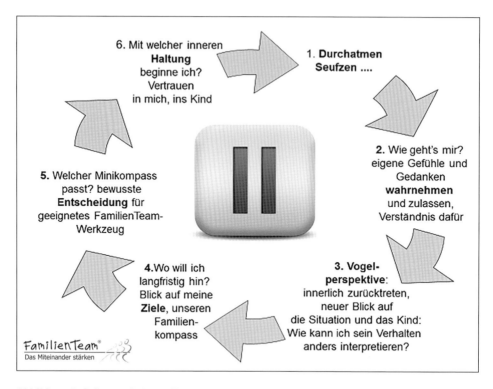

Abbildung 2: Selbstregulation im FamilienTeam: mit dem „Pausenknopf"

Abbildung 2 veranschaulicht, welche Kompetenzen der Selbstregulation die Eltern im Laufe des Trainings erlernen bzw. erweitern. Für viele ist es dabei ein wichtiger Schritt, auch die eigenen Gefühle erst einmal zu akzeptieren und dafür Verständnis aufzubringen (wohlwollende innere Stimme). Erst dadurch wird es möglich, sich zu beruhigen und den Blick auf die Situation zu weiten. Mit zunehmender Übung gelingt es den Eltern, im Alltag mithilfe von Pausenknopf und Kompass in Sekundenschnelle wichtige Entscheidungen im Einklang mit ihren persönlichen Wertvorstellungen zu treffen: Was ist mir *jetzt* wichtiger? Z.B.: Möchte ich schnell loskommen (dann schnüre ich die Schuhe) oder möchte ich die Gelegenheit ergreifen, die Autonomie und Selbstwirksamkeit meines Kindes zu fördern (dann warte ich ab und gebe ggf. Hilfestellung, lasse aber das Kind die Schleife selbst binden)? Was möchte ich in dieser Situation erreichen? (Dass es alle Hausaufgaben hat oder dass wir alle friedlich schlafen gehen können?) Wie erreiche ich das am besten? Vermutlich nicht mit meckern oder antreiben. Wie möchte ich deshalb jetzt handeln? Welche Worte und Handlungen wähle ich, damit sie wirklich das transportieren, was ich ausdrücken möchte? Während die individuellen Ziele und Werte schnell klar werden, liegt die Tücke oft im Detail. Manchmal machen kleine Worte bereits einen großen Unterschied. Wer wünscht sich nicht, einen Konflikt ohne Sieger und Verlierer beilegen zu können – mit Gewinn für alle? Doch wie? Genau dafür helfen die einzelnen FamilienTeam-*Minikompasse*, die den Eltern für die *häufigsten Situationstypen* ein heuristisches Schema/eine Leitlinie bieten und so *konkret* sind, dass die Umsetzung gelingt. Diese Erfahrung ist es, die die Eltern an FamilienTeam so schätzen, denn sie verleiht Sicherheit (ich weiß, was ich tun kann) und stärkt die elterliche Selbstwirksamkeit: Ich komme mit problematischen Situationen zurecht. Ich kann das bewirken, was mir am Herzen liegt.

Das Beziehungskonto: „Generalschlüssel" für unterschiedlichste Problemlagen (Abschnitt 7)

„Man kann in Kinder nichts hineinprügeln, aber vieles herausstreicheln"
(Astrid Lindgren)

„Ich hab' schon alles versucht – und trotzdem haben wir jeden Tag wieder das gleiche Theater", klagen viele Eltern, die die Kurse besuchen oder in die Beratung kommen. Unsere Erfahrung zeigt, dass sich viele Probleme in den Familien deutlich abmildern oder gar in Luft auflösen, wenn das „emotionale Bankkonto" mit den in diesem Abschnitt beschriebenen Anregungen gefüllt wird. Diese sind sehr einfach, aber höchst wirksam. Sie richten den Blick auf die Stärken des Kindes und verbessern die Familienbeziehungen sowie das ganze Klima in der Familie spürbar. Ein gut gefülltes Beziehungskonto ist gleichsam eine Art *Generalschlüssel*, der für eine Vielzahl ganz unterschiedlicher Schlösser (d. h. Problemlagen) passt (vgl. DeShazer, 2014). Denn:

> Man kann Kinder nur beeinflussen, wenn man Einfluss hat. Und Einfluss hat man nur, wenn die Beziehung im Lot ist. Kurz gesagt: *Er-ziehung durch Be-ziehung.*

„Beziehungen sind wie ein emotionales Bankkonto. Man kann Einzahlungen oder Abhebungen machen" lautet deshalb das Motto der zweiten FamilienTeam-Einheit. Jede Handlung der Eltern „verbuchen" Kinder auf dem Beziehungskonto. Jedes Lächeln, jede Umarmung, jedes ermutigende Wort sind Einzahlungen; jede „Ansage", Ermahnung, Kritik oder Strafe sind Abhebungen. Logischerweise muss das Konto im Plus sein, um Abhebungen machen zu können bzw. Einfluss zu nehmen – und zwar Tag für Tag. Wenn das Beziehungskonto „leer" ist, funktioniert der Versuch, Kinder zu „erziehen", nicht. An den Brennpunkten, dort, wo die Not der Eltern am größten ist (an der Spitze der Pyramide) anzusetzen, klappt nur, wenn man bereits ein gutes Polster hat. Tag für Tag brauchen Kinder die Gewissheit, dass sie ihren Eltern wichtig sind und von ihnen geliebt werden – bedingungslos. Dass die Eltern ihnen Zuwendung schenken, ohne dass sie dafür extra etwas

"vollbracht" haben müssen. Alle Eltern, gerade die, die Kurse oder Beratungen aufsuchen, lieben ihre Kinder von Herzen. Wie stellen sie sicher, dass das bei ihrem Kind ankommt? Lieben ist ein „Tun"-Wort. Die Eltern werden angeregt, solche Momente bewusst zu genießen und/oder herbeizuführen.

Seelennahrung und wertvolle Zeit

- Wie zeige ich meinem Kind, dass ich es von ganzem Herzen liebe? Bedingungslos? So wie es ist?
- Wie und bei welchen Gelegenheiten kann es bei mir immer wieder „auftanken"?
- Welche kleinen Rituale (beim Verabschieden und Begrüßen, beim Einschlafen und Aufwachen usw. ...) helfen dabei?
- Welche kleinen Gesten, Berührungen, Koseworte oder Liebeserklärungen schaffen Nähe, Vertrauen und Geborgenheit?
- Wie kann ich ihm zeigen, wie wichtig es mir ist, während es von einem schönen Erlebnis erzählen oder etwas zeigen möchte?
- Was hilft mir dabei, die Gelegenheiten, wenn es von sich aus kommt, zu ergreifen, um ihm nahe zu sein?
- Wie kann ich es „erwischen", wenn es sich „wohlverhält", und ihm meine Freude zeigen?
- Wie kann ich ihm in kurzen intensiven Augenblicken („wertvolle Zeit") meine volle Aufmerksamkeit und Anteilnahme schenken und seine Begeisterung mit ihm teilen?
- Was hilft mir, achtsam zu sein und diese kostbaren Momente zu genießen?
- Wie können wir vielleicht sogar beide gleichzeitig unsere Batterien wieder aufladen?
- Wann können wir gemeinsamen Aktivitäten/Hobbies nachgehen, die uns beiden Spaß machen?

Oft machen Kleinigkeiten einen großen Unterschied: Sophie erzählt nach der Schule begeistert von einem Erlebnis mit ihrer Freundin, während ihre Mutter noch die Einkäufe verstaut. Wenn die Mutter ihr weiterhin den Rücken zukehrt und mit einem halbherzigen „Ja, schön!" reagiert, würde die wunderbare Chance, ihre Beziehung zu Sophie zu stärken, ungenutzt verstreichen. Sophie will ihre Mutter für einen kurzen Moment an ihrer Welt teilhaben lassen. Je älter die Kinder werden, desto seltener wird das vorkommen. Wenn diese ihr Angebot ausschlägt, schlussfolgert Sophie: „Mama hat kein Interesse. Meine tollen Erlebnisse behalte ich lieber für mich". Vielleicht jedoch gelingt es der Mutter, ihre eigene Tätigkeit und den inneren Gedankenstrom für einen Moment zu unterbrechen, Sophie in die Augen zu sehen, mit Interesse und Anteilnahme zuzuhören und Sophies Begeisterung aufrichtig zu teilen: „Oh wie schön! Das hätte mir auch Spaß gemacht! Ich freu mich für dich!" Ein kostbarer Moment. Nicht nur für Sophie.

Den Blickwinkel erweitern – Kinder aus negativen Rollen befreien
Manchen Eltern, die in die Beratung kommen, fällt es aufgrund der akuten Problembelastung schwer, noch das „ganze Kind" mitsamt seiner Stärken zu sehen und etwas zu finden, das Anerkennung verdient. Doch um ein positives Selbstbild zu fördern und das kindliche Selbstvertrauen zu stärken, ist dies unerlässlich. Gerade wenn Kinder in negativen Schubladen (Rollen, z.B. „faul", „Schlamper") feststecken, ist die Gefahr groß, dass sie genau zu dem werden, was die Eltern erwarten. Der bereits 1968 beschriebene Rosenthal-Effekt gehört zu den best-replizierten Befunden der Psychologie und zeigt eindrucksvoll die Macht der sich selbst erfüllenden Prophezeiung (Rosenthal & Jacobson, 1968). Schüler, die ihren Lehrern fälschlicherweise als hochbegabt vorgestellt worden waren („bloomers"), hatten am Ende des Schuljahres tatsächlich einen Zugewinn von bis zu 30 IQ-Punkten (das entspricht zwei Standardabweichungen) zu verzeichnen. *Nicht Schwächen ausbügeln, sondern Stärken stärken*, ist deshalb eine der Grundhaltungen im FamilienTeam. Die Eltern werden angeregt, sich die liebenswerten Eigenschaften ihres Kindes ins Bewusstsein zu rufen, Anteil an seinen Interessen zu nehmen, aktiv Ausschau zu halten nach positiven Verhaltensweisen, ihr Kind bei dem der Rolle entgegengesetzten Verhalten zu „erwischen" (den „Schlamper" beim Aufräumen) und das auch zu würdigen. Eltern darin zu unterstützen, ihr Kind (wieder) mit Wohlwollen und voller *Vertrauen* zu betrachten, ist ein zentrales Anliegen von FamilienTeam und gelingt mit zunehmender Übung immer leichter.

Wertschätzung schenken
Weil sie den Selbstwert ihrer Kinder stärken wollen, sparen die meisten Eltern nicht an Lob. Leider können Eltern auch beim Thema Loben nach Meinung unterschiedlicher Experten eigentlich nichts richtig machen. Eltern loben zu wenig oder zu viel, zu pauschal, nicht ehrlich oder gar inflationär. Loben sei schädlich, nur eine andere Form, das Kind zum Gehorsam zu erziehen (also nicht besser als Tadel), und man solle es am besten ganz lassen. Doch Wertschätzung, Anerkennung und positives Feedback zu bekommen, ist eines der elementaren menschlichen Bedürfnisse oder Sehnsüchte (Frey, 2015), eine gute Möglichkeit, Zuneigung und Wärme auszudrücken und das Beziehungskonto zu füllen – wenn ein paar Grundsätze beachtet werden: *Das Kind wahrnehmen (nicht bewerten) und sich mit ihm mitfreuen. Nicht das Ergebnis, sondern die Anstrengung würdigen, und zwar möglichst konkret, positiv und persönlich:*

- die *eigenen Empfindungen* ausdrücken und Wertschätzung von Herzen schenken: wenn ich mich wirklich freue / begeistert / dankbar bin
- auf Verallgemeinerungen / Übertreibungen / Eigenschaftszuschreibungen verzichten. Aussagen wie „Du bist echt ein schlauer Junge" können die Angst, der elterlichen Erwartungshaltung nicht gerecht zu werden, schüren, zur Vermeidung von Herausforderungen

und Entmutigung bei kleineren Rückschlägen führen und das Selbstvertrauen schädigen (Dweck, 2007)
- genau hinschauen, positiv und konkret *beschreiben* statt zu bewerten. An Stelle von „die CDs liegen nicht mehr rum": „die CDs sind im Regal"; Faustregel: drei Details.
- darauf achten, nicht versehentlich Kritik/Seitenhiebe/Aufforderungen einzubauen (durch Wörter wie „endlich" oder „nicht wieder" oder „ich hätte nie gedacht", „jetzt kannst du noch ...")
- keine Vergleiche zu anderen Kindern/Geschwistern (auch keine positiven)
- den Prozess, die Anstrengung und das Durchhaltevermögen würdigen und die *Schritte*, die dafür erforderlich waren (nicht das fertige Produkt oder Ergebnis).

Im Training bekommen die Eltern ein Gefühl dafür, ob sie von Herzen Anerkennung schenken oder versuchen, durch Lob „erwünschtes Verhalten aufzubauen", um zu besseren Leistungen zu motivieren oder das Verhalten des Kindes in eine bestimmte Richtung zu beeinflussen – aus dem Bestreben, etwaige Schwächen des Kindes auszugleichen. Das wäre manipulativ und würde dem Kind das Gefühl vermitteln, Leistungen vollbringen zu müssen, um Zuneigung zu erhalten. Wenn es Eltern jedoch gelingt, sich eine *wahrnehmende, beschreibende, wertschätzende Haltung und Sprache* anzugewöhnen, fühlt sich das Kind bedingungslos angenommen und lernt, auch mit sich selbst positiv zu sprechen (wohlwollende innere Stimme). Sein Selbst-Wert-Gefühl wächst.

Emotions-Coaching: Herzstück von FamilienTeam (Abschnitt 8)

Die *emotionale* Kommunikation zwischen Eltern und Kindern bildet das Herzstück von FamilienTeam – und den größten Unterschied zu anderen Elternprogrammen. Unabhängig davon, ob Eltern in der Beratung über externalisierende oder internalisierende Probleme ihrer Kinder klagen, meist liegen Schwierigkeiten in der Emotionsregulation zugrunde. Solche Defizite stellen ein beträchtliches Entwicklungsrisiko dar (Aldao, Nolen-Hoeksema & Schweizer, 2010; In-Albon, 2013), während emotionale Kompetenzen mit einer Vielzahl erwünschter Entwicklungsausgänge verknüpft sind (vgl. Klinkhammer & v. Salisch, 2015). Warum ist das so? Mit eigenen Gefühlen umgehen können (z.B. sich wieder beruhigen) ist die Voraussetzung dafür, mit anderen und sich selbst zurechtzukommen sowie Aufmerksamkeit und Konzentration auch in stressigen Situationen (z.B. bei Prüfungen) steuern zu können. Für die körperliche Gesundheit, persönliches Wohlbefinden, schulischen und beruflichen Erfolg sind emotionale Kompetenzen entscheidend. Die Familie ist der Ort, an dem Kinder – von Anfang an – lernen, mit emotional belasteten Situationen umzugehen. Dabei wird die elterliche Reaktion auf die Gefühlsäußerungen ihrer Kinder maßgeblich von ihren Meta-Emotionen bestimmt: von ihren Einstellungen, Gedanken, Gefühlen über Gefühle, ihrer „Meta-Emotions-Philosophie" (Gottman, Katz & Hooven, 1997).

> **Meine „Meta-Emotions-Philosophie"**
> - Wie fühle ich mich, wenn mein Kind anfängt zu weinen? Gestresst? Gebraucht? Gelassen?
> - Finde ich, dass es unnötig ist („Ein echter Indianer kennt keinen Schmerz")?
> - Denke ich, mein Kind sollte sich nicht so aufführen (wenn es einen Wutanfall hat) und in die Auszeit geschickt werden, bis es wieder eine Weile ruhig geblieben ist?
> - Ist es mir peinlich, wenn mein Kind seinen Ärger deutlich zeigt, wenn andere dabei sind?
> - Oder sehe ich das als Gelegenheit, um meinem Kind nahe zu sein, mit ihm über seine Gefühle zu sprechen und ihm beizubringen, wie es damit umgehen kann?
> - Was sind meine „Meta-Emotionen" (Einstellungen, Gedanken, Gefühle über Gefühle) in Bezug auf Wut und Aggression, aber auch in Bezug auf Ängstlichkeit und Scheu?

Frau Müller schildert in der Beratung typische Probleme während der Mathe-Hausaufgaben, bei denen ihr Sohn immer wütender wird. Sie erzählt, wie sie Angst bekommt, dass Philipp das Handtuch werfen könnte, und wie sie deshalb versucht, ihn zu beruhigen und anzuspornen: „Ach schau, es ist doch gar nicht so viel. Wenn du sie fertig hast, wirst du froh sein." Für Philipp jedoch bringt das das Fass zum Überlaufen: „Du hast doch keine Ahnung!", schreit er seine Mutter an und wirft sein Heft auf den Boden. Ein solches Verhalten möchte Frau Müller ihrem Sohn nicht durchgehen lassen. Sie fühlt sich angegriffen und wehrt sich dagegen: „Hey, hey, deshalb brauchst du dich nicht gleich so aufführen, ich hab mir die Aufgaben schließlich nicht ausgedacht! Jetzt mach einfach die nächste Aufgabe, du wirst sehen, dass es dann immer leichter wird". Wie Frau Müller geht es vielen Eltern, die ihr Kind am liebsten schnell wieder glücklich sehen bzw. zumindest die leidige Hausaufgabensituation möglichst rasch beenden möchten. In bester Absicht greift man zurück auf Strategien, die nur scheinbar geeignet sind, einen guten Ausgang zu bewirken: man macht das Problem klein, gibt Ratschläge oder löst das Problem für das Kind. Andere Eltern versuchen es mit Belehren, Ermahnen, Befehle erteilen, drohen negative Konsequenzen an, kritisieren ihr Kind oder werten es ab – insbesondere, wenn sie sich selbst angegriffen fühlen oder ihre eigenen Ziele (die Schulleistungen zu verbessern) bedroht sehen. Das Kind auszufragen („Wie ist es gelaufen? Jetzt erzähl halt"), schon Bescheid zu wissen („bestimmt habt ihr heute einen Test geschrieben und du warst nicht vorbereitet") oder Partei für die anderen zu ergreifen („bestimmt wart ihr recht laut und deswegen habt ihr jetzt so viele Hausaufgaben bekommen") sind weitere typische Stolpersteine.

Doch wem gelingt es schon, eine solche Lage dafür zu nutzen, dem Kind nahe zu sein (besonders wenn dessen Ärger sich gegen die Eltern richtet!), mit ihm über seine Gefühle zu sprechen und ihm Strategien beizubringen, wie es mit derartigen Situationen umgehen könnte? Genau diese Haltung, die von Gottman und Kollegen als Emotions-Coaching-Philosophie bezeichnet wird, hat nachgewiesenermaßen die besten Auswirkungen auf die emotionalen Kompetenzen der Kinder. Eltern, die in der Lage sind, „Emotions-Coaches" für ihre Kinder zu sein, unterscheiden zwischen Gefühls*empfindung* und Gefühls*ausdruck*.

- Sie sind *achtsam* und nehmen die Gefühle ihres Kindes wahr – selbst wenn diese noch nicht intensiv sind. Sie fühlen sich dadurch nicht gestresst, sondern wollen ihrem Kind nahe sein.
- Sie bringen Verständnis auf für die Gefühle ihres Kindes, *validieren*, wie das Kind empfindet, und geben ihm so die Botschaft: Es ist in Ordnung und völlig normal, dass du wütend/traurig/ängstlich bist. Wenn Eltern mit Anteilnahme und Solidarität auf die Sorgen und Nöte des Kindes eingehen, macht es die wertvolle Erfahrung: „Ich werde mitsamt meiner Gefühle, auch der „negativen", angenommen und ernst genommen".
- Die Eltern wissen, dass das Kind noch arbeiten muss an der Art und Weise, wie es seine Gefühle ausdrückt, und bringen ihm Strategien bei, mit emotionaler Erregung umzugehen. Sie lehren ihr Kind, *das eigene Gefühl* zu nutzen, um etwas zu erreichen, was ihm wichtig ist – in sozial verträglicher Weise, z.B. seinen Ärger in konstruktiver Form mitzuteilen.

Zahlreiche Forschergruppen haben mittlerweile eindrückliche Belege für die positiven Auswirkungen dieses Vorgehens für klinische und nicht klinische Stichproben zusammengetragen (Eisenberg et al., 2002; Shortt et al., 2010; Hurrell, Houwing & Hudson, 2017; Katz und Hunter, 2007; Johnson et al., 2017; Wertfein, 2007). Eltern, die auf ihr Kind im Sinne dieses Emotions-Coachings eingehen, stellen für das Kind eine sichere Umgebung zur Verfügung, die es ihm ermöglicht, seine Gefühle, Gedanken und Sorgen mitzuteilen. Die Kinder erhalten die wichtige Botschaft, dass alle Emotionen dazugehören, nicht nur die „positiven". Indem die Eltern Wertschätzung und Respekt für die kindlichen Gefühle ausdrücken, lehren sie wichtige soziale Kompetenzen, die den Kindern in der Beziehung zu Gleichaltrigen zugutekommen. Da die Kinder die Gespräche mit den Eltern verinnerlichen, lernen sie, sich selbst zu beruhigen und ihre Emotionen zu regulieren. Durch die physiologische Beruhigung lässt sich erklären, dass die Kinder auch seltener körperlich krank sind, sich besser konzentrieren können und sogar besser in der Schule abschneiden.

Warum hilft es bei der Emotionsregulation, „darüber zu reden", d.h. die Gefühle in Worte zu fassen? Dies können Studien erklären, die bildgebende Verfahren einsetzen, um dem Gehirn quasi bei der Arbeit zuzusehen. „Affect labeling", also die Gefühle zu benennen, reduziert die Aktivität der Amygdala, wie man durch funktionelle Magnetfeldresonanztomographie (fMRT) nachweisen konnte (Lieberman et al. 2007):

> Entgegen der Befürchtung vieler Eltern (und Lehrkräfte) werden Gefühle nicht größer, wenn man ihnen Raum gibt. Im Gegenteil: Erst das Ansprechen und Benennen ermöglicht eine Beruhigung.

Je größer der emotionale Aufruhr ist, desto stärker sind Kinder – und auch noch Jugendliche – auf die Hilfe von Erwachsenen bei der Regulierung ihrer Emotionen angewiesen. Intrapsychische Emotionsregulation wird gelernt durch die wiederholte Erfahrung gelungener interpsychischer Emotionsregulation (Spangler, 1999). Dabei ist das Aussprechen der kindlichen Gefühle und Bedürfnisse nicht zu verwechseln mit dem „Wiederholen des Gesagten durch eigene Worte", was von Kindern eher als unangenehmes „Nachplappern" empfunden wird. Im FamilienTeam üben die Eltern in der Einheit „Emotions-Coaching" und den folgenden Einheiten letztlich, genau die Schritte mit dem Kind zu gehen, die sie während der Selbstregulation mit dem „Pausenknopf" (vgl. oben, Abbildung 2) auch für sich selbst anwenden:

- die Gefühle wahrnehmen, „erlauben", validieren
- Wunscherfüllung in der Fantasie (den ersten Handlungsimpuls innerlich zulassen)
- überlegen, was man erreichen möchte
- überlegen, wie man es am besten erreicht.

Auf diese Art leisten die Eltern *Hilfe zur Selbsthilfe* und ermöglichen dem Kind eine aktive, *eigenständige Problembewältigung*, was nicht nur die emotionalen Kompetenzen des Kindes, sondern auch seine Autonomie stärkt.

Frau Müller nimmt aus dem Beratungsgespräch den Pausenknopf und das Emotions-Coaching mit. Diesmal betrachtet sie ihren Sohn ein wenig länger und nimmt sich Zeit, sich vorzustellen, wie er sich wohl gerade fühlt. Sie nimmt auch ihre eigene Angst bewusster wahr, die Angst, dass Philipp wieder einen Wutanfall bekommt und die Hausaufgaben gar nicht machen wird. Dann spricht sie sich selbst Mut zu und fasst den Vorsatz, es diesmal mit „dem neuen Handwerkszeug" anzugehen. „Du siehst ... frustriert aus", sagt sie vorsichtig und macht eine Pause. „Das ist so ein Scheiß!", motzt Philipp. „Du ärgerst dich ganz schön, oder?", versucht Frau Müller, seine Gefühle in Worte zu fassen (und erinnert sich daran, dass jetzt kein Zeitpunkt ist, um über eine angemessene Wortwahl zu feilschen). „Möchtest am liebsten alles hinschmeißen, oder?" „Der Mayr hat uns wieder mal viel zu viel aufgegeben! Der spinnt doch! Und noch dazu sauschwere Aufgaben". Jetzt bloß nicht sagen, hättest du mal im Unterricht besser aufgepasst, coacht sich Frau Müller selbst. Sie braucht eine Weile, um Worte zu finden, die ihr Verständnis und ihre Solidarität ausdrücken: „Wenn man so einen steilen Berg vor sich hat, weiß man oft gar nicht, wie man anfangen soll. Am liebsten würdest du ihn auf den Mond schießen, oder?" Überrascht blickt Philipp seiner Mutter in die Augen und beginnt zu grinsen. „Genau! Und dort müsste er sitzen und einen Riesenhaufen Kartoffeln schälen!" Bei dieser Vorstellung beginnen beide zu lachen. Frau Müller fällt ein Stein vom Herzen. Wir haben es geschafft, uns diesmal nicht in die Haare zu kriegen, denkt sie. „Was wäre dir denn jetzt am liebsten?" „Natürlich, wenn es gar keine Hausaufgaben mehr gäbe..." „Ja, das wäre schön, dann würden wir jetzt gleich an den See fahren", bestätigt Frau Müller die Idee. „Und was könnten wir mit diesem Hausaufgabenberg machen?", fragt sie weiter und hält die lange ratlose Pause aus. „Ich mach jetzt mal die 7a, die kann ich auf jeden Fall, dann schau ich weiter", meint Philipp und nimmt seinen Stift. „Großer, ich freu mich!"

Minikompass Emotions-Coaching	
Grundhaltung vorher bewusst einnehmen	*Ich will dich wirklich verstehen. Ich nehme dein Problem ernst. Ich lasse dir und mir Zeit. Ich bin auf deiner Seite. Alle Gefühle und Bedürfnisse sind wertvoll. Ich traue dir zu, dein Problem zu lösen.*
Teil 1: Achtsam wahrnehmen, Verständnis und Anteilnahme zeigen	
Volle Aufmerksamkeit schenken	Bei kleinen Anzeichen von Betrübnis etc.: Tätigkeit unterbrechen, zuwenden, Blickkontakt, zuhören, Zeit lassen
Die Gefühle und Bedürfnisse des Kindes in Worte fassen	„und jetzt bist du ganz verzweifelt ..." (anteilnehmend),
und mit der Situation verknüpfen, die die Gefühle ausgelöst hat	„... weil es so viele schwere Aufgaben sind"
Dem Kind zeigen, dass es diese Gefühle haben darf	„da wäre ich auch sauer, wenn ..." (solidarisch)
Wünsche in der Fantasie erfüllen (mit Humor)	„Am liebsten würdest du den Mayr auf den Mond schießen ..."
Teil 2: Bei der Problemlösung unterstützen, wenn die Gefühle wieder abgeflaut sind: Dem Kind helfen, selbst eine Lösung zu finden	
Nach Zielen und Lösungsideen fragen	„Was wäre dir jetzt am liebsten?" „Was könnten wir jetzt machen, damit ...?" „Welche Ideen gibt es noch?"
Nach konkreter Umsetzung fragen	„Was kannst du tun, um...?" „Wie könntest du ..."
Das Kind würdigen / anerkennen	Alle Ideen bestätigen, Respekt für die Anstrengung

Häufige Missverständnisse von Eltern (Abschnitt 9)

Viele Eltern klagen in der Beratung darüber, dass sie sich an immer den gleichen Themen in der Familie aufreiben. Kinder dazu zu bringen, etwas Bestimmtes zu tun (z.B. Lernen) oder etwas anderes zu lassen (z.B. Smartphone), kann ziemlich mühsam und kräftezehrend sein. Manche Eltern versuchen es mit Bitten („Magst du nicht erst noch … ?"), Fragen oder versteckten Vorwürfen („Muss das sein?"), mit Befehlen („Jetzt hör sofort auf …"), Drohungen („Wenn du nicht …, dann …") oder Strafaktionen. Aus Angst, die Zuneigung des Kindes zu verlieren, wird die Bitte flehentlicher und unklarer. Aus Angst, die Bemühungen könnten nicht fruchten, wird der Tonfall manchmal schärfer als beabsichtigt. Dadurch wächst die Gefahr, in die nächste Eskalationsstufe zu geraten.

Missverständnis 1: Ich richte mich nach den Bedürfnissen meines Kindes

Gerade Eltern, denen besonders daran gelegen ist, ihr Kind glücklich zu sehen, haben Skrupel, auch einmal „nein" zu sagen. Sie befürchten, die Beziehung zu ihrem Kind könnte leiden, wenn sie ihm einen Wunsch abschlagen. Nicht ganz unschuldig daran sind die Kindzentriertheit der heutigen Zeit (Zeitgeist) und die hohen Ansprüche, die Eltern aus den Befunden der Bindungsforschung ableiten. Diese postuliert als Voraussetzung für eine tragfähige Beziehung die Feinfühligkeit, Signale des Kindes wahrzunehmen, richtig zu interpretieren und prompt sowie angemessen darauf zu reagieren (Grossmann & Grossmann, 2004). Zwischen Wünschen und Bedürfnissen zu unterscheiden *und* auch noch die angemessene Reaktion auszuführen, kann im Alltag bisweilen ziemlich schwierig sein. Im FamilienTeam gewinnen die Eltern Sicherheit und erfahren, wie gut es tut, *gleichzeitig* die Bedürfnisse des Kindes und die eigenen im Blick zu behalten. Dabei hilft es, eine *persönliche „Ampel"* zu entwickeln, die innere Klarheit bringt: Was ist für mich ok (Ampel grün)? Was geht für mich nicht (Ampel rot; vgl. Abb. 3, innere Klarheit bei Problemen)? Die Eltern üben im FamilienTeam, achtsam für ihre eigenen Grenzen zu sein und Konflikte als Team anzugehen (vgl. Abschnitt 10 und 11 für die konkrete Umsetzung).

> Ich sehe und achte die Bedürfnisse meines Kindes sowie meine eigenen. *Ich erkenne den Wunsch meines Kindes an, ohne ihn erfüllen zu müssen*. Ich helfe meinem Kind, mit seiner Enttäuschung fertigzuwerden und eine Möglichkeit zu finden, die für uns beide passt. FamilienTeam-Einheit 5, 6, 7

Missverständnis 2: Zuneigung *oder* Grenzen

Die meisten Eltern streben heute eine liebevoll-konsequente bzw. „autoritative" Erziehung an. Die Überlegenheit des autoritativen (vor dem autoritären und dem permissiven) Erziehungsstils gehört zu den best-replizierten Befunden der Erziehungsstilforschung.

Typischerweise werden Erziehungsstile auf zwei Basisdimensionen beschrieben: Zuwendung/Akzeptanz/Wärme sowie Führung/Kontrolle (z. B. Maccoby & Martin, 1983; vgl. Killi, in diesem Band, Abbildung 3). Wiederum liegt die Tücke in der konkreten Alltagspraxis. Den meisten Eltern fällt es leicht, in entspannten Momenten einfühlsam und verständnisvoll zu sein (Dimension Zuwendung). Wenn es kritisch wird, aktivieren sie die andere Dimension (Führung/Kontrolle): Sie „schalten um" auf eine autoritäre Befehlssprache bzw. kommen ins Schimpfen und Meckern, um ihrem Anliegen Gehör zu verschaffen. Und genau darin liegt eines der größten Missverständnisse, die Familien das Leben schwer machen. Denn gelingende Führung im Sinne des autoritativen Führungsstils setzt eine *Gleichzeitigkeit* in der hohen Ausprägung beider Dimensionen voraus: Führung *und* Verständnis – liebevolle, achtsame, respektvolle, einfühlsame Führung. Wie dies genau aussehen kann, üben Eltern in Einheit 5 (vgl. Abschnitt 10).

Missverständnis 3: Ich-Botschaften sind immer das Mittel der Wahl
Elternratgeber oder -kurse propagieren häufig Ich-Botschaften als geeignetes Mittel der Einflussnahme, das zur Deeskalation geeignet sei und ohne Abwertung auskomme. „Leon, wenn du auf dem Sofa springst *(Verhaltensbeschreibung)*, ärgere ich mich *(Gefühl)*, weil mir die Buchstaben verschwimmen *(Wirkung/Folge)*". Was wird in Leon vorgehen, wenn er diese nach den Empfehlungen korrekt aufgebaute dreiteilige Ich-Botschaft hört? Vielleicht fühlt er sich schuldig und schämt sich – er weiß ja, dass Mama sich nach der Arbeit erst einmal ausruhen möchte. Vielleicht fühlt er sich ungerecht behandelt und wie aus heiterem Himmel kritisiert: Denn der Unterschied zwischen „Du nervst" und „Ich ärgere mich über dich" ist für Kinderohren gering. *Ärger macht Feindschaft.* Automatisch landen Leon und seine Eltern auf gegnerischen Seiten. Und „von dort drüben" können die Eltern Leon nicht beeinflussen. Das Bild vom Flussufer kann dies verdeutlichen:

Das Bild vom Flussufer
Nehmen wir an, die Eltern machen mit ihrem Kind einen Spaziergang an einem schönen Flusslauf. Jeder geht auf einer Seite des Flusses. Nun möchten die Eltern dem Kind zu verstehen geben, dass es Zeit ist umzukehren. Sie können winken, rufen oder schreien. Das Kind hört sie nicht gut, versteht nicht, was sie meinen, macht also nicht das, was sie wollen. Damit die Eltern ihr Kind beeinflussen, d. h. es in die gewünschte Richtung führen können, müssen sie selbst sich auf die andere Seite des Flusses begeben, auf die Seite des Kindes. Dort können sie es an der Hand nehmen und mit ihm gemeinsam umkehren oder in eine andere Richtung weitergehen; vgl. Abschnitt 10 und 11.

Deine Welt – meine Welt – unsere Welt: Die FamilienTeam-Lösungsschritte (Abschnitt 10)

Vielleicht ist es mühsam, vielleicht ist es ungewohnt. Doch die meisten Eltern empfinden es mit der Zeit als sehr angenehm, *„erst in die Welt des Kindes zu gehen",* d.h. zunächst auf positive Art Kontakt aufzunehmen und die Dinge aus der Warte des Kindes zu betrachten. Ein guter Weg, um Einfluss zu nehmen – ohne Abbuchung auf dem Beziehungskonto. Eine Vielzahl von Problemen im täglichen Miteinander lassen sich grob gesagt in drei Schritten lösen: deine Welt – meine Welt – unsere Welt. Kinder entschieden und behutsam zugleich zu führen, gelingt dabei am ehesten, wenn die Eltern sich innerlich klar sind:

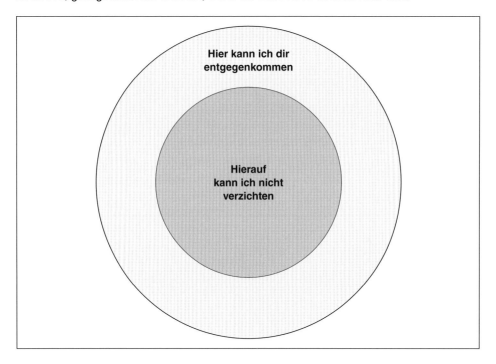

Abbildung 3: Innere Klarheit bei Problemen

- Was ist für mich nicht „verhandelbar" (innerer Kreis, vgl. Abbildung 3), wann schaltet meine „Ampel" auf rot?
- Wo bin ich flexibel und kann den Bedürfnissen meines Kindes entgegenkommen (äußerer Kreis), so dass es für mich in Ordnung ist? D.h. Was liegt für mich im „grünen Bereich"?

Genau das machen sich die Eltern vor den Trainingseinheiten für ihr Thema bewusst. Das hilft dabei, das eigene Anliegen kurz, knapp und positiv zu formulieren und dem Kind *Angebote* zu machen, die seine Wünsche bzw. zugrunde liegenden Bedürfnisse berücksichtigen („zwei Erlaubnisse"/*Wahlmöglichkeiten*). D.h. der äußere Kreis ist der Bereich, in dem das Kind selbstständig entscheiden darf. Die Eltern lernen, bei sich bereits kleine Anzeichen von Unmut / Ärger achtsam wahrzunehmen und rechtzeitig auf den Pausenkopf zu drücken, statt wie aus heiterem Himmel „auszuflippen". Eltern, die sich zuhause leicht „einwickeln" lassen, werden ermutigt, sich bewusst zu machen, dass ihr Anliegen berechtigt ist. Eltern, die das Gefühl haben, zu viel zurückzustecken – was sich oftmals in einem ärgerlichen Unterton bemerkbar macht – werden angeregt, darauf zu vertrauen, dass das Kind bereit sein wird, zu kooperieren. D.h. die Trainer bieten den Eltern Unterstützung, die direkt auf sie persönlich zugeschnitten ist. Die Eltern *erfahren*, was sie längst wissen: Der Ton macht die Musik. Und dieser wird vor allem durch die innere Haltung bestimmt. Klare Aufforderungen („bitte nicht springen, sondern …") sind vielversprechend, wenn sich die Eltern dabei liebevoll ihrem Kind zuwenden (Einheit 4).

Minikompass liebevoll führen	
Grundhaltung vorher bewusst einnehmen (Pausenknopf)	*Deine und meine Bedürfnisse sind wichtig.* *Erst verstehen – dann verstanden werden.* *Ich habe Vertrauen in deine Bereitschaft.*
Deine Welt	Würdigen, was das Kind gerade tut, fühlt, möchte, seine Begeisterung teilen
Meine Welt	Aufmerksamkeit gewinnen (Name, Blick/Körperkontakt), kurz über **mein Anliegen** informieren, freundlicher und liebevoller Ton
Unsere Welt	Zwei „Erlaubnisse" oder **Wahlmöglichkeiten** anbieten, die meine und seine Bedürfnisse/Anliegen berücksichtigen

Ob es um die Mithilfe im Haushalt, die leidigen Hausaufgaben oder lautes Musikhören geht: Mit Wahlmöglichkeiten verschaffen Eltern ihrem Anliegen Gehör und respektieren gleichzeitig die *Autonomie bzw. das Bedürfnis nach Selbstbestimmtheit* ihres Kindes (vgl. Ryan & Deci, 2000) – ein guter Weg für ein friedliches Miteinander.

Herr Bauer klopft an und betritt das Zimmer seines Sohnes. „Du baust ja gerade an deinem Lego-Spaceshuttle!" Und nach einem Blick auf Tims gerötete Wangen: „Ich sehe schon, du bist mit Feuereifer dabei". Begeistert beginnt Tim zu erklären, während Herr Bauer staunend und mit echtem Interesse zuhört. Erst nach einer Weile kommt er freundlich und ruhig auf sein Anliegen zu sprechen. „Hör mal, Tim. Ich gehe um 16.30 nochmal in die Arbeit. Wenn du möchtest, dass ich dich noch die Vokabeln abfrage, können wir das in fünf oder zehn Minuten machen. Du kannst sie auch erst später wiederholen, wenn du sie allein und schriftlich machen möchtest." "Wie entscheidest du dich?" Abends hört Tim mit voller Lautstärke im Wohnzimmer Musik. Zurück von der Arbeit erklärt Herr Bauer freundlich: *"Tim, ich möchte mich mit Mama unterhalten. Wenn du zum Musikhören hier bei uns auf der Wohnzimmercouch chillen willst, kannst du das gerne – mit Kopfhörer. Wenn du ohne Kopfhörer hören möchtest, kannst du das auch gerne, in deinem Zimmer. Was ist dir lieber?"*

"Wir gemeinsam – gegen das Problem": Konflikte als Team angehen (Abschnitt 11)

Konflikte mit dem Kind oder Jugendlichen sind in der Beratungsarbeit ein prominentes Thema. Obwohl die meisten Eltern heute konstruktive Konfliktlösungen ohne Gewinner und Verlierer anstreben, offenbart sich gerade hier die Kluft zwischen Wissen und Handeln. Ohne es zu wollen, gerät man ins alte Fahrwasser. Wenn sich die heftigen Gefühle des Kindes gegen die Eltern richten, ist es extrem schwierig, nicht automatisch auf Angriff oder Verteidigung zu schalten. Im FamilienTeam üben Eltern, bewusst "auf den Pausenknopf" zu drücken, um sich auf das zu konzentrieren, was ihren Wertvorstellungen entspricht: Probleme *gemeinsam* aus der Welt zu schaffen (Einheit 6). Die Abbildungen 4 und 5 symbolisieren dieses Umschwenken in der *inneren Haltung*. Das Problem wird durch die Dinosaurier-Figur verkörpert. Aus Gegnerschaft wird ein konstruktives Miteinander: Eltern und Kind sind auf einer Seite und helfen zusammen, um das Problem zu lösen. Die Eltern sind "Bei-Stand" für ihr Kind.

Abbildung 4: Gegnerische Positionen   **Abbildung 5:** Auf der gleichen Seite
(Fotos: Eva Tillmetz)

"Erst verstehen – dann verstanden werden"
Diese Reihenfolge ist nicht umkehrbar. Auch wenn Eltern denken, "das lasse ich mir doch nicht bieten!": Ein Kind, das außer sich ist vor Wut, kann nicht "erzogen" werden. Die physiologische Erregung verunmöglicht die Informationsaufnahme und -verarbeitung. Im

FamilienTeam (Einheit 6) üben die Eltern, wie sie ihrem Kind helfen, *die Kraft seiner Gefühle zu nutzen, um für die eigenen Bedürfnisse einzustehen*, z.B. in Worte zu fassen, was den Ärger verursacht, und konkret mitzuteilen, was es möchte. So lernt das Kind, dass es viel mehr und sozial verträglichere Möglichkeiten gibt, mit Wut und Ärger umzugehen, als um sich schlagen, Sachen herunterwerfen, schimpfen, fluchen, seine Gefühle verschließen oder sich beleidigt zurückziehen. Es findet eine Sprache für seine Gefühle, die es erleichtert, mitzuteilen bzw. zu erreichen, was es braucht. Dadurch erwirbt es zentrale sozio-emotionale Kompetenzen, die ihm auch in anderen sozialen Beziehungen zugutekommen. Es macht die Erfahrung, dass es normal und völlig in Ordnung ist, Konflikte zu haben. Wir müssen uns nicht immer einig sein. Auch bei Dissens kann man achtsam bzw. respektvoll miteinander umgehen.

Erst dann, wenn das Kind sich verstanden fühlt, glätten sich die Gefühlswogen und es kann beginnen, über mögliche Lösungen nachzudenken: „*Du* möchtest gerne …(deine Welt). *Ich* möchte gerne … (meine Welt). Wie können *wir* dieses Problem gemeinsam lösen? (unsere Welt)". *Alle Gefühle sind erlaubt – aber nicht jedes Verhalten*. Es braucht viel Liebe, Geduld und jede Menge Emotions-Coaching, bis Kinder (und Eltern!) inmitten von emotionalem Aufruhr Probleme konstruktiv lösen können.

Dauerbrenner mit vereinten Kräften lösen
Leichter ist es, die *Problemklärung in einer ruhigen, entspannten Situation* gemeinsam mit dem Kind anzugehen, vor allem wenn sich Auseinandersetzungen immer wieder um die gleichen Themen drehen (Einheit 7). Die Versuchung ist groß, bei solchen Dauerbrennern eine Lösung vorzugeben oder zu verordnen. Z.B. „Am besten setzt du dich immer gleich nach dem Mittagessen an die Hausaufgaben", wenn das Kind zum Aufschieben neigt. Manchmal sind genau solche verordneten Lösungen die Ursache für die täglichen Reibereien, denn nur auf den ersten Blick spart man dadurch Zeit. Um Lösungen für das „richtige", eigentliche Problem zu finden, muss erst in Ruhe geklärt werden, wie das Problem genau zustande kommt. Welche Umstände, Gedanken und Gefühle halten das Kind davon ab, von sich aus zuverlässig seine Hausaufgaben zu erledigen? Erst nach dieser *Problemklärung* lassen sich gemeinsam dauerhaft brauchbare Lösungsansätze finden.

Frau Müller hat im Rollenspiel mit der Beraterin den Minikompass „Dauerbrenner" kennen gelernt. In der Rolle von Philipp hat sie gespürt, was sie selbst als Mutter dabei beachten möchte. Nach einem gemütlichen Mittagessen ergreift Frau Müller die Gelegenheit, um Philipp zu einem gemeinsamen Gespräch einzuladen: „Philipp, ich möchte was mit dir besprechen. Passt das jetzt für dich?" Deine Welt: „Manchmal ist es wirklich schwer, mit den blöden Hausaufgaben anzufangen, oder? Es gibt so viele spannendere Dinge, die dich interessieren". Philipp beginnt, von seinem Lieblings-Game zu erzählen, und Frau

Müller versteht, warum es für Philipp so unangenehm ist, dabei unterbrochen zu werden. Erst mit der Zeit kristallisieren sich Philipps Befürchtungen und Ängste heraus. „Wenn es so viele und schwere Aufgaben sind, will ich am liebsten gar nicht anfangen". Meine Welt: „Weißt du, wie es für mich ist? Ich wünsche mir, dass wir uns nicht wegen der Hausaufgaben in die Haare kriegen. Und ich möchte gerne für dich da sein, auf eine Art, die für dich gut ist". Unsere Welt: „Lass uns gemeinsam überlegen, wie wir das hinkriegen könnten". In Vorbereitung auf das Gespräch hat Frau Müller innerlich geklärt, was für sie nicht verhandelbar ist (Hausaufgaben gar nicht machen bzw. erst um 22 Uhr abends anfangen) und den äußeren Kreis weit gemacht (wann Philipp mit den Hausaufgaben beginnt, ob und wie sie ihn unterstützen soll ...; vgl. Abbildung 3, oben). So ist sie wirklich offen für alle Ideen und Vorschläge ihres Sohnes. „Was wäre dir am liebsten?" „Was brauchst du, um ...? Was hilft dir dabei, zu ...?" „Wie kann ich für dich darin unterstützen, zu ...?" Spielerisch werden viele Ideen gesammelt, gewürdigt (nicht bewertet oder diskutiert!) und – danach – abwechselnd wieder durchgestrichen, bis ein oder zwei Ideen übrig bleiben, die für beide passen, realistisch sind und zum Schluss noch konkretisiert werden (wann?, wo?, wie?).

Nach dieser Trainingseinheit stellen die Teilnehmer überrascht fest, dass durch die zugewandte, verständnisvolle und offene Haltung dem Kind gegenüber konstruktives Problemlösen zur *wertvollen Zeit* wird und die Beziehung stärkt. Zeitgleich werden die drei kindlichen Grundbedürfnisse nach *Verbundenheit*, nach *Autonomie/Eigenständigkeit/Selbstbestimmung* und *Selbstwirksamkeit/Kompetenz* (Ryan & Deci, 2000) befriedigt. Die Eltern erleben, wie sie auch die dritte Dimension autoritativer Erziehung (neben Wärme und Lenkung, vgl. Abschnitt 9), nämlich das Gewähren von Autonomie und Eigenständigkeit (Steinberg et al., 1992), im Alltag umsetzen können. Im Gespräch entwickeln die Kinder konkrete eigene Zielvorstellungen und mögliche Wege dorthin. Sie sind aktiv bei der Suche und der Planung der einzelnen Schritte beteiligt und erleben dadurch Mitbestimmung und Selbstverantwortlichkeit. Ihr Vertrauen in die eigene Problemlösekompetenz wächst. Weil sie sich mit Ziel und Lösung identifizieren können, sind sie motiviert, diese auch wirklich zu verfolgen (vgl. die Forschung zur Führung durch Zielvereinbarung, Frey, 2015; Rodgers & Hunter, 1991).

Warum wir nicht mit Timeout arbeiten
Timeout ist eine Methode operanten Konditionierens und stammt ursprünglich aus dem klinischen Kontext. Seit geraumer Zeit wird dieses Vorgehen auch Eltern empfohlen – als Methode der Deeskalation und Alternative zu körperlicher Gewalt. Das tobende oder sich ungehörig benehmende Kind wird dabei aus der Situation entfernt, von den anderen Familienmitgliedern getrennt und an einen gefahrlosen Ort gebracht. Eine Variation dieses Vorgehens ist der „stille Stuhl" oder die „stille Treppe". Dort soll sich das Kind selbst beruhigen und eine bestimmte Zeit lang ruhig verhalten, bevor es wieder zurück darf. Eine von Liebe

und Vertrauen geprägte Beziehung zu den Eltern kann so nicht entstehen. Denn: Welche Botschaft erhält das Kind dabei? Welche Erfahrung macht es?

- Ich werde gedemütigt und gewaltsam ausgeschlossen.
- Ich werde ignoriert und mit Liebesentzug bestraft. Ich darf meine Gefühle nicht ausdrücken, wenn ich nicht sozial isoliert werden möchte.
- Ich werde nur geliebt, wenn ich mich so verhalte, wie meine Eltern es von mir erwarten.
- Bei Streitigkeiten sind Rückzug und Kontaktabbruch angemessene Reaktionsweisen.

Neurobiologische Studien fördern hierzu interessante Erkenntnisse zutage: Das Gehirn bewertet *soziale Ausgrenzung* genau wie körperlichen Schmerz: Beides wird mit *Aggression* beantwortet (Eisenberger, Lieberman & Williams, 2003). Manche Kinder begeben sich irgendwann sogar freiwillig in die Auszeit. Sie haben gelernt: Wenn ich mich danach brav auf den Stuhl setze, ist es ok, meinen kleinen Bruder zu verhauen. „Emotional-intelligent" mit Konflikten umzugehen, lernen die Kinder nicht in der Auszeit.

> Die Qualität der Beziehung zwischen Eltern und Kind liegt allein in der Verantwortung der Eltern. Gerade in gefühlsgeladenen Momenten brauchen Kinder *liebevolle Zuwendung und konkrete Hilfe* – so erlernen sie wichtige sozioemotionale Kompetenzen.

Weitere Einheiten von FamilienTeam (Abschnitt 12)

Eine ausführlichere Darstellung der Konfliktbewältigung nach FamilienTeam würde den Rahmen dieses Artikels sprengen, ebenso wie die detaillierte Schilderung der weiteren Einheiten. Dies alles kann im Elternbuch (Graf, 2013) genauer nachgelesen werden und wird hier nur skizziert.

Als Elternteam zusammenarbeiten (Einheit 8)

Drehen sich elterliche Streitigkeiten um Erziehungsfragen, ist das für Kinder besonders belastend. FamilienTeam widmet deshalb im Unterschied zu anderen Elternkursen dem elterlichen Co-Parenting eine eigene Einheit. Die Eltern werden angeregt, ihren Blick wiederum auf das Positive zu richten. Sie schildern ihrem Partner anhand einer konkreten Situation, wie sehr sie ihn in seiner Rolle als Mutter/Vater *wertschätzen*. Dadurch werden positive Interaktionszirkel in Gang gesetzt, die die künftige Zusammenarbeit als Elternteam erleichtern und ein gutes Polster für schwierigere Momente darstellen.

Die Geschwisterbeziehung stärken (Auffrischungstraining)
Die meisten Eltern vereinbaren bereits im Verlauf des Kurses einen Termin für ein Auffrischungstraining, an dem die zwischenzeitlichen Erfahrungen aufgegriffen und zum Weiter-Üben genutzt werden. Zusätzlich geht es darum, wie sie durch das *Vermeiden von Vergleichen* und *vorbeugendes Coaching* die Beziehung zu Peers bzw. Geschwistern stärken können. Sie erfahren „am eigenen Leib", wie negativ sich Konflikte mit Siegern und Verlierern auswirken und üben, Streitigkeiten zwischen Kindern – ähnlich wie ein Mediator – mit einer Haltung der *„All-Parteilichkeit"* hilfreich zu begleiten. Statt einen Schuldigen zu suchen, den Stein des Anstoßes zu entfernen oder den „Tathergang" zu rekonstruieren, stehen sie allen beteiligten Kindern im Sinne des *Emotions-Coachings* bei, helfen ihnen, in Worte zu fassen, was sie eigentlich erreichen wollten, und unterstützen sie ggf., selbstständig Lösungen zu entwickeln.

Arbeitsweise im FamilienTeam (Abschnitt 13)

Würden Sie jemandem empfehlen, einen Vortrag über Schwimmtechniken zu besuchen, damit er das Schwimmen erlernt? Oder jemandem, der Klavierspielen können möchte, zum Kauf einer guten CD raten, weil er bald schon selbst Chopin-Etüden spielen wird, wenn er nur oft genug zuhört? Warum sollte es bei der Erweiterung der Erziehungskompetenz anders sein? Wenn es nicht um kognitiven Wissenserwerb geht, sondern um Handlungskompetenzen und tatsächliche Veränderungen im Verhalten, sind Wissensvermittlung, Einsicht, gute Vorsätze oder aber gegenseitiger Austausch ein guter Anfang, aber nicht ausreichend. Um neues Verhalten aufzubauen, braucht es, wie wir aus der Hirnforschung wissen, die *Gelegenheit zum aktiven Tun* und Ausprobieren, mit Spaß, mit *emotionaler Beteiligung* und mit Erfolgserlebnissen, während das Fehlen emotionaler Aktivierung mit einem geringen Grad an Kodierung, Speicherung und Erinnerungsabruf einhergeht (Spitzer, 2005). Warum reicht es nicht, einen guten Vorsatz zu fassen? Bei emotionalem Aufruhr, in Stresssituationen schaltet das Gehirn sozusagen auf Autopilot. Wie auf einer Wiese mit hohem Gras wählt das Gehirn automatisch den breiten, ausgetretenen, schon oft benutzten Weg (die Datenautobahn). Leicht wird die weiße Fahne übersehen, die den Weg zu einem kleinen, noch nicht oft benutzten Trampelpfad weist (die noch schwache synaptische Verbindung), auf der steht: beim nächsten Konflikt „erst verstehen – dann verstanden werden". Meist merkt man erst hinterher, wenn man wieder „bei Sinnen" ist, was abgelaufen ist. Damit aus dem kleinen Pfad eine breitere und weithin sichtbare Straße werden kann, damit also neue Spuren im Gedächtnis angelegt und immer breiter ausgebaut werden können, braucht es Wiederholung, d.h. *viele Übemöglichkeiten*, am besten mit aufeinander aufbauendem Schwierigkeitsgrad. Genau diese Erkenntnisse bilden die Grundlage der FamilienTeam-Trainingsmethode, in der die zentralen Kriterien für die Wirksamkeit von Präventions- oder Interventionsmaßnahmen, seien sie aus der Hirnforschung (s.o.), der

Psychotherapie- (Grawe, 2005) oder Trainingsforschung (Salas & Cannon-Bowers, 2000), seien sie aus Meta-Analysen zu Elternkursen (Layzer et al., 2001) oder Führungskräftetrainings (vgl. Felfe & Franke, 2014), konsequent umgesetzt werden.

Um ein intensives Training im *geschützten Rahmen* zu ermöglichen, werden acht bis zehn Teilnehmer von *zwei speziell ausgebildeten, zertifizierten FamilienTeam-Trainer* intensiv begleitet. In jeder Einheit erarbeiten sich die Eltern einen *„Minikompass",* der wirksame Handlungsweisen als Leitlinie aufzeigt, einen Heurismus / ein Lösungsschema, das *je nach Situationstyp* bei der Auswahl und Umsetzung geeigneter Erziehungspraktiken hilft („Mein Kind wirkt bedrückt → Emotions-Coaching"; „Ich bin genervt → Pausenknopf und liebevolle Führung"). Diese werden in Live-Demonstrationen oder den FamilienTeam-Videos veranschaulicht (Wirkfaktor Lernen am Modell), bevor sie die Teilnehmer im Rollenspiel selbst ausprobieren. Um einen individualisierten Schwierigkeitsgrad, Alltagsrelevanz, optimales Coaching und akkurates, konstruktives Feedback zu gewährleisten (Salas & Cannon-Bowers, 2000), wird die Gruppe für die Trainingseinheiten nochmals unterteilt (siehe Abbildung 6), wie bei dem erfolgreichen Intensivtraining der partnerschaftlichen Kommunikation, EPL (Thurmaier, 1997).

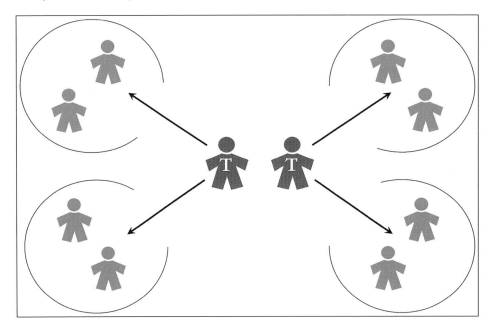

Abbildung 6: FamilienTeam-Trainingssetting

Dadurch erlebt jeder Teilnehmer sowohl in der Rolle des Kindes als auch in der Rolle des Elternteils jeden einzelnen FamilienTeam-Minikompass. Viele Eltern schätzen es außerordentlich, persönliche Schwierigkeiten nicht vor der ganzen Gruppe ausbreiten zu müssen. Die anfängliche Scheu vor Rollenspielen, die die meisten – z.T. aufgrund negativer Erfahrungen – mitbringen, verschwindet durch die intensive, positive Begleitung sehr schnell (Wirkfaktor Lernen am Erfolg). Während der Trainingseinheiten arbeiten die Trainer mit den *Stärken* der Teilnehmer (Wirkfaktor „Ressourcenaktivierung"), setzen bei deren *alltäglichen* Herausforderungen an (Wirkfaktor „Problemaktualisierung") und fördern deren Kompetenzen zur *Lösung künftiger Probleme* (Wirkfaktor „aktive Hilfe zur Problembewältigung"). Zu erleben, dass herausfordernde Situationen in überraschend kurzer Zeit eine positive Wendung nehmen, macht Mut. Das Vertrauen in die eigenen Fähigkeiten und in die FamilienTeam-Prinzipien ist die beste Voraussetzung, um sie auch zuhause in den entscheidenden Situationen umzusetzen. Die größten „Aha"-Erlebnisse haben die Eltern in der *Rolle des Kindes*. Sie erfahren „am eigenen Leib", wie bestimmte Verhaltensweisen ankommen: wann Kinder abschalten, was „Reizworte" sind, die das Kind verschließen, was – vielleicht wider Erwarten – auf Verständnis stößt, was das Kind wachsen lässt und was die Nähe und Innigkeit fördert. Das ermöglicht eine *tief greifende Veränderung in der inneren Haltung* und unterstützt den *Transfer* in den Alltag maßgeblich („Nachhaltigkeit").

Besonderheiten der FamilienTeam-Arbeitsweise

- kleine Gruppengröße (8–10 Eltern)
- geschützter Rahmen (Rollenspiele nicht im Plenum, sondern zu zweit)
- schrittweises Vorgehen, gestufter Schwierigkeitsgrad, „Baukastenprinzip"
- Live-Demonstrationen bzw. FamilienTeam-Video
- Konkrete Heurismen (Leitlininien; „Minikompasse") für acht Situationstypen, die leicht umsetzbar sind und sich der persönlichen Sprache anpassen
- Training an konkreten Situationen aus dem eigenen Familienalltag
- maßgeschneiderte Unterstützung (Berücksichtigung der Unterschiede in Fähigkeiten, Vorwissen und Sprachniveau) durch ein
- hoch qualifiziertes, zertifiziertes Trainerteam
- Blick auf das, was gelingt
- promptes, ressourcenorientiertes Feedback während und nach der Übung
- Tandem-Partner zum persönlichen Austausch und „Dranbleiben" → Transfer
- verbindliches Kursleitermanual für die Trainer
- begleitendes Elternbuch zum Kurs („FamilienTeam – Das Miteinander stärken")

Hohe Anforderungen an die Trainerinnen und Trainer

Damit die Eltern bei jeder Übung die Erfahrung machen „Es funktioniert! Ich kann das!", wird von den FamilienTeam-Trainer viel verlangt. Das Wichtigste ist der wohlwollende, positive Blick auf die Eltern und ihre Stärken. Die Trainer bieten einen *Sicherheitsteppich* aus Anerkennung, Bestätigung und Ermutigung, so dass die Eltern spüren „Ja, ich bin auf dem richtigen Weg" und schnell Vertrauen fassen. Die Trainer unterstützen so wenig wie möglich, aber so viel wie nötig, damit die Eltern Erfolge für sich selbst verbuchen können (und nicht etwa den Trainer zuschreiben). Dazu braucht es eine rasche Auffassungsgabe (was läuft gerade?), eine klare „Vision" (wie kann es weitergehen?), sprachliche Gewandtheit (wie bringe ich das rüber?) und eine Riesenportion Einfühlungsvermögen (in Kinder und Eltern gleichermaßen). Wie die Trainer eingreifen, wird *maßgeschneidert* auf das, was diese Mutter/dieser Vater in dieser Situation gerade braucht. Die sichere und gekonnte Anwendung der Trainerinterventionen erfordert

- eine pädagogisch-psychologische Grundausbildung
- Erfahrung in der Leitung von Gruppen
- eine intensive, einjährige, erfolgreich abgeschlossene Ausbildung zum FamilienTeam-Elterntrainer, die mit einem Zertifikat bescheinigt wird
- die regelmäßige Teilnahme an den FamilienTeam-Supervisionen.

Nur zertifizierte Trainer dürfen FamilienTeam, das patentrechtlich geschützt ist, anbieten.

Wirksamkeit von FamilienTeam (Abschnitt 14)

Die Wirksamkeit von FamilienTeam belegt eine über den Zeitraum von acht Jahren im Rahmen einer multimethodisch angelegte Evaluationsstudie der Ludwig-Maximilians-Universität München, die neben der schriftlichen Befragung der Eltern eine mündliche Befragung der Kinder sowie videografierte Aufzeichnungen der Mutter-Kind-Interaktion im Rahmen von Hausbesuchen einschloss (Kadera, 2013). „Das Beste" im Kurs sind für die über 700 Eltern aus dem Großraum Bayern befragten Eltern die *Rollenspiele* zur Einübung der Trainingsinhalte sowie der FamilienTeam-*Werkzeugkoffer*, der nach Angaben der Eltern im Alltag sehr hilfreich und gut anwendbar ist. Besonders die Kompetenzen „Wertschätzung schenken" und „Emotions-Coaching" werden hervorgehoben. Die Teilnehmenden sind *sehr zufrieden* mit FamilienTeam und meinen, die Hilfe, die sie sich davon versprochen haben, erhalten zu haben. Ihr Selbstvertrauen als Eltern ist gewachsen – gerade für *schwierige Situationen* mit dem Kind fühlen sich die Eltern nun besser gerüstet. Nicht nur die *Beziehung zum Kind*, sondern auch die Partnerschaft und die *ganze Familie* werden gestärkt. Bereits im Verlauf des Kurses sehen die Eltern *positive Veränderungen bei ihrem Kind*, das sie als fröhlicher, ausgeglichener, kooperativer, offener und selbstständiger beschreiben (formative Evaluation nach Kursende).

> „Ich werde nicht so schnell wütend. Schreie nicht mehr. Bin ruhiger geworden, auch in Situationen, die ansonsten schnell eskalieren." – Elternkommentar
>
> „Ich bin gelassener geworden. Ich drücke öfter den Pausenknopf. Ich raste immer seltener aus. Ich denke mir in der entsprechenden Situation oft: Aha, jetzt die Kooperation des Kindes gewinnen, Einheit 4." – Elternkommentar
>
> „Mama, du hast die Schimpfsprache verlernt!" – Kinderkommentar

Im Rahmen der summativen Evaluation wurden zudem über 100 Kursteilnehmer *vor* dem Kurs, einige Wochen *nach* dem Kurs und *ein Jahr* nach Kursende mit einer *Kontrollgruppe* von Eltern, die keinen Kurs besucht hatten, verglichen (Kadera, 2013). Im Vergleich zu dieser Kontrollgruppe verbessern sich die elterlichen Be- und Erziehungskompetenzen der FamilienTeam-Teilnehmer nachweislich. Erwartungsgemäß hat das Training besonders starke und lang anhaltende Effekte auf den Umgang mit eigenen Emotionen sowie den Gefühlen des Kindes. Bei der Trainingsgruppe ist im Gegensatz zur Vergleichsgruppe ohne Kurs ein deutlicher Zugewinn an *liebevoller Zuwendung* sowie an *empathischem Eingehen auf kindliche Emotionen/Bedürfnisse* (bei Wut bzw. Trauer des Kindes) zu verzeichnen, während die subjektiv erlebte *Überforderung* wie auch die *Überfürsorge* aus Angst sich durch das Training reduzieren. Das subjektive *Wohlbefinden* der Trainingsteilnehmer verbessert sich. Insbesondere die Mütter fühlen sich ausgeglichener und tatkräftiger, weniger missmutig, niedergeschlagen und bedrückt. Bei den Söhnen der Trainingsteilnehmer lässt sich eine *Reduktion hyperaktiven Verhaltens* sowie eine Verbesserung ihrer *Freundschaftsbeziehungen* nachweisen. Sogar die Partnerschaft und das elterliche *Coparenting* profitieren: Nach dem Kurs zeigen Eltern eine größere Einigkeit im Hinblick auf Erziehungsfragen und gestehen sich mehr Autonomie zu.

Organisatorischer Rahmen und weitere Zielgruppen

Das Training umfasst 8 x 3 Stunden in unterschiedlicher „Verpackung":

- im wöchentlichen oder 14-tägigen Abstand
- als Block-Kurs (z.B. zweimal Freitagabend und Samstag, im zwei- bis vierwöchigem Abstand; z.T. mit Übernachtung, Verpflegung und Kinderbetreuung
- als Grundkurs (Einheiten 1–4) und Aufbautraining (Einheiten 5–8)

Auf der Internetseite *www.familienteam.org* finden sich aktuelle Kurstermine und eine Trainersuche nach Postleitzahlen. Über das Bündnis für Kinder – gegen Gewalt sowie kirchliche Träger können Kurse bezuschusst bzw. Teilnehmergebühren reduziert werden. An der Akademie für Lehrerfortbildung und Personalführung ALP Dillingen ausgebildete Multiplikatoren halten die Kurse im Rahmen ihrer Arbeit als MSH- oder MSD-Kräfte gebührenfrei ab.

Mittlerweile wurde das Programm im Sinne einer umfassenden Erziehungspartnerschaft zwischen Elternhaus, KiTa und Schule auch für die kindlichen Lebensbereiche Kindertagesstätte und Schule adaptiert:

- *ProfiTeam* wendet sich an Erziehende und pädagogische Fachkräfte der Kindertagesbetreuung (Graf, 2008; Graf & Walper, 2010)
- *KlasseTeam* richtet sich an Lehrkräfte an Grund- und Förderschulen (Graf & Bauer, 2009; Graf & Frey, 2011) bzw. in modifizierter Fassung an Lehrkräfte an weiterführenden Schulen. Vielfach wird KlasseTeam auch eingesetzt, um die Anforderungen der Inklusion zu bewältigen (Graf, Schmohel & Frey, 2016).

Weitere Adaptionen gibt es für Eltern mit Kleinkindern *(FamilienTeamMini)* bzw. mit pubertierenden Jugendlichen *(FamilienTeamTeens)* sowie für Scheidungsfamilien *("Kinder im Blick";* Walper & Krey, 2011).

Ausblick: Wie Schule und Familie Hand in Hand arbeiten können

Obwohl es in der Realität häufig ein Gegeneinander ist: Nicht ohne Grund wird heute eine Erziehungspartnerschaft zwischen Schule und Elternhaus gefordert (vgl. Art. 74 Abs. 1 BayEUG). Denn nur durch die Abstimmung von Erziehungszielen und -praktiken kann es zu einer Kontinuität zwischen öffentlicher und privater Erziehung kommen (Graf et al., 2006). Im Idealfall arbeitet das Lehrerkollegium nach KlasseTeam-Prinzipien, während gleichzeitig für die Eltern der Schulgemeinschaft FamilienTeam-Kurse vor Ort angeboten werden. Wenn in beiden Lebensbereichen *aufeinander abgestimmte, wissenschaftlich fundierte Strategien gewaltfreier Erziehung* zur Verfügung stehen, ziehen Lehrkräfte und Eltern zum Wohl der Kinder *an einem Strang* und schenken ihnen dadurch Sicherheit und Verlässlichkeit. Von unschätzbarem Wert ist die Chance der doppelten Adressierung: Von KlasseTeam überzeugte Lehrkräfte können niederschwellig auch Eltern zur Kursteilnahme motivieren, die ansonsten von der klassischen Elternbildung z.B. über Familienbildungsstätten kaum erreicht werden. Durch Gespräche mit Eltern nach KlasseTeam-Prinzipien gelingt es Pädagogen leichter, die Eltern „ins Boot" zu holen, um mit vereinten Kräften die Förderung des Kindes zu verfolgen.

Das *Schulentwicklungsprojekt* „Stärkende Lebenswelten" zielt genau darauf ab, mit den beiden Trainingsprogrammen die Lebenswelten von Schülern – Familie und Schule – stärker aufeinander zu beziehen. Derzeit untersucht ein Forschungsteam der Friedrich-Alexander-Universität Erlangen-Nürnberg um Prof. Gläser-Zikuda im Rahmen eines quasi-experimentellen Designs mit Mixed-Methods-Zugang (Gläser-Zikuda et al., 2012) anhand einer Stichprobe von rund 30 Schulen in katholischer Trägerschaft und über 2000 Schülern, welche zusätzlichen Effekte sich durch eine kombinierte Teilnahme an beiden Programmen ergeben.

Auf einen Blick

Abbildung 7 zeigt, für welchen Situationstyp – in Abhängigkeit von der Frage, wer die unangenehmen Gefühle hat – welcher Minikompass geeignet ist. Genau diese Zuordnung gibt den Eltern Sicherheit in unzähligen Alltagssituationen.

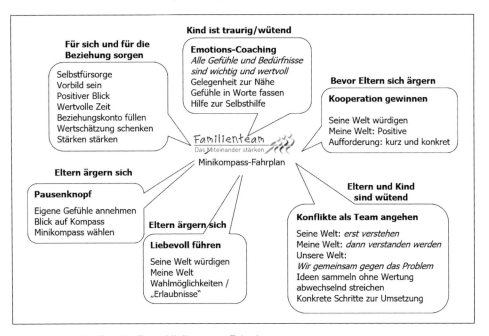

Abbildung 7: Der FamilienTeam-Minikompass-Fahrplan

Besonderheiten von FamilienTeam

- Bindungsforschung, Familiensystemtheorie, autoritative Erziehung, emotionale Regulation, Positive Psychologie und Neurowissenschaften als wissenschaftliche Grundlage
- Kindliche *Grundbedürfnisse* nach Bindung, Autonomie und Selbstwirksamkeit im Zentrum
- *Emotionale* und kommunikative Kompetenzen von Eltern und Kindern als inhaltlicher Schwerpunkt
- konstruktive Alternativen zu demütigenden oder distanzierenden Methoden wie Timeout
- Blick auf die *Stärken* der Eltern und Kinder
- Hilfe zur *Selbsthilfe* statt Patentrezepte: *konkrete, leicht umsetzbare Hilfestellungen* für verschiedene Situationstypen durch *„Minikompasse"*
- Training anhand von Beispielsituationen aus dem eigenen *Familienalltag*
- Ressourcenorientierte *selbstwertförderliche* Begleitung der Rollenspiele im geschützten Rahmen
- Systematisches Training und *erfahrungsbasiertes Lernen*: Gelegenheiten zum aktiven Tun und Ausprobieren, nicht nur Wissensvermittlung oder Austausch. In der Rolle des Kindes spüren die Eltern am eigenen Leib, was ihr Kind in der jeweiligen Situation braucht.
- Die einzelnen Module bauen systematisch aufeinander auf, der nächste Schritt ist immer „einfach" → Förderung der *Selbstwirksamkeit*
- *Maßgeschneiderte* Unterstützung: Die Trainer passen die heuristischen Schritte dem kognitiven Niveau und den individuellen Sprachgewohnheiten der Teilnehmenden an
- *Tandempartnerschaften* zum „Dranbleiben" und zur Unterstützung im Alltag
- *Qualitätssicherung:* zertifizierte Trainer mit pädagogisch-psychologischer Grundausbildung und einjähriger FamilienTeam-Trainerausbildung, verbindliches Manual; Verpflichtung zu regelmäßiger Supervision
- *Wirksamkeit* empirisch nachgewiesen
- *Niederschwelligkeit:* Kurse in Kindergärten, Schulen, Gemeinden und in der aufsuchenden Elternarbeit; bei Bedarf finanzielle Förderung z.B. durch das Bündnis für Kinder gegen Gewalt oder kirchliche Träger (z.B. afg)

Fazit

FamilienTeam ist eine *kompetenzorientierte Beziehungsphilosophie*, die Eltern nachweislich darin unterstützt, zu erreichen, was ihnen am Herzen liegt: eine liebevolle, von Vertrauen, Achtsamkeit und Respekt geprägte Eltern-Kind-Beziehung – ohne Belohnung / Bestrafung, ohne Be-/Abwertung, ohne „konsequentes Durchgreifen", Dressur oder Machtkämpfe.

FamilienTeam geht weit darüber hinaus, lediglich ungeeignete Erziehungspraktiken zu reduzieren. „Erziehung" im Sinne von FamilienTeam gelingt durch eine positive, wertschätzende Beziehungsgestaltung, die die kindlichen Autonomie- und Wirksamkeitsbedürfnisse berücksichtigt. Veränderungen lassen sich am besten *miteinander*, mit vereinten Kräften, bewirken. Das ist der Teamgedanke im FamilienTeam. Als Berater haben Sie die großartige Chance, Eltern zu helfen, von einer defizitorientierten Sichtweise abzukehren und wieder Vertrauen zu gewinnen: in sich selbst und in Ihr Kind. Wir hoffen, FamilienTeam wird Ihnen bald bei Ihrer verantwortungsvollen Aufgabe ein lieb gewonnener Wegbegleiter.

Kontakt
Wenn wir Ihr Interesse wecken konnten, können Sie sich unter *www.familienteam.org* weiter informieren, Termine für Trainerausbildungen oder Elternkurse nachschlagen oder uns eine Mail schreiben, um Ihre Fragen zu klären: FamilienTeam@gmx.de.

Literatur

Aldao, A., Nolen-Hoeksema, S., Schweizer, S. (2010): Emotion-regulation strategies across psychopathology: A meta-analytic review. Clinical Psychology Review, 30, 217–237

Berking, M. (2010): Training emotionaler Kompetenzen. Berlin: Springer

Borkowski, J. G., Ramey, S. L., & Bristol Power, M. (Eds.). (2002): Parenting and the child's world: Influences on academic, intellectual, and social-emotional development. Mahwah, NJ: Lawrence Erlbaum Associates

Covey, S. R. (1996): Die sieben Wege zur Effektivität. München: Heyne

DeShazer, S. (2014): Wege der erfolgreichen Kurztherapie 9. Aufl. Stuttgart: Klett-Cotta

Dweck, C. S. (2007): The perils and promises of praise. Educational Leadership, 65(2), 34–39

Eisenberg, N., Fabes, R. A., Guthrie, I. K., & Reiser, M. (2002): The role of emotionality and regulation in children's social competence and adjustment. In L. Pulkkinen & A. Caspi (Eds.), Paths to successful development: Personality in the life course (pp. 46–70). New York: Cambridge University Press

Eisenberger, N., Lieberman, M. D. & Williams K. D. (2003): Does rejection hurt? An fMRI study of social exclusion. Science, 10, 290–292

Emmons, R. A. & McCullough, M. E. (2003): Counting blessings versus burdens: An experimental investigation of gratitude and subjective well-being in daily life. Journal of Personality and Social Psychology, 84, 377–389

Felfe, J., & Franke, F. (2014): Führungskräftetrainings. Göttingen: Hogrefe

Frey, D. (2015): Ethische Grundlagen guter Führung. Warum gute Führung einfach und schwierig zugleich ist. Roman Herzog Institut. (*www.romanherzoginstitut.de/publikationen/detail/ethische-grundlagen-guter-fuehrung.html*)

Fuhrer, U. (2009): Lehrbuch Erziehungspsychologie. Bern: Huber

Gläser-Zikuda, M., Seidel, T., Rohlfs, C., Gröscher, A. & Ziegelbauer, S. (Hrsg.). (2012): Mixed Methods in der empirischen Bildungsforschung. Münster: Waxmann

Gottman, J. M., Katz, L. F. & Hooven, C. (1997): Meta-emotion: How families communicate emotionally. Mahwah, NJ: Lawrence Erlbaum

Graf, J. (2004): Unsere Familie – ein starkes Team. In W. E. Fthenakis & M. R. Textor (Eds.), Online-Familienhandbuch. *http://www.familienhandbuch.de/cmain/f_Fachbeitrag/a_Familienforschung/s_1312.html* (29.6.2004)

Graf, J. (2008): FamilienTeam-Profi: Sozio-emotionale Kompetenzen fördern, Verhaltensstörungen vorbeugen. Ein Trainingsprogramm für pädagogische Fachkräfte in KiTas. In A. Krenz (Hrsg.), Handbuch für ErzieherInnen in Krippe, Kindergarten, Vorschule und Hort (Ausgabe 49). München: Olzog

Graf, J. (2013): FamilienTeam – das Miteinander stärken: Das Geheimnis glücklichen Zusammenlebens (2. Aufl.). Freiburg: Kreuz

Graf, J. & Bauer, S. (2009): KlasseTeam: Emotionale Kompetenz von Lehrkräften und Kindern im Grundschulalter stärken. Unveröffentl. Kursleiter-Manual für das Lehrertraining. München: Ludwig-Maximilians-Universität München

Graf, J. & Frey, D. (2011): KlasseTeam – Handwerkszeug für Professionalität und Gelassenheit im Schulalltag. In H. Honal, D. Graf & F. Knoll (Hrsg.), Handbuch der Schulberatung (39. Ausgabe, S. 1–23). München: Olzog

Graf, J. & Walper, S. (2010): So gelingt die Stärkung der Erziehungskompetenz bei Eltern und pädagogischen Fachkräften. In Becker-Stoll, F., Berkic, J. & Kalicki, B. (Hrsg.). Bildungsqualität für Kinder in den ersten drei Jahren (S. 234–245). Berlin: Cornelsen Scriptor

Graf, J., Kunstmann, E., Walper, S. & Weigl, E. (2006): Sonderpädagogische Schwerpunkte in der Prävention von Verhaltensauffälligkeiten im Kindergartenalter. Sonderpädagogik in Bayern, 49 (3), 47–53

Graf, J., Schmohel, J. & Frey, D. (2016): KlasseTeam: Das Miteinander stärken - heterogene Schülergruppen erfolgreich führen. Zeitschrift Grundschule, 3, 12–15

Grawe, K. (2005): (Wie) kann Psychotherapie durch empirische Validierung wirksamer werden? Psychotherapeutenjournal 1, S. 4–11

Grossmann, K. & Grossmann, K. E. (2004): Bindungen – das Gefüge psychischer Sicherheit. Stuttgart: Klett-Cotta

Henry-Huthmacher, C. (2008): Die wichtigsten Ergebnisse der Studie. In T. Merkle, C. Wippermann, C. Henry-Huthmacher & M. Borchard (Eds.), Eltern unter Druck

– Selbstverständnisse, Befindlichkeiten und Bedürfnisse von Eltern in verschiedenen Lebenswelten (S. 1–24). Stuttgart: Lucius und Lucius

Hurrell, K.E., Houwing, F.L. & Hudson, J.L. (2017): Parental meta-emotion philosophy and emotion coaching in families of children and adolescents with an anxiety disorder. Journal of Abnormal Child Psychology, 45, 569–582

Hüther, G. (2010): Die Macht der inneren Bilder. Wie Visionen das Gehirn, den Menschen und die Welt verändern. Vandenhoeck & Ruprecht

In-Albon, T. (2013): Emotionsregulation und psychische Störungen im Kindes- und Jugendalter. Grundlagen, Forschung und Behandlungsansätze. Stuttgart: Kohlhammer

Johnson, A.M., Hawes, D.J., Eisenberg, N., Kohlhoff, J. & Dudeney, J. (2017): Emotion socialization and child conduct problems: A comprehensive review and meta-analysis. Clinical Psychology Review, Vol. 54, 65–80

Kadera, S. & Minsel, B. (2016): Elternbildung–Weiterbildung im familialen Kontext. In: R. Tippelt & v. Hippel, A. (Hrsg.), Handbuch Erwachsenenbildung/Weiterbildung (S. 1–16). Wiesbaden: Springer.

Kadera, S. (2013): FamilienTeam in der Praxis. Evaluation eines Elternkurses für Familien mit Vor- und Grundschulkindern. München: UTZ Verlag

Katz, L. F., & Hunter, E. C. (2007): Maternal meta-emotion philosophy and adolescent depressive symptomatology. Social Development, 16, 343–360

Klinkhammer, J. & v. Salisch, M. (2015): Emotionale Kompetenz bei Kindern und Jugendlichen. Entwicklung und Folgen. Stuttgart: Kohlhammer

Layzer, J. I., Goodson, B. D., Bernstein, L. & Price, C. (2001): National evaluation of family support programs. Volume A: The meta-analysis. Cambridge, MA: Abt Associates Inc.

Lieberman, M. D., Eisenberger, N. I., Crockett, M. J., Tom, S. M., Pfeifer, J. H. & Way, B. M. (2007): Putting feelings into words: Affect labeling disrupts amygdala activity in response to affective stimuli. Psychological Science, 18, 421–428

Maccoby, E. E., & Martin, J. A. (1983): Socialization in the context of the family: Parent-child interaction. In P. H. Mussen & E.M. Hetherington (Eds.), Handbook of child psychology. Vol. 4: Socialisation, personality and social development (pp. 1–101). New York: Wiley

Minuchin, S. (1983): Familie und Familientherapie: Theorie und Praxis struktureller Familientherapie (5. Aufl.). Freiburg: Lambertus

Omer, H. & v. Schlippe, A. (2016): Stärke statt Macht: Neue Autorität in Familie, Schule und Gemeinde. Göttingen: Vandenhoeck & Ruprecht

Rodgers, R., & Hunter, J. E. (1991): Impact of management by objectives on organizational productivity. Journal of Applied Psychology, 76(2), 322–336

Rosenthal, R. & Jacobson, L. (1968): Pygmalion in the classroom: Teacher expectation and pupils' intellectual development. New York: Holt, Rinehart & Winston

Ryan, R.M. & Deci, E.L. (2000): Self-determination theory and the facilitation of intrinsic motivation, social development, and well-being. American Psychologist 55, 68–78

Salas, E. & Cannon-Bowers, J. A. (2000): The science of training: A decade of progress. Annual Review of Psychology, 52, 471–499

Schneewind, K. A., & Ruppert, S. (1995): Familien gestern und heute. Ein Generationenvergleich über 16 Jahre. München: Quintessenz

Seligman, M. E., Steen, T. A., Park, N., & Peterson, C. (2005): Positive psychology progress: empirical validation of interventions. American Psychologist, 60(5), 410

Shortt, J. W., Stoolmiller, M., Smith-Shine, J. N., Eddy, J. M., & Sheeber, L. (2010): Maternal emotion coaching, adolescent anger regulation, and sibling's externalizing symptoms. Journal of Child Psychology and Psychiatry, 51, 799–808

Spangler, G. (1999): Frühkindliche Bindungserfahrungen und Emotionsregulation. In W. Friedlmeier & M. Holodynski (Eds.), Emotionale Entwicklung. Funktion, Regulation und soziokultureller Kontext von Emotionen (pp. 176–196). Heidelberg: Spektrum Akademischer Verlag

Spitzer, M. (2006): Lernen. Gehirnforschung und die Schule des Lebens. Spektrum Akademischer Verlag

Steinberg, L., Lamborn, S.D., Dornbusch, S.M. & Darling, N. (1992): Impact of parenting practices on adolescent achievement: authoritative parenting, school involvement, and encouragement to succeed. Child Development, 63, 1266–1281

Thurmaier, F. (1997): Ehevorbereitung – Ein partnerschaftliches Lernprogramm (EPL). Methodik, Inhalte und Effektivität eines präventiven Paarkommunikationstrainings. München: Institut für Forschung und Ausbildung in Kommunikationstherapie e.V.

Tschöpe-Scheffler, S. (2005): Konzepte der Elternbildung – eine kritische Übersicht. Opladen: Barbara Budrich

Walper, S. (2006): Was die Wissenschaft über Erziehung weiß. In K. Wahl. & K. Hees (Hrsg.). Helfen „Super Nanny" und Co.? Ratlose Eltern - Herausforderung für die Elternbildung (S. 22–31). Weinheim, Basel: Beltz

Walper, S. & Krey, M. (2011): Elternkurse zur Förderung der Trennungsbewältigung und Prävention von Hochkonflikthaftigkeit. Das Beispiel „Kinder im Blick". In S. Walper, J. Fichtner & K. Normann (Hrsg.), Hochkonflikthafte Trennungsfamilien. Forschungsergebnisse, Praxiserfahrungen und Hilfen für Scheidungseltern und ihre Kinder (S. 189–212). Weinheim: Juventa

Wertfein, M. (2007): Emotionale Entwicklung und elterliche Förderung im Vor- und Grundschulalter. Saarbrücken: VDM Verlag Dr. Müller

Wood, A. M., Froh, J. J., & Geraghty, A. W. (2010): Gratitude and well-being: A review and theoretical integration. Clinical Psychology Review, 30, 890–905

Autoreninfo

Dr. Johanna Graf ist Mutter dreier Kinder, Diplom-Psychologin, Psychologische Psychotherapeutin und als wissenschaftliche Assistentin an der Ludwig-Maximilians-Universität tätig. 2002 wurde sie vom Bundesministerium für Familie, Senioren, Frauen und Jugend mit dem Nachwuchspreis für Familienforschung ausgezeichnet. Sie leitet das Institut zur Stärkung der Beziehungskompetenz FamilienTeam e.V. und ist in der Multiplikatorenausbildung tätig. Weitere Informationen zu den Trainings unter www.familienteam.org und www.klasseteam.de.

Prof. Dr. Dieter Frey ist Inhaber des Lehrstuhls für Sozialpsychologie der Ludwig-Maximilians-Universität München und Leiter des LMU Centers für Leadership und People Management. 1998 wurde er zum Psychologen des Jahres gewählt und 2016 von der Margrit-Egnér-Stiftung für seine Arbeiten ausgezeichnet, die zu einer humaneren Welt beitragen. Er ist Mitglied der Bayerischen Akademie der Wissenschaften und war von 2003 bis 2013 Akademischer Leiter der Bayerischen EliteAkademie. Er hat drei Kinder.

3.2.3 Freiheit in Grenzen – ein interaktiver Elterncoach
Dr. Ursula Killi

> **Abstract**
> Bei dem interaktiven Elterncoach „Freiheit in Grenzen" handelt es sich um ein medial unterstütztes Programm zur Stärkung der elterlichen Erziehungskompetenz. Das Konzept wurde von dem Psychologen und Familientherapeuten Klaus A. Schneewind an der Universität München entwickelt. Es basiert auf den Forschungen zur Erziehungsstiltheorie und vermittelt Theorie und erzieherisches Handeln gemäß dem autoritativen Erziehungskonzept. Neben theoretischen Grundlagen und dem Aufbau des Programms werden Einsatzmöglichkeiten im Kontext der Schulberatung vorgestellt.

Vorwort
Entsprechend der großen Nachfrage existieren mittlerweile eine Vielzahl an Kursen und Programmen zur Elternbildung. Einige Beispiele wurden in den vorangegangenen Artikeln bereits vorgestellt. Methodisch liegt der Schwerpunkt bei der Vermittlung des Gelernten in Gruppensitzungen. In diesen werden die theoretischen Grundlagen vermittelt und in Übungen bzw. Rollenspielen erprobt sowie im Erfahrungsaustausch diskutiert.

Das Erziehungskonzept „Freiheit in Grenzen – ein interaktiver Elterncoach" basiert auf einer *CD-ROM* mit filmisch dargestellten Beispielsituationen und einem *Begleitbuch* für drei Altersgruppen: *Vorschul-, Grundschul- und Jugendalter*. Die CD-ROM mit den zugehörigen Reflexionsaufgaben kann eigenständig zu Hause oder in einer Gruppe bearbeitet werden, so dass Eltern die Freiheit haben, sich unabhängig von einem Elternkurs mit den Inhalten auseinandersetzen zu können.

Theoretischer Hintergrund
Dem Motto folgend *„kompetente Eltern haben kompetente Kinder"* zielt das Konzept „Freiheit in Grenzen" darauf ab, möglichst viele Eltern zum *Nachdenken über ihren Erziehungsstil* anzuregen. Um eine breite öffentliche Resonanz zu erzielen, wählen die Autoren in Form von Buch und begleitender CD-ROM ein Angebot, das animierend und einfach zugänglich ist.

Den theoretischen Hintergrund bilden allgemeine Überlegungen zur gesellschaftlichen Situation: So sprechen die Autoren von der nachwachsenden Generation als „Humanvermögen". Ein *„gesundes Humanvermögen"*, das über Leistungsbereitschaft, Wissens- und Handlungskompetenzen oder soziale Fähigkeiten verfügt, sehen sie als Grundlage, damit ein Land in der globalisierten Welt bestehen kann.

Allerdings führen sie Studien zu psychischen Belastungen und Verhaltensauffälligkeiten im Kindes- und Jugendalter an, die die Gesundheit des „Humanvermögens" fraglich erscheinen lassen (vgl. hierzu auch Kapitel 3.2.1, Triple P).

Beispielsweise liegt die Prävalenzrate für unterschiedliche psychische Störungen im Kindes- und Jugendalter (z.B. aggressives Verhalten, soziale Ängste, hyperkinetische Störungen) zwischen 18 Prozent und 27 Prozent. In einer weiteren epidemiologischen Studie wurden 13,4 Prozent von rund 4.200 Grundschülern und -schülerinnen von ihren Lehrerinnen und Lehrern als hoch gefährdet (gemessen an Merkmalen wie aggressives Verhalten, Lügen, schlechte Schulleistungen, Stehlen, negative Haltung gegenüber Schule, Lehrern und Erwachsenen, Verhaltensauffälligkeiten) eingeschätzt (vgl. Landscheidt, 2001, in: Schneewind, 2005).

Diese alarmierenden Zahlen trüben nach Ansicht der Autoren das Bild eines von der Politik geforderten psychisch gesunden „Humanvermögens" in Gestalt der nachwachsenden Generation (vgl. auch den von der Bundesregierung in Auftrag gegebenen Familienbericht, 2006).

Hinzu kommt nach Meinung der Autoren, dass sich Eltern hinsichtlich ihrer Erziehungswerte und -methoden vermehrt verunsichert fühlen. Sie sehen diese Entwicklung vor dem Hintergrund eines epochalen Wandels, der nach dem Motto „von der Erziehung zur Beziehung" zu einer zunehmenden Liberalisierung des Eltern-Kind-Verhältnisses geführt hat (vgl. historischer Rückblick in Kapitel 1.1). Auch hier führen die Autoren mehrere Studien als Beleg an, von denen im Folgenden eine ausgewählte beispielhaft genannt wird:

In einer repräsentativen Untersuchung der Zeitschrift GEO mit 1045 Eltern mit mindestens einem Kind unter 14 Jahren sollten die Eltern nennen, womit sie bei der Erziehung die meisten Schwierigkeiten haben.

Abbildung 1: Elternreaktionen auf die Frage: Womit haben Sie bei der Erziehung die meisten Schwierigkeiten? (Kucklick, 2002, in: Schneewind & Böhmert, 2016, S. 12)

Nimmt man die Antwortvorgaben „konsequent zu sein", „dem Kind Grenzen zu setzen", „auch mal hart durchzugreifen" und „Gehorsam zu erzielen" zusammen, sind es immerhin 61 Prozent der Eltern, die mit Disziplinproblemen zu kämpfen haben.

Die Autoren schlussfolgern, dass – ohne gleich von „Erziehungsnotstand" oder „Erziehungskatastrophe" zu sprechen – *der Bedarf nach Unterstützung der Eltern in ihrer Erziehungsaufgabe deutlich wird.*

Mit dem Elterncoach „Freiheit in Grenzen" reagieren sie auf diesen Bedarf.

Das Konzept „Freiheit in Grenzen"
Die zentrale Frage „Was ist gute Erziehung?" wird mit dem Konzept „Freiheit in Grenzen" beantwortet. Dieses stützt sich auf folgende drei Merkmale „kompetenten" elterlichen Erziehungsverhaltens:
- Elterliche Wertschätzung
- Fordern und Grenzensetzen
- Gewähren und Fördern von Eigenständigkeit

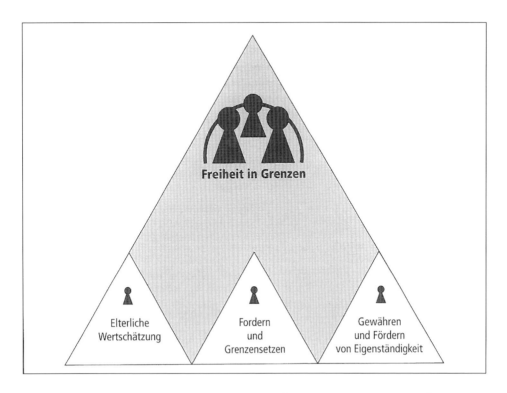

Abbildung 2: Die „Freiheit in Grenzen" – Pyramide (vgl. Schneewind & Böhmert, 2016, S. 21)

Inhaltlich werden die drei elterlichen Kompetenzen wie folgt aufgeschlüsselt:

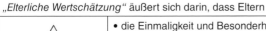 „Elterliche Wertschätzung" äußert sich darin, dass Eltern	
	• die Einmaligkeit und Besonderheit ihrer Kinder anerkennen; • ihre Kinder in allen Situationen respektvoll behandeln; • ihre Kinder unterstützen und ihnen helfen, wann immer sie das brauchen; • sich freuen, mit ihren Kindern zusammen zu sein und gemeinsame Aktivitäten genießen.
„Fordern und Grenzensetzen" bedeutet, dass Eltern	
	• ihren Kindern etwas zutrauen und Forderungen stellen, die ihre Entwicklung voranbringen; • Konflikte mit ihren Kindern nicht scheuen, aber konstruktiv austragen; • gegenüber ihren Kindern eigene Meinungen haben und diese überzeugend vertreten; • klare, dem Entwicklungsstand ihrer Kinder angemessene Grenzen setzen und auf deren Einhaltung bestehen.

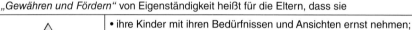 "Gewähren und Fördern" von Eigenständigkeit heißt für die Eltern, dass sie
• ihre Kinder mit ihren Bedürfnissen und Ansichten ernst nehmen; • prinzipiell gesprächs- und kompromissbereit sind; • ihren Kindern ein Optimum an eigenen Entscheidungen ermöglichen und dadurch ihre Entscheidungsfähigkeit und Selbstverantwortlichkeit stärken; • ihren Kindern Möglichkeiten eröffnen, um eigene Erfahrungen zu sammeln.

Abbildung 3: Die drei Säulen der „Freiheit in Grenzen"-Pyramide in der Übersicht (mit Erläuterungen, vgl. Schneewind & Böhmert, S. 36)

Das „Freiheit in Grenzen"-Prinzip entspricht im Wesentlichen dem bereits in Kapitel 1.3 vorgestellten *autoritativen Erziehungsstil* der amerikanischen Psychologin Diana Baumrind (1971). Es liegt eine umfassende Forschungsliteratur vor, die die Wirksamkeit dieses Konzepts für den westlichen Kulturkreis als besonders geeignet hervorhebt.

Davon sind die Erziehungskonzepte des *autoritären, nachgiebigen* und des *vernachlässigenden Erziehungsstils* abzugrenzen. Die Unterschiede zwischen den Erziehungsstilen entsprechen einem unterschiedlich stark ausgeprägten Maß an gewährter Freiheit im Rahmen der Erziehung (vgl. Tabelle 1).

Grenzen ohne Freiheit	Autoritärer Erziehungsstil
Freiheit in Grenzen	Autoritativer Erziehungsstil
Freiheit ohne Grenzen	Permissiver Erziehungsstil: • Nachgiebig • Vernachlässigend

Tabelle 1: Entsprechung von Erziehungsstil (gemäß Baumrind, 1971) und dem Konzept „Freiheit/Grenzen"

Im Gegensatz zu „Freiheit in Grenzen" ist das Erziehungskonzept „Grenzen ohne Freiheit" dadurch gekennzeichnet, dass Eltern zu ihren Kindern eine wenig liebevolle und eher distanzierte Beziehung haben. Sie fordern viel von ihren Kindern und setzen ihnen enge und starre Grenzen, so dass sie ihnen wenig Spielraum für eigene Entscheidungen und eigenständiges Handeln ermöglichen. Dieses Konzept entspricht dem autoritären Erziehungsstil.

Das Erziehungskonzept *„Freiheit ohne Grenzen"* kommt in den Varianten einer nachgiebigen und vernachlässigenden Erziehung vor. Nachgiebige Eltern lassen ihren Kindern ein Übermaß an Verwöhnung zukommen, zugleich fordern sie aber auch wenig von ihnen und lassen ihnen viel durchgehen. Vernachlässigende Eltern hingegen haben weder eine liebevolle Beziehung zu ihren Kindern, noch kümmern sie sich um deren physisches und psychisches Wohlbefinden. Sie geben ihnen keine Orientierung für eine eigenständige und wertorientierte Weiterentwicklung. In Abbildung 4 sind die Zusammenhänge der drei Erziehungsprinzipien zu „Freiheit/Grenzen" zu den elterlichen Kompetenzen „Wertschätzung", „Fordern und Grenzen setzen" sowie „Gewähren und Fördern von Eigenständigkeit" veranschaulicht.

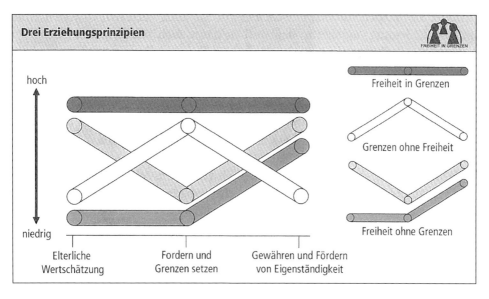

Abbildung 4: Drei Erziehungsprinzipien (in: Schneewind & Böhmert, 2016, S. 41)

Die Autoren weisen darauf hin, die drei Erziehungskonzepte *lediglich* als *Prototypen* zu betrachten. Die in der Abbildung dargestellten beweglichen Scharniere sollen verdeutlichen, dass es eine mehr oder weniger ausgeprägte Dosis an Einflüssen der einzelnen Merkmale geben kann. Entsprechend kann es auch zu Mischformen der drei Erziehungsprinzipien geben.

Damit das oben angeführte und von den Autoren propagierte Konzept „Freiheit in Grenzen" mit seinen in Abbildung 3 und 4 dargestellten Kriterien „greifen" kann, fordern Schneewind und Böhmert, dass *sich Eltern in dreierlei Hinsicht entscheiden müssen*:

1. Sie müssen sich *selbst reflektieren* und klären, *welche Erziehungs- und Entwicklungsziele* ihnen wichtig sind.

2. Sie müssen sich entscheiden, wie sie ihre Erziehungs- und Entwicklungsziele im alltäglichen Umgang mit ihren Kindern *umsetzen wollen.*
3. Sie müssen nach den Kriterien einer „guten" Erziehung handeln wollen und es dann auch *wirklich* tun – v.a. dann, wenn die Erziehung schwierig scheint.

Damit soll jedoch nicht der pädagogische Zeigefinger erhoben werden in dem Sinne „genauso hat Erziehung zu funktionieren". Vielmehr soll das Angebot des interaktiven Elterncoaches als Anregung zum Nachdenken über „gute" und „weniger gute" Erziehung dienen.

Herausfordernde Familientänze überleben – Methoden des Grenzensetzens
Die Alltagserfahrung zeigt, dass eine noch so gute erzieherische Absicht sich nicht immer in dem gewünschten Verhalten des Kindes äußert oder das Handeln mit der erzieherischen Absicht übereinstimmt. Die Konsequenz im Familienleben sind oft herausfordernde *„Familientänze".* Beispiel: Eltern, die zu einem nachsichtigen Erziehungsverhalten neigen, resignieren häufig in herausfordernden Erziehungssituationen und überlassen den Kindern das letzte Wort. In manchen Fällen jedoch, wenn sich Ärger, Frust und Ohnmacht darüber angesammelt hat, dass die Kinder einfach nicht tun, was man ihnen sagt, oder etwas anderes erwartet wird, schlägt das nachsichtige Erziehungsverhalten plötzlich in autoritäres Verhalten um. Was folgen kann sind herabsetzende, möglicherweise unkontrollierte Beschimpfungen und manchmal auch körperliche Bestrafung. Öfters sind die Eltern von ihrem eigenen Verhalten entsetzt und entwickeln Schuldgefühle ihren Kindern gegenüber, was in der Folgezeit dazu führen kann, dass sie wieder besonders nachsichtig reagieren. Dann beginnt der Kreislauf möglicherweise erneut.

In diesen Situationen sind Eltern besonders gefordert. Schneewind & Böhmert listen eine Reihe von Methoden, auf die Eltern in schwierigen Situationen zurückgreifen können. Hierbei wird das Repertoire an möglichen elterlichen Vorgehensweisen in einen Verbalteil und einen Handlungsteil kategorisiert. Eine Übersicht über *„Methoden des Grenzensetzens"* ist in Abbildung 5 dargestellt.

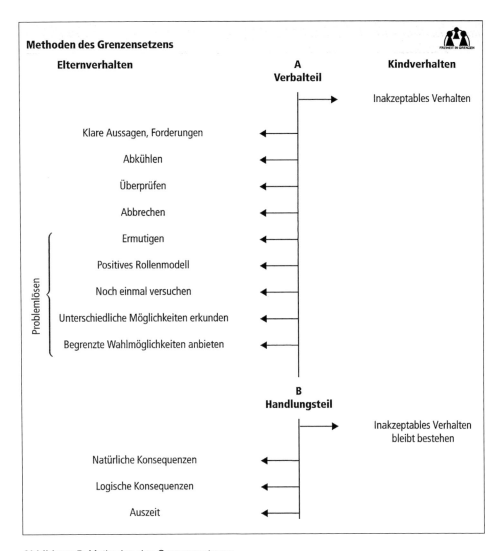

Abbildung 5: Methoden des Grenzensetzens

In der folgenden Tabelle ist zu jeder Methode – getrennt nach Verbalteil (verbale Einflussnahme der Eltern) und Handlungsteil (handelnde Einflussnahme) – eine kurze Erklärung angegeben (Tabelle 2). Erst wenn verbale Formen der Einflussnahme zu keinem Erfolg geführt haben, sollte dann ein Wechsel zum Handlungsteil erfolgen.

Verbalteil	
Methode	**Erklärung**
Klare Aussagen und Forderungen	Mit angemessener Stimme um inakzeptables Verhalten abzustellen, z.B. Vereinbarungen treffen
Abkühlen	Auszeit, um wieder zu einem kühlen Kopf zu gelangen, z.B.: Vorläufiges Verlassen des Zimmers
Überprüfen	Vergewissern, ob die Informationen bei den Kindern angekommen sind, z.B.: Nachfragen zum Thema Sicherheit
Abbrechen	Konsequent bleiben, z.B.: „Nein bleibt Nein"
Ermutigung	Vereinfacht die Kooperation, z.B.: „Ich bin mir sicher, dass ihr das könnt."
Positives Rollenmodell	Ermutigung, Vormachen und nochmals Ermutigung zum Selbermachen, z.B.: „Schau mal, ich zeig dir, wie das geht."
Noch einmal versuchen	Erinnerung an die Einhaltung von Regeln, z.B.: Aufräumen
Unterschiedliche Möglichkeiten erkunden	Problemlösungsfähigkeit der Kinder stärken, z.B.: Handlungsalternativen anregen

Handlungsteil	
Methode	**Erklärung**
Natürliche Konsequenzen	Natürliche Folge des Fehlverhaltens, z.B.: Vergesslichkeit
Logische Konsequenzen	Worten durch Taten Nachdruck verleihen, z.B.: Zuerst die Arbeit, dann das Vergnügen
Auszeit	Besinnung auf eigenes Verhalten z.B.: Aufräumen nach mehrmaliger Aufforderung

Tabelle 2a und 2b: Methoden des Grenzensetzens – Verbal- und Handlungsteil (Schneewind & Böhmert, 2016, vgl. S. 67–77)

Die Methoden zielen letztlich darauf ab, das Kind bei der Entwicklung von Erfolgsfertigkeiten zu unterstützen. Die Autoren definieren Erfolg hierbei als „Muster von persönlichen Ressourcen, das es dem Kind erlaubt, mit sich selbst und den Herausforderungen seiner Mit- und Umwelt selbstverantwortlich umzugehen" (Schneewind & Böhmert, 2016, S. 64).

Aufbau der interaktiven CD-ROM „Der Elterncoach"
Die interaktive CD-ROM stellt anhand einer *fiktiven Familie* (im Grundschulbuch „Familie Berner") beispielhaft vor, wie das Erziehungskonzepts „Freiheit in Grenzen" unter Einsatz der oben dargestellten Methoden in schwierigen Situationen umgesetzt werden kann.

Für jedes Alter *(Vorschul-, Grundschul- und Jugendalter)* werden auf der jeweiligen DVD *fünf verschiedene Erziehungssituationen* vorgestellt (z. B. „Wo warst du so lange?" oder „Computerspiele machen dumm."). Anschließend an jede Situation stehen drei Lösungsalternativen als Reaktion zur Auswahl. Der Nutzer hat die Aufgabe, sich für eine Alternative zu entscheiden. Sobald diese angeklickt wird, zeigt ein kurzer Film, wie es weitergeht. Nach dem Film kann ein Kommentar angehört werden, der noch einmal auf die Frage eingeht „Was ist passiert?".

Zwei Fazits
- „Wie verhalten sich die Eltern?" und
- „Was lernt das Kind?"

Die beiden Fragen richten das Augenmerk auf die *Verhaltensmuster der Eltern und deren Auswirkungen auf die Kinder.*

Außer der bereits angesehenen Lösungsalternative besteht auch die Möglichkeit, die anderen Lösungsvorschläge anzusehen. Durch den Vergleich kann der Zuschauer erfahren, wie sich unterschiedliches Erziehungsverhalten auswirken kann.

Im Unterkapitel *„Der rote Faden"* wird der Bogen vom Erziehungsverhalten zum Erziehungsstil gespannt. In diesem Kapitel wird aufgezeigt, wie sich die einzelnen im Film dargestellten elterlichen Erziehungshandlungen zu einem Erziehungsstil „zuordnen" lassen. Außerdem können im Unterkapitel *„Erziehungstipps"* zwölf Tipps zu Verbesserung des Erziehungsverhaltens angezeigt werden (vgl. Schneewind & Böhmert, 2016, S. 163–167).

Abbildung 6 gibt einen Überblick über den thematischen Aufbau der DVD.

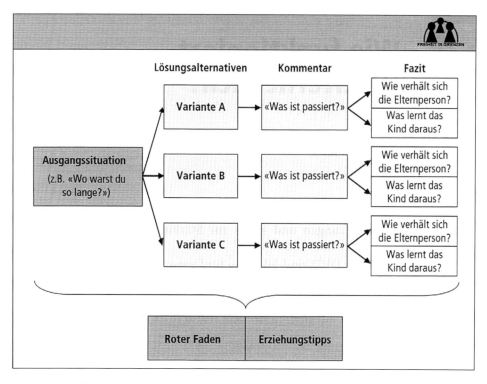

Abbildung 6: Überblick über den thematischen Aufbau der CD-ROM (in: Schneewind & Böhmert, 2016, S. 82)

Sowohl im Buch als auch auf der DVD wird der Nutzer immer wieder zur Reflexion aufgefordert. Beispiele für *Reflexionsfragen* lauten: „Was habe ich wahrgenommen?", „Wie würde ich jetzt spontan reagieren?" „Wie verhält sich die Elternperson?" „Was lernt das Kind daraus?" etc.

Im letzten Kapitel wird vorgestellt, wie die im Buch dargestellten theoretischen Inhalte und die CD-ROM im Rahmen von *angeleiteten Elterntrainings* eingesetzt werden können. Für den Fall eines curricularen Aufbaus empfehlen die Autoren einen Kurs mit vier Terminen anzusetzen, die im wöchentlichen Abstand für eine Dauer von jeweils ca. zweieinhalb bis drei Stunden stattfinden. Die Teilnehmerzahl sollte acht Paare bzw. sechzehn Teilnehmer nicht überschreiten. Im Buch sind Ablaufpläne für die vier angesetzten Module abgedruckt. Die Ablaufpläne sind für die vier Termine sehr ähnlich aufgebaut und orientieren sich eng an der Struktur von Buch und CD-ROM.

Einsatz der DVD im Kontext der Schulberatung

Das Konzept ist m.E. *gewinnbringend im Rahmen* der Schulberatung einsetzbar:

- Die ausgewählten Erziehungssituationen auf der Begleit-DVD behandeln typische Themen, wie sie auch im Beratungsgespräch angeführt werden. Die Filmbeispiele können als Gesprächsgrundlage für die individuelle Situation dienen.
- Es liegen Beispiele für unterschiedliche Altersgruppen vor, die altersrelevante Themen behandeln.
- Die Filmbeispiele veranschaulichen Elemente des autoritativen Erziehungsstils in animierender Weise, besser als dies durch verbale Beschreibungen geleistet werden könnte.
- Dem Buch liegt ein wissenschaftlich überprüftes theoretisches Konzept zugrunde, das transparent umgesetzt wird. Die Broschüre für das Vorschulalter „Freiheit in Grenzen. Praktische Erziehungstipps – Eine DVD für Eltern von Kindern im Vorschulalter" wird vom Bayerische Staatsministerium für Arbeit und Soziales, Familie und Integration kostenlos zur Verfügung gestellt und ist auch downloadbar (*http://www.stmas.bayern.de/familie/bildung/freiheitingrenzen.php*, Zugriff am 27.07.17).
- Die Reflexionsfragen regen zum Nachdenken über das eigene Erziehungsverhalten an.
- Das Buch mit Begleit-CD-ROM ist eine geeignete Literaturempfehlung für die heimische Lektüre in Ergänzung zur Beratung.
- Durch die Filmbeispiele können konkret Möglichkeiten aufgezeigt werden, wie Erziehungsverhalten beeinflusst und verändert werden kann. Es kann in präventiver Absicht zur Vermeidung von Erziehungsschwierigkeiten eingesetzt werden.
- Das Material ist kostengünstig bzw. für die Vorschulversion auch kostenlos erhältlich.

Als *kritische Aspekte* können angeführt werden:

- Das Einüben von Erziehungsverhalten ist besonders nachhaltig, wenn es in lebensnahen Situationen erprobt wird, z.B. bei Rollenspielen. Dies wird im Rahmen der im Buch angesprochenen Gruppensitzungen möglich, jedoch nicht im heimischen Selbststudium.
- Eine autodidaktische Beschäftigung mit Erziehungsthemen ist nicht für jedes Elternpaar ansprechend.
- Auf den Filmbeispielen wird eine typische Mittelschichtsfamilie dargestellt, die über ausreichende wirtschaftliche Grundlagen verfügt: zwei Eltern, beide berufstätig, die Mutter jedoch nur halbtags, zwei Kinder unterschiedlichen Geschlechts, wohnhaft in einem Haus. Es könnten sich daher bevorzugt Familien in ähnlichen Lebenssituationen angesprochen fühlen und weniger Familien anderer „Modelle" (vgl. Kapitel 1.3, Artikel von B. Wilhelm).

- Prof. Weber, Hochschuldozent für Sozialpsychologie an der Hochschule für angewandte Wissenschaften an der Universität München, merkt grundsatzkritisch an, dass den Kindern in den gezeigten DVD-Beispielen Regeln „übergestülpt" werden, die diese ohne weiteres Hinterfragen hinzunehmen haben. In diesem Sinn kritisiert er das propagierte Konzept „Freiheit in Grenzen" als undemokratisch und als Durchsetzung des Elternwillens ohne Einbezug des kindlichen Willens. Er bevorzugt dagegen „demokratische Lösung", die er definiert als „Aushandeln, Diskutieren und Streiten" (Weber, 2010). Dies geht über eine spezifische Kritik am „Freiheit in Grenzen" – Konzept hinaus und ist als andere erzieherische Grundhaltung zu werten.

Ausblick

Das Konzept „Freiheit in Grenzen" mit seinem Materialangebot bietet eine gute Grundlage für die Unterstützung der Eltern in ihrer anspruchsvollen Erziehungsaufgabe. Es erweitert das Spektrum der Programme zur Erziehungsunterstützung um ein niederschwelliges, gut zugängliches Angebot, das das Medium Fernsehen zur Veranschaulichung miteinbezieht. Mit diesen Vorzügen eignet es sich m. E. gut für den Einsatz in der Beratung – sowohl für die Hand des Beraters als auch für die Elternhand.

Literatur

Schneewind, K.A.: „Freiheit in Grenzen": Begründung eines integrativen Medienkonzepts zur Stärkung elterlicher Erziehungskompetenzen. Universität München, Institut für Persönlichkeitspsychologie, Psychologische Diagnostik und Familienpsychologie, upload am 24.08.2015, Link: *https://www.researchgate.net/publication/266473538_Freiheit_in_Grenzen_-_Begrundung_eines_integrativen_Medienkonzepts_zur_Starkung_elterlicher_Erziehungskompetenzen*, Zugriff am 22.07.2017

Schneewind, K.A. & Böhmert, B.: Kinder im Vorschulalter kompetent erziehen. Der interaktive Elterncoach „Freiheit in Grenzen". Hogrefe, Bern, 2016 [Die Zitate in dem Artikel wurden dieser Version des Buches entnommen.]

Schneewind, K.A. & Böhmert, B.: Kinder im Grundschulalter kompetent erziehen. Der interaktive Elterncoach „Freiheit in Grenzen". Hogrefe, Bern, 2016 [Anm. d. Autorin: Zitate und Literaturverweise beziehen sich auf diese Buchversion.]

Schneewind, K.A. & Böhmert, B.: Kinder im Jugendalter kompetent erziehen. Der interaktive Elterncoach „Freiheit in Grenzen". Hogrefe, Bern, 2016

Schneewind, K.A. & Böhmert, B.: Stichwort: Der interaktive Elterncoach „Freiheit in Grenzen" von Eltern 3–18-jähriger Kinder, 2017, Link: *https://www.reinhardt-journals.de/index.php/peu/article/view/1224*, Zugriff am 22.07.2017

Weber, K.: Grenzen für Kinder. Ein neoliberales Konzept. Forum Wissenschaft 4/2010

3.2.4 „Ich schaffs" – Ein Programm zur lösungsorientierten Gesprächsführung

Stephan Deiner

> **Abstract**
> Stehen Kinder vor Herausforderungen oder haben sie Probleme, dann suchen sie nach Lösungsmöglichkeiten, die z.T. auffällige Verhaltensweisen mit sich führen. Auf der Suche nach dem richtige Umgang mit diesen Auffälligkeiten steht den Lebensbegleitern der Kinder (Lehrkräften, Therapeuten, Trainern, …) mittlerweile das Trainingsprogramm „Ich schaffs" zur Verfügung, das in Finnland entwickelt wurde und inzwischen weltweit eingesetzt wird. „Ich schaffs" eignet sich für die Arbeit mit Kindern im Alter von fünf bis zehn Jahren. Die Kinder entwickeln unter Begleitung eigenständig Lösungsansätze in fünfzehn kleinen Schritten. Das Programm „Ich schaffs" legt Wert darauf, auch die Eltern in den Prozess mit einzubeziehen.

Vorüberlegungen

Im Laufe ihrer Entwicklung durchleben Kinder immer wieder Phasen, in denen sie vor neuen Herausforderungen stehen, die sie irgendwie bewältigen müssen. Sie sehen sich dabei mit sehr unterschiedlichen Schwierigkeiten konfrontiert, je nach ihrem sozialen und familiären Umfeld, nach ihrer Lebensgeschichte, ihrer Schullaufbahn, ihren Veranlagungen usw.

Für die Lösung ihrer Probleme entwickeln manche Kinder besondere Methoden wie Wutanfälle, Aggressionen, Rückzugsverhalten, Ängste oder zeigen auch Schul- und Lernprobleme. Oft vergeht dieses „auffällige" Verhalten auch wieder, manchmal allerdings verfestigt es sich und hindert Kinder daran, sich sozial und emotional gut weiterzuentwickeln. Hier beginnen wir Eltern, Lehrer oder Berater, uns ernste Sorgen zu machen und begeben uns auf die Suche nach Ideen, wie wir diesen Kindern helfen können.

Es gibt heute vielerlei Methoden, mit Kindern, die mehr oder weniger starke Verhaltensauffälligkeiten zeigen, zu arbeiten. Dabei sind sich pädagogische und psychotherapeutische Ansätze oft ziemlich nahe. Meist sind jene Verfahren besonders wirksam, bei denen Eltern und Kinder zusammen an Veränderungen arbeiten. Dazu muss das Verhalten des Kindes nicht pathologisiert werden – und es sind beileibe nicht immer Therapeuten nötig, um das Kind bei seiner weiteren guten Entwicklung zu unterstützen. Das systemische Vorgehen berücksichtigt die Wechselwirkungen der Interaktionen aller Beteiligten, setzt an den vorhandenen Ressourcen an, sucht auch auf unkonventionellen Wegen nach Lösungen und vertraut auf die Fähigkeit von Systemen, sich selbst weiterzuentwickeln und in eine neue, gute Balance zu kommen. Gerade der lösungsorientierte

Ansatz lässt viel Spielraum bei der Arbeit mit Kindern und richtet den Blick immer auf positive Aspekte wie Ziele, Wünsche, bereits erlebte Erfolge, konkrete Schritte etc. Zu dem Programm „Ich schaffs" liegen ein Trainingsheft (mit Schwarz-Weiß-Bildern) sowie zwei farbige Poster für Schüler und ein begleitendes Handbuch (Broschüre) für Pädagoginnen und Pädagogen vor. Einen ersten guten Überblick kann man sich im Internet verschaffen unter der Adresse „www.ichschaffs.de". Das Programm ist systematisch strukturiert, systemisch fundiert und stark lösungsorientiert ausgerichtet. Besonders Eltern, Lehrer und Erzieher sind eingeladen, ihre Kinder mit den Ideen von „Ich schaffs" zu unterstützen.

Überblick und Grundsätze

Woher stammt dieses Programm?
„Ich schaffs" wurde Mitte der 1990er-Jahre in Finnland entwickelt vom Kinderpsychiater Ben Furman und dem Sozialpsychologen Tapani Ahola, den beiden Leitern des „Helsinki Brief Therapy Institute" (Institut für Kurzzeittherapie), in Zusammenarbeit mit den Sonderschullehrern Sirpa Birn und Tuija Terävä im Tagzentrum „Keula".

Allerdings finden sich die Wurzeln, auf denen dieser Ansatz fußt, bei namhaften internationalen Vertretern der lösungsorientierten Therapie, der (strategischen) Kurzzeittherapie und der systemischen (Familien-)Therapie, wie Milton H. Erickson, Insoo Kim Berg, Steve de Shazer, David Epston, Michael White und Cloé Mandanes.

Mittlerweile ist „Ich schaffs" in zahlreiche Sprachen übersetzt (englisch: „kid's skills"), hat Einzug gehalten in viele Schulen und Tagesstätten für Kinder in Finnland, Schweden, Dänemark, Norwegen, England, Irland, den Niederlanden, Iran, Kurdistan, Kanada, USA, Australien und wird nun auch im deutschsprachigen Raum bekannt. Es arbeiten damit Lehrer, Eltern, Erzieher, Beratungskräfte und Therapeuten in diversen Einrichtungen. Und wie kam es konkret zu diesem Programm?

In Gesprächen und therapeutischen Sitzungen brachten Kinder die Idee ein:

- Ein siebenjähriger Junge, der nachts immer einnässte, sagte: „Es hat lange gedauert, bis ich es gelernt hatte."
- Ein Junge, zwölf, mit Zwangsstörungen (machte ständig das Licht an) sagte: „Ich will lernen, am Lichtschalter einfach vorbeigehen zu können."

Prinzipien – Und wie sich damit arbeiten lässt
Aus diesen Kinderäußerungen kann sich bei uns als wichtige Grundlage ein verändertes Denken entwickeln: Probleme von Kindern können auch anders gesehen werden – nämlich

als Fähigkeiten, die gelernt werden können, die auch andere Kinder schon gelernt haben oder noch lernen sollten. Daraus kann als eine gemeinsame Basis eine Atmosphäre des Respekts und der gegenseitigen Hilfe erwachsen, vorwurfsfrei und ohne Anschuldigungen. Wenn Kinder in einer Gruppe oder Klasse mit dem Programm arbeiten, schafft das gemeinsame Lernen eine kooperative Atmosphäre.

Wie lässt sich damit arbeiten? Das Programm versteht sich als Ideensammlung für die Arbeit mit Kindern im Alter von ca. fünf bis zehn Jahren, in schwierigen Phasen ihrer Entwicklung. Dabei können die 15 Schritte mit den Kindern der Reihe nach durchgearbeitet werden, einzelne Schritte herausgenommen werden oder zur Ideensuche für Gespräche dienen: mit anderen Eltern, mit Kollegen, mit Lehrkräften, mit Erziehern oder Therapeuten ihrer Kinder …

Weshalb ist dieser Ansatz für Kinder so günstig?
- Kinder reden nicht gerne über Probleme, das macht sie mutlos, drückt sie noch tiefer, beschämt sie vor sich und anderen.
- Kinder sind sehr erfinderisch und kreativ.
- Kinder haben von sich aus natürliche Ressourcen.
- Kinder wollen lernen, sind neugierig, können aktiv mitarbeiten.
- Kinder fühlen sich durch Bilder und Symbolik direkt angesprochen.
- Der positive Ansatz erzeugt positives Verhalten.
- Erwachsene und Kinder sprechen über Fähigkeiten statt über Probleme.
- Bestehende Fähigkeiten werden bereits gelobt.
- Fortschritte werden ins Blickfeld gerückt und anerkannt.
- Eltern wird keine Schuld zugewiesen.
- Der Blick auf kleine erreichte Erfolge zieht größere Erfolge nach sich.

Der Ansatz ist systemisch und systematisch
- „Ich schaffs" bezieht die Eltern mit ein
- Sie entwickeln eine neue Sichtweise von Problemen.
- Sie erleben Fortschritte und Erfolge bei ihrem Kind: Das schafft eine positive Atmosphäre.
- Der Ansatz ist kooperativ: Ein wichtiger Teil sind Helfer und Freunde.
- Alle Beteiligten können sich weiterentwickeln.
- Alle können ihre Ressourcen einbringen.
- Die Eltern lernen auch von ihren Kindern und umgekehrt.
- Die Kinder erleben dann auch ihre Eltern anders.
- Somit entstehen ein positiver Kreislauf und eine vertrauensvolle Basis.
- Das Vorgehen ist klar in 15 Schritte gegliedert. Diese Struktur ergibt einen „Leitfaden" für Trainer und Kind.

- Die Schritte bauen teilweise aufeinander auf, sind in eine Reihenfolge gebracht.
- Es ist aber auch eine veränderte oder verkürzte Reihenfolge möglich, ebenso die Arbeit an nur einzelnen Schritten.
- Wenn kleinere Probleme gelöst werden, sind Beteiligte oft erst bereit, auch an größeren Problemen zu arbeiten.
- Das Programm führt zu einem runden Abschluss und fordert zu einer Fortsetzung auf.
- „Ich schaffs" berücksichtigt zentrale Erkenntnisse der Motivationsforschung.

Motivationstheoretischer Hintergrund

Bei Wilhelm Geisbauer, dem Trainer von „Reteaming", einem ähnlich aufgebauten Programm für Erwachsene und Institutionen, findet sich folgende Motivationsformel, in der wichtige Prinzipien für Handlungsantrieb zusammengefasst sind:

$$M = ZA \times VE \times FM \times SR$$

Motivation entsteht durch

- *Ziele, die attraktiv sind.* Sie entwickeln sich oft aus Visionen, die uns antreiben, etwas zu erreichen. Hat und hatte nicht jeder von uns seine Visionen? Haben diese uns nicht oft ein Stück auf unserem Weg nach vorne gebracht? Und welche wichtigen Schritte haben wir auf dem Weg zu unseren Zielen bewältigt, welche Menschen getroffen, welche Impulse erhalten, welche Erfahrungen gemacht? Und wenn wir auch die Vision nicht umgesetzt haben, bleiben uns die Erfolge, die Entwicklungsschritte, die Erlebnisse und die Erfahrung, dass wir diese großen Ziele für uns dann wie selbstverständlich relativiert haben, ohne frustriert zu sein.
- *Vertrauen in den Erfolg:* Wenn wir die Schritte klein genug planen, Unterstützer für unser Vorhaben finden, jemanden kennen oder sprechen, der es auch schon geschafft hat, wächst unsere Zuversicht, das Ziel zu erreichen.
- *Fortschritts-Monitoring:* Wenn wir uns unsere Fortschritte bewusst machen, sie in irgendeiner Form visualisieren, uns vor Augen halten, was wir schon geschafft haben, treibt uns das zu weiteren Anstrengungen an.
- *Vorher entwickelte Strategien für Rückschläge:* Jedes Lernen, jede Anstrengung geht nicht ohne Mühen und auch Stillstand bzw. Rückschläge. Deshalb sollten wir uns schon vorher bewusst sein, dass Rückschläge etwas ganz Normales sind, und dass wir uns konkret darauf vorbereiten können.

Diese Erkenntnisse der Motivationsforschung und noch andere werden Sie im Programm „Ich schaffs" wiederfinden. Sie erklären, weshalb Kinder gerne nach dieser Methode arbeiten.

Der Aufbau des Programms – 15 Schritte

Das Programm („Ich schaffs", Trainingsbuch für Kinder, s. Literaturangabe) ist in 15 Schritte gegliedert, die teilweise aufeinander aufbauen, aber in ihrer Reihenfolge nicht zwingend sind und auch nicht alle durchgearbeitet werden müssen.

1. Vorarbeit: Elterngespräch – von Problemen zu Fähigkeiten kommen, Kooperation mit Eltern suchen – den Eltern ein neues Denken anbieten.
2. Fähigkeit auswählen – eine wichtige neue Fähigkeit als Lernziel mit dem Kind verhandeln, eine Auswahl in eine Rangfolge bringen lassen.
3. Cooler Name – der Fähigkeit einen coolen Namen geben, Fantasie, Kreativität und Originalität der Kinder nutzen.
4. Nutzen – die Vorteile der neuen Fähigkeit beschreiben lassen, den Nutzen für sich und auch für andere finden.
5. Kraftfigur – symbolische Unterstützung wählen, Imaginäre Helfer geben dem Kind Energie und Zuversicht.
6. Helfer – Unterstützung suchen, damit das Vorhaben klappt. Das stärkt den Glauben an den Erfolg. Helfer gibt es in vielen Lebensbereichen.
7. „Helferseiten" – Platz für Helfer, ermutigende Worte aufschreiben. Aktive Mitarbeit der Helfer schafft ein kooperatives, unterstützendes Klima.
8. Feiern – eine Feier planen, wenn die neue Fähigkeit erlernt ist. Pläne und Ideen dazu lassen das Ziel noch schneller erreichen.
9. Zeigen – Probehandeln, wie die neue Fähigkeit aussieht, beschreiben lassen und vorführen (lassen), konkret und im Detail.
10. Rückschläge einplanen – Strategien dagegen entwickeln. Dann überraschen sie uns nicht, sondern wir wappnen uns dafür.
11. Zutrauen schaffen – Gründe suchen, weshalb man sich das Erreichen zutraut. Das stärkt die Zuversicht und gibt mehr Selbstvertrauen.
12. Üben durch Zeigen – es öffentlich machen, was man lernen möchte. Die Umgebung des Kindes an den Fortschritten teilhaben lassen.
13. Feiern und Danken – seinen Helfern und Unterstützern entsprechend danken. Eine fast vergessene Kultur, die weitere positive Interaktionen auslösen kann.
14. Weitergeben – Überlegen, wem diese Fähigkeit auch helfen würde. Es anderen zu zeigen ist die beste Art, etwas zu vertiefen.
15. Nächste Fähigkeit – ein neues Ziel ins Auge fassen (siehe Liste Punkt 1). Ben, Fürman: „What comes after a long road? Another long road. That's life."

Erläuterungen zu den einzelnen Schritten von „Ich schaffs"

Elterngespräch – Von Problemen zu Fähigkeiten

Bevor wir als Erzieher, Lehrer, Trainer, Berater oder Therapeuten mit dem Kind arbeiten können, sollten wir mit den Eltern vorab Wichtiges besprechen. In aller Regel begegnen wir dabei problemorientierten Beschreibungen und defizit-zentriertem Denken der Eltern. Es ist der übliche Stil in unserer Gesellschaft, Negatives wahrzunehmen, den Fokus auf Schwächen, Fehler und Probleme zu richten, nach Ursachen zu suchen und Schuldzuschreibungen vorzunehmen. Um dieses wenig hilfreiche Denken aufzubrechen, ist vorab unsere Aufgabe:

- die Eltern mit ihren Problemen ernst zu nehmen, uns ihre Klagen erst auch einmal anzuhören und versuchen, ihre Not zu verstehen,
- behutsam ihr Denken in eine andere Richtung zu bewegen, z.B. mit einer Formulierung wie: „Was könnte es sein, das Ihr Kind lernen muss, um diese schwierige Situation besser zu meistern?"

Dazu ist es hilfreich, erst einmal mit den Eltern eine Liste zu erstellen, unter welchen Problemen ihr Kind leidet. Nun können wir uns mit den Eltern auf die Reise machen und Fähigkeiten sammeln, die ihr Kind zu lernen hätte, um diese Probleme zu meistern. Eine Liste könnte beispielsweise so aussehen:

Probleme	Fähigkeiten
stets zuerst kommen wollen	warten können, bis man dran ist
im Dunkeln übertrieben Angst haben	ohne Licht im Zimmer bleiben können
in die Hose pinkeln	rechtzeitig eine Toilette benutzen können
immer im Mittelpunkt stehen wollen	öfter alleine spielen können
mit anderen herumschreien und streiten	auch mal anderen zuhören können
unkontrollierte Wutanfälle	seinen Zorn mit gemäßigten Worten ausdrücken
gemein mit anderen Kindern umgehen	mit anderen Kindern verhandeln lernen
oft lügen und die Unwahrheit sagen	unterscheiden lernen zwischen Dichtung und Wahrheit
Für mehr schulische Probleme	
immer herausrufen im Unterricht	seinen Finger zum Zeigen benutzen
laufend herumzappeln und schaukeln	eine bestimmte Zeit still sitzen können
ewig mit der Hausaufgabe herumtrödeln	die Uhr zur Hausaufgabenplanung benutzen lernen

Wenn diese Liste steht, sollte gemeinsam erörtert werden, womit man am besten beginnt. Hier können folgende Gesichtspunkte helfen:

- Wo wird das Kind wohl die schnellsten Fortschritte machen, wo lässt sich am leichtesten ein erster Erfolg erzielen?
- Wozu wird das Kind wohl am besten zu gewinnen sein?
- Wobei hätten auch wir die größte Motivation bzw. könnten wir gut unterstützen?
- Was ist für das Kind besonders wichtig zu lernen?

So lassen sich die Lernaufgaben gemeinsam in eine sinnvolle Reihenfolge bringen, immer mit dem Hinweis, dass dies im nächsten Schritt auch mit dem Kind noch verhandelt werden muss.

Diese vorbereitende Elternarbeit nimmt ein bisschen mehr Zeit in Anspruch, lohnt sich aber für später. Wir gewinnen Eltern so als Bündnispartner und aktive Teilnehmer am Lern-prozess ihrer Kinder. Oft werden wir erleben, dass auch Eltern die Arbeit am „Ich-schaffs-Programm" ihrer Kinder Spaß macht und dass sie gerne daran mitarbeiten.

Eine Fähigkeit als Lernziel
In einem gemeinsamen Gespräch werden wir nun mit den Kindern verhandeln, welche Fähigkeit sie denn zuerst lernen möchten. Wir brauchen dabei ihre Probleme oft gar nicht zu benennen, sondern können die Kinder durch ernsthafte Fragen einbinden:

- Was möchtest du denn, dass für dich in der Schule noch besser wird?
- Wie hättest denn du gerne deine Hausaufgabensituation verbessert?
- Was möchtest denn du einmal alles können? Was müsstest du denn dafür als Erstes lernen?

Kinder wollen oft große Dinge lernen, äußern Visionen, nehmen sich viel vor. Das ist gut und gibt ihnen wichtige Ziele vor. Wir sollten ihnen diese Träume lassen und versuchen, sie zu nutzen. Mit einem Kind, das z.B. einmal Pilot werden möchte, kann man gut erarbeiten, was es dafür alles vorher können muss:

- einen Computer verstehen und bedienen
- dazu Instruktionen rasch lesen können → lesen lernen
- mit anderen Crewmitgliedern zusammenarbeiten
  → sich also auf andere einlassen, sie verstehen, ihre Meinung etwas gelten lassen, mit anderen auskommen, konfliktfähiger werden

Auf dieser Stufe müssen wir auch etwas mehr Zeit mit den Kindern verwenden. Sie müssen spüren, dass sie mit ihren Bedürfnissen von uns ernst genommen werden, dann können wir sie für die Mitarbeit an einem neuen Lernziel gut gewinnen. Dies kostet Mühe, aber mit etwas Routine macht es auch Spaß, die Ziele mit den Kindern kleinschrittig zu erarbeiten. Eine gute Leitlinie findet sich hier bei Walter/Peller (1999), Kapitel 4.

Eindeutig definierte Ziele sind

- *positiv formuliert* – also was die Kinder machen wollen und nicht, was sie nicht mehr machen wollen
- *prozesshaft dargestellt* – also in einem Fluss bleibend
- *im Hier und Jetzt dargestellt* – sodass sofort mit der Umsetzung begonnen werden kann
- *so spezifisch wie möglich dargestellt* – das fordert sie zum Handeln auf
- *in der Kontrolle der Kinder liegend* – also Dinge beschreiben, die sie selbst tun werden
- *in der Sprache der Kinder formuliert* – dann werden sie auch als eigene Ziele akzeptiert

Namen
Ein fantasievoller Name macht es den Kindern leichter, ihr Programm stets vor Augen zu haben. Nutzen Sie hier die Ideenvielfalt der Kinder. Sie werden sich wundern, wie kreativ die Kinder sind, und sie werden auch die aktuellen Stars aus den Kindersendungen kennenlernen! Manchmal fällt Kindern am Anfang kein passender Name ein. Dann kann man sich z.B. mit Eltern, Freunden oder Geschwistern auf die Suche machen. Oder man gibt dem Kind eine Auswahl von zwei bis drei Namen vor und lässt es dann entscheiden.

In einer Gruppe kann auch ein kleiner Wettbewerb starten um den coolsten Namen. So entsteht auch eine spielerische Atmosphäre und die Kinder werden neugierig, was sich hinter den Namen der anderen versteckt. Hier einige Beispiele:

Fähigkeit	Cooler Name
den Fernseher ausgeschaltet lassen	kalter Kasten
die Hände waschen können	weißer Riese
sich schnell anziehen können	Ferrari
die Toilette benutzen können	Königsthron
die Hausaufgaben gleich anfangen	Pool Position

Nutzen
Wenn Kinder sehen, was ihr Gewinn wäre, wenn sie etwas Neues gelernt hätten, dann steigert das ihre Motivation. Es braucht schon ein wenig Zeit und Geschick, um Kinder auf

Ideen zu bringen, was denn etwas neu Gelerntes für Vorteile bringen könnte. Lehrkräfte können auch damit beginnen, Kinder zu fragen, welche Vorteile es hat, lesen und schreiben zu lernen. Das können die Kinder leicht beantworten und anhand dieses Beispiels lässt sich auch der Nutzen von z. B. „anderen zuhören" erarbeiten.

Manchmal hilft es auch, darüber nachzudenken, was andere Personen (Eltern, Geschwister, Freunde) für einen Nutzen davon hätten. Kinder nennen beispielsweise folgende Vorteile:

Fähigkeit/Name	Nutzen
ohne Licht einschlafen „Eule"	• öfter zu Freundinnen eingeladen werden • selbst Freundinnen einladen können • „Vater müsste dann nicht immer noch kontrollieren, ob das Licht aus ist" • „Wir könnten Strom sparen und von dem Geld was Schönes unternehmen"
mit anderen Kindern verhandeln können „Politiker"	• öfter gefragt werden, ob man mitspielen möchte • als Freund behandelt werden • von Erwachsenen gefragt werden, ob man helfen könnte, einen Streit zu schlichten • weniger Stress für die Eltern, weil weniger Beschwerden eingehen
ein Taschentuch benutzen können „Tempo"	• von den anderen „schöner" gefunden werden • mehr Einladungen zu Spielen und Partys • „Mutti muss weniger Pullover waschen." • „Wir sparen Geld für Waschmittel."

Kraftfigur
Für Kinder ist es ganz natürlich, daran zu glauben, dass es Fabelwesen und geheimnisvolle Helfer gibt, die einem beistehen, um mit Hindernissen fertigzuwerden und schwere Dinge zu schaffen. Deshalb sind Kinder auch meist schnell dafür zu begeistern, eine Kraftfigur zu finden, die sie bei ihrem Vorhaben gut unterstützen kann. Diese imaginären Helfer geben den Kindern die nötige Energie zur Umsetzung ihres Lernprogramms.

Entweder lässt man die Kinder ihre Kraftfiguren ins Heft zeichnen oder größer malen, um sie im Gang, an der Wandtafel oder über dem Schreibtisch zu Hause aufzuhängen. So sind diese Kraftfiguren immer präsent, erinnern Kinder stets an ihre Vorhaben, können bei Rückschlägen auch als Helfer dienen und lassen sich geschickt als geheime Ratgeber einsetzen.

Welche Kraftfiguren Kinder wählen, hängt von ihrer Fantasie und ihrem häuslichen Erlebnisumfeld, aber auch von ihren Mediengewohnheiten ab. Manchmal ist es für Eltern und Pädagogen spannend, was den Kindern alles Kraft und Zuversicht gibt. Bei den Tieren werden häufig genannt: Löwe, Tiger, Elefant, Giraffe, Saurier, Schlange, Pferd, aber auch Maus oder Spinne. Kleinere Kinder nennen oft Märchen-, Roman- und TV-Figuren wie Schneewittchen, Räuber Hotzenplotz, Ronja Räubertochter, Michel, Käpt'n Blaubär, Spiderman, Superman, Tarzan etc.

Helfer
Neben den Kraftfiguren machen es Helfer für das Kind leicht, seine neue Fähigkeit besser zu lernen. Je mehr Helfer sich ein Kind auswählt, desto sicherer wird es zu seinem Ziel kommen. Helfer können Familienmitglieder, gleichaltrige oder größere Freunde, aber auch Haustiere sein. Wie können Helfer unterstützen?

- Sie können Kinder z. B. dafür bewundern, dass sie sich entschlossen haben, eine neue Fähigkeit zu erlernen.
- Sie können sich von den Kindern zeigen lassen, wie sie das Neue denn genau machen werden.
- Sie können ihr Vertrauen in die Fähigkeit der Kinder, ihr gewähltes Ziel zu erreichen, ausdrücken und begründen, warum sie fest an den Erfolg der Kinder glauben.
- Wenn Kinder Rückschläge erleiden oder vor Hindernissen stehen, können Helfer sie bei deren Überwindung unterstützen, indem sie z. B. von anderen Menschen erzählen, wie diese es geschafft haben, weiterzukommen.

Für die Kinder ist es hilfreich, mit ihnen vorher kurz durchzusprechen, wie man denn Helfer gewinnen kann, wie man es anstellt, sie so zu fragen, dass sie gerne helfen und ihren Job ernst nehmen.

Auch welche Hilfe konkret erwartet wird, lässt sich mit den Kindern gut erarbeiten. So möchte z. B. Jan seinen Banknachbarn bitten, ihn immer leicht in den Unterarm zu zwicken, wenn er vergessen sollte, seinen Finger zu strecken. Und Maria möchte, dass ihre Freundin Anne ihr zuzwinkert, wenn sie es wieder geschafft hat, laut etwas im Unterricht beizutragen.

Gefragt zu werden, ob man einem Kind bei etwas helfen will, ist ein Kompliment, ein echter Vertrauensbeweis. Das sollten gerade ausgewählte Erzieher und Eltern bedenken.

Helferseiten
Bei auftretenden Schwierigkeiten können Helfer Anstrengungen der Kinder würdigen und betonen, dass die Aufgabe wirklich nicht leicht sei. Wenn man dann im gemeinsamen

Gespräch noch einen kleinen Fortschritt entdeckt, gibt es dem Kind neuen Mut und einen echten Anlass, stolz zu sein und weiterzumachen.

Freie Seiten im Trainingsbuch: Auf dieser Doppelseite können ausgewählte Helfer das Kind durch z.B. aufmunternde Kommentare darin unterstützen, sein Ziel zu erreichen. Manche Helferkinder malen auch ein passendes Bild dazu, andere schreiben ihre Telefonnummer hinein, manche Erwachsene einen festen Wochentag, an dem sie immer nachfragen wollen.

Feiern
Kinder feiern gerne Feste, sind gerne mit anderen Kindern in Gesellschaft. Schon allein die Planung einer Feier hat eine große Zugkraft für die Kinder, ihr Vorhaben erfolgreich durchzustehen. Wir müssen allerdings vorher mit ihnen genau klären, wann die neue Fähigkeit als erlernt gilt, z.B. wie oft es ein Kind am Tag schaffen muss, mit anderen zu verhandeln anstatt sie zu beleidigen. Es sollte stets ein sehr konkretes Verhalten in einer bestimmten Zeit bzw. Frequenz zu beobachten sein. Hier machen die Kinder, wie so oft, selbst die besten Vorschläge.

Welche Ideen äußern die Kinder gerne, wie sie ihr Fest feiern möchten? Gemeinsam essen, trinken, spielen, Musik hören, einen Wettbewerb einbauen usw. Auch der genaue Ort sollte festgelegt werden, ebenso wie die Gäste, die eingeladen werden. Natürlich denken die Kinder dabei meist an ihre Helfer. Wir sollten bei der Planung darauf achten, dass wir die Wünsche des Kindes, wie es seine Feier gestalten möchte, ernst nehmen. Entscheidend ist nicht, dass die Feier groß und teuer wird, sondern das soziale Ereignis für das Kind.

Es gibt auch Kinder, die nicht öffentlich feiern wollen, weil ihre zu lernende Fähigkeit ihnen vielleicht zu trivial oder peinlich vor anderen erscheint. Das sollten wir respektieren und mit dem Kind alternative Ideen zur Anerkennung seiner Leistung suchen, wie z.B. eine Lesestunde, ein Zelt-Wochenende, das Lieblingsessen, eine Veranstaltung besuchen.

Zeigen – Die Fähigkeit definieren und üben
Kinder können dann ihre neue Fähigkeit am besten zu lernen beginnen, wenn mit ihnen ganz genau herausgearbeitet wird, wie sie dann aussieht. Das sollte man erst geduldig mit dem Kind besprechen, genau beschreiben lassen, was das Kind tut, und dies anschließend vormachen lassen. Beispiele:

- Wenn du an anderen Kindern friedlich vorbeigehen möchtest, wie sieht das denn genau aus? Wo schaust du hin, wo hast du deine Hände …?

- Wenn du deine Mitschüler nicht mehr auslachst, sondern wegschaust, wenn sie Fehler machen, was tust du dann genau? Wie schaust du, was könntest du sagen, was könntest du in dieser Zeit noch machen?
- Wenn du bei Misserfolgen deine Enttäuschung normal sagen möchtest, welche Worte könntest du dann verwenden, wem könntest du das am besten sagen und wie würdest du es ausdrücken?

Oft können Kinder das selbst nicht so gut formulieren. Dann kann man ihnen ein paar Formulierungen anbieten oder sie fragen, ob sie jemanden kennen, der das gut macht, und wie der das denn genau gemacht hat.

Je konkreter die neue Fähigkeit herausgearbeitet wird, umso eher werden die Kinder Erfolge darin erleben, sie auszuüben. Zum Vormachen eignet sich oft ein kleines Rollenspiel zum Probehandeln im sozialen Schonraum, bei dem klare Handlungsschritte zu sehen sein sollten. Es kann auch hilfreich sein, zuerst selbst in die Rolle des Kindes zu schlüpfen, die gewünschte Handlung vorzumachen, mit dem Kind seine Beobachtungen zu besprechen und es dann zu ermuntern, in die eigene Rolle zu schlüpfen.

Je mehr Gelegenheiten das Kind hat, die neue Fähigkeit zu üben, umso besser. Es sollte sie täglich mehrmals ausprobieren können. Dabei sind auch Teilerfolge und kleine Fortschritte zu würdigen.

Rückschläge
Für uns Erwachsene ist es nichts Neues, dass es immer wieder Rückschläge auf unserem Weg gibt, aber Kinder wissen das noch nicht. Diese Phase im Lernprozess ist oft entscheidend. Entweder fühlt sich das Kind erst recht angespornt, seine neue Fähigkeit zu lernen, oder es lässt sich entmutigen und gibt vielleicht sogar sein Ziel auf. Deshalb sollten wir den Kindern zuerst klarmachen, dass Lernen oft heißt: zwei Schritte vor, einen Schritt zurück. Auch eine Formulierung, die das Kind nicht beschämt, hilft wieder leichter auf den Weg zurück. Zum Beispiel kann man sagen:

- „Du warst schon ganz gut unterwegs, aber nun hast du es wieder ein bisschen verlernt und wir müssen nachdenken, wie du es wieder lernen kannst."
- „Dein Krafttier hat gemeint, du kannst es nun schon ganz gut, und hat sich einem anderen Kind zugewendet, das seine Hilfe dringender braucht."
- „Wie bzw. von wem möchtest du daran erinnert werden, wenn du mal deine neue Fähigkeit vergessen hast."

Kinder sind meist erfinderisch und nennen dann beispielsweise:

- „Meine Kraftfigur kann mich gut erinnern, weil ich sie immer im Blick habe."
- „Ich möchte meinen Banknachbarn bitten, mir ein Zeichen zu geben (konkret machen lassen!), wenn ich es vergessen habe."
- „Meine Mama soll mich abends immer erinnern, dass ich darüber nachdenke, wie oft ich es heute gemacht habe."

Wenn man „Ich schaffs" in der Klasse durchführt, kann ein geschicktes Arrangement die Arbeit des Erinnerns erleichtern. Wenn die Kinder es sich angewöhnen, sich zu festen Zeiten in Kleingruppen freundlich an ihre neue Fähigkeit zu erinnern, wird das eine kooperative Atmosphäre schaffen.

Zutrauen
Je mehr die Kinder daran glauben, dass sie ihr Ziel erreichen können, umso eher wird es ihnen auch gelingen. Dieses Zutrauen in sich selbst lässt sich in guten Gesprächen verstärken. Am besten lässt man die Kinder selbst gute Gründe finden, warum sie daran glauben, dass sie es schaffen werden. Man kann sie aber auch fragen, weshalb wohl andere Menschen (z. B. ihre Helfer) daran glauben, dass sie es schaffen werden, die neue Fähigkeit zu erlernen. Kinder nennen dann z. B.:

- Weil sie bereits andere Dinge gelernt haben, die nicht leicht waren.
- Weil auch ihr Freund oder ihre Eltern schon öfter etwas Schwieriges gelernt haben.
- Weil sie bereits erste Fortschritte gemacht haben und dafür gelobt wurden.
- Weil sie spüren, dass andere daran glauben, dass sie es lernen werden.
- Weil sie ja ihre Helfer im Rücken spüren.
- Weil sie den Vorteil und Nutzen so klar sehen und deshalb unbedingt die neue Fähigkeit lernen wollen.

Aber genauso wichtig ist es, das Kind spüren zu lassen, dass man selbst daran glaubt, dass es die neue Fähigkeit lernen wird. Man kann ihm das auch klar sagen und begründen, auch indem man ihm Komplimente macht oder kreativ ist:

- „Ich weiß, du bist schlau, das hab ich erst am Computer gesehen. Deshalb bin ich sicher …"
- „Wer so gut Fußballspielen gelernt hat wie du, dem traue ich auch sicher zu, dass er … lernen wird."
- „Ich sehe in deine Augen und weiß, wer solche Augen hat, der kann das auch schaffen …"

Üben durch Zeigen – Öffentlich machen

Natürlich wollen auch Kinder nicht, dass über ihre Probleme gesprochen wird. Wenn aber andere Menschen in der Umgebung des Kindes wissen, was es gerade lernt, dann haben sie auch die Möglichkeit, aufmerksam auf seine Fortschritte zu werden, es zu loben und zu unterstützen. Außerdem wird sich die Einstellung gegenüber dem Kind positiv verändern, weil ein positiver Fokus auf das Kind, seine Anstrengungsbereitschaft und seinen Veränderungswillen gelegt wird.

Wer sollte alles vom Lernprogramm des Kindes erfahren und wer nicht? Am besten wird die Umgebung des Kindes informiert, in der das problematische Verhalten bekannt war und das Entstehen der neuen Fähigkeit beobachtet werden kann. Allerdings sollten es die Eingeweihten wissen, dass anfangs nur kleine bis kleinste Schritte der Veränderung zu sehen sein werden und dass es oft ein langer Prozess ist, bis eine neu gelernte Fähigkeit gut zu beobachten ist.

Wie könnte man es öffentlich machen?

- In Gruppen/Klassen arbeiten viele Kinder gerne mit dem „Ich-schaffs-Poster".
- Lehrer in Klassen lassen an der Wandtafel eine »Ich-schaffs-Tabelle« entstehen, mit Spalten für z. B. die Namen der Kinder, die neuen Fähigkeiten, die Namen dieser Fähigkeiten, den Hilfen bei Rückschlägen, den ausgewählten Helfern, …
- Es lassen sich auch gut kurze „Herzeige-Runden" in Klassen/Gruppen organisieren.
- Kinder schreiben sich gegenseitig in ihr „Ich-schaffs-Heft" aufmunternde Kommentare auf die „Helferseiten".
- In der Einzelarbeit lässt sich mit Kindern gut besprechen, wem wir wie davon berichten sollen und was dies für Vorteile hätte.

Feiern und Danken

Wenn wir sehen, dass Kinder ihre Fähigkeiten ausreichend gelernt haben, ist es Zeit, endlich die schon länger geplante Feier durchzuführen. Dazu werden die Helfer eingeladen, das Kind darf zeigen, was es gelernt hat, und seinen Helfern angemessen danken.

Allerdings sollte vorher besprochen werden, wie das Kind seinen Helfern danken kann. Dank auszudrücken und mit Dank umzugehen ist auch für uns oft nicht so leicht. Wie reagieren wir, wenn man sich bei uns für etwas bedankt oder wenn wir für etwas gelobt werden? An welchen guten Beispielen können Kinder lernen, wie man lobt und dankt und wie man Lob und Dank annimmt? Auch dies könnte ein Teil des Lernprogramms sein und sollte mit den Kindern vorher erarbeitet werden.

Nicht immer ist es ganz leicht, festzustellen, ob die neue Fähigkeit schon ausreichend gut gelernt wurde. Dann empfiehlt es sich, mit dem Kind zu besprechen, wie es denn darüber denkt, woran man das gut messen könnte, wie andere das beurteilen würden, ... Manche Kinder werden sich da eher streng bewerten, andere wiederum großzügiger.

Auf jeden Fall ist es schön, eine Kultur des Dankens zu pflegen und zu vertiefen, Respekt und Dank auszudrücken und ausgesprochen zu bekommen. Dosiert eingesetztes Lob ist ein sehr hoher Motivationsfaktor. Besonders wirksam ist es, wenn Kinder ihre Eltern loben. Das erzeugt nicht nur Freude und Stolz, sondern stärkt auch die Bereitschaft, den Kindern weiter beizustehen.

Weitergeben
Viele ältere Kulturen sehen Lernen als Kreislauf an. Wir bekommen etwas Neues gezeigt, begeben uns auf Lernwege, werden unterstützt, es zu lernen, und geben schließlich das Gelernte wieder an andere weiter. Neu erworbene Fähigkeiten an andere weiterzugeben, vertieft und sichert diese Fähigkeiten auch beim Kind noch einmal und verringert die Gefahr von Rückfällen.

„Weitergeben" hat aber auch noch andere Vorteile:

- Kinder sind die besseren Lehrer für Kinder – die alte Zwergschule und das Projekt der „jahrgangsgemischten Klassen" basieren auf diesem Prinzip.
- Kinder lernen auch gerne von älteren Kindern, nicht nur immer die schlechten Angewohnheiten, wie wir meinen. Wir müssen dieses gegenseitige Lernen eben günstig arrangieren.
- Kinder, die Gelerntes gut weitergeben können, erhöhen dadurch ihr soziales Ansehen und werden (wieder) mehr respektiert.

Oft braucht man das Kind gar nicht zu ermuntern oder mit ihm zu besprechen, wie und wem es seine neue Fähigkeit zeigen könnte. Gerade Kinder, die ihr Denken weg von Problemen hin zu Lösungen entwickelt haben, besitzen meist einen guten Blick und das Gespür dafür, wann andere Kinder etwas Neues lernen könnten, das sie ihnen zeigen könnten.

Nächste Fähigkeit
Meistens wurde schon beim Einstieg in das Programm eine Auswahl getroffen, welche Fähigkeit das Kind zuerst lernen möchte/sollte. Nachdem das erreichte Ziel nun entsprechend gefeiert wurde, geht man daran, mit dem Kind zu verhandeln, was es denn als Nächstes zu lernen hätte. Es ist hilfreich, den geschafften Fortschritt noch einmal zu loben und so die Motivation für neues Lernen zu steigern. Der erlebte Erfolg beflügelt das Kind

meist, sein Selbstvertrauen wächst und oft hat es selbst schon eine Idee, was es nun Neues lernen möchte. Dies kann durchaus im Ausbau der bereits erlernten Fähigkeit liegen, manchmal wagen sich Kinder auch in ein ganz neues Revier vor.

Dieses neue Ziel mag durchaus etwas schwieriger sein, nachdem ja nun die Zuversicht in die eigene Lernfähigkeit größer geworden ist. In unserer neuen Art zu denken gehen wir davon aus, dass es Kinder gibt, die viele Fähigkeiten „in der Warteschlange" haben – und sprechen nicht von „Multiproblemkindern". Dies gibt auch uns die nötige Zuversicht und die Geduld, die bestimmte Kinder brauchen, um sich in mehreren Bereichen weiterzuentwickeln.

Kinder können so auch lernen, dass es ganz normal ist, im Leben immer wieder neue Aufgaben zu lösen, dass nie Stillstand ist und somit Ziele und Erfolgserlebnisse dem Leben einen Sinn, eine Richtung und Freude am Erfolg bescheren.

Wie fasste es Ben Furman auf einem Workshop so treffend zusammen: „What comes after a long road? Another long road. That's life."

Einsatzmöglichkeiten und Grenzen

Wie bereits erwähnt, lässt sich mit „Ich schaffs" auf vielerlei Arten arbeiten. Es kommt immer darauf an, wie sicher der Lösungsbegleiter schon ist, wie gerne er mit Ideen nach außen geht und wen er zu seiner Unterstützung zur Seite hat.

Lehrkräfte in der Schule
- Manche Lehrkräfte beginnen, mit einzelnen Schülern lösungsorientiert zu arbeiten, und lehnen sich dabei an die Vorgehensweise und die Schritte im Programmheft an. Zeit dafür finden sie z.B. in Phasen der Freiarbeit, während andere Kinder beschäftigt sind, in ihrer Sprechstunde, kurz nach dem Unterricht usw.
- Andere wagen sich daran, mit Kindern in kleinen Gruppen zu arbeiten. Es gibt Schulen, die für dieses Projekt AG-Stunden zur Verfügung stellen.
- Oft wird das Projekt auch mit der ganzen Klasse durchgeführt. Gemeinsames Lernen hat immer den Vorteil, dass Kinder sehen, dass auch andere etwas zu lernen haben, was nicht leicht, aber sehr notwendig ist. Somit ist niemand ausgegrenzt oder beschämt, Erfolge werden gemeinsam erlebt, eine Atmosphäre gegenseitiger Unterstützung entsteht und beeinflusst auch das Lernen in der Klasse insgesamt. Wenn man so vorgeht, ist es hilfreich, jemanden zur Unterstützung in der Klasse zu haben. Vielleicht lässt sich eine Beratungslehrkraft für die Idee begeistern, ein Referendar oder Praktikant arbeitet mit, die Schulsozialarbeiterin ist dabei … Ein vorausgehender Elternabend weckt bei

Eltern das Verständnis, bahnt ein neues Denken an und kann auch einen neuen Geist in Familien tragen. Begleitende Elternarbeit hilft Erfolge sichern und verbessert auch ein kooperatives Klima zwischen Elternhaus und Schule.

Beratungslehrkräfte, Schulpsychologen, Schulsozialarbeiter
Für alle, die ihre Aufgabe in der Schule auch unter dem Aspekt der Prävention und Multiplikation sehen, gibt es weitere Möglichkeiten, mit „Ich schaffs" zu arbeiten.

- Sie können entweder in Einzelarbeit mit schwierigen Schülern lösungsorientiert daran arbeiten, neue Fähigkeiten zu lernen. Auch hier ist begleitende Elternarbeit sehr hilfreich. Oder auch Sie arbeiten in einer AG, mit einer Gruppe von Schülern, die während des Schuljahres auch selbstständiger arbeiten kann und Ihnen die Zeit gibt, mit einer neuen kleinen Gruppe zu beginnen. Was würde Sie davon abhalten, das Projekt zu dokumentieren, transparent und öffentlich zu machen und so andere dafür zu interessieren?
- Sie haben auch die Möglichkeit, die Schulleitung für die Idee zu gewinnen und ein Projekt an Ihrer Schule zu beginnen. Es kann ebenso der Einstieg für andere Kollegen sein, anders über Probleme und Problemkinder zu denken. Eine schulhausinterne Fortbildung im Sinne eines pädagogischen Nachmittags könnte ein guter Einstieg sein.
- Natürlich ist es auch möglich, in der Region diesen Gedanken zu verbreiten und den lösungsorientierten Ansatz auf einer regionalen Fortbildung vorzustellen. Dazu ist es immer günstig, wenn Sie bereits eigene Vorerfahrungen gemacht haben und z.B. Schülerarbeiten und Bildmaterial dazu vorlegen können.

Therapeuten
Auch in der kindertherapeutischen Praxis und im klinischen Setting hat sich die lösungsorientierte Arbeit mit diesem Programm in vielen Fällen gut bewährt. Ben Furman nennt hier vielfältige Einsatzmöglichkeiten, beispielsweise bei Kindern mit:

- schlechten Angewohnheiten, wie Nägelkauen oder merkwürdigen Ess- und Schlafgewohnheiten
- aggressivem Verhalten und Wutanfällen
- Depression, Verlust, Trauer
- Einnässen und Einkoten
- Ängsten und Albträumen
- sozialen Verhaltensproblemen, auch Mobbing und Bullying
- zwanghaftem Verhalten
- Aufmerksamkeitsstörungen usw.

Hier darf man gespannt sein, welche Beispiele und Fallschilderungen Ben Furman in seinem neuen Buch, das im Oktober im Carl-Auer-Verlag erscheint, dazu aufführt.

Andere Einsatzmöglichkeiten
Die Ideen in diesem Buch und zu diesem Konzept stellen auch eine Sammlung für Eltern dar, wenn sie mit ihren Kindern, anstatt nur über Schwierigkeiten zu reden, einmal Ziele und Fähigkeiten, die noch zu erreichen sind, besprechen möchten. So könnte sich durchaus auch eine Elterngruppe treffen, um ihre Erfahrungen auszutauschen, sich gegenseitig zu unterstützen und in ihrer Elternarbeit zu stärken. Einige Volkshochschulen sollen solche Angebote von „Ich-schaffs-Trainern" schon in ihr Programm aufgenommen haben.

Wenn Kinder die Fähigkeiten nicht lernen
Es kommt auch immer wieder vor, dass es Kinder nicht schaffen, ihr Lernprogramm erfolgreich innerhalb einer angemessenen Zeit (etwa ein bis drei Monate) abzuschließen. Mögliche Gründe und unser Vorgehen dazu könnten sein:

- Die Fähigkeit war zu groß oder zu komplex.
  → Sie sollte besser unterteilt werden in machbare Schritte.
- Kinder haben Vorteile und Nutzen nicht gut genug verstanden.
  → Wir müssen mit ihnen diese noch einmal gründlich herausarbeiten.
- Das Kind hatte nicht genügend Möglichkeiten, die neue Fähigkeit zu üben.
  → Kinder brauchen täglich Gelegenheiten zur Übung und Anwendung des Neuen. Wir sollten diese Gelegenheiten noch einmal gemeinsam suchen und erarbeiten.
- Nur wenn die beteiligten Erwachsenen gut kooperieren, kann das Kind sein Ziel erreichen.
  → Wir sollten Form, Bedeutung und Möglichkeiten der Kooperation noch einmal mit ihnen besprechen.
- Manchmal erkennen die betroffenen Beteiligten (Lehrer, Eltern) die Fortschritte und Veränderungen nicht oder erleben sie als nicht bedeutend genug.
  → Der Lernprozess muss noch einmal bewusst gemacht werden, auch die Bedeutung, dass evtl. ein bereits erreichter Erfolg gefährdet sein könnte.

Kontakte, Adressen, Unterstützung
Wie lässt es sich gut lernen und üben, um mit Kindern mit diesen Ideen zu arbeiten? Eine Möglichkeit ist sicher, über diesen Artikel Zugang zu finden, es einfach mal auszuprobieren, sich mit Kollegen auszutauschen.

Seit mehreren Jahren werden jedes Jahr auch an der Bayerischen Akademie für Lehrerfortbildung und Personalführung (ALP) in Dillingen Wochenlehrgänge angeboten. Hier lässt sich mit Gleichgesinnten das lösungsorientierte Arbeiten lernen und es besteht ausreichend

Zeit, es auch zu üben. Meist entstehen nach diesen Lehrgängen auch kleine Netzwerke, in denen sich die Teilnehmer dann gegenseitig unterstützen.

Sehr eindrucksvoll ist es, Ben Furman persönlich zu erleben. Er kommt jedes Jahr zu einem Workshop von ISTOB nach München, wird auch öfter von einem der zahlreichen Systemischen Institute, die meist Mitglieder der Systemischen Gesellschaft sind, im deutschsprachigen Raum zu Vorträgen oder Workshops geholt. Sein klares einfaches Englisch, seine positive Ausstrahlung und seine abwechslungsreiche Methodik überzeugen. Die deutschen Rechte für *„kids skills"* hat *das Institut für Systemische Therapie und Organisationsberatung (ISTOB)* in München erworben. Es gibt das Begleitmaterial dazu heraus und bietet inzwischen Trainings- und Qualifizierungskurse für „Ich-schaffs-Trainer" an. Eine aktuelle Liste der „Ich-schaffs-Trainer" findet sich unter *www.istob.de* ebenso wie das neu aufgebaute Netzwerk für Trainer und Interessierte!

Informations-, Kontakt- und Bestelladressen im Internet:

- *www.kidsskills.org*
- *www.ichschaffs.de*
- *www.systemische-gesellschaft.de*
- *www.systemisch.net.de*
- *www.istob.de*

Literatur
Arbeitsliteratur für alle Lehrerkräfte, insbesondere für Beratungslehrkräfte:
Furman, B.: Ich schaffs – Trainingsbuch. (DIN-A5-Arbeitsbuch für Kinder, am besten über das Internet zu bestellen unter: www.istob.de)

Furman, B.: Ich schaffs – Handbuch für Pädagogen. (DIN-A5-Handbuch für Pädagogen, 39 Seiten, eingängig zu lesen)

Furman, B.: Ich schaffs! Spielerisch und praktisch Lösungen mit Kindern finden. Auer Verlag, Donauwörth 2005 (Ca. 160 Seiten, grundlegende Ideen, viele Beispiele)

Hennig, C./Ehinger, W.: Lösungsorientierte Beratung. (Creasys, Leitfaden für Lehrkräfte und Berater, 45 Seiten, 7 €, kurz und gut, *www.crea-sys.de*)

Bamberger, G.: Lösungsorientierte Beratung. Beltz PVU, 2001 (ein Praxisbuch mit vielen anschaulichen Beispielen)

Weiterführende Lektüre v.a. für Therapeuten, Psychologen:
Furman, B.: Die Kunst, Nackten in die Tasche zu greifen. Borgmann, Dortmund 1999

Furman, B.: Es ist nie zu spät, eine glückliche Kindheit zu haben. Borgmann, Dortmund 2002

Henning, C./Knödler, U.: Problemschüler – Problemfamilien. Beltz, Weinheim 2000 (praktisches Lehrbuch zum systemischen Arbeiten mit schulschwierigen Kindern

Molnar, A./Lindquist, B.: Verhaltensprobleme in der Schule. Borgmann, Dortmund 2002 (systemisch fundierte Lösungsstrategien für die Praxis)

Vogt-Hillmann, M./Burr, W.: Kinderleichte Lösungen. Borgmann, Dortmund 2002 (lösungsorientierte kreative Kindertherapie. Viele Ideen v.a. für Therapeuten)

Walter, D.-H./Peller, E.: Lösungsorientierte Kurztherapie. Borgmann, Dortmund 1999 (ein Arbeitsbuch v.a. für Beratungsfachkräfte)

Autoreninfo
Stephan Deiner, Studium Lehramt, Beratungslehrkraft und Schulpsychologie. Weiterbildung in Systemischer Therapie, Moderation, Supervision und Coaching. Fortbildner von Lehr-, Beratungs- und Führungskräften in Kommunikation, Systemischer Pädagogik, Beratung und Führung (*www.s-loesungen.de*).

4 Netzwerkpartner

4.1 Beratung von Beratungslehrkräften und Schulpsychologen an Grund- und Mittelschulen durch den Mobilen Sonderpädagogischen Dienst für emotionale und soziale Entwicklung
Mechthild Keßelring

> **Abstract**
> Inklusion ist eines der aktuellsten Themen in der deutschen Bildungslandschaft. Schüler mit besonderem Förderbedarf werden in Regelklassen unterrichtet, benötigen allerdings die besondere Aufmerksamkeit der Lehrkräfte in der Klasse. Der Mobile Sonderpädagogische Dienst (MSD) unterstützt die Schulen dabei und berät als wichtigste Aufgabe alle am Schulleben Beteiligten. Der MSD versteht sich als Schnittstelle zu Beratungslehrkräften und Schulpsychologen und arbeitet eng mit inner- und außerschulischen Stellen zusammen.

An den Grund- und Mittelschulen finden sich in allen Klassen und in jeder Jahrgangsstufe Schüler, die Förderbedarf in der emotionalen und sozialen Entwicklung haben. Diese Schüler benötigen Förderung in Bezug auf Selbstreflexion, Selbst-und Fremdwahrnehmung, Entwicklung von Ich-Identität sowie beim Erwerb von Kompetenzen in den Bereichen Verhalten, Kommunikation, Selbstregulation im emotionalen Erleben sowie Kognition (VSO-F §21). Sie sind häufig in ihrer Entwicklung gefährdet und/oder gefährden die Rechte der Mitglieder der Schulgemeinschaft (§41,5 BayEUG). Beratung durch den Mobilen Sonderpädagogischen Dienst (MSD) mit dem Förderschwerpunkt der emotionalen und sozialen Entwicklung umfasst daher alle schulischen Ebenen und die notwendige Einbeziehung des Kindesumfeldes (VSO-F §25). Im Vordergrund steht dabei der Aspekt der Inklusion dieser Schüler durch Ausschöpfung aller Maßnahmen, die dem Regelschulsystem zur Verfügung stehen. Es geht daher in erster Linie nicht um eine Überweisung an ein Förderzentrum, sondern um den Verbleib der Schüler mit sonderpädagogischem Förderbedarf an der Regelschule. Eine zentrale Aufgabe kommt dabei den Beratungslehrkräften und Schulpsychologen als ersten Ansprechpartnern für Lehrkräfte bei der Meldung von verhaltensauffälligen Schülern zu. Wie der MSD sie bei der Beratung unterstützen kann, ist Thema der folgenden Darstellung und beruht auf langjährigen Erfahrungen der Tätigkeit im MSD. Dabei geht es nicht um „die Tipps" allgemein, sondern um individuelle Maßnahmen, da jeder Schüler sich unterschiedlich verhält und auf die Förderangebote unterschiedlich reagiert. Trotzdem gibt es Grundprinzipien, die bei der Unterrichtung von Schülern mit emotionalem und sozialem Förderbedarf hilfreich sein können.

Beratung der Klassenlehrkräfte

Die Beratung beginnt in der Regel mit einer Hospitation von mindestens zwei Unterrichtseinheiten zur Beobachtung der Schüler innerhalb des Klassenverbandes, da Verhaltensstörungen in Interaktion mit Lehrkräften und Mitschülern auftreten. Eine anschließende Beratung der Klassenlehrkraft bezieht sich sowohl auf einzelne oder mehrere verhaltensauffällige Schüler als auch auf die Klassen- und Gruppendynamik. Es geht dabei im Wesentlichen um die Frage, was man für den Schüler und was man für die gesamte Klasse tun kann, um Störungen zu vermeiden und einzelne Schüler zu integrieren:

Maßnahmen für den einzelnen Schüler:
- Aufbau einer tragfähigen Beziehung als Grundlage erzieherischen Handelns durch Begrüßung am Morgen mit Handschlag; Nachfrage wie es Schüler geht, was er sich für heute vorgenommen hat etc. (Vorviertelstunde); Ernstnehmen seiner Sorgen; Gesprächsangebote in der Pause, nach dem Unterricht unter vier Augen.
- Wertschätzender, freundlicher und sachlicher Bezug gegenüber dem Schüler: Nicht die Schülerpersönlichkeit wird beurteilt, sondern das *Verhalten* des Schülers.
- Rückmeldung durch Lob für positives Verhalten unmittelbar und zeitnah gemessen an der individuellen Entwicklung, wie z.B.: „Du hast gleich mit dem Schreiben begonnen" (statt: „Du bist gut!").
- Durch Umformulierung und positive Anweisung gewünschtes Verhalten sachlich (nicht moralisierend) einfordern: „Du gehst jetzt auf deinen Platz!" (anstatt: „Hör auf ständig herumzulaufen!"); Einsatz von Piktogrammen; Mimik und Gestik verhindern das Bloßstellen des Schülers vor der Klasse.
- Geeigneter Sitzplatz nach individuellem Förderbedarf entscheiden: Nicht für jeden Schüler ist prinzipiell der Sitzplatz vorne einzeln geeignet. Sitzplatz ändern, wenn Schüler dort nicht gefördert werden kann.
- Zwei Tischziele (maximal) gemeinsam mit dem Schüler vereinbaren; Kleinschrittige Vorgehensweise beachten, damit der Schüler die Ziele auch schaffen kann (vgl. Anhang „Tischziele").
- Rückmeldung am Ende der Stunde/des Unterrichtsvormittages durch gemeinsame Reflexion des Verhaltens mit Begründung; Einsicht ist Voraussetzung für Verhaltensänderung.
- Fester Platz in unstrukturierten Situationen: in der Garderobe am Rand mit Namen versehen, beim Wechsel in die Sporthalle ist Platz in der Reihe neben der Lehrkraft etc.
- Individuelle Förderung ist die Chance für den Schüler, sich in den Schulalltag zu integrieren – anstatt das Prinzip der Gleichbehandlung bei unterschiedlichen Voraussetzungen der Schüler zu verfolgen.

Orientierung an Ressourcen:
- Schüler mit Verhaltensstörung können sehr hilfsbereit sein und übernehmen gerne Klassendienste und Botengänge.
- Sie können mündlich sehr gute Beiträge bringen, verweigern aber schriftliche Arbeiten. In diesem Fall kann man sie mündlich verstärkt einbeziehen (einschließlich Leistungsbewertung), auch z.B. in Form von Referaten. Zur Förderung der Konzentration können sie das Amt des Wiederholens von Arbeitsaufträgen etc. übernehmen.
- Gibt es Personen an der Schule, zu denen der Schüler ein besonderes Vertrauen aufbauen konnte und die deshalb zur Unterstützung einbezogen werden können?
- Störendes Verhalten des Schülers nicht als persönlichen Angriff auf sich selbst beziehen. Es gilt die Ziele und „eigene Logik" des Schülers für unangepasstes Verhalten (z.B. Arbeitsverweigerung, oppositionelles Verhalten, psychische und physische Angriffe auf Personen) zu klären und Lösungen gemeinsam zu erarbeiten. Wenn der Schüler sich gegen alle schulischen Angebote bewusst entscheidet, ist es kein persönliches Versagen der Lehrkraft. In diesem Fall besteht keine Chance, ihn zur Mitarbeit zu motivieren.
- Verhaltensvertrag mit Schüler auch gemeinsam mit den Eltern erarbeiten (vgl. Anhang „Verhaltensvertrag").
- Der Wochenbericht dient der Dokumentation eines objektiven Entwicklungsfortschrittes bzw. Rückschritts mit Verschiebung des Blickwinkels auf das, was gut läuft, und beugt dem Gesamteindruck vor, dass gar nichts vorwärtsgeht im Verhalten des Schülers. Die Eltern unterschreiben den Wochenplan ebenfalls und sind immer informiert (vgl. Anhang „Wochenbericht").
- Bei massivem Störverhalten Konsequenzen mit dem Schüler gemeinsam besprechen: Klasse verlassen, Plan vorher festlegen, in welche Klasse der Schüler gehen kann; bei Weigerung die Klasse zu verlassen, in Absprache mit der Schulleitung Telefonat mit den Eltern zur Abholung des Schülers; zeitnah ein gemeinsames Gespräch mit Schulleitung, Eltern und Schüler vereinbaren, um die weitere Beschulung lösungsorientiert zu planen.

Maßnahmen auf Klassenebene:
- Lehrkraft zeigt eine wertschätzende Grundhaltung gegenüber allen Schülern;
- Tagesplan sichtbar aufhängen und konkret besprechen, was die Schüler heute erwartet, damit sie sich darauf einstellen können;
- Mit dem Unterricht beginnen, wenn alle Schüler aufmerksam sind, nach vorne schauen und zuhören; Aufmerksamkeit immer wieder einfordern (akustisches Signal, Gestik, Mimik, Piktogramm) und nicht Lautstärke der Schüler mit eigener Lautstärke übertönen;
- Lehrkraft behält alle Schüler im Blick und zeigt Präsenz durch Herumgehen, Helfen, Unterstützen und verstärkt Schüler durch positive Rückmeldung über Arbeits- und Sozialverhalten.

- Aktivierung aller Schüler unter Berücksichtigung der individuellen Voraussetzungen: Schwächere Schüler bekommen Aufgaben und Fragen, die sie beantworten können.
- Lehrkraft legt gemeinsam mit Klasse Regeln fest (Visualisierung im Klassenraum) und achtet sachlich und konsequent auf deren Einhaltung. Transparenz erleichtert die Einhaltung der Regeln.
- Schaffung einer angenehmen Lernatmosphäre durch ein übersichtlich gestaltetes und klar strukturiertes Klassenzimmer und einen Bereich, in den sich Schüler zurückziehen können (z. B. Leseecke, durch Regal getrennt).
- Sehr gut vorbereiteter Unterricht enthält Struktur, Rhythmisierung und Rituale als präventive Maßnahmen zur Vermeidung von Störungen. Offene Unterrichtsformen stellen eine Überforderung für verhaltensauffällige, wahrnehmungs- und aufmerksamkeitsgestörte Schüler dar. Lehrerzentrierte kurze Unterrichtsphasen zur gemeinsamen Erarbeitung der Lerninhalte, Wiederholung der Inhalte und Arbeitsaufträge durch Schüler zur Sicherstellung, dass jeder Schüler weiß, was zu tun ist.
- Ein übersichtliches Tafelbild (nicht ein Thema neben vielen anderen) erleichtert leistungsschwächeren sowie wahrnehmungs- und aufmerksamkeitsgestörten Schülern die Orientierung.
- Visualisierung, Einsatz von Piktogrammen, Methodenwechsel ermöglichen mehrdimensionales Lernen.
- Strukturierung von Vorviertelstunde, Morgenkreis, Brotzeitpausen, Pausen und Raumwechsel bietet Sicherheit, Orientierung und verhindert Konflikte.
- Einplanung von Bewegungsspielen dient der Prävention von Ermüdung der Schüler.
- Differenzierung und Individualisierung durch Arbeit mit dem Wochenplan.
- Wechsel der Sozialformen, Zusammensetzung der Gruppen durch Lehrkraft nach pädagogischen Gesichtspunkten: z. B. leistungsstarker Schüler geht in Gruppe mit schwächeren Schülern; wenn ein Schüler effektives Lernen in der Gruppenarbeit verhindert, bearbeitet er Aufgaben einzeln.
- Regelmäßige Durchführung eines Klassenrates nach gleicher Struktur zur Aufarbeitung von Konflikten und gemeinsamer Festlegung von Sozialzielen: Ziel der Woche (Piktogramm sichtbar) mit täglicher Reflexion, wie z. B.: „Wir melden uns leise!" Durchführung von Konfliktgesprächen (strukturiert, gleicher Handlungsablauf) zur kritischen Konfrontation mit Fehlverhalten und Thematisierung der Methode (Beleidigen, Schlagen) der Austragung des Konflikts: Egal wer angefangen hat, beide haben sich unerlaubter Mittel bedient.
- Wöchentliches gemeinsames Ordnen unter der Bank, in den Fächern im Klassenzimmer hilft allen und besonders Schülern, die Probleme mit Ordnung haben.
- Gemeinsames Ende der Stunde, des Unterrichts bestimmt die Lehrkraft strukturiert und ritualisiert durch Verabschiedung, nachdem alle aufgeräumt und Stühle hochgestellt haben.

Beratung der Schulleitung und des Kollegiums

Schüler mit Verhaltensstörungen beinträchtigen nicht nur die Mitschüler und die Klassengemeinschaft sondern auch alle Mitglieder der Schule. Vor allem vor und nach dem Unterricht sowie in den Pausen und unstrukturierten Situationen kommt es zu Konflikten. Deshalb benötigen die Klassenlehrkräfte die Unterstützung der Schulleitung und des gesamten Kollegiums, um die damit verbundenen täglichen Herausforderungen zu bewältigen:

- Die Schulleitung ist über alle Schüler mit emotionalem und sozialem Förderbedarf informiert und unterstützt die Lehrkräfte bei Maßnahmen individuell, auf Klassen- und auf Schulebene sowie bei Elterngesprächen.
- Schwierige Schüler regelmäßig in Lehrerkonferenzen besprechen und gemeinsam Lösungen erarbeiten;
- Klassenkonferenzen mit allen beteiligten Lehrkräften, damit alle auf dem gleichen Erkenntnisstand sind und gemeinsam individuelle und allgemeine Maßnahmen für die Klasse festlegen; vor allem die Fachlehrkräfte benötigen im Umgang mit verhaltensauffälligen Schülern Unterstützung, da sie wenige Stunden in der Klasse unterrichten, Klassenzusammensetzung und Räumlichkeiten verändert sind (andere Rituale und Strukturen) sowie der Beziehungsaufbau zum Schüler dadurch erschwert wird.
- Wechselseitige Hospitationen im Unterricht durch Kollegen zur Beobachtung und Beratung ermöglichen.
- Bei dauerhafter massiver Störung des Fachunterrichts mit Zustimmung der Eltern eine zeitlich begrenzte Herausnahme vom Fachunterricht vereinbaren (z.B. Schüler geht mit Klassenlehrkraft in andere Klasse).
- Kürzere Beschulung mit Zustimmung der Eltern festlegen, wenn der Schüler sich zum Beispiel nur die ersten drei oder vier Stunden konzentrieren und mitarbeiten kann; hier ist die Zusammenarbeit mit dem Hort oder der heilpädagogischen Tagesstätte sinnvoll (falls vorhanden). Schüler wechselt nach kürzerer Beschulung in den Hort und arbeitet dort unter Einzelförderung.
- Zusammensetzung der Klassen gemeinsam in der Lehrerkonferenz und den Klassenlehrkräften planen.
- Bei Störverhalten Schüler in andere Klasse setzen (stunden-, tage-, wochenweise); vorher Stundenplan schriftlich festlegen, wann und wohin der Schüler geht; dem Schüler und den Eltern die Maßnahme als Prävention transparent verdeutlichen; es ist keine Strafmaßnahme.
- Auch wenn der Schüler in einer anderen Klasse die Arbeit verweigert und einzeln nichts lernt, ist die Maßnahme sinnvoll, da die Klasse ein Recht auf ungestörten Unterricht hat.
- Versetzung des Schülers in Parallelklasse, wenn Unterricht ständig verhindert wird und ein Beziehungsaufbau zwischen Lehrkraft und Schüler nicht gelingt.

- Entwicklung eines gemeinsamen Schulkonzepts zur Förderung von Schülern im Bereich der emotionalen und sozialen Entwicklung.
- Einsatz von Mentoren: Schüler aus höheren Jahrgangsstufen betreuen jüngere Schüler (auch in der Pause); Zusammenarbeit von Grund- und Mittelschule, falls beide in einem Schulgebäude sind.

Aufsicht und Struktur in Pausen, Übergangssituationen:
- Arbeitsrechtlich steht jedem Arbeitnehmer bei einer Arbeitszeit von mehr als sechs Stunden eine halbstündige Pause zur Verfügung (ArbZG §4 Ruhepausen). Die Lehrkraft steht innerhalb der sechs Stunden den Schülern zur Verfügung. Gemeinsam mit dem Kollegium sollten individuelle Möglichkeiten der Pause für jede Lehrkraft gefunden und in einer Konferenz beschlossen werden.
- Gemeinsames Pausenkonzept erarbeiten und Pausenhof in einzelne Bereiche mit Angeboten einteilen: Ruhezonen, Spielzonen, Fußball, Basketball etc.; genügend Aufsicht an diesen Plätzen bereitstellen.
- Lehrkraft bringt Klasse geordnet in die Pause und holt sie wieder ab.
- Schüler haben ein Recht auf Pause, deshalb ist Nacharbeit etc. in dieser Zeit nicht erlaubt. An welchem Ort die Pause jedoch zu verbringen ist, entscheidet die Lehrkraft mit Kollegium und Schulleitung. Manche Schüler sind mit Pausensituationen überfordert. Sie benötigen eine besondere Betreuung z.B. vor dem Sekretariat oder dem Lehrerzimmer, in einem Klassenzimmer unter Aufsicht mit Angeboten. Eine andere Möglichkeit ist, dass die Lehrkraft täglich den Schüler in die Pause begleitet und mit ihm verbringt.

Schulinterne Unterstützung:
- Einschaltung von Beratungslehrkräften und Schulpsychologen (siehe „Zusammenarbeit mit inner- und außerschulischen Stellen").

Unterstützung durch die Förderzentren:
- Beantragung von AsA (Alternatives schulisches Angebot) über das Schulamt: Fünf Stunden einer erfahrenen Lehrkraft der Regelschule und fünf Stunden einer Lehrkraft der Förderschule stehen wöchentlich zu festgelegten Zeiten zur Verfügung für Unterstützung und Beratung auf allen Ebenen im Umgang mit dem Förderschwerpunkt emotionale und soziale Entwicklung.

Unterstützung durch die Jugendhilfe:
- Beantragung von Schulsozialarbeit/Jugendamt an der Schule

Elternarbeit

Die Eltern sind als Experten ihrer Kinder regelmäßig zur Zusammenarbeit und Unterstützung mit einzubeziehen:

- Entscheidend für eine gelungene Zusammenarbeit ist die Überzeugung der Eltern, dass die Maßnahmen der Schule nicht gegen sie und ihr Kind gerichtet sind, sondern zur Integration an der Regelschule beitragen. Deshalb liegt der Schwerpunkt auf gemeinsamer Lösungsorientierung, anstatt die Schuldfrage zu stellen und sich wechselseitig Schuld zuzuweisen.
- Da es um eine Änderung des Verhaltens der Schüler geht, sind sie entweder von Beginn an oder zu einem späteren Zeitpunkt miteinzubeziehen (ab erster bis neunter Klasse).
- Vereinbarung von Zielen, die erreichbar sind; Ziele schriftlich festlegen mit Aufgabenverteilung (Wer macht was bis wann?) und neuer Terminvereinbarung (vgl. Anhang „Förderplan").
- In schwierigen Situationen ist eine tägliche Rückmeldung an die Eltern bzw. wöchentliche gemeinsame Eltern-Lehrkraft-Schulleiter-Schüler-Gespräche zur Lösung der Probleme (eventuell Therapeuten, Fachärzte mit einbeziehen) notwendig.
- Abholung aus dem Unterricht und kürzere Beschulung erfordern die Zustimmung der Eltern.
- Bei dem Förderschwerpunkt emotionale und soziale Entwicklung geht es auch um Empfehlungen, welche Stellen die Eltern außerhalb der Schule aufsuchen können für eine kinder- und jugendpsychiatrische Diagnostik sowie Hilfe für zu Hause durch Erziehungsberatung, Sozialbürgerhaus und Jugendamt.

Einschaltung des MSD/Schnittstelle zu Beratungslehrkräften und Schulpsychologen

Der MSD für emotionale und soziale Entwicklung unterstützt die allgemeinen Schulen bei der Unterrichtung von Schülern mit diesem sonderpädagogischen Förderbedarf (Schüleranteil mit sonderpädagogischem Förderbedarf insgesamt: ca. 5 Prozent). Vor der Einschaltung des MSD sind die der Regelschule zur Verfügung stehenden Beratungslehrkräfte und Schulpsychologen zur Unterstützung und Förderung hinzuzuziehen.

Aufgaben der Klassenlehrkraft sind:
- „Sorgfältige Beobachtung des Kindes
- Beschreiben auffälliger Verhaltensweisen
- Feststellen des Leistungsstandes
- Planen von Strategien zur Förderung
- *Einbeziehung der Beratungslehrkräfte und Schulpsychologen*
- Zusammenarbeit mit der Schulberatungsstelle
- Gespräche mit den Eltern
- Rechtzeitige Information der Schulleitung"
(MSD KONKRET 1, Herausgeber ISB, 2015, S. 5, 6)

Aufgaben des MSD:
- Wenn die Verhaltensauffälligkeiten trotz vielfältiger Fördermaßnahmen der Regelschule weiterhin bestehen, hat die Schule die Möglichkeit, den MSD mit dem Förderschwerpunkt emotionale und soziale Entwicklung zur Beratung und Unterstützung einzuschalten.
- Die Klassenlehrkraft wendet sich mit Einverständnis der Schulleitung an den zuständigen MSD (FZ emotionale und soziale Entwicklung oder SFZ Lernen, Sprache, emotionale und soziale Entwicklung im Sprengel). Nach Eingang eines ausgefüllten Fragebogens zur Anmeldung nimmt der MSD Kontakt mit der Klassenlehrkraft auf und vereinbart einen Termin zur Hospitation (mindestens zwei UZE in den Hauptfächern) und zur Beratung der Lehrkraft (ca. zwei UZE). Die Eltern werden darüber informiert, dass der MSD eingeschaltet ist. Sie müssen nicht damit einverstanden sein. Es ist jedoch sinnvoll, die Eltern davon zu überzeugen, dass eine Zusammenarbeit im Sinne ihres Kindes/Jugendlichen notwendig ist. Die Beratung schließt die individuelle, Klassen- und Schulebene sowie die Empfehlung der Einschaltung außerschulischer Unterstützungssysteme ein.
- Eine wöchentliche Einzelförderung durch den MSD ist vom zeitlichen Umfang her nicht zu leisten. Einzelbetreuung ist in der Regel auch nicht zielführend, da der Schüler sich in der Einzelsituation oft einsichtig zeigt und nach Rückkehr in den Klassenverband so agiert wie vorher.
- Der MSD beobachtet den Schüler in der Klasse in der Interaktion mit den Lehrkräften und Mitschülern unter der Fragestellung, ob der Schüler unabhängig von der Situation in der Klasse Verhaltensauffälligkeiten zeigt, die in mehreren Situationen und bei unterschiedlichen Personen auftreten. Es gilt Unterrichtsstörungen als Folge von *Verhaltensstörung* von *Disziplinlosigkeit* als Folge mangelnder Struktur, Fehlen von Classroom-Management und mangelnde Konsequenz bei Einhaltung von Regeln etc. zu unterscheiden. Im letzteren Fall liegt kein sonderpädagogischer Förderbedarf vor. Die

Lehrkraft kann durch das der Schule zur Verfügung stehende Beratungspersonal unterstützt werden.
- Die Regelschule kann unter Einbeziehung der Lehrkräfte und Erziehungsberechtigten die Erstellung eines Förderdiagnostischen Berichts bei Bedarf beantragen. Der Förderdiagnostische Bericht enthält Aussagen zur Feststellung des sonderpädagogischen Förderbedarfs und zu den Inhalten und Zielen der sonderpädagogischen Förderung für den einzelnen Schüler.
- Bei Beantragung eines Schulbegleiters kann der MSD eine Stellungnahme zur Notwendigkeit des Einsatzes eines Schulbegleiters schreiben, die die Art des sonderpädagogischen Förderbedarfs und der sonderpädagogischen Förderung, die Aufgaben eines Schulbegleiters sowie den zeitlichen Umfang enthält.
- Bei Überweisung an ein Förderzentrum ist eine Stellungnahme des MSD beizufügen.
- Fortbildungsangebote zu verschiedenen Themen des Förderschwerpunktes emotionale und soziale Entwicklung: ADHS, Verhaltensstörungen, FIT for V Fortbildung, Information, Training zum kompetenten Umgang mit verhaltensauffälligen Schülern etc.
- Zur Diagnostik von Verhaltensstörungen ist in der Regel eine kinder- und jugendpsychiatrische Untersuchung sowie der § 35 a SGB VIII notwendig. Deshalb ist den Eltern zu empfehlen, sich dorthin zu wenden.

Grenzen der Unterstützung durch den MSD:
Wenn die Schülerin oder der Schüler sich auf die Rahmenbedingungen des Schulsystems nicht einlässt und der individuelle sonderpädagogische Förderbedarf nach Ausschöpfung der an der Schule vorhandenen Unterstützungsmöglichkeiten nicht hinreichend gedeckt werden kann und
1. dadurch in der Entwicklung gefährdet ist
oder
2. die Rechte von Mitgliedern der Schulgemeinschaft erheblich beeinträchtigt, besucht sie oder er die geeignete Förderschule (BayEUG Art. 41).

Zusammenarbeit mit inner- und außerschulischen Stellen:
Beratungslehrkräfte und Schulpsychologen beobachten, beschreiben und dokumentieren auffällige Verhaltensweisen und diagnostizieren mithilfe des MSD den sonderpädagogischen Förderbedarf. Zur Klärung der Ursache und Feststellung des psychischen Störungsbildes, zur Klassifizierung nach ICD-10 und DSM-IV, zur medizinischen Behandlung und Einleitung therapeutischer Maßnahmen ist die Einschaltung von Fachärzten, Kinder- und Jugendpsychiatern und Psychotherapeuten notwendig:

- Schüler mit dem sonderpädagogischen Förderschwerpunkt emotionale und soziale Entwicklung zählen in der Regel zum Personenkreis des § 35a SGB VIII. Ihre seelische

Gesundheit weicht mit hoher Wahrscheinlichkeit länger als sechs Monate von dem für ihr Lebensalter typischen Zustand ab. Die Teilhabe am Leben in der Gesellschaft ist beeinträchtigt oder die Beeinträchtigung ist zu erwarten.
- Die Feststellung des § 35a erfolgt in der Regel durch den Kinder- und Jugendpsychiater.

Diese Kinder und Jugendlichen haben einen Anspruch auf Eingliederungshilfe, die sich nach Bedarf im Einzelfall richtet:

- Ambulante Erziehungshilfe
- Heilpädagogische Tagesstätte
- Schulbegleiter
- Die Zusammenarbeit mit dem Sozialbürgerhaus/Jugendamt, Kinder- und Jugendpsychiatrie (ambulant/stationär) sowie anderen Fachärzten und Therapeuten mit Zustimmung der Erziehungsberechtigten ist daher in der Regel sinnvoll.

Literatur:
MSD Konkret 1, ISB, Inklusion zum Nachschlagen, München 2015

Bayerisches Staatsministerium für Bildung und Kultus, Wissenschaft und Kunst, Stand Juli 2015

Mobile Sonderpädagogische Dienste: MSD-Rundbrief Nr. 25, Alle Förderschwerpunkte Ausgabe Oberbayern, März 2015

Autoreninfo
Mechthild Keßelring, Studienrätin, ist an der Prof.-Otto-Speck-Schule, dem einzigen staatlichen Förderzentrum für emotionale und soziale Entwicklung in Bayern tätig; Arbeit im Beratungszentrum und Einsatz im MSD.

Anhang

Tischziele Klasse 7

- ✓ Ich melde mich leise im Unterricht.
- ✓ Wenn ich eine Anweisung bekomme, dann befolge ich sie sofort ohne Diskussion.

Ahmet

- ✓ Wenn ich mich über etwas ärgere, dann sage ich es in einem respektvollen Ton.
- ✓ Ich arbeite im Unterricht mit und erledige auch schriftliche Aufgaben.

Mathias

- ✓ Ich melde mich leise im Unterricht.
- ✓ Wenn ich eine Anweisung bekomme, dann befolge ich sie sofort.

Benjamin

- ✓ Ich melde mich leise im Unterricht.
- ✓ Wenn ich mich provoziert fühle, dann atme ich tief durch und ignoriere es.

Henry

- ✓ Wenn ich anderen einen Tipp geben möchte, dann spreche ich ruhig und freundlich.
- ✓ Nach der Pause setze ich mich leise an meinen Tisch und achte nur auf mich.

Alex

Verhaltensvertrag

Mein Vertrag

1. Ich melde mich leise und warte, bis ich aufgerufen werde.
2. Ich befolge die Anweisungen aller Lehrkräfte sofort und ohne Diskussion.
3. Ich spreche mit Mitschülern und Lehrkräften respektvoll (Blickkontakt, freundlicher Ton)
4. Ich gehe in die Pause mit der Lehrkraft und bleibe bei ihr.
5. Wenn ich mich nicht bei der Lehrkraft aufhalte, habe ich am nächsten Tag Innenpause unter Aufsicht.

Wenn ich mich nicht an die Punkte 1–3 halte, muss ich das Klassenzimmer verlassen. Meine Eltern werden informiert. Ich warte vor dem Sekretariat, bis ich abgeholt werde.

Wenn ich mich an die Punkte 1–3 halte, darf ich eine Stunde zusätzlich in WTG oder Kunst.

München, den

_____   _____
Unterschrift Schüler   Unterschrift Eltern

_____   _____
Unterschrift Klassenleitung   Unterschrift Schulleitung

Wochenbericht

Wochenbericht für _____
Woche vom _____ bis _____

Punkte gibt es für die Einhaltung der Regeln im Unterricht/Pause. Mo. – Do. sind 8 Punkte zu erreichen, Fr. 6 Punkte.

	Anwesenheit	Lern-/Leistungsverhalten	Sozialverhalten	Hausaufgaben	Schulmaterial	Punkte
Montag						◯
Dienstag						◯
Mittwoch						◯
Donnerstag						◯
Freitag						◯

Anmerkung:

Unterschrift Lehrer: _____

Unterschrift Eltern: _____

Förderplan

Grundschule – Ergebnisse des Elterngesprächs und Förderplan   Klasse: Schuljahr: **2. Halbjahr**

Abgeleiteter Förderbereich (vgl. IST-Stand)	Förderziele	Fördermaßnahmen	Evaluation der Fördermaßnahmen am
Stifte und Material liegen am Boden verstreut	Ordnung im Federmäppchen	• Bei jedem Thema-/Stundenwechsel gemeinsames Ordnen als Bewegungsspiel mit der Klasse	Entwicklung: Ansatz zur Besserung ✓ Ziel teilweise erreicht: Stifte werden weniger verloren ☐ Ziel überarbeitet und neu festgelegt ☐ Ziel vorläufig zurückgestellt
Isst nichts während Brotzeit, verstreut Speisen um sich	Appetitliches Essen in der Brotzeitpause am Platz	• Brotzeitbox wird nach 10 Minuten geschlossen und weggepackt • Kleine Brotzeit, geschnittenes Obst • Hörspiel während der Brotzeit	Entwicklung: Bleibt am Platz, aber isst kaum in vorgegebener Zeit (10 Minuten) ☐ Ziel erreicht ✓ Ziel überarbeitet und neu festgelegt ☐ Ziel vorläufig zurückgestellt
Schrift wird schlechter, schreibt immer weniger, Hausaufgabe wird nicht immer aufschreiben	Sofortiger Beginn mit Schreiben und Weiterarbeiten (Buchstaben, Wörter, Zahlen) Hausaufgabe aufschreiben	• Schülerin schreibt für S HA ins HA-Heft • LK notiert im Heft bzw. Arbeitsblättern bei Nicht-Bearbeitung; S schreibt das noch nach!	Entwicklung: _____ ☐ Ziel erreicht ✓ Ziel überarbeitet und neu festgelegt ☐ Ziel vorläufig zurückgestellt
S macht überwiegend nichts, spielt im Eck, möchte in der Klasse sein, tobt, wenn er Klasse verlassen muss. bei Proben fühlt er sich nicht wohl und möchte nach Hause	Tischziel: 1. Ich arbeite mit und zeige der Lehrerin was ich kann 2. Ich beginne sofort mit der Arbeit und führe sie zu Ende Mitschreiben von Proben	• Aufmerksamkeit der LK bei Beginn mit der Arbeit durch beschreibendes Lob für positives Verhalten • Ignoranz der LK: kein ständiges Auffordern zur Mitarbeit • S darf nach Hause, nachdem er die Probe geschrieben hat (Problem ist dann meistens erledigt!)	Entwicklung: S arbeitet mündlich mit, arbeitet an manchen Tagen von selbst, hat Mathe- und Deutschprobe im Dreier-Bereich geschrieben ☐ Ziel erreicht ✓ Ziel überarbeitet und neu festgelegt ☐ Ziel vorläufig zurückgestellt

Vereinbarungen mit der Lehrkraft:	Vereinbarungen mit EZB
Wenn Ignorieren der Arbeitsverweigerung nicht hilft, erfolgt nächste Stufe: S hat die Wahl: a) in der Klasse zu bleiben und mitzuarbeiten oder b) die Klasse zu verlassen und in einer anderen Klasse zu arbeiten Bei Weigerung, die Klasse zu verlassen, wird Kilian nach telefonischer Verständigung von EZB abgeholt (nach terminlicher Absprache, an welchen Tagen Abholung möglich ist) Konsequenzen mit S vorher besprechen Dokumentation der Entwicklungsfortschritte durch stündliche Rückmeldung + – pro Tag durch Formblatt mit den zwei Tischzielen Vereinbarung mit LK und EZB: **Termin für Evaluation der Fördermaßnahmen am … um … Uhr an GS**	**Ergebnisse der Diagnostik:** Intelligenz im oberen durchschnittlichen Bereich Befund ohne Auffälligkeiten, Auswertung Fragebogen mit Verdacht auf ADHS Empfehlung Regelschule, evtl. HPT, ambulante Psychotherapie **Maßnahmen:** Beantragung eines Schulbegleiters beim SBH, EZB erkundigt sich nach einem geeigneten Schulbegleiter Beantragung Ergotherapie über Empfehlung der Klinik, da Therapeutin Notwendigkeit nicht gegeben sieht Beantragung einer Gruppentherapie
Ort, Datum	Unterschrift MSD esE, Lehrkraft, EZB

4.2 Erziehungsberatung – ein wichtiger Kooperationspartner für die Schulberatung

Andreas Kopp & Annemarie Renges

Abstract
In diesem Beitrag wird das vielfältige Spektrum der Erziehungsberatung dargestellt. Dies umfasst neben der Diagnostik, Beratung und Therapie außerdem die Bereiche Fachberatung und Supervision, präventive Angebote und Öffentlichkeitsarbeit. Dabei geht es auch darum, die Schnittstelle zur Schulberatung zu klären und die unterschiedlichen Zugangswege und Arbeitsweisen zu verdeutlichen. Neben weiteren Themen wie gesetzliche Grundlagen und Prinzipien der Erziehungsberatung wird abschließend die Kooperation mit den Schulen, mit dem Jugendamt und den anderen Diensten der Jugendhilfe und des Gesundheitswesens skizziert.

Vorwort
Familien, Kinder, Jugendliche und Eltern finden in vielen schulischen und persönlichen Problemlagen Unterstützung in einem differenziert ausgebauten schulischen Beratungssystem. Wenn es jedoch um weitergehende bzw. tiefer liegende persönliche und familiäre Themen geht, kommt als wichtige Anlaufstelle die Erziehungsberatung im System der Jugendhilfe in Betracht. In der Jugendhilfe findet sich eine große Vielfalt an unterschiedlichen Unterstützungsangeboten und Hilfen für Kinder, Jugendliche und ihre Familien.

In den letzten Jahren haben sich vielfältige Formen der Zusammenarbeit zwischen Jugendhilfe und Schule entwickelt. Eine wesentliche Grundlage hierzu wurde in der gemeinsamen Bekanntmachung des Kultus- und des Sozialministeriums zur „Zusammenarbeit von Erziehungsberatung und Schule" bereits 1989[1] gelegt.

Dennoch fehlt auch heute noch oft auf beiden Seiten ein differenziertes Wissen über die jeweils spezifische Arbeitsweise der Schulberatung und der Erziehungsberatung und die Möglichkeiten, die Eltern und Familien in beiden Beratungssystemen haben.

Im Folgenden werden einige wesentliche Merkmale und Arbeitsbereiche der Erziehungsberatung und der Zusammenarbeit von Erziehungsberatung und Schule und anderen Einrichtungen vorgestellt.

---

[1] Siehe Literatur.

Gesetzliche Grundlagen

Erziehungsberatung ist gesetzlich im Kinder- und Jugendhilfegesetz SGB VIII in § 28[2] geregelt. Danach sollen Erziehungsberatungsstellen und andere Beratungsdienste und -einrichtungen Kinder, Jugendliche, Eltern und andere Erziehungsberechtigte bei der Klärung und Bewältigung individueller und familienbezogener Probleme und der zugrunde liegenden Faktoren, bei der Lösung von Erziehungsfragen sowie bei Trennung und Scheidung unterstützen.

Erziehungsberatung ist nach der Förderrichtlinie des Freistaates Bayern (2006)[3] Teil der psychosozialen Grundversorgung und der Krisenhilfe für Kinder, Jugendliche und Familien. Sie ist entweder beim öffentlichen Träger, also Städten oder Landkreisen, oder bei freien Trägern[4] angesiedelt.

Das Ziel der Erziehungsberatung ist die Entwicklung von Kindern, Jugendlichen und jungen Erwachsenen „zu einer eigenverantwortlichen und gemeinschaftsfähigen Persönlichkeit" (§ 1 Abs.1 SGB VIII). Dabei kommen diagnostische, beraterische, therapeutische und pädagogische Verfahren zum Einsatz. Erziehungsberatung verfolgt darüber hinaus einzelfallübergreifende Aufgaben der Vernetzung und Prävention.

Prinzipien

Freiwilligkeit und Beratung unter Auflagen

Ein wesentliches Merkmal der Erziehungsberatung ist die Freiwilligkeit. Beratung ist dann besonders hilfreich, wenn Jugendliche und Eltern, die Unterstützung benötigen, sich aus eigener Entscheidung – „freiwillig" – zur Beratung anmelden. Einer solchen freiwilligen Inanspruchnahme kann aber auch ein Motivationsanstoß durch Dritte zugrunde liegen. Kindertagesbetreuungseinrichtungen und Schulen legen beispielsweise Eltern mehr oder weniger dringend nahe, sich beraten zu lassen, wenn Problemsituationen mit ihren Kindern deutlich zutage treten.

Es gibt allerdings auch Beratungen, die unter Auflagen stattfinden, beispielsweise aufgrund einer Anordnung des Familiengerichts oder auf der Grundlage eines Hilfeplans des Jugendamts.

---

[2] Kinder- und Jugendhilfegesetz, siehe Literatur.
[3] Siehe Literatur.
[4] Träger von Erziehungsberatungsstellen sind Verbände der freien Wohlfahrtspflege wie Caritasverband, Diakonisches Werk, Rotes Kreuz, Arbeiterwohlfahrt, Deutscher Paritätischer Wohlfahrtsverband.

Den Eltern ist dabei die Notwendigkeit der Beratung nicht immer sofort einsichtig. Sie sehen sich zur Beratungsstelle „geschickt". Die Freiwilligkeit ist dann zunächst nicht gegeben und die Fachkräfte der Erziehungsberatung müssen sich bemühen, die Bereitschaft der Betroffenen, sich auf eine Beratung einzulassen, zu gewinnen.

Niedrigschwelligkeit (Komm- und Gehstruktur) und Kostenfreiheit
Erziehungsberatung zählt zu den „niederschwelligen" Leistungen, denn Eltern und andere Erziehungsberechtigte können die Unterstützung durch Beratung direkt in Anspruch nehmen, das heißt ohne einen Antrag beim Jugendamt zu stellen. Damit ist eine frühe Hilfe möglich, und die Ressourcen des familiären Systems können aktiviert werden, bevor sich die Problematiken weiter verschärfen.

Erziehungsberatung findet in der Regel in der Erziehungsberatungsstelle statt *(Komm-Struktur)*. In besonderen Einzelfällen finden auch Hausbesuche statt. *Aufsuchende Arbeit* sind darüber hinaus allgemeine Sprechstunden in Kindertagesstätten, Kindergärten, Familienstützpunkten und Schulen. Bei Familien mit besonderen Belastungen werden an manchen Beratungsstellen spezielle Sprechstunden und Kooperationen entwickelt, wie beispielsweise mit der Erwachsenenpsychiatrie bei Familien mit einem psychisch erkrankten Elternteil, mit dem Netzwerk Frühe Hilfen bei Eltern von Schreibabys und bei jugendlichen Müttern oder mit migrationsspezifischen Hilfenetzen bei benachteiligten Familien mit Migrationshintergrund oder bei Flüchtlingsfamilien.

Eine wachsende Bedeutung kommt auch den sog. „Neuen Medien" zu, über die vor allem Jugendliche und jüngere Eltern besser erreicht werden können. Die Online-Beratung der Bundeskonferenz für Erziehungsberatung (bke)[5] ist dazu ein Beispiel, das dem Prinzip der Niedrigschwelligkeit und dem veränderten Kommunikationsverhalten von Eltern und jungen Menschen Rechnung trägt.

Alle Formen der Beratung erfolgen *kostenlos*.

Verschwiegenheit
Die Beratungsfachkräfte unterliegen dem Vertrauensschutz nach § 65 SGB VIII und der Schweigepflicht (§ 203 Abs.1, 4. STGB Verletzung von Privatgeheimnissen). Die Grundvoraussetzung für einen gelingenden Beratungsprozess ist das Vertrauensverhältnis zwischen Ratsuchenden und Beratenden, das auch die Schweigepflicht beinhaltet. Die Weitergabe von Informationen an Dritte über Beratungsinhalte ist nur dann möglich und zulässig,

---

[5] Siehe Literatur.

wenn die Betroffenen ihr Einverständnis erklärt haben. Dabei ist jeweils zu klären, welche Informationen weitergegeben werden dürfen und welche nicht. Eine solche Entbindung von der Schweigepflicht kann von den Klienten jederzeit widerrufen werden.

Anders verhält es sich jedoch im Fall einer **Kindeswohlgefährdung**. Wenn das Wohl eines Kindes oder Jugendlichen nicht durch die Beratung oder die Weitervermittlung an eine geeignete Einrichtung geschützt werden kann und die Beratungsfachkraft das Tätigwerden des Jugendamtes für erforderlich hält, ist sie befugt, das Jugendamt (ggf. auch ohne Zustimmung der Eltern) zu informieren [6].

Multidisziplinäres Team
Die Erziehungsberatung erfolgt durch ein multidisziplinäres Team, das sich vorrangig aus Fachkräften der Psychologie und der Sozialen Arbeit zusammensetzt und mit unterschiedlichen methodischen Ansätzen, zum Beispiel aus der Verhaltenstherapie, Systemischen (Familien-)Therapie, Gesprächspsychotherapie sowie Psychoanalyse und tiefenpsychologischen Verfahren, vertraut ist. Konsiliarisch arbeiten im Einzelfall auch Fachkräfte der Medizin und der Rechtswissenschaften (insbesondere im Zusammenhang mit der Trennungs- und Scheidungsberatung) mit.

Ergänzt werden diese Fachkräfte durch eine entsprechend qualifizierte Verwaltungsfachkraft bzw. Teamassistenz, die in der Regel die erste Kontaktperson für die Ratsuchenden ist.

Zu den Qualitätsstandards für Erziehungsberatungsstellen zählen regelmäßige Fallbesprechungen des Teams und externe Supervision.

Ziele
Erziehungsberatungsstellen unterstützen Kinder, Jugendliche, Eltern und andere Erziehungsberechtigte bei der Klärung und Bewältigung individueller und familienbezogener Probleme, wie

- *körperliche Auffälligkeiten*
  z.B. Schlafstörungen, Essstörungen, körperliche Behinderungen
- *Entwicklungsverzögerungen*
  z.B. Verzögerungen der motorischen Entwicklung oder im Bereich der Wahrnehmung

---

[6] §4 Abs. 3 KKG (Gesetz zur Kooperation und Information im Kinderschutz).

- *emotionale Probleme des Kindes oder Jugendlichen*
  z.B. Ängste, Situationsvermeidungen, Traurigkeit, Selbstwertunsicherheit, Zwangsgedanken und Zwangshandlungen
- *Auffälligkeiten im Sozialverhalten*
  z.B. aggressives Verhalten, Gehemmtheit, Isolation, Stehlen, Lügen, Geschwisterrivalität
- *Suchtprobleme, Drogenmissbrauch*
- *Sprachschwierigkeiten*
  z.B. Stottern, Sprachverweigerung, übermäßiges Reden
- *Schwierigkeiten mit Leistungsanforderungen*
  z.B. Konzentrationsstörungen, Gedächtnisstörungen, Teilleistungsschwäche, Prüfungsangst
- *Trennung / Scheidung*
  z.B. (vorübergehende) Trennung der Eltern, Scheidung,
- *Verlust*
  z.B. Tod eines Elternteils oder eines Geschwisters oder einer wichtigen Bezugsperson
- *schwierige Familiensituationen*
  z.B. Konflikte zwischen den Eltern, Alkoholprobleme, Medikamenten- oder Drogenmissbrauch eines Elternteils, Arbeitslosigkeit, Multiproblemsituationen
- *Probleme im Sexualverhalten oder beim Aufbau von Partnerschaftsbeziehungen*
  z.B. Probleme bei der Übernahme der eigenen Geschlechterrolle, Schwierigkeiten im Verhältnis zum anderen Geschlecht
- *sonstige Probleme*

Zielgruppe
Dementsprechend richtet sich Erziehungsberatung an

- Eltern, Personensorgeberechtigte, Erziehungsberechtigte (z.B. Großeltern, Pflegeltern, Adoptiveltern)
- Kinder und Jugendliche
- Eltern in Trennungs- und Scheidungssituationen und bei Fragen zur Umgangsgestaltung
- Eltern mit einer Behinderung oder Eltern behinderter Kinder
- Flüchtlingsfamilien
- Fachleute aus den Bereichen der Kinderbetreuung und aus den Schulen

Zugang zur Beratung
In der Regel melden sich Eltern oder auch Jugendliche selbst telefonisch oder persönlich bei der Beratungsstelle an und erhalten dann einen Termin für ein erstes Gespräch.

Die Anmeldung kann auch durch Fachkräfte anderer Einrichtungen initiiert und unterstützt werden. In einzelnen Fällen kann es sehr hilfreich sein, das erste Gespräch gemeinsam mit der vermittelnden Fachkraft, der Fachkraft der Erziehungsberatungsstelle und der Familie zu führen.

Unabhängig davon, ob die Ratsuchenden Selbstanmelder sind, auf Empfehlung beispielsweise von Kindergarten oder Schule kommen oder auch vom Jugendamt oder Gericht geschickt werden, immer geht es darum, zuerst den *Beratungsauftrag* zu klären und dann die nächsten Schritte zu planen.

In diesem *Clearingprozess* kann je nach Fall eine Diagnostik, eine nachfolgende Beratung oder Therapie in der Beratungsstelle oder eine Weitervermittlung an andere Fachkräfte zum Beispiel im Gesundheitswesen folgen.

Folgende Angebote macht grundsätzlich jede Erziehungsberatungsstelle:

Diagnostik
Diagnostik erfolgt nach Bedarf, das heißt nach der Klärung im Erstgespräch oder auch durch die Empfehlung einer anderen Institution. Begleitende Fachgespräche und Kooperation mit Erziehenden, Lehrkräften, Ärzten u. a. mit schriftlicher Schweigepflichtsentbindung sind Bestandteil des diagnostischen Prozesses.

An der Schnittstelle zu Beratungsdiensten der Schule geht es darum, ergänzende Testungen durchzuführen oder auch in Absprache Doppeltestungen zu vermeiden.

Die Diagnostik in der Erziehungsberatung beinhaltet drei miteinander zusammenhängende Bereiche[7]:

- Die *Individual-/Entwicklungsdiagnostik* (Individuum) zur Klärung eines Unterstützungs- und Förderbedarfs; hierzu gehören Entwicklungstests (Motorik, Wahrnehmung, Konzentration), Intelligenz- und Leistungstests, Fragebogenverfahren für Kinder und Jugendliche zur Feststellung klinischer Auffälligkeiten, Verfahren zur Feststellung einer Legasthenie und Dyskalkulie, Elternfragebogen zur kindlichen Entwicklung und zu Erziehungsvorstellungen, orientierende/projektive Verfahren.
- Methoden der *Beziehungsdiagnostik* (Familie) sind Verhaltensbeobachtungen, Explorationen, Beziehungsinterviews, klinische Interviews, Videos von Interaktionssituationen

---

[7] Ausführliche Beschreibung in der Broschüre der LAG „Diagnostik in Erziehungsberatungsstellen", siehe Literatur.

(Bindungsdiagnostik), projektive Verfahren bzgl. der Familienbeziehungen, standardisierte Verfahren zur Familiendiagnostik etc.
- *Einschätzungen zum sozialen Umfeld* der Ratsuchenden; Beachtung finden dabei die sozioökonomische Situation des Kindes und der Familie, Integration und Teilhabemöglichkeiten, soziale Isolation, soziale Infrastruktur und Netzwerke, Arbeit. Dimensionen der Einschätzung sind die materielle Grundversorgung der Familien (Wohnen, Essen, Kleidung), Gesundheit, kulturelle Förderung und Art und Umfang sozialer Beziehungen.

Zusätzlich finden in entsprechenden Fällen laufend *Einschätzungen zur Gefährdungssituation* statt. Methoden sind z.B. Teile der sozialpädagogischen Diagnosetabellen des Bayerischen Landesjugendamtes[8], Einschätzungsverfahren zur Kindeswohlgefährdung, Achse V der ICD-10. Verpflichtend für die Erziehungsberatungsstellen sind dabei die Vereinbarungen zum §8a SGB VIII, die die Jugendämter mit den Trägern der Beratungsstellen abgeschlossen haben.

Beratung und Therapie
Beratung und Therapie in unterschiedlichen Settings sind die Kernaufgaben der Erziehungsberatung und werden von jeder Beratungsstelle in folgenden Formen angeboten:

- Beratung in Fragen der Erziehung für Eltern allein oder in Gruppen
- Beratung für Jugendliche und junge Erwachsene bei persönlichen Fragen und bei Fragen zu Schule, Arbeit, Freundschaft, Partnerbeziehung und familiären Konflikten
- Familienberatung und -therapie
- Spieltherapie und/oder (heil-)pädagogische Förderung von Kindern – einzeln und in der Gruppe
- Begleitung und Beratung bei Trennung und Scheidung und bei Fragen des Umgangs
- begleiteter Umgang zwischen Elternteil und Kind nach einer Trennung/Scheidung
- Onlineberatung: virtuelle Beratungsstelle der bke/Bundeskonferenz für Erziehungsberatung (Es werden moderierte Gruppenchats, E-Mail-Beratung, Einzelchats und moderierte Internetforen angeboten.)[9]
- Krisen- und Notfallberatung bei akuten Problemen
- Gefährdungseinschätzung
- Fallbezogene Beratung und Kooperation mit Fachkräften Erziehenden, Lehrkräften, Ärzten u.a.) – anonymisiert oder mit Schweigepflichtsentbindung

---

[8] Siehe Literatur.
[9] www.bke-beratung.de; siehe Literatur.

Die *Trennungs- und Scheidungsberatung* nimmt in der Erziehungsberatung inzwischen einen sehr großen Raum ein. Dabei entschließen sich viele Familien selbst zu einer Beratung und melden sich freiwillig an. Ein steigender Teil an Familien wird jedoch von anderen Einrichtungen und Diensten an die Erziehungsberatung vermittelt. Die allgemeinen sozialen Dienste (ASD) der Jugendämter sind in diesem Arbeitsfeld ein wichtiger Kooperationspartner.

In der Beratung geht es dabei u.a. um die Trennung von Paar- und Elternebene, die elterliche Kommunikation bei unterschiedlichen Lebens- und Erziehungsvorstellungen, die Gestaltung des Trennungsprozesses und die angemessene Information und Einbeziehung der Kinder dabei.

Im Falle einer Trennung und Scheidung werden die Eltern bei der Entwicklung eines einvernehmlichen Konzepts für die Wahrnehmung der elterlichen Sorge und bei der Gestaltung von Umgangskontakten unterstützt und gegebenenfalls bei der kindgerechten Umsetzung von vereinbarten Umgangsregelungen und der Anbahnung von Besuchskontakten begleitet.

Werden die Eltern vom Familiengericht zur Beratung geschickt, so erfordert dies eine sehr gut abgestimmte Kooperation in der Verantwortungsgemeinschaft von Familiengericht, Jugendamt und Erziehungsberatungsstelle.

Daneben gibt es eine Vielzahl an *weiteren Problemhintergründen* und Themen, die in der Beratung vorkommen. Dabei kann es um übersteigerten Medienkonsum von Jugendlichen, schulische Probleme, traumatische Erlebnisse, Gewalt- und Missbrauchserfahrungen, Radikalisierung von Jugendlichen in rechtsextremen und religiösen Gruppen, Eltern mit psychischen Erkrankungen, Suchterkrankungen oder chronische Krankheiten, migrations- oder fluchtspezifische Themen, Gefährdungsfälle, Fälle mit sexuellem Missbrauch oder Verdacht und vieles mehr gehen.[10]

Viele Beratungsstellen bieten auch pädagogisch-therapeutische Gruppen für Kinder und Jugendliche an, in denen sie begleitet und gefördert werden und ihre Ressourcen kennen- und einsetzen lernen.

---

[10] In den Jahresberichten der Erziehungsberatungsstellen sind die regional spezifischen Themen aufgeführt; sie stehen in der Regel als Download bei den regionalen Trägern zur Verfügung.

Beispiele solcher Angebote sind:
- Pädagogisch-therapeutische Gruppenangebote zu bestimmten Themen und Problembereichen (z.B. Scheidungskinder, Sozialverhalten/Sozialkompetenz; Schüchternheit/Ängste; Psychomotorik, psychisch kranke Eltern, Pflegekinder, Flüchtlingskinder)
- Pädagogische und fördernde Unterstützung für Kinder und Jugendliche in Zusammenhang mit konkreten Förderbereichen der Kognition, Emotion oder des Sozialverhaltens (z.B. Konzentrationstraining; Lernen lernen; Emotionsregulation und Selbstmanagement; positiver Umgang mit Gleichaltrigen)

Fallbezogene Fachberatung und Supervision für Fachkräfte
Neben der Beratung von Eltern, Kindern und Jugendlichen nimmt auch der Austausch bei gemeinsamen Fällen und die fallbezogene Beratung und Supervision für Fachkräfte einen wichtigen Stellenwert ein. Die Beratungstätigkeit bezieht sich hierbei insbesondere auf

- den fachlichen Austausch und Unterstützung für Erziehende, Lehrkräfte, Pflegeeltern und andere Fachkräften, die mit Kindern und Jugendlichen arbeiten
- Supervision und fachliche Beratung in schwierigen Einzelfällen
- Unterstützung bei schweren Krisen, zum Beispiel bei einem Suizidversuch, einem Todesfall, bei Verdacht auf sexuelle Gewalt oder bei schweren Konflikten in der Einrichtung
- Beratung bei Fragen des Kinderschutzes und des Kindeswohls als notwendige Voraussetzung für ein sicheres Handeln.

Sowohl persönlich als auch telefonisch können sich z.B. Lehrkräfte bei einzelnen Fällen oder bestimmten Konstellationen an eine Fachkraft der Beratungsstelle wenden. Damit wird eine sinnvolle Ergänzung zu den schulischen Beratungsdiensten geschaffen.

An manchen Beratungsstellen stehen Erziehungsberatungsstellenfachkräfte auch als *„insoweit erfahrene Fachkräfte"* nach § 8b SGB VIII zur Verfügung. Lehrkräfte und andere Fachkräfte haben Anspruch auf Beratung durch eine insoweit erfahrene Fachkraft, wenn sie bei einem Kind oder Jugendlichen und seiner Familie **Anhaltspunkte für eine Gefährdung des Kindeswohles** erkennen. Die insoweit erfahrene Fachkraft berät bei der Einschätzung der Gefährdungslage und bei der Klärung des weiteren Vorgehens. Für Lehrkräfte wie für die schulischen Beratungsdienste ist es auf jeden Fall sinnvoll, die Zuständigkeiten und das Procedere in der jeweiligen Region zu klären und damit für Lehrkräfte eine größere Handlungssicherheit in kritischen Fällen zu schaffen. Besonders wichtig ist dabei, darüber zu informieren, wer die im Einzugsbereich zuständigen insoweit erfahrenen Fachkräfte sind.

4 Netzwerkpartner

Präventive Angebote

Jede Beratungsstelle bietet auch vorbeugende Hilfen im Bereich der Erziehung an und wirkt im psychosozialen Netzwerk mit. Hierzu gehören

- *Themenorientierte Elternabende* in Kindergärten, Schulen, Volkshochschulen und Vorträge über spezielle pädagogische oder psychologische Fragestellungen.
- *Elterngruppen*
  (Eltern von ADHS-Kindern, Alleinerziehende, Pflegeeltern usw.)
- *Elternkurse*, zum Beispiel
  KiB – Kinder im Blick[11]: Dieser Kurs richtet sich an getrennt lebende Eltern; er hat das Ziel, Eltern bei einem respektvollen und fairen Umgang mit dem anderen Elternteil zu unterstützen und ihnen dabei zu helfen, ihre Kinder bei der Bewältigung der Trennungskrise zu begleiten.
  Familienteam[12]: In diesem Training zur Stärkung der Erziehungskompetenz eignen sich Eltern in praktischen Übungen und Theorieeinheiten neue Fähigkeiten zur Stärkung der Erziehungskompetenz an.

Abbildung 1: Elternabend Junge Flüchtlinge in Pflegefamilien

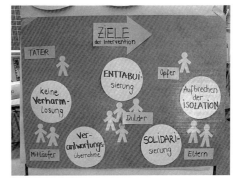

Abbildung 2: Elternabend Mobbing unter Schülern

---

[11] Dieser Elternkurs wird an vielen Beratungsstellen angeboten; er wurde entwickelt in Zusammenarbeit von Familien-Notruf München und der Ludwig-Maximilians-Universität München, Abt. für Psychologie und Pädagogik. Infos unter www.kinderimblick.de.

[12] Vgl. hierzu: Johanna Graf: Familienteam – das Miteinander stärken. Freiburg 2005.

Kindergruppen

Die pädagogisch-therapeutischen Gruppenangebote wurden bereits oben beschrieben. Auch hier bieten Erziehungsberatungsstellen entsprechend dem Bedarf und den personellen Möglichkeiten Gruppen für unterschiedliche Altersgruppen (Vorschulbereich, Grundschulalter, Pubertät) und für unterschiedliche Themen (z.B. Mädchen- oder Jungengruppen, Sozialkompetenztraining usw.) an.

Weitere Gruppen für Kinder, Jugendliche oder Eltern werden entsprechend dem regionalen Bedarf durchgeführt.

- *Schulprojekte*
  Wenn bestimmte Themen in einer Schule brisant sind, beispielsweise Mobbingentwicklungen, traumatische Vorfälle wie Unfall, Tod oder Suizid, Integrationsprobleme in Schulklassen, Inklusionsthemen usw., kann eine Lehrkraft oder Schulleitung mit der Erziehungsberatungsstelle klären, ob ein Angebot dazu vorhanden ist oder entwickelt werden kann.

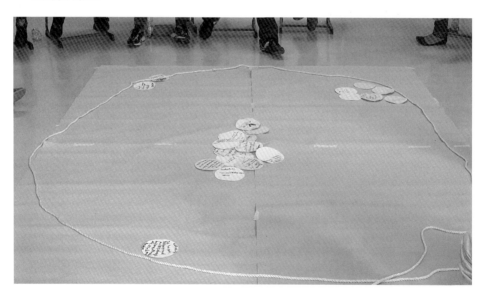

Abbildung 3: Schulprojekt Mein Platz in der Klasse

Ein Beispiel ist ein kurzes (2 Schulstunden) Interventionsprojekt „Mein Platz in der Klasse"[13], das sich zur Stärkung der Klassengemeinschaft und Vermeidung von Mobbingprozessen eignet. Es gibt noch viele andere kürzere oder längere Projekte, die Erziehungsberatungsstellen manchmal zusammen mit einem Kooperationspartner (Kinderschutzbund, Condrobs, Kreisjugendring, Polizei u.a.) an Schulen durchführen. Die Zusammenarbeit bzw. die Abstimmung mit der Schulberatung ist in solchen Fällen immer sinnvoll, um nachfolgende Unterstützungsmöglichkeiten rechtzeitig abstimmen zu können.

Bei Bedarf können Lehrkräfte solche Angebote für Eltern oder Kinder durchaus nutzen und empfehlen, vor allem aber auch mit der Erziehungsberatungsstelle klären, ob und wie ein Elternabend oder ein Schülergruppenangebot an der Schule selbst durchgeführt werden kann.

Öffentlichkeitsarbeit, Vernetzung

Die Erziehungsberatung pflegt eine kontinuierliche Kooperation mit den Trägern, Einrichtungen und Diensten in der Region, um im Einzelfall eine optimale Hilfe anbieten zu können. Dazu gehört die Beteiligung an einer Vielzahl von Arbeitskreisen und Gremien wie:

- Jugendhilfeausschuss, Sozialforen, Netzwerk frühe Hilfen
- Arbeitskreise zur Mädchen- oder Jungenarbeit, zum Kinderschutz, zum sexuellem Missbrauch, zu (häuslicher) Gewalt, mit dem Jugendamt und dem Familiengericht zu Trennung und Scheidung, zur Sucht, zur Inklusion und weitere.

Darüber hinaus besuchen Fachkräfte der Erziehungsberatung auch Einrichtungen und Gremien der Kindertagesbetreuung und Schulen, um über die Angebote der Erziehungsberatung zu informieren, die Kooperation zu verbessern und eine gute Grundlage für eine erfolgreiche fallbezogene Zusammenarbeit zu schaffen.

---

[13] Dieses Schulprojekt wurde von der Autorin Annemarie Renges entwickelt und ist beschrieben in den Jahresberichten der Erziehungsberatungsstelle Starnberg 2015 und 2016.

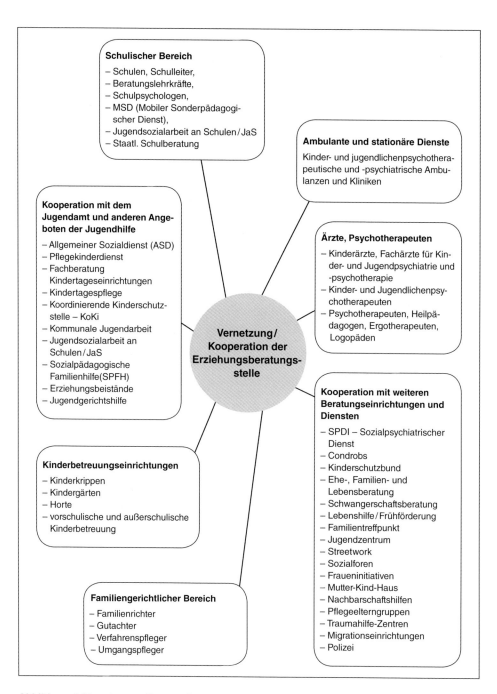

Abbildung 4: Vernetzung – Kooperation

In der fallbezogenen Kooperation ist für einen Informationsaustausch zwischen den beteiligten Einrichtungen die Entbindung von der Schweigepflicht erforderlich. Dabei ist zu klären, welche Informationen weitergegeben werden dürfen und welche nicht.

Vor allem in komplexen Fällen ist die gute Kooperation zwischen den Fachkräften und Institutionen, die eine Familie unterstützen, eine wichtige Grundlage für eine erfolgreiche Beratung.

Kooperation

Für die Erziehungsberatung gibt es eine Vielzahl an möglichen Kooperationspartnern, von denen die wichtigsten in der Folge benannt werden.

Kooperation mit dem Jugendamt und weiteren Einrichtungen der Jugendhilfe
Jugendamt und Erziehungsberatung haben in der Kinder- und Jugendhilfe unterschiedliche, aber aufeinander bezogene Aufgaben. Der Allgemeine Soziale Dienst (ASD) des Jugendamtes hat einen sehr umfassenden Beratungsauftrag und ist darüber hinaus im Einzelfall für die Gewährung von Hilfen und für die Wahrnehmung des Schutzauftrags bei Kindswohlgefährdungen zuständig. Erziehungsberatungsstellen sind verantwortlich für die Beratung von Kindern, Jugendlichen und Eltern nach § 28 SGB VIII. Dies ist insbesondere mit der Pflicht verbunden, das Vertrauensverhältnis zu den Ratsuchenden zu schützen.[14]

Die Erziehungsberatungsstellen pflegen gute Kooperationsbeziehungen zu den Jugendämtern und können Klienten dadurch die Angebote und die Arbeitsweisen des Jugendamtes und der gesamten Jugendhilfe vermitteln und die Inanspruchnahme anderer Jugendhilfeleistungen erleichtern und anbahnen. Das Jugendamt kann eigenen Klienten die Erziehungsberatung empfehlen und die Anmeldung und Inanspruchnahme unterstützen. In Einzelfällen besteht auch die Möglichkeit, Erziehungsberatung im Rahmen eines Hilfeplanverfahrens als die geeignete Hilfe förmlich zu gewähren. Dann wird in Absprache mit den Klienten genau geklärt, welche Rückmeldungen an das Jugendamt notwendig sind.

Darüber hinaus kooperiert die Erziehungsberatungsstelle in vielen Fällen mit Fachkräften der Jugendhilfe, die entweder beim Jugendamt oder bei freien Trägern angestellt sind. Dazu gehören insbesondere die Bereiche:

---

[14] Vgl. § 65 SGB VIII; § 203 Abs. 1 Nr. 1 StGB.

- Jugendsozialarbeit (§ 13 SGB VIII)
- Tageseinrichtungen (§ 22a SGB VIII)
- Kindertagespflege (§ 23 SGB VIII)
- Erziehungsbeistand (§ 30 SGB VIII)
- Sozialpädagogische Familienhilfe (§ 31 SGB VIII)
- Vollzeitpflege (§ 33 SGB VIII)

Kooperation mit den Schulen

Wenn es Probleme in der Familie gibt, wirkt sich dies auf die Situation in der Schule aus, und umgekehrt wenn Schüler Leistungs- oder Verhaltensprobleme in der Schule haben oder es Gruppen- und Klassenprobleme gibt, beeinträchtigt dies das familiäre Zusammenleben. Umfassende Hilfe für die Kinder bzw. Schülerinnen und Schüler und die Eltern erfordert ein Zusammenwirken von schulischen Beratungsdiensten und Erziehungsberatung, immer unter Beachtung des Datenschutzes.

Diese Kooperationsanforderung hat bereits 1989 in der gemeinsamen Bekanntmachung von Kultus- und Sozialministerium zur „Zusammenarbeit von Erziehungsberatung und Schule"[15] ihren Niederschlag gefunden. Seitdem hat sich eine vielfältige Kooperation von beiden Seiten weiterentwickelt und ausdifferenziert. Folgendes ist inzwischen Qualitätsstandard in der Erziehungsberatung:

Erziehungsberatung arbeitet bei Problemen in der Schule in unterschiedlichen Settings. In der Regel kommen die Eltern mit ihren Kindern und Jugendlichen in die Beratungsstelle, wo Diagnostik und Beratung durchgeführt werden. In vielen Fällen ist die Empfehlung der Schule Anlass für die Beratung. Wenn die Klienten einverstanden sind und eine Entbindung von der Schweigepflicht erteilen, können die Mitarbeiter der Beratungsstelle und die Fachkräfte der Schule sich austauschen. Dies kann in gemeinsamen Gesprächen mit der Familie, durch die Teilnahme an Besprechungen und Konferenzen in der Schule und durch Gespräche zwischen den beteiligten Fachkräften geschehen. Dabei ist es wichtig, mit den Schülern und Eltern genau zu klären, welche Inhalte thematisiert werden dürfen und welche nicht.

Erziehungsberatung bietet darüber hinaus Präventionsveranstaltungen für Eltern und Sprechstunden für Schüler, Eltern und Lehrkräfte in Schulen an. Weiterhin führt Erziehungsberatung anonyme Fachberatungen und Supervisionen mit einzelnen Lehrkräften oder Gruppen von Lehrern durch.

---

[15] Siehe Literatur.

Im Einzelfall können folgende Ansprechpartner für Schüler, Eltern und Lehrer Kooperationspartner der Erziehungsberatung sein:

- Lehrkräfte und Schulleitungen
- Beratungslehrkräfte
- Schulpsychologische Beratung
- Staatliche Schulberatungsstellen
- Mobile Sonderpädagogische Dienste (MSD)
- Sonderpädagogische Beratungszentren und Beratungsstellen
- KIBBS: Kriseninterventions- und -bewältigungsteams bayerischer Schulpsychologen
- Jugendsozialarbeiter an Schulen (JaS) und Schulsozialarbeiter

Exkurs: Jugendsozialarbeit an Schulen (JaS) [16] gibt es inzwischen an vielen Mittelschulen, Förderschulen, Berufsschulen und Grundschulen sowie in Einzelfällen an Realschulen. Die Jugendsozialarbeit an Schulen ist die intensivste Form der Zusammenarbeit zwischen Kinder- und Jugendhilfe und Schule. Sie richtet sich an junge Menschen, die ressourcenbenachteiligt sind, denen es an der notwendigen Unterstützung der Familie mangelt, die unter sozioökonomisch schwierigen Rahmenbedingungen aufwachsen und die durch ihr Verhalten auffallen. Die Jugendsozialarbeiter sind damit sehr wichtige Kooperationspartner der Erziehungsberatung. Da sie in den Schulen arbeiten, haben sie einen sehr guten Kontakt zu den Schülerinnen und Schülern, Lehrkräften und Schulleitern. In der Schule erreichen sie die jungen Menschen unkompliziert, früh und nachhaltig und können auch die Eltern rechtzeitig einbeziehen. Als Fachkräfte der Jugendhilfe kennen sie die Angebote der Jugendhilfe und die Kooperationspartner in den Jugendämtern und bei den Trägern der freien Jugendhilfe gut und erleichtern vielen Familien den Zugang dazu. Sie vermitteln viele Familien an die Beratungsstellen. Besonders hilfreich kann es für die Familien sein, wenn JaS und Erziehungsberatung eng zusammenarbeiten. Hierzu ist das Einverständnis der Familien und die Entbindung von der Schweigepflicht erforderlich. JaS und Erziehungsberatung können dann in Absprache mit den Kindern, Jugendlichen und ihren Eltern genau festlegen, wer welche Formen von Unterstützung leistet und wie der Informationsaustausch stattfindet.

Kooperation mit den Einrichtungen des Gesundheitswesens
Erziehungsberatungsstellen arbeiten eng mit den verschiedenen Bereichen des Gesundheitswesens zusammen, wie z. B.

---

[16] Rechtsgrundlage: § 13 Abs. 1 SGB VIII; siehe auch Literaturverzeichnis: Handbuch Jugendsozialarbeit an Schulen, 2014.

- niedergelassene Ärzte für Kinder, Jugendliche und Erwachsene, sozialpädiatrische Zentren und Kliniken,
- niedergelassene Kinder- und Jugendlichenpsychotherapeuten und Erwachsenenpsychotherapeuten,
- niedergelassene Psychiater, Sozialpsychiatrische Dienste (SpDi) und psychosomatische und psychiatrische Kliniken; manche Beratungsstellen bieten Sprechstunden vor Ort (z.B. in psychiatrischen Kliniken) an. In vielen Regionen hat sich eine sehr enge Zusammenarbeit zwischen Erziehungsberatung und SpDi entwickelt. Dabei ist es besonders wichtig, psychisch kranke Eltern in ihren erzieherischen Kompetenzen zu stärken und die Kinder dabei zu unterstützen, einen guten Umgang mit der Erkrankung des Elternteils zu finden.
- Suchtberatung und andere suchtspezifische Dienste und Einrichtungen.

- Die Sucht eines Elternteils oder eines Jugendlichen kann zu einer erheblichen Belastung für den Betroffenen und ebenso für alle anderen Familienmitglieder werden. Eine gute Zusammenarbeit zwischen Erziehungsberatung und entsprechenden Einrichtungen des Gesundheitswesens ist dann besonders wichtig, um der komplexen Problematik gerecht werden zu können.

Kooperation mit anderen Einrichtungen
Entsprechend der Notwendigkeit im Einzelfall gibt es Kooperationen mit weiteren spezifischen Einrichtungen. Beispielsweise führt die Arbeit mit Flüchtlingsfamilien zu Kooperationen mit Ausländerbehörden, mit Erstberatungsstellen für Neu-Bürger und Geflüchtete und anderen neu geschaffenen Einrichtungen und Projekten.

Fazit
Die gelingende Entwicklung von Kindern und Jugendlichen gemeinsam zu fördern ist Aufgabe von Erziehungsberatung und von Schulberatung. Beide Bereiche ergänzen sich in besonderer Weise, wenn es um Schüler geht, die sowohl schulische als auch persönliche bzw. familiäre Probleme haben. Für eine gute Zusammenarbeit unter Beachtung des Datenschutzes ist die Kenntnis der Schnittstellen von Erziehungsberatung und Schulberatung und der Besonderheiten der jeweiligen Arbeitsweisen und Angebote notwendig.

Ziel dieses Beitrages ist es, sowohl über die Arbeit der Erziehungsberatungsstellen zu informieren, als auch Anregungen für die allgemeine Zusammenarbeit zwischen der jeweiligen Schule und der regional zuständigen Erziehungsberatungsstelle sowie konkret im Einzelfall zu geben.

Literatur

Bayerisches Staatsministerium für Arbeit und Soziales, Familie und Integration: Renges A., Lerch-Wolfrum G.: Handbuch Jugendsozialarbeit an Schulen. JaS-Handbuch. München 2014

Bundeskonferenz für Erziehungsberatung e.V., bke (Hrsg.): Rechtsgrundlagen der Beratung, Empfehlungen und Hinweise für die Praxis; Fürth 2009

Landesarbeitsgemeinschaft für Erziehungs-, Jugend- und Familienberatung in Bayern e.V. (Hrsg.): Diagnostik in Erziehungsberatungsstellen. Selbstverlag, Dillingen, Tegernheim 2007

Menne K., Scheuerer-Englisch H., Hundsalz A. (Hrsg.): Jahrbuch für Erziehungsberatung. Band 9. Weinheim/Basel 2012

Wiesner, R. (Hrsg.): SGB VIII Kinder- und Jugendhilfe, Kommentar; 5. Aufl.; München 2015

Links

www.lag-bayern.de (Landesarbeitsgemeinschaft und Fachverband für Erziehungs-, Jugend- und Familienberatung Bayern e.V.)

www.bke-beratung.de (Bundeskonferenz für Erziehungsberatung e.V., Fachverband für Er-ziehungs- und Familienberatung)

www.bke-jugendberatung.de, www.bke-elternberatung.de (Online-Beratung der bke Bundes-konferenz für Erziehungsberatung e.V.)

www.blja.bayern.de (Zentrum Bayern, Familie und Soziales, Bayerisches Landesjugendamt)

www.stmas.bayern.de (Bayerisches Ministerium für Arbeit und Soziales, Familie und Integration)

Rechtliche Bezüge

Sozialgesetzbuch SGB Bücher I-XII. 46. neu bearbeitete Auflage. Beck München 2017

Zentrum Bayern Familie und Soziales – Bayerisches Landesjugendamt (Hrsg.): Jugendhilfe-recht in Bayern. Handbuch zur Kinder- und Jugendhilfe. Loseblattsammlung. München Aktualisierung 2016

Zentrum Bayern Familie und Soziales – Bayerisches Landesjugendamt (Hrsg.): Sozialpädagogische Diagnose-Tabelle & Hilfeplan – Arbeitshilfe zur Anwendung der Instrumente bei der Prüfung von Anhaltspunkten für eine Gefährdung des Kindeswohls, der Abklärung von Leistungsvoraussetzungen einer Hilfe zur Erziehung und der Durchführung des Hilfeplanverfahrens in der Praxis. München 2013

Bayerisches Staatsministeriums für Arbeit und Sozialordnung, Familie und Frauen: Bekanntmachung zur Förderung der Erziehungsberatungsstellen vom 29. Mai 2006 (AllMBl S. 250)

Gemeinsame Bekanntmachung der Bayerischen Staatsministerien für Unterricht und Kultus und für Arbeit und Sozialordnung vom 18. Juli 1989: Zusammenarbeit zwischen Schulen und Erziehungsberatungsstellen in Bayern (Az.: VI/2 – K 6502 – 3 / 86 033 / 88 und VI 1 / 7233 / 6 / 88)

Gemeinsame Bekanntmachung der Bayerischen Staatsministerien für Arbeit und Sozialordnung, Familie, Frauen und Gesundheit und für Unterricht, Kultus, Wissenschaft und Kunst vom 13. August 1996: Richtlinien über die Koordination der Zusammenarbeit und über regelmäßige gemeinsame Besprechungen zwischen Jugendämtern und Schulen (Nr. VI 1/7209-2/4/96 und Nr. III/4-S4305/18-8/86744)

Autoreninfo

Frau Annemarie Renges, Diplompsychologin, Psychologische Psychotherapeutin und Supervisorin (DGSv), war viele Jahre in Erziehungsberatungsstellen tätig. Sie ist Mitautorin des Handbuchs Jugendsozialarbeit an Schulen. Derzeit arbeitet sie in der Fortbildung und Supervision von Fachkräften der Jugendhilfe.

Andreas Kopp ist Diplom-Psychologe und Paar- und Familientherapeut. Er hat nach seinem Studium in einer Rehaklinik für Kinder und Jugendliche gearbeitet und war anschließend in verschiedenen Bereichen der Kinder- und Jugendhilfe tätig. Seit 2011 leitet er die Kinder-, Jugend- und Familienberatungsstelle des Landkreises Starnberg.

Fazit

Abschließend kann mit den Worten des großen Pädagogen Friedrich Wilhelm August Fröbel (1782–1852) Resümee gezogen werden: „Erziehung ist Beispiel und Liebe – sonst nichts."

Erziehung bedeutet beides: Beziehung gestalten und Orientierung geben. Beide Aufgaben sind gleichermaßen bedeutsam und untrennbar miteinander verbunden.

Ein modernes Verständnis von Erziehung verabschiedet sich von dem Gedanken einer autoritären Indoktrinierung des Zöglings durch den Erwachsenen. Erziehung gelingt nur auf der Basis einer tragfähigen Beziehung (vgl. Kapitel 1.1). Diese ist nicht einfach gegeben, sondern wird von dem Erziehenden und dem zu Erziehenden aktiv gestaltet. Kurz gesagt: Erziehung ist Beziehungsgestaltung und diese ist erlernbar.

Grundlage hierfür ist die Reflexion der Grundeinstellungen zum Kind und zu Fragen der eigenen Wertvorstellungen (vgl. Kapitel 2.1). Veränderungen auf der Verhaltensebene setzen eine Reflexion des eigenen Verhaltens und des elterlichen Umgangs mit dem Kind voraus (vgl. Kapitel 1.3, 2.4, 3.1 und 3.2). Das Aneignen neuer Umgangsweisen kann im Rahmen von Rollenspielen erfolgen, wie sie bei Elterntrainings eingesetzt werden (vgl. Kapitel 3.2). Dabei werden alltägliche Situationen geübt, die im Familienalltag öfters zu Konflikten führen. Hierzu zählt beispielsweise der Umgang mit Medien (vgl. Kapitel 2.2). Eltern bekommen Strategien an die Hand, wie sie individuell auf ihr Kind eingehen, die Bedürfnisse des Kindes beachten und eine gemeinsame Lösung mit dem Kind entwickeln können. Schwierige Situationen fordern Erziehende in besonderer Weise. Eltern lernen, Präsenz zu zeigen, einen eigenen Standpunkt zu wahren und dennoch das Beziehungsangebot zum Kind stets aufrechtzuerhalten (vgl. Kapitel 3.1.2).

Sprache als zentrales Medium trägt wesentlich zu einer gelingenden oder misslingenden Beziehungsgestaltung bei. Daher ist sie ein wichtiger Bestandteil von Eltern- und Lehrerbildungsangeboten, sei dies nun im Rahmen von Elterntrainings, Elternabenden oder bei Fortbildungen für Lehrer an Schulen (vgl. Kapitel 3.1.1).

Beziehungsgestaltung ist kein einseitiges Einwirken einer Person auf die andere. Eine tragfähige, authentische und von gegenseitiger Empathie geprägte Beziehung berücksichtigt die Wünsche und Bedürfnisse aller Beteiligter. Seitens der Eltern beinhaltet dies die Selbstfürsorge für das eigene Wohlbefinden. Ein Beratungsziel ist die Suche nach Entlastungsmöglichkeiten angesichts von Stresssituationen (vgl. Kapitel 1.2). Aufseiten der Heranwachsenden gilt es einen Blick auf die individuelle Lebenswirklichkeit des Kindes oder Jugendlichen zu richten und seine je spezifischen Wertvorstellungen, Wünsche und Bedürfnisse in Erfahrung zu bringen (vgl. Kapitel 1.4). Beratungslehrer und Schulpsychologen können Heranwachsende ermutigen, individuelle Ziele zu finden und sie bei der schrittweisen Annäherung an diese Ziele begleiten (vgl. Kapitel 3.2.4).

Beziehungen zeichnen sich dadurch aus, dass sie nicht immer reibungsfrei ablaufen. Wenn es in Schule und Familie zu Schwierigkeiten in der Beziehungsgestaltung kommt, kann auf ein Netzwerk an im Schulsystem zur Verfügung gestellten (z.B. Mobiler Sonderpädagogische Dienst, vgl. Kapitel 4.1) und außerschulischen Unterstützungsangeboten (z.B. Erziehungsberatungsstellen, vgl. Kapitel 4.2) zurückgegriffen werden. Schulberatung hilft Eltern, das jeweils geeignete Angebot zu finden.

Erziehung ist eine herausfordernde, verantwortungsvolle und manchmal schwierige Aufgabe; vor allem aber sollte sie eines sein: Freude am Miteinander und am gemeinsamen Wachsen.